suhrkamp taschenbuch
wissenschaft 943

Entwicklungen, wie sie sich exemplarisch im folgenden Beispiel zeigen, konfrontieren uns unausweichlich mit Fragen der Euthanasie: Der Blutkreislauf einer jungen Frau, die vor mehr als zehn Jahren einen schweren Unfall erlitt, wird seither maschinell aufrechterhalten. Es besteht keine Hoffnung, daß sie jemals Bewußtsein und Bewegungsfähigkeit wiedergewinnt. Der Zustand dieser Frau als Bestandteil einer Maschine könnte noch weitere Jahrzehnte aufrechterhalten werden. Die Eltern verlangen, die Maschine abzuschalten. Wie soll das Gericht entscheiden?

In der Bundesrepublik wird seit einiger Zeit die Debatte über Euthanasie mit besonderer Heftigkeit geführt. Insgesamt ist eine Situation entstanden, in der nicht der moralische Reflex, sondern die philosophische Reflexion gefragt ist. Zu dieser philosophischen Reflexion soll mit diesem Buch ein Beitrag geleistet werden. Ein erster Teil von Beiträgen behandelt insbesondere verschiedene normativ-ethische und rechtliche Aspekte der Euthanasie-Problematik.

In einem zweiten Teil von Beiträgen geht es schwerpunktmäßig um die Frage, ob eine Debatte über die Euthanasie-Problematik überhaupt geführt werden darf oder dringend geführt werden muß, beziehungsweise darum, wie diese Debatte bisher faktisch geführt wurde.

Zur Debatte über Euthanasie

Beiträge und Stellungnahmen

Herausgegeben von
Rainer Hegselmann und Reinhard Merkel

Suhrkamp

Die Deutsche Bibliothek – CIP-Einheitsaufnahme
Zur Debatte über Euthanasie :
Beiträge und Stellungnahmen /
hrsg. von Rainer Hegselmann und Reinhard Merkel. –
1. Aufl. – Frankfurt am Main :
Suhrkamp, 1991
(Suhrkamp-Taschenbuch Wissenschaft ; 943)
ISBN 3-518-28543-2
NE: Hegselmann, Rainer [Hrsg.]; GT

suhrkamp taschenbuch wissenschaft 943
Erste Auflage 1991

Satz und Druck: Wagner GmbH, Nördlingen
Printed in Germany
Umschlag nach Entwürfen von
Willy Fleckhaus und Rolf Staudt

1 2 3 4 5 6 – 96 95 94 93 92 91

Inhalt

Einleitung

I.

Eine Reihe von Auffassungen, die der australische Moralphilosoph Peter Singer insbesondere in seiner Schrift *Praktische Ethik* vertritt, haben in Deutschland zu erbitterten Kontroversen und heftigen Auseinandersetzungen geführt. Es ist nicht seine Argumentation für weitreichende Umverteilungsmaßnahmen zugunsten der Dritten Welt, auch nicht sein Eintreten für einen sehr weitgehenden Tierschutz, und es ist auch nicht die strikte Ablehnung jeder Form von Rassismus oder Sexismus, was viele empörte. Ausgelöst wurde die Empörung durch Auffassungen Singers, die man etwa in den folgenden drei Thesen zusammenfassen kann:

1. Das Leben sei nicht heilig oder unantastbar. So sei z. B. unter bestimmten Umständen die Tötung eines schwerstbehinderten Säuglings erlaubt. Ebenso sei es unter bestimmten Umständen moralisch zulässig, eine Person auf deren Verlangen hin zu töten – z. B. dann, wenn sie im Endstadium einer Krebserkrankung einen solchen Wunsch äußere.
2. Die entscheidenden Gründe dafür, jemandem ein Lebensrecht zuzusprechen, seien abhängig zu machen von der Eigenschaft, eine Person zu sein, nicht aber von der Zugehörigkeit zur Gattung Mensch. Es sei auch nicht jeder Angehörige der Gattung homo sapiens in jeder Phase seines Lebens eine Person.
3. Zwischen einem Leben, das wert sei, gelebt zu werden, und einem Leben, für das dies nicht gelte, könne unterschieden werden.

Die Empörung über diese Thesen bzw. das, was man für die Auffassung Peter Singers hält oder ausgibt, hatte Folgen. Vortragsveranstaltungen, zu denen er eingeladen war, wurden angesichts von Drohungen aller Art wieder abgesagt, in ihrer Durchführung verhindert oder jedenfalls massiv gestört. U. a. unter dem massiven Druck von Behindertengruppen wurde das für den August 1991 geplante 15. Internationale Wittgenstein Symposium, das unter dem Thema »Angewandte Ethik« stehen und auf dem auch Peter Singer sprechen sollte, abgesagt. An einigen Universitäten wurden Seminar-Veranstaltungen, denen die »Praktische Ethik« Peter Singers zugrunde lag, gestört oder gesprengt. Diejenigen, die solche Veranstaltungen durchführten oder durchführen wollten, wurden in Flugblättern und Flugschriften heftig angegriffen. Wer in den Hochschulen solche Texte behandle, sei Wegbereiter und Komplize einer überwunden geglaubten Denkungsart, die in Deutschland und von Deutschland ausgehend schon einmal Tausende von Kranken und Schwachen und insgesamt sogar Millionen das Leben gekostet habe. Konsequenterweise werden Forderungen nach Berufsverboten und Disziplinarverfahren erhoben. Das, wofür Peter Singer plädiere, komme der Aufforderung gleich, das Euthanasie-Programm der Nationalsozialisten nunmehr erneut und endgültig in die Praxis umzusetzen. Behinderte sehen sich in ihrem Lebensrecht bedroht, ihre Organisationen setzen alles daran zu verhindern, daß die Thesen Singers öffentlich diskutiert werden, und zwar u. a. deshalb, weil sie bereits die Diskussion dieser Thesen als eine Diskriminierung von Behinderten begreifen. In Unterschriftensammlungen wird ein Recht zum Widerstand gegen die Diskussion der Thesen Singers reklamiert, gerechtfertigt als eine Art Notwehr und Gegengewalt derjenigen, die den Mechanismus einer »repressiven Toleranz« ebenso durchschaut haben wie die vermeintlich tödlichen Gefahren eines exzessiven Liberalismus. Mit der Diskussion Singerscher Thesen würden – so ein weiterer Einwand – Dinge argumentativ zur Disposition gestellt, die undiskutierte Selbstverständlichkeiten zu sein hätten. Auf solche Tabus sei jede Gesellschaft angewiesen. Ein Schaden drohe selbst dann, wenn das Selbstverständliche der kritischen Befragung standhalte, und zwar deshalb, weil es auch dann im Zuge der Diskussion seinen Status als Selbstverständlichkeit verloren habe.

In globalen Diagnosen der kulturellen und gesellschaftlichen Situation wird der Utilitarismus, die moralphilosophische Basis, auf der Peter Singer argumentiert, als ideologischer Überbau einer Gesellschaft interpretiert, die darangehe, alle Lebensbereiche nach Rentabilitätsgesichtspunkten zu organisieren, das Ideal eines perfekten Menschen gentechnisch zu realisieren trachte und an die sozialtechnische Machbarkeit einer leidfreien Welt glaube. Der Utilitarismus sei wie geschaffen für eine effizienzorientierte Gesellschaft, die auf dem Wege dahin sei, daß der erfolgreichere, stärkere und gesündere Teil ihrer Angehörigen nach Devisen wie

»schöner essen«, »schöner trinken«, »schöner wohnen« sein Leben organisiere, während er für die weniger oder nicht mehr Erfolgreichen die Parole »schöner sterben« bereithalte.
In der öffentlichen Empörung über Singers Thesen und deren (vermeintliche) Implikationen unterzog sich kaum jemand der Mühe, auch die Begründung dieser Thesen im einzelnen zu analysieren und zu kritisieren. Dies schien vielen wohl auch nicht mehr nötig, nachdem sie jene vier oder fünf Sätze aus der »Praktischen Ethik« gelesen hatten, die in Flugblättern immer wieder angeführt werden und von denen in der Tat ein Schockeffekt ausgeht, wenn man sie aus dem Begründungs- und Bedeutungszusammenhang reißt, in dem sie stehen. Peter Singer und ebenso Helga Kuhse, die mit ihm zusammen das Buch *Should the baby live?* geschrieben hat, in dem ebenfalls dafür argumentiert wird, daß unter bestimmten Bedingungen die Tötung von Säuglingen erlaubt sein sollte, wurden in der Öffentlichkeit der Bundesrepublik zu moralischen Monstern, zu Propagandisten einer mörderischen Ethik, im Begriffe, ein weltweites Netz von Gleichgesinnten aufzubauen. Tages- und Wochenzeitungen widmeten den Auseinandersetzungen breiten Raum. Inzwischen liegen mehrere Dokumentationen über die Auseinandersetzungen vor. Darüber hinaus sind einige Bücher oder Sammelbände, die sich ganz oder über weite Strecken mit den Thesen Singers beschäftigen, erschienen.
Die Auseinandersetzungen haben auch bereits Folgen im Zusammenhang mit Stellenbesetzungen: Im Rahmen eines Berufungsverfahrens zur Besetzung einer Stelle für Praktische Philosophie und angewandte Ethik an der Universität Hamburg sprengten Studentinnen und Studenten, lautstark unterstützt von militanten Behinderten, die Anhörungen aller zu einem Vortrag eingeladenen Kandidaten. Zur Begründung hoben sie in zwei oder drei kurzen Schlüssen darauf ab, daß angewandte Ethik unter den gegebenen Bedingungen der BRD auf eine Art »moralische Entsorgung« der deutschen Vergangenheit hinauslaufe. Die Berufungskommission setzte zwar erneut eine Anhörung von Kandidaten an, lud dazu aber erstaunlicherweise die beiden Kandidaten, die sich durch zahlreiche Veröffentlichungen zu Problemen sowohl der moralphilosophischen Grundlagenforschung wie der angewandten Ethik auch international einen Namen gemacht haben, nicht mehr ein. Zu den nun nicht mehr Eingeladenen gehörte

ausgerechnet auch derjenige Bewerber, gegen den sich der Protest der Person nach insbesondere gerichtet hatte.

II.

Wie kann man auf die drei Thesen, wie sie oben angeführt werden, überhaupt kommen? Beginnen wir mit der *ersten These*, die sich gegen den sehr häufig angeführten Grundsatz richtet, das Leben sei heilig. Viele, die diesen Grundsatz zunächst einmal unterschreiben würden, meinen zugleich, daß man Tiere töten und z. B. im Rahmen des therapeutischen Einsatzes von Antibiotika über Mikroorganismen den millionenfachen Tod bringen dürfe. Auch meinen viele, daß der Tyrannenmord und damit auch der Attentatsversuch auf Hitler vom 20. Juli 1944 ebenso gerechtfertigt sei wie die individuelle Notwehr, die Abtreibung (jedenfalls innerhalb einer bestimmten Frist) oder die Selbsttötung. Wer auch nur eine dieser Tötungshandlungen für moralisch gerechtfertigt hält, kann sich auf eine strenge und strikte Deutung des Grundsatzes »Das Leben ist heilig« nicht mehr einlassen; er ist nämlich offenbar bereit, das Leben in bestimmten Fällen und unter bestimmten Bedingungen anzutasten. Wenn die *prinzipielle* Unantastbarkeit des Lebens aber nicht mehr zum logischen Gehalt des Grundsatzes »Das Leben ist heilig« gehört, dann fragt sich, was denn nun mit dem Grundsatz gemeint sein könnte und warum diese oder jene Unantastbarkeiten *nicht* gefordert werden. Kurz: Nimmt man den Grundsatz von der Heiligkeit des Lebens beim Wort, dann wird er sehr unplausibel, und es teilt ihn auch nahezu niemand; begreift man ihn weniger strikt eher im Sinne der Idee aus grundsätzlicher »Ehrfurcht« vor dem Leben, *möglichst* jede Tötung zu vermeiden, dann stellen sich viele Nachfolgefragen und Klärungsaufgaben. Diese betreffen im Kern das eben nur scheinbar harmlose Wort »möglichst«. Am Beispiel des Suizids: Schließt die Vermeidung möglichst jeder Tötung aus, daß ich, wenn ich meinen körperlichen und geistigen Verfall im letzten Stadium einer unheilbaren Krankheit vor Augen hätte und meinen Tod wünschte, mich tötete? Wenn ja, dann würde diese Art Ehrfurcht meinen Unwillen weiter zu leben, jedenfalls nicht respektieren. Es ist schwer zu sehen, wie eine so verstandene Ehrfurcht in ein säkulares Weltverständnis integriert werden könnte. Aber auch in religiösen Weltbildern ist es nicht ganz einfach, hierfür zu argumentieren. So würde man z. B. mit dem Hinweis darauf, daß das Leben als ein Geschenk Gottes auch für den, der es nicht mehr wünscht, unverfügbar ist, schon deshalb Schwierigkeiten bekommen, weil Geschenke eben kraft Schenkung in die Verfügungsgewalt des Beschenkten übergehen. Suizid wäre bei dieser Sicht daher allenfalls ein Akt grober Unhöflichkeit. Läßt man hingegen gelten, daß Suizid wegen des Unwillens weiter zu leben, klarerweise mit der entsprechend verstandenen Ehrfurcht vor dem Leben vereinbar ist, dann wird es schwierig anzugeben, warum die Tötung auf Verlangen, die sich in *diesem* Merkmal, also dem des erklärten Unwillens weiter zu leben, *nicht* von der Suizid-Situation unterscheidet, gleichwohl mit der Ehrfurcht vor dem Leben unvereinbar sein soll. Man kann natürlich sagen, daß die Situationen in einer *anderen* Hinsicht entscheidend verschieden sind: In dem einen Fall tötet jemand *sich*, in dem anderen Fall tötet ein Mensch einen *anderen* Menschen. Zwar können hier bei Berücksichtigung von Beihilfen zur Selbsttötung schwierige Abgrenzungsprobleme entstehen, und darüber hinaus wäre zu zeigen, daß sich die Fälle nicht nur unterscheiden, sondern eben in einer moralisch *bedeutsamen* Hinsicht verschieden sind. Möglicherweise kann man dafür argumentieren. Allerdings bekommen dabei diejenigen Schwierigkeiten, die Abtreibungen für zulässig halten. Sie sind nämlich der Meinung, daß ein Mensch das Leben eines anderen, eben des Fötus, der zweifellos ein Mitglied der Gattung Mensch ist, töten dürfe. Sollte das wiederum deshalb mit dem Respekt und der Ehrfurcht vor dem Leben vereinbar sein, weil der Fötus noch keinen eigenen Willen und keine Lebenspläne habe und in gewissem Sinne gar nicht in seinen Rechten geschädigt werden könne, dann denkt man bereits in eine Richtung, wie sie in der oben angegebenen *zweiten These* zum Ausdruck kommt.

Wer hat ein Lebensrecht? Oder in einem weniger naturrechtlichen Jargon gefragt: Was könnte ein guter Grund dafür sein, jemandem ein Lebensrecht zuzusprechen? *Daß* jemand ein Mensch ist, das ist der gute und hinreichende Grund – so könnte man sagen: Wer aber ist ein Mensch? Eben jeder Angehörige der Gattung homo sapiens. Fragt man weiter: »Und wer ist Angehöriger dieser Gattung?«, dann könnte die Antwort wohl nur lauten: Das sind diejenigen mit dieser und jener Chromosomen-

Struktur. Aber ist die Zugehörigkeit zur Gattung Mensch wirklich eine gute Basis für Lebensrechte? Was würden wir eigentlich demjenigen entgegenhalten, der sagte, Lebensrechte gelten nur für diejenigen mit den Chromosomen a, b, c, die – leider – nur der gelbhäutige Teil der Erdbevölkerung habe? Und was würden wir sagen, wenn wir mit Wesen konfrontiert würden, die erkennbar zu Schmerz und Leid fähig sind, über Sprache und Kultur verfügen, in der Regel an ihrem Leben hängen, aber eben wegen einer ganz andersartigen Chromosomen-Ausstattung offensichtlich keine Angehörigen der Gattung homo sapiens sind? Hätten sie dann kein Lebensrecht? Durch Gedankenexperimente dieser Art kann man sich klarmachen, daß die meisten von uns Lebensrechte im Gegensatz zu einem (erklärbaren) ersten Anschein gerade nicht vom Besitz einer bestimmten Chromosomen-Struktur abhängig machen.

Auch innerhalb der Moralphilosophie ist die bloße biologische Gattungszugehörigkeit meist kein moralisch bedeutsames Merkmal gewesen. So betont etwa Kant ausdrücklich, daß sich die moralischen Forderungen nicht nur an Menschen, sondern an Vernunftwesen überhaupt richten. Kants Moralphilosophie ist daher auch letztlich nicht anthropozentrisch, sondern – wenn man so will – ratiozentrisch.

Auf Basis des gleichen Impulses gegen die Spezieszugehörigkeit oder Chromosomeneigenschaften als moralisch signifikantes Merkmal würden viele sagen, daß es doch auf die Hautfarbe nicht ankomme, und daß auch gleichgültig sei, wenn jene Marsbewohner, von denen andeutungsweise die Rede war, grün seien. Worauf es allein ankomme, sei vielmehr, ob Wesen zu Schmerz und Leid fähig sind, Zukunftspläne haben, sich selbst als Individuen begreifen, über eine Erinnerung verfügen, von ihrem Tod wissen – und vielleicht noch einige andere Merkmale aufweisen. Nennt man dann jemanden, der in etwa die gerade angeführten Eigenschaften hat, eine *Person*, dann hat man damit insgesamt genau jene Unterscheidung von Person und bloßem Mitglied der Gattung homo sapiens vorgenommen, die Singer vorschlägt. Und man hat weiterhin auf Basis dieser Unterscheidung im Hinblick auf die im Gedankenexperiment angeführten Fälle die Lebensrechte an die Eigenschaft gebunden, Person zu sein. Dies wiederum hat Weiterungen: Es könnte nämlich sein, daß es Wesen gibt, die die Eigenschaft haben, Person zu sein, dabei aber keine Mitglieder der

Gattung homo sapiens sind. Und es könnte sein, daß es Mitglieder der Gattung gibt, die keine Personen sind.
Über die letztere Konsequenz versucht Singer, das Abtreibungsproblem moralphilosophisch zu lösen: Ein Fötus ist ein Angehöriger der Gattung, aber er ist keine Person, und er hat daher nicht jenes Lebensrecht, das Personen nach Singer besitzen. Angesichts des Umstands, daß man einen Neugeborenen wohl kaum bereits als Person im eben angedeuteten Sinne auffassen kann, wirft dies die Frage nach einer plausiblen Basis für ein Lebensrecht von Säuglingen auf. Dieses Recht könnte offenbar weder auf die Gattungszugehörigkeit noch auf die Person-Eigenschaft gestützt werden. Man könnte hier argumentieren, daß die Person-Eigenschaft zwar die primäre Basis für das Zusprechen von Lebensrechten ist, daß allerdings angesichts der großen Vagheiten und Unschärfen, die mit dem Personen-Begriff verbunden sind, Handhabbarkeitsprobleme entstehen, angesichts deren es ratsam ist, die Geburt (oder auch einen Zeitpunkt noch davor) als jene Grenze festzulegen, von der ab ein Lebensrecht bestehen soll. Argumentiert man jedoch in der hier angedeuteten Weise, dann stützt sich das Lebensrecht der in einem vorpersonalen Entwicklungsstadium befindlichen Neugeborenen (oder Feten) *nicht auf die gleichen Gründe*, auf die man dieses Recht bei erwachsenen Personen stützen würde. Es sind vielmehr indirekte, eher pragmatische und nicht unmittelbar an moralisch signifikanten Merkmalen ansetzende Gründe, die zu bestimmten Grenzziehungen führen. Damit aber befindet man sich in einem Gegensatz zu weit verbreiteten und tiefsitzenden Intuitionen von der primären, direkten und durchweg gleichartigen Verankerung menschlicher Lebensrechte. Die Heftigkeit der Reaktionen auf Singers Thesen dürfte sich zu einem ganz erheblichen Teil dadurch erklären lassen, daß er entgegen derartigen Intuitionen die Fragen der Früheuthanasie explizit *ohne* die Annahme eines originären und direkt motivierbaren Lebensrechts von Neugeborenen diskutiert. Aber wie sollte das vermeidbar sein, wenn bloße Gattungszugehörigkeit kein moralisch signifikantes Merkmal und damit jedenfalls kein direkter guter Grund für das Zusprechen eines Lebensrechts ist? Intuitionen sind in mancherlei Hinsicht Anknüpfungs- und Ausgangspunkte der moralphilosophischen Reflexion. Sakrosankt sind sie deshalb aber nicht, sondern sie müssen ihrerseits in ein fundiertes und konsistentes moralphilosophisches Gefüge in-

tegriert werden. Dies wiederum wird angesichts von Unvereinbarkeiten aller Art nicht ohne die Aufgabe bestimmter Intuitionen möglich sein. – Man stößt hier also an eine Stelle, wo nicht mehr der moralische Reflex, sondern die philosophische Reflexion gefragt ist.

Massive Empörungsreaktionen hat auch die These ausgelöst, man könne zwischen einem lebenswerten und einem nicht lebenswerten Leben unterscheiden. Natürlich rufen dabei schon die Worte Assoziationen an die NS-Zeit und das nationalsozialistische »Euthanasie«-Programm wach. Allerdings weisen Assoziationen nicht durchweg und immer in die richtige Richtung. Sie können auch Irrlichter sein, und im vorliegenden Fall sind sie es. So ist es *eine* Sache, eine Unterscheidung lebenswert/lebensunwert nach dem Kriterium vorzunehmen: Welchen Beitrag leistet dieser oder jener zu den wirklichen oder vermeintlichen Interessen einer arischen Volksgemeinschaft? Eine *ganz andere* Unterscheidung von lebenswertem und nicht lebenswertem Leben nimmt derjenige vor, für den es dabei um eine Unterscheidung aus der *Binnenperspektive* eines Individuums geht: Halte *ich* mein weiteres Leben und das, was mir darin vielleicht voraussehbar bevorsteht, für wert, durchlebt zu werden oder nicht? Wer so fragt, tut damit etwas, was offenbar *auch* so beschrieben werden kann, daß er zwischen seinem lebenswerten und einem lebensunwerten Leben unterscheidet. Ob eine Unterscheidung lebenswert/lebensunwert eine Unterscheidung im Sinne des Nationalsozialismus ist oder nicht, hängt also offensichtlich davon ab, *welche* Kriterien es sind, die die Unterscheidung leiten. Den bloßen Worten »lebenswert«, »nicht lebenswert« oder auch »lebensunwert« sind diese Kriterien allerdings nicht anzusehen. Daß jemand sagt oder schreibt, er unterscheide zwischen einem lebenswerten und einem nicht oder nicht mehr lebenswerten Leben, ist daher kein Indiz dafür, daß er sich die spezifisch nationalsozialistische Unterscheidung zu eigen gemacht hat.

Kann es ein aus der Binnenperspektive nicht lebenswertes Leben aber überhaupt geben? Wer auf diese Frage mit »Nein« antwortet, meint, daß unter allen denkbaren Umständen das Leben dennoch und gleichwohl wert wäre, gelebt zu werden. Schmerzen beliebiger Intensität, Verstümmelungen, extreme Formen von Ausweglosigkeit, völlige Entrechtung und schlimmste Demütigung – all das kann nach Auffassung dessen, der hier mit »Nein«

antwortet, niemals ein Grund sein zu sagen: »Lieber den Tod als dieses Leben!« Wer so etwas meint, *könnte* dabei das Leben für ein Gut halten, das unabhängig von seinen Qualitäten üblicher Art einen so hohen Wert hat, daß eine Gesamtbetrachtung de facto niemals zu dem Ergebnis »nicht mehr lebenswert« kommen *kann*. Oder aber er müßte der Meinung sein, daß das Leben als solches ein Gut eigener und ganz besonderer Art ist, das überhaupt nicht unter dem Gesichtspunkt »lebenswert / nicht mehr lebenswert« beurteilt werden *darf*. Beide Positionen sind im Rahmen einer säkularen Sicht der Welt aber wiederum kaum nachvollziehbar. Das heißt natürlich noch nicht, daß diese Positionen daher unhaltbar sind; es heißt aber sehr wohl, daß die Plausibilität solcher Positionen vermutlich allenfalls dann begründet werden könnte, wenn sehr weitreichende metaphysische bzw. religiöse Annahmen ihrerseits plausibel gemacht werden können. Um deren Begründbarkeit steht es aber nach Auffassung vieler nicht gut. Insgesamt ist es daher offenbar durchaus nicht abwegig, zwischen einem Leben, das aus der Binnenperspektive lebenswert ist, und einem Leben, für das dies nicht gilt, zu unterscheiden.
Das mag schon sein, so kann man nun sagen, aber Singer hat doch andere Fälle vor Augen, Fälle, in denen *Dritte*, nämlich Eltern, Angehörige und auch Ärzte über den Wert des Lebens eines anderen entscheiden. Richtig ist, daß Singer *auch* solche anderen Fälle vor Augen hat. So kann es z. B. um den Lebenswert des Lebens eines schwerstbehinderten Säuglings oder auch um den Lebenswert eines Lebens im Koma gehen. Man kann natürlich strikt ablehnen, daß Dritte über den Wert des Lebens eines anderen entscheiden. Wer allerdings der Meinung ist, die künstliche Beatmung und Ernährung eines im Koma liegenden Patienten, dessen Großhirn unwiderruflich zerstört ist, dürfe eingestellt werden, der wird bei der Begründung seiner Meinung wohl kaum die Annahme vermeiden können, er halte das Leben dieses Patienten nicht mehr für lebenswert. Allgemeiner gesagt: Es scheint, daß bereits derjenige, der bestimmte Formen der passiven Sterbehilfe bejaht, jedenfalls auf den zweiten Blick deutlich erkennbar auch Urteile über den Wert des Lebens anderer fällt. Dies wiederum könnte man zum Anlaß nehmen, nun gegen *jede* Form von Sterbehilfe zu votieren. Es könnte aber auch Anlaß sein, z. B. darüber nachzudenken, ob und in welchen Grenzen wir hypothetisch bzw. stellvertretend Binnenperspektiven derer einnehmen

können, dürfen oder sogar müssen, die dazu selber nicht oder nicht mehr in der Lage sind.

III.

Insgesamt zeigen alle diese Ausführungen, daß es mit der Kohärenz, Konsistenz und Plausibilität unserer moralischen Überzeugungen im Zusammenhang des Tötens und Sterbens nicht sehr gut bestellt ist. Um die bestehende argumentative Gesamtsituation holzschnittartig zu charakterisieren: Es besteht *weitestgehender Konsens* darüber, daß Tyrannenmord, Notwehrtötung und jedenfalls bestimmte Formen einer passiven Sterbehilfe moralisch erlaubt sind. *Stark umstritten* ist hingegen die moralische Zulässigkeit der aktiven Sterbehilfe, der Abtreibung, der sog. verbrauchenden Embryonen-Experimente und der Selbsttötung. Außerhalb dieses Dissensbereichs herrscht wiederum *Einigkeit* darüber, daß die Tötung von Personen moralisch verboten ist. (Es besteht natürlich kein Konsens darüber, daß letzteres deshalb so ist, *weil* die Betroffenen Personen wären.) In diesem Gesamtzusammenhang entstehen nun verschiedene Kohärenzprobleme, zu denen jedenfalls die folgenden drei gehören:

1. Es ist inkohärenzverdächtig, den Suizid jedenfalls unter bestimmten Bedingungen für moralisch erlaubt, die Tötung auf Verlangen jedoch für prinzipiell unvertretbar zu halten.
2. Es ist inkohärenzverdächtig, einerseits weitreichende Abtreibungserlaubnisse für moralisch vertretbar zu halten, andererseits jedoch die Früheuthanasie prinzipiell abzulehnen.
3. Es ist inkohärenzverdächtig, die passive Sterbehilfe für moralisch zulässig, die aktive Sterbehilfe hingegen für unter allen Umständen moralisch verwerflich zu erklären.

»Inkohärenzverdächtig« heißt dabei: Es ist schwierig zu sehen, wie plausibel und konsistent für die jeweils erste Position argumentiert werden können soll, ohne dabei zugleich die möglichen Gründe gegen die jeweils zurückgewiesene zweite Auffassung zu unterminieren. Nicht, daß es prinzipiell ausgeschlossen sein müßte, die jeweiligen Positionen miteinander zu vereinbaren, aber es sind jedenfalls keine kleinen Schwierigkeiten und Komplikationen, die jeweils auszuräumen wären.

Mit diesen Kohärenzproblemen muß sich natürlich nur derjenige herumschlagen, der die unter 1 bis 3 angeführten Auffassungen jeweils *zugleich* vertreten will – und genau das muß man natürlich nicht. Man könnte nun – wiederum holzschnittartig – vier moralische Einstellungssyndrome im Zusammenhang von Sterben und Töten unterscheiden:

Syndrom 1: Suizid, Abtreibung und alle Formen von Sterbehilfe, seien sie aktiv oder passiv, sind moralisch unvertretbar.

Syndrom 2: Suizid, Abtreibung und jede Form einer aktiven Sterbehilfe sind moralisch unvertretbar. Passive Sterbehilfe kann jedoch moralisch zulässig sein.

Syndrom 3: Suizid, Abtreibung und passive Sterbehilfe sind moralisch zulässig, aktive Sterbehilfe und damit auch Früheuthanasie bzw. Tötung auf Verlangen sind hingegen moralisch unvertretbar.

Syndrom 4: Suizid, Abtreibung und alle Formen von Sterbehilfe einschließlich der Früheuthanasie und der Tötung auf Verlangen sind moralisch vertretbar.

(Umfassendere Syndrombildungen ließen sich vornehmen, wenn man z. B. auch die Notwehr, den Tyrannenmord und die Tiertötung miteinbezöge.) *Syndrom 1* besitzt eine hohe innere Konsistenz, während es zugleich für die meisten Menschen aus dem einen oder anderen Grund inhaltlich unakzeptabel ist. *Syndrom 2* hat Konsistenzprobleme im Zusammenhang mit der Unterscheidung und unterschiedlichen Bewertung von aktiver und passiver Sterbehilfe. Es trifft jedoch sehr gut die moralischen Intuitionen des Lagers der »Moral-Konservativen«. Die Probleme mit der inneren Konsistenz nehmen im Rahmen von *Syndrom 3* dramatisch zu, während zugleich die moralischen Intuitionen der »Moral-Progressiven« recht gut getroffen sind. *Syndrom 4* hat ebenso wie Syndrom 1 eine hohe interne Konsistenz, benötigt für seine inhaltliche Fundierung im Gegensatz zu Syndrom 1 keine religiös-metaphysischen Annahmen, verstößt aber gegen eine ganze Reihe tiefsitzender und weitverbreiteter moralischer Intuitionen. Die von Peter Singer und Helga Kuhse vertretenen Auffassungen entsprechen in etwa diesem Syndrom 4. Zugleich wird verständlich, wieso seine Auffassungen von Moral-Progressiven und Moral-Konservativen gleichermaßen abgelehnt werden, obwohl deren Positionen in Fragen der Abtreibung und des Suizids dann selber wiederum unvereinbar sind.

Es ergibt sich also folgende Lage: Die deutlich höhere innere

Konsistenz findet sich bei den extremen Syndromen 1 und 4, wobei eine inhaltliche Fundierung von Syndrom 1 vermutlich metaphysisch-religiöse Annahmen erforderlich macht, die für eine Fundierung von 4 nicht nötig sind. Die Syndrome 2 und 3 kommen den Intuitionen der Moral-Konservativen bzw. Moral-Progressiven entgegen, haben aber interne Konsistenz-Probleme. Um die interne Konsistenz der Auffassungen der Moral-Progressiven ist es dabei – nebenbei bemerkt – wohl noch schlechter bestellt als um die der konservativen Position. Sind diese Ausführungen einigermaßen zutreffend, dann befinden wir uns in einer *prekären Lage*: Es ist nicht zu sehen, wie im Zusammenhang der Probleme von Sterben und Töten ein umfassendes System moralischer Überzeugungen ausgearbeitet werden könnte, das *erstens* halbwegs konsistent, *zweitens* unter Verzicht auf weitgehende metaphysisch-religiöse Annahmen fundiert und *drittens* mit allen tiefsitzenden moralischen Intuitionen kompatibel wäre. Konsistenz wird man dabei für einen unverzichtbaren formalen Rationalitätsstandard halten dürfen. Mit weitreichenden religiös-metaphysischen Annahmen übernimmt man ebenso weitreichende Begründungsverpflichtungen. Natürlich kann man nicht ausschließen, daß gute Gründe für eine religiös-metaphysische Weltsicht beigebracht werden. Zu besonderem Optimismus besteht in dieser Hinsicht jedoch keinerlei Anlaß mehr. Für denjenigen, der hier ausgesprochen pessimistisch ist *und* eine Konsistenzforderung für sein moralisches Weltbild akzeptiert, bleibt daher kein anderer Ausweg als zu Revisionen auch an tiefsitzenden Intuitionen bereit zu sein. Peter Singer und Helga Kuhse sind zu weitreichenden Revisionen unseres angestammten moralischen Weltbildes bereit. Darin muß man ihnen nicht folgen. Man sollte dann aber angeben, wie man auf die prekäre argumentative Lage, in der wir uns im Zusammenhang der Probleme von Sterben und Töten offenbar befinden, zu reagieren vorschlägt.

IV.

Im Rahmen der öffentlichen Debatten um die Thesen Peter Singers und Helga Kuhses ist auch der Utilitarismus im allgemeinen zur Zielscheibe einer heftigen Kritik geworden. In diesem Zusammenhang scheinen einige Anmerkungen erforderlich.

1. Die meisten der von Peter Singer und Helga Kuhse vertretenen normativ-ethischen Thesen können zwar durch die eine oder andere Variante des Utilitarismus gestützt werden. In aller Regel können diese Thesen aber von ihrer utilitaristischen Fundierung gelöst und daher auch auf Basis ganz anderer Konzeptionen vertreten werden.
Insbesondere sollte deutlich sein, daß die Kritik an der bloßen Gattungszugehörigkeit als einem moralisch signifikanten Merkmal, also die Kritik am sog. Speziesismus nicht spezifisch utilitaristisch ist, sondern sich der modernen wissenschaftlichen Weltsicht verdankt, die eben wenig Möglichkeiten bietet, für eine moralisch privilegierte Stellung des Menschen im Kosmos zu argumentieren. Der Utilitarismus ist nicht die einzige mögliche Moralphilosophie, die sich nicht auf eine religiös-metaphysische Basis stützt. Auch interessenbasierte Ansätze kommen ohne solche Annahmen aus. Ebenfalls rein säkular wären diejenigen Konzeptionen, deren Ausgangspunkte Empathie, Mitleid und altruistische Dispositionen sind. In all diesen vom Utilitarismus stark abweichenden moralphilosophischen Konzeptionen kann man relativ rasch dazu gelangen, daß Suizid und Abtreibung moralisch ebenso vertretbar sind wie die Tötung auf Verlangen und die Früheuthanasie. – Es wäre also mehr als nur der Utilitarismus zu attackieren, wenn man jede moralphilosophische Konzeption angreifen wollte, die leicht zu solchen normativ-ethischen Konsequenzen führt, wie sie hier zur Debatte stehen.
2. Es spricht einiges dafür, die Analyse und Klärung drängender normativ-ethischer Fragen nicht mehr als unbedingt nötig mit der Diskussion moralphilosophischer Grundlagenstreitigkeiten zu verquicken. Der Grund dafür ist, daß es um die Klärung vieler moralphilosophischer Grundlagenfragen nicht gut bestellt ist. Für den Utilitarismus gilt dabei nur das gleiche wie für andere moralphilosophische Konzeptionen auch: Es gibt Anwendungsbereiche, in denen die Konzeption zu befriedigenden Resultaten führt, und es gibt Bereiche, in denen sich zahllose Komplikationen und Ungereimtheiten ergeben. In einer solchen Lage ist es wenig hilfreich, wenn diejenigen, die ihre Hoffnung auf eine bestimmte Konzeption setzen, immer nur auf die Schwächen der Konkurrenten hinweisen. Insbesondere ist es abwegig, wenn jemand, der selber überhaupt keine Alternative andeutet, den Utilitarismus in einer Weise kritisiert, die lediglich deutlich macht,

daß er den Utilitarismus nicht kennt und auch niemals zur Kenntnis genommen hat, was dessen Vertreter selber bereits zur Behebung von Schwächen der Konzeption ersonnen haben (z. B. Anwendung des utilitaristischen Prinzips auf Institutionen bzw. Regeln statt auf Einzelhandlungen, Einfügung von Gerechtigkeitsgrundsätzen usw.). Diese letztere Vorgehensweise, bei der zunächst eine ambitionierte »ideologiekritische« Pose eingenommen und dann in weitgehender Unkenntnis der Grundlagen wie der Details argumentiert wird, ist für erhebliche Teile der im Zusammenhang der Singer-Debatte vorgebrachten Utilitarismus-Kritiken charakteristisch.

Historisch ist anmerkenswert, daß utilitaristische Argumentationen jedenfalls in anderen Ländern wesentlich dazu beigetragen haben, das Strafrecht von Rache- und Sühne-Gedanken bzw. von den Verbrechen ohne Opfer zu befreien. Letzteres betrifft z. B. die Abschaffung einer Reihe von Verboten im Bereich des Sexualstrafrechts. Dies wiederum hat im Ergebnis dazu beigetragen, die Position von Individuen gegenüber der Gesellschaft zu stärken.

3. In zeitkritischen Diagnosen der soziokulturellen Situation wird der Utilitarismus als der moralphilosophische Ausdruck einer glücksversessenen Gesellschaft interpretiert, deren Mitglieder in wachsendem Maße unfähig würden, Lebenspläne und Selbstentwürfe zu entwickeln, die auch Hilfsbedürftigkeit, Krankheit, Schmerz, Leid und Tod in ein sinnvolles Ganzes einfügen, das vielleicht dadurch sogar allererst möglich wird.

Vermutlich ist es aus einer nicht-religiösen Lebensperspektive heraus nicht möglich, mit *jedweder* Art von Leid und auch mit *jedweder* Art von Tod etwas zu verbinden, was man »Sinn« nennen könnte. Das Theodizee-Problem ist allerdings ein Hinweis darauf, daß auch religiöse Weltsichten Phänomene wie Leid und Tod nicht problemlos in ein insgesamt kohärentes Weltbild integrieren können. Es könnte durchaus sein, daß diese Integrationsschwierigkeiten bei einer säkularen Weltsicht erheblich größer und angesichts manchen Leids eben unlösbar sind. Es ist also seinerseits bereits eine völlig überzogene Erwartung, man müsse in jenem Sinn von »Sinn«, der – wenn auch nur in Umrissen erkennbar – hier zur Debatte steht, allem, was diese Welt für Menschen bereithält, auch einen Sinn geben können. Daran, daß dies nicht möglich ist, ist allerdings nicht der Utilitarismus schuld, sondern wir haben es mit unvermeidlichen Konsequenzen und subjektiven Folgelasten eines Säkularisierungsprozesses zu tun.

Andererseits gibt es natürlich sehr vordergründige Glücks- und Unglücksvorstellungen. Auch das, was zunächst als schweres Unglück erlebt wird, kann sich im nachhinein als Chance erweisen, etwa weil es zu einem geänderten Leben zwingt, das derjenige, der es dann führt, als das vergleichsweise erfülltere erlebt. Krankheit muß nicht Unglück heißen, wie umgekehrt Gesundheit keine Glücksgarantie ist. Behinderungen, die manches unmöglich machen, können andere Perspektiven öffnen. Konsumerfahrungen können darüber belehren, daß Glanz nicht unbedingt auf Gold schließen läßt. Wieso aber – so wäre nun zu fragen – sollte der Utilitarismus, wenn in ihm vom Glück die Rede ist, sich eigentlich ausgerechnet an Idealen orientieren müssen, wie sie vielleicht der Werbung für Kosmetika oder Long Drinks entnommen werden können. Warum sollte er sich nicht an den sozusagen »aufgeklärten« Glücksvorstellungen bzw. wohlerwogenen Präferenzen orientieren können? Kurz: Der Hinweis darauf, daß manche Glücks- und Unglücksverheißung trügt, ist zwar wahr, trifft den Utilitarismus aber überhaupt nicht und könnte sogar Ausdruck eines selbst latent utilitaristischen Denkens sein. Wer schließlich befürchtet, bei konsequenter Anwendung des Utilitarismus werde dieser Welt jenes Maß an Leid ausgehen, das schon deshalb erforderlich sei, damit es das Glück überhaupt geben könne, der hat u. a. jegliches Augenmaß dafür verloren, wieviel Leid schon deshalb bliebe, weil die Leidvermeidung gänzlich außerhalb unserer Möglichkeiten liegt. Es bliebe vermutlich ein Maß an Leid, das um mehrere Größenordnungen zu groß ist, als daß ihm in einer säkularen Perspektive noch irgendwie ein Sinn abgewonnen werden könnte. Wir sind daher auf absehbare Zeit gut beraten, im Leid eher ein Übel und weniger ein Gut zu sehen.

V.

Dieses Buch ist in bestimmter Weise parteiisch. Nicht in dem Sinne, daß die Autorinnen und Autoren alle Ansichten teilen, die Peter Singer oder Helga Kuhse vertreten. Einige derer, die hier Beiträge verfaßt haben, lehnen z. B. den Utilitarismus aus verschiedenen Gründen ab. Parteiisch ist dieses Buch vielmehr in

dem Sinne, daß alle, die hier schreiben, die Thesen Peter Singers und Helga Kuhses nicht nur für diskussionsbedürftig, sondern auch für diskussionswürdig, also im wörtlichen Sinne für diskutabel halten. Dies ist nicht selbstverständlich, denn es wird von einigen bestritten, daß die Euthanasie-Problematik überhaupt öffentlich diskutiert werden dürfe. Die Debatte besteht dabei aus zwei Debatten, bei der die eine darum geht, ob die andere überhaupt geführt werden dürfe.
Dementsprechend ordnen sich die Beiträge zu diesem Band unterschiedlichen Schwerpunkten zu. Ein erster Teil behandelt insbesondere verschiedene normativ-ethische und rechtliche Aspekte der Euthanasie-Problematik (Birnbacher, v. Loewenich, Kuhse, Merkel, Singer/Fehige/Meggle). In einem zweiten Teil der Beiträge geht es schwerpunktmäßig um die Frage, ob eine Debatte über die Euthanasie-Problematik überhaupt geführt werden darf oder gar dringend geführt werden muß bzw. darum, wie diese Debatte faktisch bisher geführt wurde (Anstötz, Hegselmann, Kliemt, Singer, Wittmann, Wolf).
Einige der nachfolgenden Beiträge (Birnbacher, Hegselmann, Kliemt, Wolf) sind stark erweiterte und überarbeitete Fassungen von Artikeln, die 1990 in Heft 2 der Zeitschrift *Analyse & Kritik* erschienen, ein Heft, das sich schwerpunktmäßig mit der Debatte um Peter Singer befaßt und auch eine Replik von Peter Singer enthält. Der Artikel von Peter Singer wurde von Christoph Anstötz aus dem Englischen übersetzt; er erschien in *Bioethics* 4 (1990), 33-44, unter dem Titel »Bioethics and Academic Freedom«. Deutschsprachig wurde dieser Artikel erstmals veröffentlicht in: R. Hegselmann/H. Kliemt (Hg.), Peter Singer in Duisburg – Eine kommentierte Dokumentation [Eigendruck].* Der Beitrag von Helga Kuhse ist als überarbeitete Erweiterung aus einem Artikel hervorgegangen, der im *Deutschen Ärzteblatt* (19. 4. 1990, Heft 16) erschien.

Für die uns erteilten Abdruckgenehmigungen danken wir herzlich.

Rainer Hegselmann — Reinhard Merkel

* Zum Preis von 15 DM zu beziehen über die Herausgeber der Dokumentation oder über die Heinrich Heine-Buchhandlung, Viehofer Platz 8, 43 Essen 1.

Erster Teil
Zur Euthanasie-Problematik

Dieter Birnbacher
Das Tötungsverbot aus der Sicht des klassischen Utilitarismus

1. Die Anfangsplausibilität der utilitaristischen Ethik

Letzte ethische Axiome sind weder beweisbar noch schlechthin evident. Will man sich ihrer Akzeptabilität versichern, lassen sich allenfalls Plausibilitätsüberlegungen anstellen. Sind die Grundannahmen der utilitaristischen Ethik plausibel?

Mit Mill (1861, Kap. 4), Sidgwick (1907, Buch 4, Kap. 2) und Peter Singer (1984, Kap. 1; 1988) bin ich der Überzeugung, daß man der utilitaristischen Ethik eine gewisse Anfangsplausibilität nicht streitig machen kann. Plausibel ist die utilitaristische Ethik vor allem wegen des Verhältnisses der *Kongruenz*, in dem sie zu den metaethischen Merkmalen moralischer Normen steht: der Forderung, daß moralische Gebote und Beurteilungen nicht nur die jeweils eigenen Interessen und persönlichen Ideale des Urteilenden, sondern in einem ausgewogenen Verhältnis auch die Interessen und Ideale der anderen berücksichtigen (Unparteilichkeit), und dem Anspruch, von allen Verständigen verstanden, eingesehen und akzeptiert zu werden (dem Anspruch auf Allgemeingültigkeit).

Die Kongruenz der utilitaristischen Ethik mit dem Prinzip der *Unparteilichkeit* des moralischen Standpunkts liegt unmittelbar auf der Hand. Nicht nur nimmt sie keinen, dem sie die Akzeptanz ihrer Prinzipien ansinnt, von der Berücksichtigung seiner Interessen und seiner Betroffenheit aus, sie berücksichtigt die Betroffenheit jedes einzelnen auch in gleicher Weise. Sie erlaubt dem moralisch Entscheidenden oder Urteilenden keine moralische Privilegierung seiner selbst oder der Gruppen, denen er sich zugehörig fühlt. Diese Unparteilichkeit gilt allerdings nur in der Theorie streng. In der praktischen Anwendung muß eine gewisse Parteilichkeit zumindest immer dann zugelassen werden, wenn der Akteur andernfalls moralisch überfordert und die Realisierungschancen der utilitaristischen Ethik dadurch gemindert würden. Auch der Utilitarist erwartet von den Eltern, daß sie sich im Normalfall primär um die eigenen und nicht primär um fremde Kinder kümmern. Aber die Gründe für eine derartige Parteilichkeit sind ihrerseits unparteilicher Art. Die Strategie, die Lasten der Moral – im Sinne einer »moralischen Arbeitsteilung« – durch die Definition von Zuständigkeiten und Rollenverpflichtungen auf möglichst viele Schultern zu verteilen, steht ihrerseits im Dienste unparteilicher Nutzenmaximierung.

Die Kongruenz mit dem *Allgemeingültigkeitsanspruch* umfaßt mehrere Merkmale: *Erstens* ist die utilitaristische Ethik eine »Ethik ohne Metaphysik«. Die Glaubwürdigkeit des von ihr erhobenen Allgemeingültigkeitsanspruchs ist nicht dadurch eingeschränkt, daß sie zu ihrer Annahme die Annahme bestreitbarer weltanschaulicher oder religiöser Glaubensüberzeugungen voraussetzt. *Zweitens* ist sie »universalistisch« in dem Sinne, daß sie – wie die Ethik der antiken Stoa oder die christliche Ethik – niemanden von der Berücksichtigung ausnimmt. *Drittens* hat die utilitaristische Ethik mit ihrer subjektivistisch-hedonistischen Axiologie, die Erlebnissen, die subjektiv als positiv erlebt werden, positiven Wert und Erlebnissen, die subjektiv als negativ erlebt werden, negativen Wert zuschreibt, eine Wertbasis, die zwar *sehr schmal* ist, deren moralische Relevanz dafür aber von keiner Ethik bestritten wird. Im Gegensatz dazu fällt es objektivistischen Wertlehren, die stärker von zeit- und kulturspezifischen Interpretationen abhängen, schwerer, den Allgemeingültigkeitsanspruch nicht nur zu erheben, sondern auch glaubhaft zu machen. Im Sinne des Allgemeingültigkeitsanspruchs kann *viertens* auch das als Vorzug gelten, was der utilitaristischen Ethik oft als Schwäche angekreidet wird: ihre inhaltliche *Unbestimmtheit*. Indem sie relativ formal bleibt, ist sie für die Angehörigen verschiedener Kulturen und Epochen gleichermaßen akzeptierbar. Die utilitaristische Ethik darf ja nicht so verstanden werden, als könnte sie unmittelbar Handlungsorientierungen für den Alltag liefern. Sie ist eine Ethik und keine Moral. Um für die Praxis relevant zu werden, bedarf sie der Ausfüllung und Konkretisierung durch »Sekundärprinzipien«, die großenteils nicht ein für allemal festgeschrieben werden können, sondern sich den jeweils wechselnden natürlichen und gesellschaftlichen Lebensbedingungen anpassen müssen.

Eine Pointe dieser Sichtweise ist, daß es gute utilitaristische

Gründe geben kann, das utilitaristische Prinzip der gesellschaftlichen Nutzenmaximierung gerade nicht (bzw. nur sehr begrenzt) als praktische Handlungsorientierung zu verwenden. Ein solcher Grund ist, daß vielfach moralische Entscheidungen getroffen werden müssen, ohne daß die für eine umfassende Folgenabwägung erforderliche Zeit, Information und innere Gelassenheit gegeben sind. Ein anderer ist, daß auch nur ein Minimum an gesellschaftlicher Erwartungssicherheit erfordert, daß sich Verhalten, von dem andere betroffen sind, an relativ stabilen Regeln orientiert statt an Einzelfallerwägungen mit ungewissem und wechselndem Ausgang. Und drittens ist eine Nutzen und Kosten buchhalterisch bilanzierende Einstellung nicht mit allen Formen erwünschten menschlichen Verhaltens vereinbar: Sie ließe nur wenig Raum für Spontaneität, Ausdrucksverhalten und das Ausleben von Gefühlen. Auch nach utilitaristischen Maßstäben ist es nicht immer vernünftig, immer nur vernünftig zu sein.

2. Der Einwand der Kontraintuitivität

Die häufigsten gegen den Utilitarismus vorgebrachten Einwände bestehen darin, auf die Unvereinbarkeit tatsächlicher oder vermeintlicher Konsequenzen des Utilitarismus mit weitverbreiteten und zum Teil gefühlsmäßig tief verankerten moralischen Überzeugungen hinzuweisen. Exemplarische Beispiele sind der Einwand der Inadäquatheit der utilitaristischen Begründung der Strafgerechtigkeit (1), der Einwand der mangelnden Berücksichtigung der »Qualität« des Lustgewinns (2) und der Einwand der Kontraintuitivität der klassisch-utilitaristischen Pflicht zur Zeugung von Nachkommen (3):

(1) Vielen erscheint ein retributives Strafprinzip, nach dem sich Art und Ausmaß der Strafe ausschließlich oder wesentlich nach der Tatschwere richten, intuitiv plausibler als das utilitaristische, nach der sich Art und Ausmaß der Strafe primär an präventiven und therapeutischen Gesichtspunkten orientiert. Eine utilitaristische Straftheorie kann es eher rechtfertigen, ansonsten gleiche Fälle ungleich zu behandeln, etwa um ein Exempel zu statuieren.

(2) Der Utilitarismus kann die Verwendung von Steuermitteln zur Subventionierung von Opernhäusern und anderen kultu-

rellen Angeboten, die die Bedürfnisse einer kleinen Minderheit befriedigen, nur in engen Grenzen rechtfertigen. Viele würden es nicht für akzeptabel halten, getreu Benthams Diktum »quantity of pleasure being the same, pushpin is as good as poetry« alle verfügbaren Mittel auf die Befriedigung von Massenbedürfnissen zu verwenden und damit die Gefahr einer kulturellen Nivellierung heraufzubeschwören.

(3) Da eine Erhöhung der *Zahl* der Individuen in der Regel auch die Gesamtsumme an Lebensfreude erhöht, besteht dem klassischen Utilitarismus zufolge eine grundsätzliche Verpflichtung zur Zeugung von Nachkommen. Eine derartige Verpflichtung wird jedoch weithin abgelehnt.

Gegen derartige Angriffe stehen dem Utilitaristen insgesamt drei Verteidigungsstrategien zur Verfügung: (1) Er kann bestreiten, daß die kontraintuitiven Konsequenzen aus dem utilitaristischen Grundprinzip folgen (Leugnung). (2) Er kann versuchen, den Konflikt zwischen ethischer Theorie und »Intuitionen« aufzulösen, indem er seine Prinzipien entsprechend modifiziert (Anpassung). (3) Er kann die utilitaristischen Lösungen auch da vertreten, wo sie vorherrschenden Intuitionen widersprechen (Heroismus).

(1) Wer die Strategie der Leugnung wählt, behauptet entweder, daß die »kontraintuitiven« Konsequenzen, die ihm der Kritiker entgegenhält, nur vermeintlich aus den utilitaristischen Prämissen folgen, oder daß es zu Konflikten zwar in abstracto, nicht aber unter real möglichen Bedingungen kommt. Wer diese Strategie verfolgt, könnte etwa argumentieren, daß Verletzungen des Gleichheitsprinzips beim staatlichen Strafen nur in den engen Grenzen utilitaristisch gerechtfertigt werden können, die durch das Ziel der Aufrechterhaltung von Rechtssicherheit gezogen sind. Zur Verteidigung der Kultursubventionen könnte er geltend machen, daß kulturelle Monotonie von den Gebildeten als erheblich frustrierend empfunden würde und diese eines gewissen Maßes an Stimulation bedürfen, um selbst kreativ und produktiv sein zu können. Was die Zeugungspflicht betrifft, könnte er sich darauf berufen, daß diese auch für den klassischen Utilitaristen zumindest immer dann aufgehoben ist, wenn angesichts der drohenden Verknappung ökologischer Ressourcen die Welt als bereits überbevölkert gelten muß. Jeder zusätzliche in den Industrieländern gezeugte Mensch würde überdies die Ressourcen der Bio-

sphäre um ein Vielfaches stärker strapazieren als ein zusätzlicher Mensch in den Entwicklungsländern.

Die Strategie der Leugnung ist sicher ein Stück weit erfolgreich. Es muß jedoch als fraglich gelten, ob sie die Lücke zwischen utilitaristischen Lösungen und vorherrschenden Intuitionen so nahtlos schließen kann, wie es die Kritiker verlangen. Auch Utilitaristen wie Sidgwick und Hare, die über weite Strecken auf die Leugnungsstrategie setzen, können nicht in Abrede stellen, daß der Utilitarismus Handlungen, die nach den Grundsätzen der Alltagsmoral verboten sind (wie die »Bestrafung« Unschuldiger), zumindest in Extremfällen für erlaubt oder sogar geboten halten muß (etwa um das Lynchen einer größeren Zahl Unschuldiger zu verhindern). Überdies wird, wer eine moralische Pflicht zur Zeugung von Nachkommen grundsätzlich ablehnt, sich nicht damit zufriedengeben, daß diese lediglich unter den gegenwärtigen Bedingungen nicht bestehen soll.

Wer die Übereinstimmung mit vorherrschenden Intuitionen als Kriterium für die Akzeptabilität einer normativen Ethik gelten lassen möchte, wird nicht daran vorbeikommen, die utilitaristische Ethik in ihrer Standardversion entweder abzulehnen oder zu modifizieren. Vertreter der *Anpassungsstrategie* versuchen diese Modifikationen so vorzunehmen, daß der Konflikt mit bestimmten für unverzichtbar gehaltenen Intuitionen vermieden wird, zumindest der Kerngehalt des Utilitarismus dabei jedoch unangetastet bleibt. Ein interessanter Versuch, Normen der Vergeltungsgerechtigkeit und der Fairneß in einen im Grundsatz utilitaristischen Denkrahmen zu integrieren, ist etwa Rainer W. Trapps System des »Gerechtigkeits-Utilitarismus« (Trapp 1988). In diesem System ist sogar die *Struktur* der Theorie insofern von der Anpassungsstrategie bestimmt, als die nicht-utilitaristischen Komponenten bewußt variabel gehalten werden und es dem jeweiligen individuellen Theorieanwender überlassen bleibt, seine persönlichen Intuitionen einzubringen. Eine Anpassungsstrategie liegt auch John Stuart Mills – rudimentär gebliebener – Zwei-Faktoren-Theorie des Wohlbefindens zugrunde, nach der das Wohlbefinden je nach der Kultiviertheit seiner Quellen abgestuft bewertet werden soll (Mill 1861, Kap. 2). Oder es werden Komplizierungen in die Formulierung des Nützlichkeitsprinzips eingeführt, die die vom klassischen Utilitarismus postulierte Zeugungspflicht nicht nur für die gegenwärtigen, sondern für alle möglichen Umstände ausschließen (Narveson 1976, Singer 1976, Trapp 1988, 594 ff.).

Indem sich Anpassungsstrategien den vorherrschenden Intuitionen in bestimmten Hinsichten anzunähern versuchen, können sie sich in anderen Hinsichten von diesen Intuitionen freilich auch wieder entfernen. So hat die »presupposed persons view«, die das Prinzip der Nutzenmaximierung nur auf jeweils als konstant vorausgesetzte Populationen bezieht, zwar den Vorzug, eine Zeugungspflicht zu vermeiden, erkauft diesen aber damit, daß das generative Verhalten auch in anderen Hinsichten nurmehr sehr eingeschränkt moralisch beurteilt werden kann (vgl. Birnbacher 1986, 41). Andere Versuche, die Zeugungspflicht zu umgehen (wie die Konzeption Trapps), haben den Nachteil, ausgesprochen ad hoc zu wirken. Sie bilden die vorherrschenden Intuitionen eher nur ab, als irgend etwas zu ihrer Fundierung beizutragen.

Ein grundsätzlicheres Problem der Anpassungsstrategie liegt jedoch in etwas anderem: darin, daß diese Strategie genau dann unanwendbar zu werden droht, wenn das praktische Bedürfnis, die ethische Theorie zu Rate zu ziehen, am ehesten besteht, nämlich wenn die einschlägigen Intuitionen *gespalten* oder *unsicher* sind. Gerade in Fragen, wie sie in der Debatte um die Positionen Singers im Mittelpunkt stehen: Abtreibung, Früheuthanasie, Sterbehilfe, existieren keine Intuitionen, die einhellig und eindeutig genug wären, daß sich Anpassungsstrategien an ihnen orientieren könnten. An *welchen* Intuitionen sollte sich eine Anpassungsstrategie etwa in der Frage der Abtreibung orientieren? Und warum an den Intuitionen von heute statt an denen von gestern? Warum etwa an der heutigen Ablehnung einer Zeugungspflicht und nicht an ihrer über viele Jahrhunderte andauernden problemlosen Akzeptanz? Ist die ausschließliche Orientierung an dem heutigen Stand des Wert- und Normbewußtseins überhaupt mit dem Allgemeingültigkeitsanspruch der Ethik vereinbar?

Die grundlegende Frage hinter diesen Fragen ist, was die vorherrschende Moral eigentlich dazu legitimiert, der ethischen Theorie als Maßstab zu dienen. Ein gewisses Maß an Anpassung an die vorherrschenden moralischen Vorstellungen wird sich die utilitaristische Ethik zwar schon aus Gründen der Vermittlungs- und Durchsetzungsfähigkeit auferlegen. Aber solcherart pragmatisch motivierte Anpassungen rechtfertigen nicht schon entsprechende Anpassungen in der Theorie. Gibt es *Gründe*, die gegenwärtig vorherrschenden Intuitionen zu übernehmen, erübrigt es sich, sich an diesen Intuitionen als autoritativen Vorgaben zu orientieren. Gibt es keine Gründe, ist nicht zu sehen, warum man ihnen die Autorität einer ethischen Prüfinstanz zubilligen sollte.

Selbstverständlich kommt auch der prinzipiengeleitete Utilitarist nicht ohne moralische Intuitionen aus. Er wird sie jedoch weniger als Orakel auffassen, aus dem höhere Weisheit zu schöpfen ist, denn als *heuristisches* Instrument: Intuitionen sind wichtig, weil sie dazu beitragen können, die »blinden Flecke« eines ethischen Ansatzes zu korrigieren und die Aufmerksamkeit auf Dimensionen eines Problems zu lenken, die sich dem Zugriff eingespielter ethischer Kategorisierungen entziehen. Intuitionen können den Weg weisen zu einer weniger vorurteilshaften, weniger durch theoretische Parteinahme verzerrten Wahrnehmung moralischer Problemsituationen.

Statt die Differenzen zwischen utilitaristischer Ethik und vorherrschenden Wert- und Normüberzeugungen einzuebnen, scheint mir dem Utilitaristen die Strategie des *Heroismus* insgesamt am besten anzustehen. Sie dürfte dem Geist der Aufklärung, dem die utilitaristische Ethik entstammt, am ehesten entsprechen. Danach fungiert die utilitaristische Ethik nicht als Rekonstruktion, sondern als kritisches Korrektiv der vorherrschenden Moral. Sie hat den Mut, auch stabil verankerte moralische Intuitionen, da wo sie sich utilitaristisch nicht rechtfertigen lassen, in Frage zu stellen. Eine *radikale* Moralkritik ist dagegen allerdings nur selten indiziert, denn jede Radikalisierung birgt Risiken, die ihrerseits in der Regel utilitaristisch nicht vertretbar sind. Eher entspricht ihr eine Haltung, die man »umsichtig subversiv« nennen könnte – in Übereinstimmung mit der Geschichte des Utilitarismus, für die insgesamt das Zusammengehen mit reformerischen statt revolutionären Bewegungen charakteristisch war. Benthams Polemik gegen das barbarische Strafrecht seiner Zeit, Mills Kampf gegen die Diskriminierung der Frau und den Konformitätsdruck der viktorianischen Moral, aber auch Singers Kampagnen gegen die Tierfabriken berufen sich gerade nicht auf die Überzeugungen der Mehrheit, an denen sich – dem heute wiederauflebenden Konventionalismus zufolge – »Moraltheorien bewähren müssen« (vgl. Brülisauer 1988, 132), sondern entfalten das kritische Potential utilitaristischer Prinzipien gegen bestehende Selbstverständlichkeiten. Sollten wir im übrigen Mill, der für seine Bemühungen um die Einführung des Frauenstimmrechts im englischen Unterhaus verlacht worden ist, nachträglich empfehlen, er hätte doch lieber eine Ethik entwickeln sollen, die sich den vorherrschenden Überzeugungen seiner Zeit anpaßte und die Frauen aus der Politik ausschloß? Mill selbst jedenfalls ließ keinen Zweifel daran, daß der faktische Konsens über eine moralische Streitfrage den Ethiker nicht übermäßig beeindrucken darf: »Moralische Lehrmeinungen können nicht einfach ohne die Frage nach den Gründen der Tradition entnommen werden und müssen genauso sorgfältig geprüft werden wie andere überkommene Lehrmeinungen auch. Wie in anderen Bereichen muß sich eine überkommene Meinung, wie immer weitverbreitet, am Richtspruch aufgeklärter Vernunft messen lassen.« (Mill 1835, 74)

Auch Singer, der gegenwärtig insbesondere wegen der Kontraintuitivität seiner Extrempositionen in den Fragen Abtreibung und Früheuthanasie angegriffen wird, dürfte nicht ganz dem Vorwurf entgehen, sich gelegentlich herrschenden Denkgewohnheiten zu weitgehend anzupassen. Der von ihm zumindest in einigen seiner Argumentationen in »Praktische Ethik« zugrundegelegte *Präferenz-Utilitarismus* muß zweifellos den *Anpassungsstrategien* zugerechnet werden. Während die Attraktivität des Präferenz-Utilitarismus von Ökonomen – die zu seinen häufigsten Vertretern zählen – zumeist in seinen (vermeintlichen) methodologischen Vorteilen gesehen wird (statt der »Messung« subjektiver Gratifikationen lediglich die Messung von Präferenzen zu verlangen), liegt sie für Ethiker wie Singer vor allem in der Eleganz, mit der er das Tötungsverbot sowie einige in der Alltagsmoral weithin anerkannte Loyalitätspflichten zu begründen erlaubt: Ein auf dem Totenbett gegebenes Versprechen unerfüllt zu lassen, kann den *Bewußtseinszustand* des Verstorbenen nicht mehr beeinträchtigen, bedeutet aber, einer *Präferenz* des Verstorbenen zuwiderzuhandeln. Einen anderen Menschen im Schlaf zu vergiften, ohne ihn zu ängstigen oder leiden zu lassen, verursacht keinen von ihm selbst erlebten negativen *Bewußtseinszustand*, verletzt aber dennoch eine (im Normalfall bestehende) *Präferenz* dieses Menschen, weiterzuleben.

Singers Präferenz für den Präferenz-Utilitarismus scheint darüber hinaus dadurch motiviert zu sein, daß dieser eher als der klassische Utilitarismus der Intuition gerecht wird, daß Personen nicht

nur Träger von positiven und negativen Bewußtseinszuständen sind (und insofern auf einer Ebene stehen mit nicht-personalen empfindungsfähigen Wesen), sondern zusätzlich ein Recht auf *Achtung* haben. Die Interessen von Personen verdienen nicht nur deshalb Beachtung, weil deren Befriedigung ihre Gratifikation erhöht, sondern weil die Befriedigung ihrer Interessen eine der wesentlichen Weisen ist, Personen zu respektieren.
An einem Prinzip der Befriedigung der Präferenzen von Personen ist aus utilitaristischer Sicht freilich nichts auszusetzen. Die Frage ist nur, ob es angeraten ist, im Sinne des Präferenz-Utilitarismus dieses Prinzip bereits in den Grundlagen der Theorie zu verankern, oder es im Sinne des klassischen Utilitarismus als Sekundärprinzip auf mittlerer Abstraktionsebene zu formulieren. Ein Vorteil der letzteren Option liegt darin, daß das Prinzip der Befriedigung von Präferenzen dann nur prima facie gilt und damit einige der Schwierigkeiten vermieden werden, mit denen der Präferenz-Utilitarismus andernfalls konfrontiert ist: vor allem der Schwierigkeit, daß zukunftsbezogene oder auf andere Personen gerichtete Präferenzen in erheblichem Maße kognitiv und emotional verzerrt, irrational und selbstschädigend sein können, so daß die Befriedigung solcher Präferenzen dem jeweiligen Subjekt keineswegs immer zu wünschen ist. Nicht jede Befriedigung einer Präferenz führt zu einer Steigerung der Gratifikation. Auf der anderen Seite ist nicht jede Gratifikationssteigerung von Präferenzen abhängig. Daß jemand keine Verbesserung seiner äußeren Lebensumstände oder seines Gesundheitszustands anstrebt, zeigt nicht, daß es ihm so gut geht, wie es ihm gehen könnte und möglicherweise sollte. Zufriedenheit ist oft auch Ausdruck von Hoffnungslosigkeit und Resignation.
Um diesen Schwierigkeiten zu entgehen, muß sich der Präferenz-Utiliarismus statt auf die faktisch geäußerten oder im Verhalten manifestierten Präferenzen auf ein idealisierendes Konstrukt beziehen: die »hypothetischen Präferenzen« unter kontrafaktischen Bedingungen höchstmöglicher subjektiver Rationalität (Hare 1981, 106, Harsanyi 1982, 55), womöglich mit dem zusätzlichen Ausschluß antisozialer (Harsanyi 1982, 56) bzw. aller »externer«, auf andere gerichteter Präferenzen (Hare 1981, 104, Harsanyi 1988, 97). Damit gehen wesentliche für den Präferenz-Utilitarismus beanspruchte Vorzüge wieder verloren. Herauszufinden, was ein Mensch rational präferiert, ist nicht wesentlich leichter als

herauszufinden, was zu seinem Besten ist. Ein zusätzlicher Vorteil einer durchgängigen Orientierung am Glücks- statt am Präferenz-Utilitarismus wäre der, daß die Notwendigkeit entfiele, mit Singer eine Art »Theorienopportunismus« zu praktizieren und je nach Problemkontext zwischen dem klassischen und dem Präferenz-Utilitarismus hin- und herzuwechseln, je nachdem, welche Theorie besser »paßt«: Während Singer bei nicht vernunftbegabten und nicht selbstbewußten Wesen den Glücks-Utilitarismus für die adäquatere Theorie hält, zieht er in bezug auf vernunftbegabte und selbstbewußte Wesen den Präferenz-Utilitarismus vor (vgl. Singer 1984, 141 f.).

3. Utilitarismus und Tötungsverbot

Der Einwand, das Tötungsverbot nicht angemessen begründen zu können, gehört zu den Standardeinwänden gegen die utilitaristische Ethik und besonders gegen den klassischen Utilitarismus. Man kann dabei zwischen einer starken und einer schwachen Variante unterscheiden. In seiner starken Form behauptet der Einwand, der Utilitarismus könne ein Tötungsverbot nicht einmal für solche Fälle begründen, in denen es intuitiv am unumstrittensten gilt (so z. B. Henson 1971; Brülisauer 1988, 145). Der Utilitarist könne etwa nicht begründen, warum man nicht eine Erbtante im Schlaf vergiften sollte, so daß sie weder Angst, Schmerzen oder irgendwelche anderen »negativen Bewußtseinszustände« empfindet. In seiner schwachen Form behauptet der Einwand, der Utilitarist habe keinen Grund, das Tötungsverbot auch in Grenzfällen wie Abtreibung, aktive Sterbehilfe auf Verlangen oder aktive Früheuthanasie bei schwerstgeschädigten Neugeborenen aufrechtzuerhalten. In diesen Grenzbereichen müsse er vielmehr in weit größerem Umfang Ausnahmen vom Tötungsverbot zulassen, als akzeptiert werden können.
Welche Gründe hat der (klassische) Utilitarist, die Tötung eines anderen Menschen zu verbieten? Soweit ich sehe, kommen dafür fünf – unterschiedlich gewichtige – Gründe in Frage:
(1) Einen anderen zu töten, bedeutet in der Regel, das Leben eines bewußtseinsfähigen Wesens zu verkürzen, das sein Leben nicht dauerhaft als unerträglich empfindet.
Das rein biologische Leben hat für den Utilitaristen keinen *intrin-*

sischen Wert. Als real notwendige Bedingung jeglichen subjektiven Bewußtseins hat es allerdings einen eminent hohen *extrinsischen* Wert. Das biologische Leben eines Menschen ist genau in dem Maße schutzwürdig, als es die Voraussetzung ist für ein zumindest nicht dauerhaft als unerträglich empfundenes Bewußtseinsleben.

Das Argument, man dürfe einen anderen Menschen deshalb nicht töten, weil ansonsten ein insgesamt als positiv empfundenes Bewußtseinsleben verkürzt würde, ist aber offensichtlich ein ausgesprochen schwacher Grund für ein Tötungsverbot. Wäre er der einzige, wäre die Tötung eines Menschen zumindest immer dann erlaubt, wenn durch die Verkürzung des Lebens von A das Leben mehrerer anderer Personen B, C usw. verlängert werden könnte, wie in dem fiktiven »Transplantationsfall« von G. Harman (1981, 13 f.): Fünf Patienten können nur überleben, wenn jeder ein anderes bestimmtes Organ transplantiert bekommt. Würde man A, der sich zu einer Routineuntersuchung in derselben Klinik aufhält, töten, ohne daß dieser sich ängstigen oder anderweitig leiden müßte, würden fünf überleben und nur einer sterben. Andernfalls würden fünf sterben und einer überleben.

Daß auch der (klassische) Utilitarist die Tötung von A in diesem Fall nicht billigen kann, beruht darauf, daß das Tötungsverbot für ihn im wesentlichen nicht durch die Auswirkungen auf die unmittelbar Betroffenen begründet ist, sondern durch die indirekten Auswirkungen auf andere. Auf diese beziehen sich die vier weiteren Gründe. Der erste von ihnen ist

(2) der Verlust, den Nahestehende, Abhängige und andere durch den Tod des Getöteten erleiden.

Auch dieser Grund ist, wie man sofort sieht, ein außerordentlich schwacher Grund für das Bestehen eines Tötungsverbots. Man stelle sich vor, der »geopferte« A in Harmans fiktivem Transplantationsfall habe keine Nahestehenden, die seinen Tod als Verlust empfinden, während der Tod der fünf Kranken für die ihnen Nahestehenden einen schweren Verlust bedeutet.

Zentral bedeutsam ist dagegen aus utilitaristischer Sicht

(3) die Angst und Unsicherheit, die eine Tötung (und besonders eine *Praxis* des Tötens) bei Dritten bewirkt.

Mill hat dieses Argument in seiner Kritik an Sedgwick lapidar so formuliert: »Hielte man es für erlaubt, jeden nach Belieben umzubringen, von dem man meint, daß die Welt ohne ihn besser wäre – niemand könnte sich seines Lebens sicher sein.« (Mill 1852, 181 f.) Das Tötungsverbot muß strenger gelten, als es die ersten beiden Gründe nahelegen, wenn die allgemeine Sicherheit nicht gefährdet werden soll. Es muß in der Tat so streng gelten, daß sich der Tötende zur Rechtfertigung seines Vorhabens in der Regel nicht auf wohlwollende Absichten und Motive berufen darf. Die soziale Bedrohung, die von möglichen Gesinnungstätern ausgeht, steht der, die von Böswilligen ausgeht, um nichts nach. Ein Zustand wäre unerträglich, in dem jeder jeden anderen umbringen dürfte, nur weil er zu wissen meint, daß es entweder für den Getöteten selbst oder für die Gesellschaft besser wäre, wenn er tot wäre. Aus diesem Grund muß auch der Utilitarist eine Tötung von A in Harmans Transplantationsfall verbieten. Würde auch nur in einem einzigen derartigen Fall eine Tötung ohne Sanktion bleiben oder auf andere Weise direkt oder indirekt gerechtfertigt oder entschuldigt, wäre das Vertrauen nicht nur in das Medizinsystem tiefgreifend erschüttert.

In eine ähnliche Richtung geht das vierte Argument, daß

(4) jede Ausnahme vom Tötungsverbot, die sich – für sich betrachtet – utilitaristisch rechtfertigen läßt, ein Risiko beinhaltet, als Freibrief für weitere, unberechtigte Ausnahmen mißverstanden zu werden.

Einen wirksamen Schutz vor Angst und Verunsicherung bietet nur ein Tötungsverbot, das möglichst wenige Ausnahmen zuläßt (vgl. Mill 1852, S. 182). Jede Verletzung einer Regel, die öffentlich geduldet oder legitimiert wird, tendiert dazu, die Regel zu schwächen. Auch wenn die einzelne Regelverletzung für sich genommen berechtigt scheint, kann die Summe der Regelverletzungen beträchtlichen Schaden anrichten.

Eine weitere aus utilitaristischer Sicht signifikante Folgendimension der Fremdtötung wird gewöhnlich weniger beachtet, ist jedoch gerade in der Auseinandersetzung mit den Positionen Singers von Bedeutung:

(5) die Auswirkungen von Tötungshandlungen auf das Selbstverständnis *indirekt* betroffener Individuen.

Diese Folgendimension wird besonders dann wichtig, wenn die Tötung ausschließlich oder wesentlich deshalb erfolgt, weil der Getötete Träger unerwünschter Merkmale ist, wie vielfach bei der selektiven Abtreibung und der selektiven Früheuthanasie. Jeder andere, der die entsprechenden Merkmale besitzt und sich inner-

lich mit der Gruppe der Träger dieses Merkmals identifiziert, wird die Tötung anderer aus dieser Gruppe als Unwerturteil auch über sich empfinden.
Reichen die fünf dem (klassischen) Utilitaristen verfügbaren Gründe aus, dem *starken* Einwand zu begegnen und ein Tötungsverbot zumindest für die zentralen Fälle eines intuitiv bestehenden Tötungsverbots zu begründen? Ich meine ja – auch wenn es schwerfällt, die Richtigkeit dieser Auffassung in voller Strenge zu demonstrieren. Zumindest die häufigsten gegen den Utilitarismus ins Feld geführten »Horrorfälle« lassen sich m. E. entkräften. Das Töten einer Erbtante im Schlaf ist nicht bereits dadurch utilitaristisch legitimiert, daß das Opfer keine Angst empfindet. Wesentlich sind die Auswirkungen der Tötung auf die allgemeine Sicherheit. Die Ausrottung einer kleinen Minderheit durch eine große Mehrheit, die deren Beseitigung als Gewinn empfindet (vgl. Kriele 1979, 56), wäre nur dann ein Gegenbeispiel, wenn die Befriedigung der Mehrheit so groß wäre, daß sie die Angst und Demütigung nicht nur der direkten Opfer aufwiegt, sondern auch die aller übrigen, die sich mit den Opfern identifizieren oder sich durch die Verfolgung der Minderheit bedroht fühlen (etwa weil sie zu anderen Minderheiten gehören, die zum Opfer von Verfolgungen werden können), und zusätzlich jede akzeptablere Möglichkeit, die Minderheit loszuwerden, ausgeschlossen ist. Diese Bedingungen dürften in der Realität kaum jemals erfüllt sein. »Geheime« Tötungen – ein anderes beliebtes Beispiel – bleiben in der Regel nicht lange geheim, und gerade das spurlose »Verschwinden« (etwa von Oppositionellen) verbreitet ein Klima von Bedrohung und Unterdrückung, das die durch die physische Vernichtung der Opposition erkaufte »Ruhe« zur bloßen Friedhofsruhe macht.– Ich glaube also nicht, daß das Ziel, das Tötungsverbot in seinen zentralen Anwendungen utilitaristisch zu begründen, den Übergang vom klassischen zum Präferenz-Utilitarismus erfordert.
Die (klassisch- wie präferenz-)utilitaristischen Gründe für das Tötungsverbot werden vielfach als unzureichend empfunden. Vielen erscheinen sie zu *indirekt* und in zu starkem Maße abhängig von kontingenten psychologischen und soziologischen Bedingungen. Deontologische Ethiker wie Devine (1978, 34f.) haben der utilitaristischen (bzw. jeder konsequentialistischen) Begründung des Tötungsverbots vorgehalten, die Verwerflichkeit der

Tötung könne nicht lediglich in der Unerwünschtheit der mit der Tötung kontingent verknüpften Folgen und Nebenfolgen bestehen. Auf diese Weise käme die Unbedingtheit, mit der das Tötungsverbot gilt, nicht hinreichend zur Geltung.

Dieser Einwand scheint mir nicht überzeugend. Wenn die utilitaristische Begründung des Tötungsverbots zu indirekt ist, dann muß die Gegenfrage erlaubt sein, wie eine *direkte* Begründung des Tötungsverbots aussehen könnte. Selbstverständlich kann eine deontologische Ethik das Tötungsverbot gewissermaßen axiomatisch postulieren. Aber damit wäre wenig gewonnen. Von der Ethik erwarten wir nicht, daß sie uns wiederholt, was wir schon wissen: daß ein Tötungsverbot besteht, sondern daß sie uns sagt, *warum* es besteht und bestehen sollte. Die Antwort, die eine deontologische Ethik auf die Frage nach den Gründen geben kann, ist jedoch allenfalls tautologisch. Im übrigen ist die Unbedingtheit des Tötungsverbots auch für Deontologen in der Regel durch Ausnahmebestimmungen und Vorrangregeln für Kollisionen mit anderen Pflichten und Rechten eingeschränkt. Auch wer ein prima facie bestehendes »Recht auf Leben« postuliert, kommt nicht umhin anzugeben, unter welchen Bedingungen diesem Recht in Konfliktfällen zuwidergehandelt werden darf. (Auch der Art. 2,2 des Grundgesetzes stellt das Recht auf Leben unter Gesetzesvorbehalt.) Während jedoch der Deontologe Ausnahmebestimmungen und Vorrangregeln für Konfliktfälle ihrerseits als Axiome einführen muß, ist der Konsequentialist in der Lage, diese Regeln zu *begründen*, nämlich indem er auf eine gedankliche Ebene übergeht, auf der die *Funktionen* moralischer Normen in den Blick kommen und aus diesen die Grenzen der Anwendung dieser Normen hergeleitet werden können.

Ein weiterer Einwand, der gegen utilitaristische Begründungen des Tötungsverbots geltend gemacht wird, lautet: Indem der Utilitarist nach den *Gründen* für das Tötungsverbot fragt, trägt er bereits zur *Relativierung* dieses Verbots bei und damit zu einer Unterminierung seiner Geltung, die er als Utilitarist selbst nicht wollen könne. Mit jedem Versuch, das Verbot der Tötung auf etwas *anderes* zurückzuführen, nehme die Unbedingtheit dieses Verbots Schaden, werde das Tabu über die Tötung gelockert (vgl. Richards 1988, 123).

Dieses Argument ist strenggenommen kein ethisches Argument gegen die Sachangemessenheit der utilitaristischen Begründung des Tötungsverbots, sondern ein moralstrategisches Argument gegen die *Verbreitung* dieser Begründung über eine intellektuelle Elite hinaus. Es erinnert an Sidgwicks These, daß es im Sinne der unangefochtenen Geltung moralischer Normen zuweilen besser ist, wenn ihre Gründe von der breiten Mehrheit nicht verstanden und nicht zum Gegenstand öffentlicher Debatte gemacht werden (vgl. Sidgwick 1907, 489).

Dem Projekt eines derartigen philosophischen »Priestertrugs« werden allerdings nur wenige etwas abgewinnen können. Unter Bedingungen einer demokratisch-kritischen Öffentlichkeit – auf die niemand verzichten möchte – scheint es weder möglich noch wünschenswert, ein einmal bestehendes Tabu langfristig als bloßes Tabu aufrechtzuerhalten und jede Debatte darüber im Keim zu ersticken. Von Menschen, die zur Mündigkeit erzogen worden sind, muß man erwarten, daß sie wissen wollen, warum in unserer Gesellschaft die Moralnormen gelten, die in ihr gelten, und warum sie zu diesen Normen erzogen worden sind. Man kann von ihnen nicht verlangen, diese Normen lediglich als Traditionsbestände schlicht hinzunehmen. Außerdem scheint es fraglich, ob das Zurückgehen auf eine »tiefere« Begründungsebene die faktisch geltenden Normen immer nur unterminiert. Ein Tabu, das einmal in Frage gestellt ist, ist kein Tabu mehr. Es läßt sich auch auf dem Wege rationaler Begründung als Tabu nicht wiederherstellen. Dagegen wird eine Norm, die sich als durch plausible Prinzipien begründbar erweist, dadurch auch stabilisiert. Sie muß nicht mehr nur blind geglaubt werden.

4. Die schwächere Form des Einwands

Soviel zur *starken* Form des Einwands gegen die utilitaristische Ethik, nach dem der (klassische) Utilitarismus unfähig sei, das Tötungsverbot selbst für zentrale Fälle zu begründen. Die *schwache* Form des Einwands der Inadäquatheit der utilitaristischen Begründung des Tötungsverbots zielt auf die »marginal cases«: Abtreibung, aktive Sterbehilfe auf Verlangen und aktive Früheuthanasie schwerstbehinderter Neugeborener. Charakteristisch für Singers Diskussion dieser Grenzbereiche ist eine ausgeprägte Ungleichgewichtung der dem Utilitaristen zur Verfügung stehenden fünf Gründe gegen die Tötung. Das Argument der Angstreduktion (3) steht bei Singer deutlich im Vordergrund, den Argumenten möglicher Dammbrüche (4) und der indirekten Auswirkungen (5) wird verhältnismäßig wenig Gewicht beigemessen. Falls man dieser Gewichtung folgt, ist es nicht leicht, sich der Konsequenz von Singers Argumentation zu entziehen: Es ist kein utilitaristischer Grund ersichtlich, warum das menschliche Leben auch in denjenigen frühen Entwicklungsstadien zu schützen ist, in denen es noch nicht die Bewußtseinsfähigkeiten ausgebildet hat, um sich vor einer eventuellen Tötung ängstigen zu können. Wenn die Tötung eines menschlichen Embryos oder eines menschlichen Neugeborenen verboten ist, dann jedenfalls nicht deswegen, weil sie Angst auslöst. Alle, die von ihr wissen, sind nicht bedroht – zumindest (so wird man einschränken müssen) nicht *direkt* bedroht.

Man muß sich allerdings fragen, ob Singer der Klarheit und Einheitlichkeit seiner Argumentation einen Dienst tut, wenn er an diesem Punkt den Lockeschen Begriff der *Person* ins Spiel bringt und den Personenstatus durch die Fähigkeit zu Ichbewußtsein und Zukunftsbewußtsein definiert. Denn nicht auf alle, die in diesem Sinn keine Personen sind (wie Alte im Stadium fortgeschrittener Demenz), läßt sich die Argumentation der fehlenden Bedrohlichkeit in derselben Weise anwenden wie auf Embryonen und Neugeborene. Nicht nur sehen wir einen Menschen, der eine Person (im Lockeschen Sinne) *war*, gemeinhin mit anderen Augen als den, der eine Person sein *wird* oder sein *könnte*; sondern eine Tötung etwa von Altersdementen muß aus utilitaristischen Gründen schon deshalb unzulässig sein, weil sie die potentiellen Betroffenen, lange bevor sie eventuell tatsächlich betroffen sind, massiv ängstigen kann. Diese Überlegung wird von Singer zwar berücksichtigt, ihre Konsequenz, die Unzulässigkeit einer »nichtfreiwilligen« Euthanasie bei Alten, aber längst nicht entschieden genug gezogen (vgl. Singer 1984, 190). Singer läßt es damit so erscheinen, als sei für ihn nicht Angstfähigkeit, sondern der Personenstatus der direkte und ausschlaggebende Grund für das Verbot, einen Menschen zu töten – ein Eindruck, der sich noch verstärkt, wenn man berücksichtigt, daß der Personenbegriff traditionell mit der Zuschreibung bestimmter moralischer *Rechte* verknüpft ist und die *Aberkennung* des Personenstatus insofern unmittelbar eine gewisse *Entrechtung* nahelegt. Zumindest aus der Perspektive des klassischen Utilitarismus ist aber die Frage nach dem Personenstatus des direkt Betroffenen allenfalls indirekt relevant. Entscheidend ist – falls man den Aspekt der Angstreduktion mit Singer in den Mittelpunkt stellt – allein der Aspekt der Angstfähigkeit.

Kann man Dammbruchargumenten und Argumenten, die auf die Nebenwirkungen von Tötungshandlungen verweisen, tatsächlich so wenig Gewicht zubilligen, wie es Singer tut (und wie es insbesondere Kuhse und Singer im Zusammenhang mit der Früheuthanasie schwerstbehinderter Neugeborener tun, vgl. Kuhse/Singer 1985, 213)?

Singer hat sicher recht, Dammbruchargumenten mit einem gewissen Mißtrauen zu begegnen. Der Verdacht ist vielfach nicht von der Hand zu weisen, daß Dammbruchargumente nicht als genuin *konsequentialistische* Argumente intendiert werden – d. h. als Argumente, die auf die möglichen *Folgelasten* einer Praxis hinweisen, die für sich genommen moralisch unbedenklich ist –, sondern als Argumente, die auf eine verquere Weise die Praxis als für sich genommen bedenklich erweisen wollen (vgl. Williams 1985, 127). Auch die Tatsache, daß es in den letzten Jahren kaum eine kontroverse rechtspolitische Debatte gab, in der von den Reformgegnern nicht weitgehende, aber kaum je durch die Erfahrung bestätigte Dammbruchbefürchtungen geäußert wurden, macht solche Argumente nicht glaubwürdiger (vgl. H.-G. Koch in Deutscher Juristentag 1986, 133). Viele der Dammbruchargumente, die etwa in der Debatte um die strafrechtliche Freigabe bestimmter Formen der aktiven Sterbehilfe auf Verlangen vorgebracht werden, scheinen so überzogen (z. B. Spaemann 1990), daß man sich fragen muß, ob sie die Position der Reformgegner nicht eher schwächen als stärken.

Auf der anderen Seite spricht einiges dafür, in einem so sensitiven Bereich wie dem des Lebensschutzes auch ein kleines Risiko eher zu vermeiden. Mag sie auch von vielen Autoren übertrieben werden – die Befürchtung ist nicht ganz von der Hand zu weisen, daß ein Zulassen weiterer Ausnahmen (über Abtreibung, Töten in Notwehr, Töten im Verteidigungskrieg und eventuell Tyrannenmord hinaus) die Selbstverständlichkeit des Tötungsverbots und damit den Lebensschutz insgesamt schwächen könnte. Dammbrüche sind nicht überall gleich bedrohlich. Ein slippery slope im Bereich des Tötungsverbots wäre bedrohlicher als ein Dammbruch etwa im Bereich der Sexualmoral. Daß die menschlichen

Tötungswünsche ernster zu nehmen sind, als es das vorherrschende kulturelle Selbstverständnis nahelegt, dürften dem Erwachsenen bereits die »mörderischen« Kinderspiele demonstrieren, aber auch die verbreitete Akzeptanz von Mitleidstötungen und sozialdarwinistischen »Euthanasie«-Aktionen (man vergleiche die bei Lamb 1988, 38 ff., zitierten Ergebnisse amerikanischer Befragungen). Die zivilisatorische Decke ist vielleicht dünner, als wir es uns träumen lassen, und ein Einbruch ist am ehesten zu verhindern, wenn die Selbstverständlichkeit des Tötungsverbots möglichst unangefochten bleibt.
Noch weniger Aufmerksamkeit als möglichen Dammbrüchen widmet Singer den *unmittelbaren* sozialen Nebenfolgen einer möglichen Ausweitung der Ausnahmen vom Tötungsverbot, vor allem den dadurch bei Dritten möglicherweise bewirkten Irritationen, Verunsicherungen und Minderwertigkeitsgefühlen. Singer würde diesen Hinweis vermutlich nicht als Kritik gelten lassen und darauf verweisen, daß es ihm u. a. darum gehe, die Einstellungen und Bewertungen, die solchen Gefühlen zugrunde liegen, durch eine sachliche Problemanalyse als vielfach verfehlt und irrational zu erweisen. Solange man darauf hoffen kann, daß der emotionale Widerstand gegen eine bestimmte Praxis durch eine derartige Analyse aufzulösen ist, wäre es in der Tat abwegig, die Praxis u. a. deshalb für unzulässig zu halten, weil sie starke emotionale Abwehrreaktionen hervorruft. Andernfalls wäre der Utilitarist auf die ultrakonservative Strategie festgelegt, auch krasse gesellschaftliche Mißstände so lange befürworten zu müssen, wie ihre Beseitigung empfindliche Gemüter verletzen könnte. Gefühlen und Einstellungen muß aus utilitaristischer Sicht aber zumindest dann einiges Gewicht zugebilligt werden, wenn sie entweder unabhängig von der in Frage stehenden Praxis wichtige individuelle und soziale Funktionen übernehmen, die sie nicht übernehmen könnten, würden sie in Teilbereichen geschwächt, oder wenn sie sich allen Bemühungen einer Umorientierung durch Argumente hartnäckig widersetzen. In diesem Fall wäre eine Abwägung erforderlich: Wie vordringlich ist die Änderung der Praxis im Vergleich zu der dafür möglicherweise in Kauf zu nehmenden Schwächung der die bisherige Praxis stützenden Einstellungen und zu dem Affront, den die Änderung der Praxis für diejenigen bedeutet, die an der alten Praxis festhalten? Je »rationalistischer« eine Ethik, desto eher könnte sie dazu neigen, die emo-

tionale Lernfähigkeit und die Bereitschaft zur rationalen Durchdringung sensitiver Fragen zu überschätzen. Um so gewissenhafter und selbstkritischer muß sie diese Abwägung vornehmen.

Daß die *sozialen Nebenfolgen* in die utilitaristische Folgenabschätzung einbezogen werden müssen, wird besonders dann deutlich, wenn gefragt wird, ob zwischen dem Bewirken eines Zustands durch Handeln und dem Bewirken desselben Zustands durch Unterlassen ceteris paribus ein moralisch bedeutsamer Unterschied besteht. Die Mehrzahl der zeitgenössischen analytisch orientierten Ethiker vertritt in dieser Frage die *Äquivalenzthese*, nach der ein moralisch bedeutsamer Unterschied zwischen Tun und Unterlassen grundsätzlich nicht besteht. Töten und Sterbenlassen (d. h. einen Tod zulassen, dessen Ursachen man nicht direkt oder indirekt selbst herbeigeführt hat und von dem man weiß, daß man ihn abwenden könnte) sind danach ceteris paribus gleichermaßen moralisch zulässig oder unzulässig. Offensichtlich ist auch der Utilitarist auf die Äquivalenzthese verpflichtet: Da für ihn die moralische Richtigkeit und Falschheit einer Handlung oder Handlungsweise ausschließlich von der Qualität ihrer (absehbaren) Folgen abhängt, kann die Art des Verhaltens, das die Folgen herbeiführt, für die moralische Zulässigkeit dieses Verhaltens keinen Unterschied machen.

Intuitiv wird eine Tötung zumeist jedoch als moralisch deutlich schwerwiegender beurteilt als ein in allen anderen Hinsichten vergleichbares Sterbenlassen. Das spiegelt sich in den strafrechtlichen Sanktionen. Während die passive Sterbehilfe auf Verlangen in der Bundesrepublik rechtlich erlaubt ist, wird die aktive Sterbehilfe auf Verlangen (sofern sie nicht in der aktiven Beendigung einer lebenserhaltenden Maßnahme besteht) als Tötung auf Verlangen mit einer Mindeststrafe von einem halben Jahr Haft bedroht.

Der scheinbare Gegensatz zwischen Theorie und Praxis löst sich jedoch ein Stück weit auf, berücksichtigt man die sozialen Nebenfolgen eines Tötens einerseits, eines Sterbenlassens andererseits. Zunächst ist hier an die unterschiedlichen Erwartungen zu denken: Wer sich zur Untersuchung in eine Klinik begibt, erwartet ebensowenig, daß er zugunsten des Überlebens anderer getötet wird, wie daß sein Leben auf Kosten des Lebens anderer gerettet wird. Zudem werden Töten und Sterbenlassen, auch wenn sie sich in ihren *Hauptfolgen* nicht unterscheiden, in unter-

schiedlichem Maße als bedrohlich empfunden. Die Bedrohung, die von einem Arzt ausgeht, der einen Patienten *tötet*, wird – zu Recht oder Unrecht – als erheblicher wahrgenommen als die Bedrohung, die von einem Arzt ausgeht, der einem Patienten eine mögliche lebensverlängernde Therapie vorenthält. Töten wird mit stark negativ besetzten Vorstellungen von Gewalt und Leiden assoziiert, Sterbenlassen mit eher positiven eines »sanften« und »natürlichen« Todes. Zahlreiche Vertreter der katholischen Moraltheologie verwerfen jede aktive Tötung, lassen es aber durchaus zu, einen Patienten durch das Vorenthalten sogenannter »außergewöhnlicher Maßnahmen« vorsätzlich sterben zu lassen. In England ist es offizielle policy, Patienten mit Nierenversagen über einer gewissen Altersgrenze die Finanzierung der andernfalls erforderlichen Dialyse vorzuenthalten und dadurch *sterben zu lassen*. Auch wenn diese policy kaum akzeptierbar erscheint, wird sie doch offensichtlich de facto sehr viel eher akzeptiert als eine mögliche policy, diese Patienten staatlicherseits zu *töten*.
Der Utilitarist wird die geläufige »intuitive« Differenzierung zwischen Tun und Unterlassen nicht in toto übernehmen können. Dennoch wird ihn die Berücksichtigung der unterschiedlichen sozialen Nebenfolgen dazu zwingen, sie in Teilbereichen – zu denen auch der Bereich des Lebensschutzes gehört – zumindest ein Stück weit gelten zu lassen. Ich bezweifle, daß die Öffentlichkeit, wie Kuhse und Singer vermuten (Kuhse/Singer 1985, 197), zwischen aktiver und passiver Früheuthanasie keinen großen Unterschied sieht. Wenn sie aber einen Unterschied sieht, ist das für eine umfassende Folgenabschätzung keineswegs unbeachtlich.
Eines der Problemfelder, auf dem die sozialen Nebenwirkungen einer Praxis (bzw. der Legitimation einer Praxis) aus utilitaristischer Sicht nicht vernachlässigbar sind, ist das der selektiven Abtreibung. Hier gehören alle, die de facto die Merkmale aufweisen, gegen die selegiert wird, zu den potentiellen indirekt Betroffenen. Sie können sich durch die Tatsache, daß andere »ihrer Art« ausgesondert werden, auch dann diskriminiert fühlen, wenn sie anderen eventuell gar nicht wünschen, mit ihren spezifischen Beeinträchtigungen geboren zu werden. Der Gedanke: »Hätte es diese Methode früher gegeben, wäre *ich* ausgesondert worden«, dürfte dabei um so stärker als kränkend empfunden werden, je mehr die Angehörigen dieser Gruppe ohnehin gesellschaftlicher Diskriminierung ausgesetzt sind. Die Intensität der Betroffenheit durch

die im Zuge der Genomanalyse schnell wachsenden Selektionsmöglichkeiten läßt sich Äußerungen von Betroffenengruppen entnehmen, etwa wenn die (in der Tat recht weitgehenden und auch rechtliche Druckmittel nicht ausschließenden) Vorstellungen der amerikanischen Genetikerin Margery W. Shaw (vgl. Shaw 1987, 245) zu einer negativ-eugenischen Prävention von Chorea Huntington polemisch als »Instrumentalisierung des Gentestverfahrens zur gesellschaftlichen Ausrottung mißliebiger Individuen« (Krahnen 1989, 89 f.) bezeichnet werden.

Zweifellos hätte Singer die indirekt diskriminierenden Effekte der Selektion – die er im Zusammenhang mit der Rassen- und Geschlechtsdiskriminierung ausdrücklich berücksichtigt (vgl. Singer 1984, 60) – nicht einfach unter den Tisch fallen lassen dürfen. Eine andere Frage ist freilich, inwieweit die Berücksichtigung dieser bei Singer vernachlässigten Folgedimensionen für seine praktischen Beurteilungen einen Unterschied macht. Auch wenn man sie ins Kalkül zieht, erscheinen die diskriminierenden Nebenfolgen nicht schwerwiegend genug, um einer Frau aus diesem Grund das Recht auf Inanspruchnahme der pränatalen Diagnostik und auf selektive Abtreibung streitig zu machen. Vielleicht sollte man aber darauf verzichten, die pränatale Diagnostik von politischer Seite ausgesprochen zu propagieren. Jede solche Propaganda würde diskriminierend wirken. Außerdem sollte man darauf verzichten, eine Frau zu einer Abtreibung zu ermuntern, die sie offensichtlich nicht im Interesse des möglicherweise gefährdeten zukünftigen Kindes, sondern lediglich zur Befriedigung persönlicher Vorlieben vornehmen läßt. Wie Jonathan Glover zu Recht feststellt, wäre es bedenklich, die Einstellung zum Kind, die sich etwa in einer Geschlechtsselektion durch selektive Abtreibung manifestiert, von offizieller Seite noch zu unterstützen (vgl. Glover u. a. 1989, 143 f.). Auch wer die Abtreibung selbst für moralisch zulässig hält, wird sich der Tatsache nicht verschließen können, daß die sozialen Nebenfolgen einer offiziell geförderten Praxis der Geschlechtsselektion durch selektive Abtreibung nach pränataler Diagnostik bedenklicher wären als die einer im privaten Rahmen vorgenommenen Geschlechtsselektion mittels Zentrifuge.

5. Abtreibung und Früheuthanasie aus utilitaristischer Sicht – eine tentative Beurteilung

Wie steht der Utilitarist zu Abtreibung und Früheuthanasie? Im Gegensatz zum vorherrschenden Verständnis hängt die moralische Beurteilung dieser Fragen für den Utilitaristen weniger von der etwaigen Betroffenheit des Neugeborenen oder des Embryos ab (wobei dieser Begriff hier für alle Stadien der vorgeburtlichen Entwicklung menschlichen Lebens stehen soll) als von den möglichen Auswirkungen auf *Dritte* (vgl. Glover 1985, 23). Da die Gehirnstrukturen, auf denen die Fähigkeit zu bewußtem Erleben beruht, sich erst im Laufe des zweiten Schwangerschaftstrimesters herausbilden, kann von einer subjektiven Betroffenheit des Embryos vor dem Ende des ersten Trimesters keine Rede sein. Aber auch in späteren Phasen der Embryonalentwicklung wird man dem Embryo allenfalls ein rudimentäres Bewußtseinsleben zuschreiben können. Beruhte die Schutzwürdigkeit des menschlichen Embryos allein auf seiner subjektiven Betroffenheit, wäre es höchst inkonsequent, ausgewachsene empfindungsfähige Säugetiere nicht in weit höherem Maße für schutzwürdig zu halten.

Worauf, wenn nicht auf eine etwaige subjektive Betroffenheit des Embryos, kommt es aus utilitaristischer Sicht an? Erstens darauf, daß durch die Abtreibung ein Menschenleben *verhindert* wird. Unter Bedingungen der Überbevölkerung ist dies allerdings ein sehr schwacher Grund gegen eine Abtreibung. Er könnte nur dann ins Gewicht fallen, wenn die Eltern *verpflichtet* wären, ein Kind in die Welt zu setzen. Und selbst dann wäre eine Abtreibung in dieser Hinsicht nicht verurteilungswürdiger als Empfängnisverhütung und sexuelle Enthaltsamkeit.

Zweitens ist auch die Betroffenheit der Abtreibungsgegner nicht von vornherein unbeachtlich – sowohl derer, die Abtreibung gleich Mord setzen, als auch derer, für die Abtreibung nicht gleich Mord, aber doch mit dem Prinzip der menschlichen Würde unvereinbar ist. Auch wenn der Utilitarist weder die eine noch die andere Deutung akzeptieren kann, muß er die zum Teil heftigen moralischen Emotionen berücksichtigen, die eine extensive Praxis der Abtreibung und vor allem eine etwaige »offizielle« Legitimation dieser Praxis bei ihren Gegnern hervorrufen muß. Bei einer Güterabwägung dürften allerdings diese psychologischen Effekte zumindest immer dann kaum ins Gewicht fallen, wenn die Mutter ein starkes Interesse daran hat, eine Schwangerschaft nicht auszutragen. Die Rücksichtnahme auf die Gefühle der Abtreibungsgegner kann in der Regel keine moralische Verpflichtung für die Mutter begründen, eine Schwangerschaft, die sie abbrechen will, nicht abzubrechen. Noch weniger kann sie den Staat dazu berechtigen, Abtreibungen unter Strafandrohung zu stellen.

Man kann Singers Diskussion der Abtreibung zustimmen, ohne mit seiner Diskussion der Früheuthanasie in demselben Maße konform zu gehen. Die Tötung eines geborenen Kindes ist in ihren sozialen Nebenfolgen nicht vergleichbar mit der eines Ungeborenen. Auch wenn die Geburt, was den Entwicklungsstand des Kindes betrifft, keine »echte« Grenze ist und eine Frühgeburt weniger weit entwickelt sein kann als ein Ungeborenes kurz vor der Geburt, ist sie doch eine Grenze, was die Wahrnehmung Dritter anbelangt, auf die es hier wesentlich ankommt. Bezieht man die gesellschaftliche Wahrnehmung als ernstzunehmende Folgendimension ein, ist auch die unmodifizierte Gleichbehandlung von aktiver und passiver Früheuthanasie nicht leicht aufrechtzuerhalten. Zwar wäre es nach Ansicht einiger Ärzte – auch solcher, die eine Früheuthanasie grundsätzlich ablehnen – aus der hypothetischen Binnenperspektive eines schwerstbehinderten Neugeborenen, von dem feststeht, daß es bald sterben wird, gelegentlich besser, sofort getötet zu werden, als ein kurzes gequältes Leben zu leben (vgl. das Zitat des Pädiaters John M. Freeman in Heifetz/Mangel 1976, 61 f.). Aber zugleich muß man freilich die Frage stellen, die kürzlich Hans Jonas gestellt hat (vgl. Jonas 1989): ob *wir* uns mit dem Gedanken anfreunden können, in einer Gesellschaft zu leben, in der Neugeborene unter bestimmten Bedingungen getötet werden. Von der Abtreibung können wir mit einiger Sicherheit sagen, daß sie von großen Teilen der Gesellschaft »verkraftet« wird. Gilt das aber auch von der Tötung Neugeborener (unter wie immer restriktiven Bedingungen) – in einer Gesellschaft, die dadurch unweigerlich an die »Euthanasie«-Aktionen der Nazizeit erinnert wird?

Eine andere Schwierigkeit kommt hinzu. Eine Früheuthanasie in dem Umfang, der Singer vorschwebt (d. h. bis einschließlich der Indikation Hämophilie), läßt sich, wie Kuhse und Singer zugestehen (vgl. Kuhse/Singer 1985, 191, und Singer 1984, 182), nicht *intern*, mit Bezug auf die Interessen des betroffenen Kindes selbst begründen, sondern allenfalls *extern*, mit Bezug auf die Interessen der Familie bzw. der Gesellschaft insgesamt. Ein Kind mit Down-Syndrom oder bestimmten Formen der Hämophilie hat keine wesentlich schlechteren Aussichten, ein glückliches Leben zu führen, als ein normales Kind. Es kann allerdings die Familie belasten und insbesondere die weiblichen Familienangehörigen in ihren Selbstverwirklichungschancen einschränken. Zweifellos muß man derartigen externen Überlegungen einen Platz in der utilitaristischen Folgenabwägung einräumen. Zugleich stellt sich jedoch die Frage, ob sich derartige externe Überlegungen, *würden sie etablierte Praxis*, noch hinreichend sicher begrenzen lassen. Es ist keineswegs immer sozial nützlich, Menschen nach Kriterien sozialer Nützlichkeit zu beurteilen. So bedenklich die Haltung eines blinden, um die individuellen und sozialen Folgen unbekümmerten »Alles tun, was man kann« ist, so berechtigt ist andererseits die Sorge, daß die Möglichkeit, Qualitätserwartungen an die eigenen Nachkommen u. a. durch selektive Früheuthanasie zu erfüllen, Anspruchshaltungen noch forcieren könnte, die bereits heute das Maß des für die Kinder Zuträglichen vielfach überschritten haben. Eine Praxis der externen Bewertung von Menschenleben würde darüber hinaus das Risiko beinhalten, instrumentalisierende Sichtweisen anderer Menschen generell zu unterstützen und damit den ersten Schritt zu ihrer faktischen Instrumentalisierung zu tun. Die impliziten Normen, die bereits heute gesellschaftliche Zuwendung an die Bedingung von Leistungsfähigkeit und Produktivität knüpfen, würden noch verschärft. Werden Fürsorge und Zuwendung jedoch an Bedingungen geknüpft, muß auch das Vertrauen darauf schwinden, von anderen auch in Situationen und Positionen von Schwäche und Bedürftigkeit akzeptiert zu werden, also genau dann, wenn man der Fürsorge und Zuwendung anderer am meisten bedarf.

An einer Diskussion über die hier notwendigen Grenzziehungen führt m. E. kein Weg vorbei. Daß die Grenzen von einer kleinen Elite von politisch nicht legitimierten Medizinern, Juristen und Theologen festgelegt werden, kann in einer demokratischen Gesellschaft keine Dauerlösung sein. Im Sinne der Rechtssicherheit und der »glasnost« des Medizinsystems wäre es überdies zu begrüßen, wenn die rechtliche Grauzone aufgehellt würde, in der sich die passive Früheuthanasie (rechtlich immerhin Tötung durch Unterlassen) gegenwärtig bewegt. Singers Extrempositionen sind eine Herausforderung. Die Auseinandersetzung mit ihnen könnte eine Gelegenheit sein, die Verdrängung dieser mit jedem Fortschritt der medizinischen Möglichkeiten dringlicher werdenden Fragen zu durchbrechen. Die gegenwärtigen Kampagnen gegen Singer legen allerdings nahe, daß die Hoffnung darauf zumindest in Deutschland verfrüht ist.

Literatur

Birnbacher, Dieter: Prolegomena zu einer Ethik der Quantitäten. Ratio 28 (1986), 30-45.

Brülisauer, Bruno: Moral und Konvention. Darstellung und Kritik ethischer Theorien. Frankfurt/M. 1988.

Deutscher Juristentag: Recht auf den eigenen Tod? Strafrecht im Spannungsverhältnis zwischen Lebenserhaltungspflicht und Selbstbestimmung. Sitzungsbericht M zum 56. Deutschen Juristentag Berlin 1986. München 1986.

Devine, Philip E.: The ethics of homicide. Ithaca (N. Y.)/London 1978.

Glover, Jonathan: Matters of life and death. New York Review, 30. 5. 1985, 19-23.

Glover, Jonathan, u. a.: Ethics of new reproductive technologies. The Glover Report to the European Commission. DeKalb (Ill.) 1989.

Harman, Gilbert: Das Wesen der Moral. Eine Einführung in die Ethik. Frankfurt/M. 1981.

Harsanyi, John C.: Morality and the theory of rational behavior. In: A. Sen/B. Williams (Hrsg.): Utilitarianism and beyond. Paris/Cambridge 1982, 39-62.

Harsanyi, John C.: Problems with act-utilitarianism and malevolent preferences. In: D. Seanor/N. Fotion (Hrsg.): Hare and critics. Essays on Moral Thinking. Oxford 1988, 89-101.

Heifetz, M. D./C. Mangel: Das Recht zu sterben. Tötung oder Erlösung. Frankfurt/M. 1976.

Henson, Richard G.: Utilitarianism and the wrongness of killing. Philosophical Review 80 (1971), 320-337.

Jonas, Hans: Mitleid allein begründet keine Ethik. DIE ZEIT, 25. 8. 1989, 9-12.

Krahnen, Kai: Das Recht auf Wissen versus das Recht auf Nicht-Wissen. In: T. Schroeder-Kurth (Hrsg.): Medizinische Genetik in der Bundesrepublik Deutschland. Neuwied/Frankfurt 1989, 66-103.

Kriele, Martin: Recht und praktische Vernunft. Göttingen 1979.

Kuhse, Helga/Peter Singer: Should the baby live? The problem of handicapped infants. Oxford 1985.
Lamb, David: Down the slippery slope. Arguing in applied ethics. London 1988.
Mill, John Stuart: Sedgwick's Discourse (1835). In: J. St. Mill: Essays on ethics, religion and society. Toronto/London 1969 (Collected works, 10), 31-74.
Mill, John Stuart: Whewell on moral philosophy (1852). In: J. St. Mill: Essays on ethics, religion and society. Toronto/London 1969 (Collected works, 10), 165-201.
Mill, John Stuart: Der Utilitarismus (1861). Stuttgart 1976.
Narveson, Jan: Moral problems of population. In: M. D. Bayles (Hrsg.): Ethics and population. Cambridge (Mass.) 1976, 59-80.
Richards, David A. J.: Prescriptivism, constructivism, and rights. In: D. Seanor/N. Fotion (Hrsg.): Hare and critics. Essays on Moral Thinking. Oxford 1988, 113-128.
Shaw, Margery W.: Testing for the Huntington gene: A right to know, a right not to know, or a duty to know. American Journal of Medical Genetics 26 (1987), 243-246.
Sidgwick, Henry: The methods of ethics. London [7]1907.
Singer, Peter: A utilitarian population principle. In: M. D. Bayles (Hrsg.): Ethics and population. Cambridge (Mass.) 1976, 81-99.
Singer, Peter: Praktische Ethik. Stuttgart 1984.
Singer, Peter: Reasoning towards utilitarianism. In: Douglas N. Seanor/N. Fotion (Hrsg.): Hare and critics. Essays on Moral Thinking. Oxford 1988, 147-160.
Spaemann, Robert: Wenn Tötung auf Verlangen rechtlich anerkannt würde. Süddeutsche Zeitung, 22. 4. 1990, IX.
Trapp, Rainer W.: »Nicht-klassischer« Utilitarismus. Eine Theorie der Gerechtigkeit. Frankfurt/M. 1988.
Williams, Bernard: Which slopes are slippery? In: M. Lockwood (Hrsg.): Moral dilemmas in medicine. Oxford/New York 1985, 138-154.

Helga Kuhse
Warum Fragen der aktiven und passiven Euthanasie auch in Deutschland unvermeidlich sind

Wir leben in einer Zeit, die uns zur Besinnung zwingt. Rapide Entwicklungen in der modernen Medizin haben uns die Mittel in die Hand gegeben, eine kontinuierlich zunehmende Kontrolle über unser Leben und Sterben zu gewinnen. Fast immer ist es möglich, den Zeitpunkt des Sterbens eines Patienten oder einer Patientin hinauszuzögern. Oft sterben die Patienten erst dann, wenn die Entscheidung getroffen worden ist, ein lebenserhaltendes Mittel nicht anzuwenden oder eine lebensverlängernde Therapie abzubrechen. Dies wirft eine fundamentale Frage auf: Muß das Leben eines sterbenden oder unheilbar kranken Menschen immer mit allen verfügbaren Mitteln verlängert werden, oder ist es manchmal ethisch zulässig, den Tod eines Patienten durch passive Unterlassung oder durch aktive Intervention herbeizuführen, *weil* sein Leben nicht mehr lebenswert ist?

1. Ist jedes menschliche Leben lebenswert?

Im April 1989 wurde in England gerichtlich entschieden, daß einem 4 Monate alten hirngeschädigten, blinden, tauben und spastischen Kind – »Baby C« – lebensverlängernde Mittel (Antibiotika und künstliche Ernährung) vorenthalten werden sollten, um es sterben zu lassen.[1] Der Richter berief sich dabei auf eine frühere Entscheidung, wonach es Fälle gibt, in denen die Zukunft eines Kindes mit Sicherheit so von Schmerz und Leid bestimmt ist, daß es im besten Interesse des Kindes ist, wenn sein Leben nicht verlängert wird.[2] Kaum zwei Monate später wurde mein australischer Kollege, der Philosoph Professor Peter Singer, in Deutschland daran gehindert, über das Thema der Sterbehilfe für schwergeschädigte Neugeborene zu sprechen, weil Lebensrechtler, Vertreter der Krüppelbewegung, der katholischen Kirche und der Grünen Partei sich darüber einig waren, daß dieses Thema nicht diskutierbar sei: jede Bewertung menschlichen Lebens als »lebenswert« oder »lebensunwert« müsse prinzipiell zurückgewiesen werden. Die Klassifizierung von Leben als nicht lebenswert sei eine perfide Verirrung der Nazis gewesen, die eine zivilisierte Gesellschaft nicht wiederholen sollte. Jedes menschliche Leben habe den gleichen Wert.[3] Wie Reinhard Löw es kürzlich ausdrückte:

> Es gibt kein Mehr oder Weniger des Rechts auf Leben. Jeder Angehörige der Gattung Mensch hat jeden anderen als Wesen gleichen Rechts und gleicher Würde zu respektieren ... [Dieses Recht ist] nicht geknüpft an Gesundheit, Bewußtsein, Intelligenzquotient, nicht an Volk und Rasse, nicht an Religion und Verfassungsart.[4]

Aber ist die Unterscheidung zwischen lebenswertem und lebensunwertem Leben immer eine perfide Verirrung? Und ist es wirklich moralisch verwerflich, wie Herr Löw zu glauben scheint, die Lebensqualität eines Patienten bei Entscheidungen, die sein Leben und Sterben betreffen, in Betracht zu ziehen?

Beginnen wir unsere Überlegungen mit dem folgenden Fall:

Sterben nicht erlaubt

Ein 68jähriger englischer Arzt wurde mit einem fortgeschrittenen Magen-Karzinom ins Krankenhaus eingewiesen. Zehn Tage nach einer palliativen Magenoperation erlitt der Patient eine massive Lungenembolie, und eine Notoperation wurde durchgeführt. Als der Patient das Bewußtsein wiedererlangte, bat er, daß bei einem ähnlichen Vorkommnis keine Schritte unternommen werden sollten, sein Leben zu verlängern: sein Leiden sei so groß, daß er es nicht unnötigerweise verlängert haben wolle. Er trug eine entsprechende Notiz in seine Unterlagen ein, und das Krankenhauspersonal war mit seinen Wünschen vertraut. Zwei Wochen nach der Lungenembolie erlitt der Patient einen akuten Herzinfarkt, und in der gleichen Nacht wurde sein Herz fünfmal wieder zum Schlagen gebracht. Er lebte noch drei Wochen, bevor er endlich qualvoll starb.[5]

Dieser Fall liegt jetzt schon mehr als zwanzig Jahre zurück. Heutzutage dürfte es wenige Verteidiger der vom Krankenhauspersonal durchgeführten Maßnahmen geben. Selbst die strengsten Verneiner von Lebenswertkriterien stimmen in der Regel zu, daß es ein Unrecht ist, das Leben von aufgeklärten und urteilsfähigen Patientinnen und Patienten gegen deren Willen zu verlängern. Während solche Urteile in der Regel von dem moralischen Selbstbestimmungsrecht urteilsfähiger Patienten ausgehen, ist es dennoch wichtig, zur Kenntnis zu nehmen, daß solchen urteilsfähigen Patienten *zumindest implizit* das moralische Recht eingeräumt wird, zwischen lebenswertem und lebensunwertem Leben zu unterscheiden: es wird als moralisch richtig angesehen, daß ein Patient sagen kann: »Mein Leiden ist so groß und meine Lage so hoffnungslos, daß ich die extra Tage oder Wochen, die mir die Medizin geben kann, nicht leben möchte – ein solches Leben ist nicht wert, gelebt zu werden. Ich möchte daher, daß man mich sterben läßt.«

Wenn es urteilsfähigen Patientinnen und Patienten aber moralisch gegeben ist, sich derart zu entscheiden, dann haben wir hier zumindest eine Ausnahme zu der These, daß es immer moralisch falsch sei, zwischen lebenswertem und lebensunwertem Leben zu entscheiden.

Hier kann eingewendet werden, daß es zwar für einen urteilsfähigen Patienten statthaft sein mag zu entscheiden, ein bestimmtes Leben sei für ihn nicht lebenswert, daß es aber eine ganz andere Sache ist, solche Entscheidungen für urteilsunfähige Patienten von außen zu fällen.

Dieser Einwand muß ernst genommen werden. Die Frage ist allerdings, ob eine strikte Ablehnung aller Lebenswert-Kriterien für urteilsunfähige Patienten (ich nenne dies im folgenden »das vitalistische Prinzip« oder kurz »Vitalismus«) eine plausible moralische Grundlage hat.[6]

2. Vitalismus und sogenannte »Vitalisten«

Als erstes müssen wir uns darüber klarwerden, was der Vitalismus logisch nach sich zieht. Wenn jedes menschliche Leben gleich zu bewerten ist und Faktoren wie z. B. Bewußtsein und Gesundheitszustand moralisch irrelevant sind, dann folgt daraus, daß jedes Leben – gleich wie hoffnungslos geschädigt – mit demselben Einsatz verteidigt werden muß wie jedes andere Leben auch: selbst das Leben eines Kindes, wie das des Babys C, müßte mit den gleichen Mitteln verlängert werden wie das Leben eines jeden anderen normalen Kindes. Wenn es z. B. unzulässig ist, Antibiotika und künstliche Ernährung einem anderen (nicht-blinden, nicht-tauben und nicht-hirngeschädigten) Kind vorzuenthalten, dann muß es nach dem vitalistischen Prinzip ebenfalls unzulässig sein, diese Mittel einem Kind wie Baby C vorzuent-

halten – denn die einfache Tatsache, daß das Kind hirngeschädigt, taub und blind ist, kann nicht als akzeptabler Grund dafür gelten, das Kind sterben zu lassen.
In dem folgenden Fall wurden alle Kriterien der Lebensqualität konsistent abgelehnt:

Nancy Cruzan

Vor etwa sieben Jahren hatte eine junge amerikanische Frau, Nancy Cruzan, einen Autounfall. Sie erlitt schwere Kopfverletzungen und wird, so der ärztliche Befund, nie wieder das Bewußtsein erlangen. Die Ärzte schätzen, daß sie mit entsprechender Pflege noch etwa 30 Jahre leben kann.

Da Nancy Cruzan nach bestem Ermessen nie wieder das Bewußtsein erlangen wird, wollten die Eltern die künstliche Ernährung ihrer Tochter einstellen lassen. Die Eltern waren offensichtlich der Meinung, daß es besser wäre, wenn man ihre Tochter sterben ließe, als sie für weitere 30 Jahre in einem rein vegetativen Zustand am Leben zu erhalten. Sie gaben auch zum Ausdruck, ihre Tochter würde es nicht wollen, daß ihr Leben unter den gegebenen Umständen verlängert würde.

Als das Krankenhaus sich weigerte, dem Wunsch der Eltern zu entsprechen, wurde der Fall gerichtlich zu Gunsten der Eltern entschieden. Der Oberste Gerichtshof von Missouri hob dann aber diese Entscheidung mit der Begründung auf, daß die Tatsache, daß für Nancy Cruzan nur eine vegetative Existenz möglich sei, kein Grund wäre, die Behandlung einzustellen und sie sterben zu lassen:

> Der Staat ist nicht an der Qualität des Lebens interessiert ... Das Leben als solches ist wertvoll und wert, erhalten zu werden, ohne Rücksicht auf seine Qualität.

Im Juni dieses Jahres bestätigte das Oberste Amerikanische Bundesgericht das Urteil, und Nancy Cruzan muß weiterhin gegen den Wunsch ihrer Eltern am Leben erhalten werden.[7]

Dieses Urteil beruht auf dem Vitalismus. Wie das Gericht es formulierte: »Das Leben als solches ist wertvoll und wert, erhalten zu werden, ohne Rücksicht auf seine Qualität.«
Solche konsistenten Interpretationen des vitalistischen Prinzips sind in den praktischen Urteilen seiner theoretischen Verteidiger allerdings nur selten zu finden.[8] So sprechen sich diese Schein-Vitalisten zwar dafür aus, daß alle menschlichen Leben gleich sind (und daß Entscheidungen, die das Leben und Sterben von Patienten betreffen, nicht auf der Basis der Lebensqualität gefällt werden sollten), um dann in ihren praktischen Entscheidungen allerdings auf implizite Kriterien der Lebensqualität zurückzufallen.[9]

Ein gutes Beispiel hierfür sind die in den englischsprachigen Ländern vieldiskutierten »Baby Doe Regeln«, die Anfang der 1980er Jahre von der Reagan-Regierung in den Vereinigten Staaten eingeführt wurden. Diesen Regeln lag der Vitalismus zugrunde; sie sollten sicherstellen, daß einem schwergeschädigten Neugeborenen nicht nur deswegen eine lebenserhaltende Therapie vorenthalten wird, *weil* das Kind schwergeschädigt ist.[10]

Die »Baby Doe« Regeln wurden unter anderem von der Amerikanischen Akademie von Kinderärztinnen und -ärzten angefochten. Ärzte hatten die Frage gestellt, ob sie gezwungen wären, jetzt auch Kinder am Leben zu erhalten, die ohne Gehirn oder ohne Darm geboren werden. In der 1983er Gerichtsverhandlung wurde die Regierung durch den Bundes-Ministerialrat, Dr. C. Everett Koop, vertreten. Dr. Koop, ein erfahrener Kinderarzt und ein prominenter Kämpfer in der amerikanischen »Right to Life«-Bewegung, verneinte, daß es erforderlich wäre, lebenserhaltende Maßnahmen für Kinder mit Anencephalie einzuleiten. Was die Behandlung von darmlosen Kindern anginge, so wäre es auch hier nicht nötig, solche Kinder »für eineinhalb Jahre intravenös am Leben zu erhalten«. Diese Kinder, sagte er, sollten lediglich normal gefüttert werden »in dem Bewußtsein, daß ihnen dies keinen Nährwert gibt«.

Für Dr. Koop war es offensichtlich, daß diese schwergeschädigten Kinder nicht am Leben erhalten werden sollten. Viele Ärzte werden ihm zustimmen. Eine Umfrage bei fast 200 australischen Geburtshelfern und Kinderärzten ergab zum Beispiel, daß nur zwei aller Befragten glaubten, es sei immer ethisch geboten, alle lebenserhaltenden Mittel bei der Geburt eines schwergeschädigten Neugeborenen einzusetzen.[11] Eine amerikanische Studie zeigt ähnliche Ergebnisse[12], und Presseberichten aus Deutschland zufolge ist das stillschweigende Sterbenlassen von schwerstgeschädigten Neugeborenen seit langem die Norm.[13]

Aber läßt sich das bewußte oder willentliche Sterbenlassen von schwergeschädigten Neugeborenen grundlegend mit dem vitalistischen Lebensprinzip vereinbaren? Wenn es z. B. möglich ist, das Leben eines ohne Darm geborenen Kindes für, wie Dr. Koop sagt, eineinhalb Jahre zu verlängern, was könnte der Grund sein, dies nicht zu tun – *wenn* das Leben eines darmlosen und künstlich ernährten Kindes den gleichen Wert hat wie das Leben eines jeden anderen Menschen? Eine zusätzliche Lebensspanne von 18

Monaten ist normalerweise für einen gesunden Menschen von großem Wert. Wenn Dr. Koop diese Lebensspanne einem darmlosen Kind versagt, so bedarf dies einer Erklärung. Die offensichtliche Erklärung ist, daß er das Leben eines intravenös ernährten Kindes für zu beschränkt und qualvoll hält, als daß es lebenswert erschiene.

Identischen Problemen sehen sich Vertreter des absoluten Lebensprinzips gegenüber, wann immer sie die Nichtanwendung einer verfügbaren und wirkungsvollen lebenserhaltenden Therapie befürworten. Dies trifft auch für die Deutsche Gesellschaft für Medizinrecht zu. In Paragraph I, 2 der »Grenzen der ärztlichen Behandlungspflicht bei schwerstgeschädigten Neugeborenen« lehnt die Gesellschaft »[e]ine Abstufung des Schutzes des Lebens nach ... dem körperlichen Zustand oder der geistigen Verfassung« des Kindes ab; in Paragraph V lesen wir dann aber, daß Ärzte die medizinischen Behandlungsmöglichkeiten nicht immer ausschöpfen müssen – z. B. wenn ein Kind mit so schwerem Hirnschaden geboren wird, daß es mit seiner Umwelt keinen Kontakt hat, oder wenn Vitalfunktionen, wie zum Beispiel die der Nieren, nur durch intensivmedizinische Maßnahmen aufrechterhalten werden können.[14]

Die Frage ist hier nicht, ob die Grenzen der Behandlungspflicht von der Deutschen Gesellschaft für Medizinrecht oder von Dr. Koop an den richtigen Stellen gezogen worden sind, sondern lediglich, ob sich eine solche Grenzziehung grundlegend mit dem Vitalismus vereinbaren läßt. Die Antwort ist meines Erachtens ein klares »Nein«: wenn es moralisch unzulässig ist, zwischen lebenswertem und lebensunwertem Leben zu unterscheiden, dann ist schwer zu sehen, wie es jemals zulässig sein kann, ein verfügbares Mittel einem leidenden oder schwerstgeschädigten Patienten vorzuenthalten, *wenn das Mittel sein Leben verlängern könnte.*

Verfechter des absoluten Lebensprinzips streiten ab, daß ihre Urteile darauf beruhen, daß einige Leben nicht lebenswert seien. Sie berufen sich dabei auf Unterscheidungen wie die aus der katholischen Moraltheologie zwischen »gewöhnlichen« und »außergewöhnlichen« Mitteln, mit dem Hinweis, daß es nicht ethisch geboten ist, »außergewöhnliche« Mittel anzuwenden. Ein genaueres Hinsehen zeigt allerdings, daß auch hier Urteile über den Wert menschlicher Leben gefällt werden.

Dem Fall von Karen Ann Quinlan, der 1976 in die amerikanische Rechtsgeschichte einging, liegt die Unterscheidung zwischen »gewöhnlichen« und »außergewöhnlichen« Mitteln zugrunde. Karen Quinlan war als permanent komatös diagnostiziert worden. Ihr Vater wollte, daß die künstliche Beatmung seiner Tochter eingestellt würde. Seine Entscheidung wurde von dem katholischen Bischof Lawrence Casey mit der Begründung unterstützt, es bestehe »keine vernünftige Hoffnung«, daß Karen jemals das Bewußtsein wiedererlangen werde. Ein Respirator sei ein »außergewöhnliches Mittel« der Lebenserhaltung und deshalb vom Standpunkt der katholischen Kirche aus nicht obligatorisch.[15]

Aber in welchem Sinne ist ein Respirator heutzutage ein »außergewöhnliches« Mittel der Lebenserhaltung? In modernen Krankenhäusern gehören Respiratoren zum alltäglichen Arsenal von lebenserhaltenden Techniken und Therapien. Dies berechtigt zu der Frage, wie es unter dem vitalistischen Prinzip ethisch zulässig sein kann, einer Patientin eine Therapie zu entziehen, ohne die (so wurde angenommen) sie nicht leben kann. Die einfache Antwort, daß der Respirator ein »außergewöhnliches« Mittel ist, kann offensichtlich nicht als Begründung gelten. Aber auch hier liegt eine Begründung klar auf der Hand: wohl konnte der Respirator Karen Ann Quinlans Leben erhalten, aber nur in komatöser Form. Er konnte Karen nicht das Bewußtsein wiedergeben. Wenn es aber zulässig ist, die Lebenserhaltung einer Patientin einzustellen, *weil* sie permanent komatös ist, dann bedeutet dies, daß permanent komatöses Leben als nicht lebenswert angesehen wird.

Anhand vieler anderer Beispiele könnte aufgezeigt werden, wie Verteidiger des Vitalismus implizite Urteile über »lebensunwertes« Leben in ihre Argumente einschmuggeln. Platzmangel läßt dies hier nicht zu.[16] Viel wichtiger, als solche Inkonsistenzen aufzudecken, ist auch die Frage, ob es prinzipiell ethisch vertretbar ist, zwischen lebenswertem und lebensunwertem Leben zu unterscheiden.

Die Begriffe rufen unangenehme Erinnerungen an die Verbrechen der Nazis wach: daß ein Leben »lebensunwert« sei, weil es nicht den Kriterien entspricht, die ihm von einer nicht zu rechtfertigenden eugenischen oder rassistischen Philosophie von außen auferlegt werden. Es gibt aber auch eine andere Art, diese Begriffe zu verstehen, die nicht nur vertretbar, sondern ethisch geboten ist.

Das ist ihr Verstehen aus der Innenperspektive des Patienten: ob ein Leben *für den Patienten selbst* von Wert ist oder nicht.

3. Worin liegt der Wert des menschlichen Lebens?

Ein konsistenter Vitalismus, der Kriterien wie Bewußtsein und Gesundheitszustand als moralisch irrelevant betrachtet, und die Nazi-Philosophie, die die Vernichtung gewisser Menschenleben auf der Basis rassistischer und eugenischer Kriterien verlangte, haben einen wichtigen Punkt gemeinsam: beide Positionen ignorieren die Innenperspektive oder Interessen derer, die von diesen so unterschiedlichen Programmen direkt betroffen werden. Der Vitalismus verlangt, daß das Leben eines Patienten auch dann verlängert wird, wenn es im Interesse des Patienten ist, zu sterben: der Betroffene muß leben und darf nicht sterben. Die Nazi-Philosophie verlangt, daß das Leben bestimmter Personen auch dann beendet werden muß, wenn ein Weiterleben in deren Interesse wäre: die Betroffenen müssen sterben und dürfen nicht leben.

Daß die Nazi-Philosophie die Interessen der direkt von den rassistischen und eugenischen Maßnahmen Betroffenen mißachtete, wird kaum jemanden verwundern. Unweigerlich wird sich aber die Frage aufdrängen, wie es möglich ist, daß auch der Vitalismus die Interessen der Betroffenen so kategorisch ausklammern kann. Während die Nazi-Philosophie auf offensichtlich ethisch nichtvertretbaren Prinzipien beruhte, scheint der Vitalismus doch auf den ersten Blick ethisch gut fundiert zu sein: er beruht auf der Gleichheit eines jeden Menschenlebens und erlaubt es nicht, so z. B. Löw[17], fragwürdige Entscheidungen auf der Basis von Kriterien zu fällen, die über das bloße »Menschsein« der Patienten hinausgehen. Was also könnte egalitärer und moralisch lauterer sein als dieses vitalistische Prinzip?

Ein genaueres Hinsehen zeigt jedoch, daß der Vitalismus keine ethisch vertretbare Position ist: er beruht auf der Fehlvorstellung, daß der Wert des menschlichen Lebens »im Leben selbst« liegt und daß die Interessen der »Besitzer« dieses Lebens moralisch irrelevant sind. Ich dagegen vertrete die Ansicht, daß das menschliche Leben als solches keinen intrinsischen moralischen Wert hat und daß individuelle Menschen – nicht das menschliche Leben als solches – die Träger von moralisch-relevanten Eigenschaften sind, die sie zum Gegenstand moralischer Rücksicht und Pflichten machen.[18] Was hier also zur Debatte steht, sind zwei verschiedene Wertquellen, aus denen die moralischen Handlungspflichten von Ärzten entspringen.

1. In den Empfehlungen der Deutschen Gesellschaft für Medizinrecht über die »Grenzen ärztlicher Behandlungspflicht bei schwerstgeschädigten Neugeborenen« heißt es unter Hinweis auf Artikel 2 Abs. 2 des Grundgesetzes:

> Das menschliche Leben ist ein Wert höchsten Ranges ... [und] seine Erhaltung vorrangige ärztliche Pflicht.[19]

Es ist plausibel, diese Ermahnung vitalistisch zu interpretieren: daß der Wert des menschlichen Lebens »im menschlichen Leben selbst« liegt und daß Ärzte die Pflicht haben, das Leben zu erhalten – eben weil das menschliche Leben »ein Wert höchsten Ranges« ist. Die Frage, ob eine solche Lebenserhaltung im Interesse der Patientinnen und Patienten ist, steht nicht zur Debatte. Und zwar deshalb nicht, weil die als wertvoll angesehene Eigenschaft im »Menschsein« selbst liegt. Das speziestypische menschliche Leben selbst ist ein *intrinsisches* Gut, dessen Wert nicht auf irgendwelchen zusätzlichen Eigenschaften oder Kapazitäten, wie Bewußtsein oder Gesundheitszustand, beruht. Das »Menschsein« als solches ist nach dieser Moralkonzeption ein Wert höchsten Ranges.

2. Nach dem zweiten Standpunkt (dem ich mich anschließe) hat das biologisch-menschliche Leben nur einen *extrinsischen* oder instrumentalen Wert; es ist lediglich die Voraussetzung für die Realisierung von anderen moralischen Gütern und Werten – z. B. der Kapazität, positive Bewußtseinszustände zu erfahren, selbstbestimmt und frei zu handeln, Ideale und Lebenspläne zu haben und dergleichen mehr. Nach diesem Verständnis würde keine Pflicht bestehen, ein menschliches Leben zu erhalten, wenn die Lebensqualität des Patienten so unwiderruflich zerstört ist, daß die als wertvoll angesehenen Eigenschaften oder Kapazitäten nicht (mehr) vorhanden sind.

Die offensichtliche Inhumanität oder Sinnlosigkeit der vom Vitalismus auferlegten Handlungsgebote ist für viele bereits Grund genug, den Vitalismus als eine moralisch unplausible und grausame Moraltheorie zurückzuweisen. Es gibt aber auch einen tieferen philosophischen Grund, warum wir den Vitalismus zurückweisen sollten: der Vitalismus kann uns keine zufriedenstellende säkulare Antwort auf die Frage geben, warum das biologisch menschliche Leben (nicht aber – oder nicht zum gleichen Grade – das pflanzliche oder tierische Leben) wertvoll ist.[20] Die einfache Antwort, daß das menschliche Leben wertvoll ist, weil es gattungsbezogenes, also *menschliches*, Leben ist (das Leben eines ungefiederten Zweibeiners mit einer bestimmten genetischen Konstitution), kommt entweder einer Tautologie gleich oder setzt sich der Anklage aus, auf einer Position zu beruhen, die inzwischen als »Speziesismus« bekannt ist.[21] Eine bessere Begründung, warum das menschliche Leben besonderen Wert hat ist meines Erachtens in den Eigenschaften zu finden, die das Leben eines Menschen, wie das der Leser dieses Artikels, vom Leben (der meisten) anderen Geschöpfe unterscheidet: die Fähigkeit, selbstbestimmt und frei zu handeln, Lebenspläne, Ziele, Projekte und Ideale zu haben – kurz ein autonomes im Gegensatz zu einem nicht-autonomen Leben zu haben. Dies bedeutet nicht, daß die Leben nicht-autonomer Wesen »wertlos« sind; es bedeutet lediglich, wie ich im folgenden zu zeigen versuchen werde, daß wir zwischen *verschiedenen* moralisch bedeutungsvollen Eigenschaften unterscheiden müssen, die das Leben menschlicher und nicht-menschlicher Wesen *für das Wesen selbst* wertvoll machen.

4. Interessen als die Basis moralischer Berücksichtigung

Das menschliche Leben als solches ist kein plausibler Wertträger. Anders dagegen sieht es aus, wenn wir von individuellen menschlichen *Wesen* sprechen. Menschliche Wesen (aber nicht *nur* menschliche Wesen) können die Träger von moralisch bedeutungsvollen Eigenschaften oder Interessen sein: sie können z. B. Schmerz oder Freude empfinden, Präferenzen und Wünsche haben und selbstbestimmt handeln. Wenn es aber individuelle *Wesen* sind, die die Träger von moralisch bedeutungsvollen Eigenschaften sind, dann ist es irreführend, vom »Wert des menschlichen Lebens« zu sprechen: wir sollten unseren Blick statt dessen direkt auf die Eigenschaften richten, die dem Leben eines Wesens Wert geben und die sie (die individuellen Wesen) »moralisch beachtenswert« machen.[22]

Hier ist es wichtig zu betonen, daß nach dem von mir skizzierten Wertverständnis die Wertquelle in jedem individuellen Wesen selbst liegt; sie hat keine transzendente Quelle. Sie ist an die leibliche Existenz des Individuums gebunden, mit ihr aber nicht identisch. Das bedeutet einerseits, daß das Leben eines menschlichen Individuums nicht einfach deshalb wertlos ist, weil es nicht gewissen eugenischen oder rassistischen Vorstellungen entspricht; es bedeutet andererseits aber auch, daß ein Leben von der *Innenperspektive* des Individuums her wertlos sein kann – wenn nämlich die leibliche Existenz des Individuums so weit geschädigt oder zerstört ist, daß die Eigenschaften, die das Leben *für das Individuum selbst* wertvoll machen, nicht realisierbar sind.

Was aber sind die moralisch bedeutungsvollen Eigenschaften, die einem Leben Wert geben und das Individuum damit moralisch beachtenswert machen?

Ich gehe von der Voraussetzung aus, daß Interessen die Bausteine der Moral sind und daß ein Wesen moralische Achtung verdient, wenn es Interessen hat.[23] Interessen setzen die Fähigkeit voraus, positive oder negative Bewußtseinszustände zu empfinden. Ein Stück Holz hat z. B. keine Interessen (weil es kein Bewußtsein und somit keine Innenperspektive hat) und verdient um seiner selbst willen keine Achtung: wir können ihm selbst durch unsere Handlungen nichts Gutes tun und ihm auch nicht schaden. Anders sieht es aus, wenn wir es mit Wesen zu tun haben, die die Kapazität für Bewußtsein haben: wir können ihnen Freude und Glück oder Schmerz und Leid zufügen – ihnen Gutes tun oder ihnen schaden. Wenn auch die Fähigkeit, Freude und Schmerz zu empfinden, nicht die einzige Eigenschaft ist, aufgrund deren menschliche (und andere) Wesen Interessen haben und Achtung verdienen, so ist die Fähigkeit, Bewußtseinszustände zu erfahren, doch immer die Voraussetzung für alle anderen moralisch bedeutungsvollen Werte, wie die Befriedigung von Präferenzen und Wünschen, selbstbestimmtes Handeln, das Streben nach moralischen Zielen, Idealen und so weiter.

Das bedeutet, daß Interessen, und nicht das Leben als solches, moralisch bedeutungsvoll sind. Diese Erkenntnis ist auch der World Medical Association nicht verborgen geblieben. In dem 1968 von der Association verabschiedeten »International Code of Medical Ethics« nahm die ärztliche Pflicht, »das Leben zu erhalten«, noch den ersten Platz unter der Rubrik »Pflichten der Ärzte gegenüber Kranken« ein. In der 1983er »Declaration of Venice on Terminal Illness« erscheint die Pflicht, »das Leben zu erhalten«, überhaupt nicht. Statt dessen wird es zur ersten Pflicht des Arztes erklärt »zu heilen und, wenn möglich, Schmerzen zu lindern *und im besten Interesse seiner Patienten zu handeln.*«[24]

5. Interessen verschiedener Patientengruppen

In einem einflußreichen und gut begründeten Bericht kommt auch die amerikanische President's Commission for the Study of Ethical Problems in Medicine zu dem Schluß, daß Ärzte eine vorrangige Pflicht haben, im besten Interesse ihrer Patienten zu handeln. Angewandt auf Fragen des Lebens und Sterbens bedeutet dies, daß zur Verfügung stehende lebensverlängernde Mittel immer dann anzuwenden sind, wenn dies »im besten Interesse« der betreffenden Patienten ist, und daß solche Mittel nicht anzuwenden sind, wenn dies gegen die Interessen der Patienten verstößt. Während ich nicht alle Schlüsse der Commission teile, möchte ich dennoch deren Position hier skizzieren, weil sie meines Erachtens als *Minimalposition* von allen klar denkenden und auf das Wohl ihrer Patienten bedachten Ärzten akzeptiert werden sollte.[25]

Die Commission macht deutlich, daß es unerläßlich ist, zwischen den Interessen verschiedener Patientengruppen zu unterscheiden. Während es im Interesse aller empfindungsfähigen Patienten liegt, ihre Schmerzen gelindert und ihre körperlichen Funktionen erhalten oder wiederhergestellt zu bekommen, haben urteilsfähige oder autonome Patienten darüber hinaus auch ein vorrangiges moralisches Interesse an (oder Recht auf) Selbstbestimmung.

Es gibt aber auch Patienten, die nicht Träger von irgendwelchen subjektiven Interessen sind, weil ihnen eine Innenperspektive völlig fehlt. Dies sind z. B. Patienten, die entweder, wie Nancy Cruzan, für immer das Bewußtsein verloren haben oder die als Kinder ohne oder fast ohne Gehirn zur Welt gekommen sind. Für solche Patienten hat das Leben keinen subjektiven Wert. Es besteht daher normalerweise kein patientenbezogener Grund, sie am Leben zu erhalten.

Patienten aber, denen es gegeben ist, positive und negative Bewußtseinszustände zu empfinden, kann durch lebensverlängernde Maßnahmen geholfen oder geschadet werden – je nachdem ob ein längeres Leben für sie von positivem oder negativem Wert ist. Die President's Commission empfiehlt daher, daß schwergeschädigte neugeborene Kinder und andere Patienten, deren Wünsche nicht bekannt sind, am Leben zu erhalten sind, wann immer das Leben des Patienten – als Ganzes betrachtet – von positivem Wert für den Patienten ist. Ein Patient soll nicht am Leben erhalten werden, wenn nach bester Diagnose und Prognose nur ein Leben von Leid und Elend zu erwarten ist.

Im Falle von urteilsfähigen Patienten dagegen verteidigt die Commission deren Selbstbestimmungsrecht. Sie stimmt mit der Bundesärztekammer überein, daß der Wille eines urteilsfähigen und aufgeklärten Patienten in bezug auf die Anwendung oder Nichtanwendung lebenserhaltender Therapien zu respektieren ist, auch wenn dieser Wille sich nicht mit der vom Arzt für angemessen angesehenen Therapie deckt.[26] Anders ausgedrückt bedeutet dies, daß ein Arzt einen aufgeklärten Patienten sterben lassen soll, wenn vom Gesichtspunkt des Patienten her sein durch ein unheilbares Leiden bestimmtes Leben nicht mehr lebenswert ist.

Die President's Commission unterscheidet also zwischen Leben, die von der Innenperspektive individueller Patienten her lebenswert oder lebensunwert sind. Eine solche Unterscheidung ist für alle Ärzte unerläßlich, die es als ihre Pflicht ansehen, im besten Interesse ihrer Patienten zu handeln. Eine konsistente Ablehnung aller Lebenswertkriterien würde, wie ich bereits oben argumentiert habe, nach sich ziehen, daß ein Arzt auch dann das Leben seines Patienten verlängern müßte, wenn dies gegen dessen beste Interessen verstieße. Dies würde bedeuten, daß Ärzte nicht mehr die Helfer ihrer Patienten wären, sondern oftmals ihre Folterknechte.

Wir sollten daher eine vitalistische Moralkonzeption aus sehr ähnlichen Gründen verurteilen wie die rassistische und eugenische Philosophie der Nazis: weil sie die Interessen der direkt von dieser Moralkonzeption Betroffenen nicht in Betracht zieht.

Als nächstes möchte ich die Frage anschneiden, ob ein gewichtiger moralischer Unterschied darin besteht, *wie* Ärzte den Tod ihrer Patienten herbeiführen – durch Töten oder durch Sterbenlassen.

6. Aktive und passive Euthanasie

Es wird oft angenommen, daß es moralisch erlaubt oder geboten ist, Patienten wie Baby C, den an Krebs erkrankten englischen Arzt oder irreversibel komatöse Patienten durch die Nichtanwendung lebenserhaltender Mittel sterben zu lassen, daß es aber immer moralisch falsch ist, solche Patienten direkt zu töten. Diese Annahme ist so tief im allgemeinen Bewußtsein verwurzelt, daß sie selten in Frage gestellt wird. Dennoch ist eine solche Fragestellung unerläßlich.

Wenn der Tod eines Patienten bewußt durch Töten oder Sterbenlassen herbeigeführt wird, dann bewegen wir uns damit im Bereich der Euthanasie – der *aktiven* Euthanasie, wenn der Patient getötet wird, und der *passiven* Euthanasie, wenn man ihn durch die Vorenthaltung lebensverlängernder Mittel sterben läßt. Das Wort »Euthanasie«, wie auch das Wort »lebensunwertes Leben«, ist durch die Nazis mißbraucht worden; in unserem Zusammenhang beschreibt der Begriff ausschließlich solche Handlungen oder Unterlassungen, die im besten Interesse eines Patienten vorgenommen werden.

Der folgende Fall ereignete sich kürzlich in Melbourne, Australien:

Eine 39jährige Frau, Frau N., litt seit mehreren Jahren an »Motor Neuron Disease«. Fast völlig gelähmt, benötigte sie seit geraumer Zeit einen Respirator. In Anbetracht ihres hoffnungslosen Zustandes wollte sie, daß die künstliche Beatmung eingestellt würde, so daß sie in Würde sterben könnte. Nach ausführlichen Besprechungen mit der Patientin und medizinischen Kollegen brach der behandelnde Arzt die künstliche Beatmung ab und Frau N. starb fünf Stunden später.[27]

Während die Beweggründe des Arztes nicht publik sind, können wir annehmen, daß er seine Entscheidung damit rechtfertigen würde, es wäre angesichts der hoffnungslosen Lage der Patientin und ihres aufgeklärten Wunsches, sterben zu wollen, falsch gewesen, sie weiterhin am Leben zu erhalten. Die meisten Ärzte werden ihm zustimmen.[28] Wenn es aber moralisch zulässig ist, eine Patientin wie Frau N. durch den Entzug von lebenserhaltenden Therapien auf eigenen Wunsch sterben zu lassen, warum sollte es dann – wie so viele glauben – moralisch verboten sein, einer solchen Patientin auf eigenen Wunsch direkte und aktive Sterbehilfe zu geben?

Die gleiche Frage kann in bezug auf urteilsunfähige Patienten gestellt werden: wenn es zum Beispiel moralisch zulässig ist, einem schwergeschädigten Kind, wie Baby C, oder einem darmlosen Kind, wie in Dr. Koops Beispiel, Antibiotika und künstliche Ernährung vorzuenthalten, um ihm ein leiderfülltes Leben zu ersparen, was könnte es moralisch falsch machen, einem solchen Kind aktive Sterbehilfe zu geben?
Die Frage drängt sich auf, weil die bloße Vorenthaltung lebensverlängernder Mittel nicht immer zu einem schnellen und sanften Tod führt. Wenn z. B. einem Kind, das nicht normal gefüttert werden kann, künstliche Ernährung vorenthalten wird, dann siecht das Kind oft langsam und qualvoll dahin, bis es von einer unbehandelten Infektion hinweggerafft wird. Dies hat einen amerikanischen Kinderarzt dazu veranlaßt zu fragen, ob schwergeschädigte Säuglinge, denen lebenserhaltende Therapien vorenthalten werden, ein Recht haben, *schnell* zu sterben.[29]
Stellen wir uns vor, daß ein intelligenter, aber mit unseren Gepflogenheiten nicht vertrauter Fremder ein modernes Krankenhaus besucht und die Frage stellt, warum man bestimmte Patienten willentlich sterben läßt. Die Ärztin, nennen wir sie Frau Dr. Schmidt, gibt ihm die Antwort, daß ein früher Tod manchmal im besten Interesse eines Patienten ist; daß Ärzte eine primäre Pflicht haben, im besten Interesse ihrer Patienten zu handeln[30], und daß es aus dieser Pflicht heraus geschehe, daß man gewisse Patienten sterben lasse.
Der Fremde sieht, wie sich einige Patienten beim Sterben quälen und hört, wie eine fast total gelähmte Frau, die, wie Frau N., durch einen Respirator am Leben erhalten wird, Frau Dr. Schmidt um aktive Euthanasie bittet. Sie möchte durch eine tödliche Spritze und nicht durch ein Abschalten der Maschine sterben, weil sie wenige Dinge so sehr fürchtet wie den Tod durch Erstikken. Die Ärztin antwortet, daß ihr eine lange moralische und medizinische Tradition die aktive Euthanasie verbietet, daß sie aber bereit ist, Frau N. beim Sterbenlassen zu sedieren, so daß Atemnot und Erstickungsanfälle leichter zu ertragen sind.
Der Fremde ist verwundert und fragt nach dem Grund, der es Ärzten gebietet, Patienten auf nur eine bestimmte Art zum Sterben zu verhelfen – eine Art, die nicht immer im besten Interesse dieser Patienten zu sein scheint.
Frau Dr. Schmidt versucht, dem Fremden zu erklären, warum die

aktive (aber nicht die passive) Euthanasie moralisch falsch ist. Sie beginnt mit dem Hinweis auf ihre Überzeugung, daß es gewisse Handlungen gibt, die immer und unter allen Umständen moralisch falsch sind. Das Töten unschuldiger Menschen, sagt sie, ist eine solche Handlung. Der Fremde fragt, wie es sein kann, daß eine Handlung von vornherein und ohne Betrachtung der weiteren Umstände als falsch angesehen werden kann. Er sagt, er könne akzeptieren, daß Töten *normalerweise* falsch ist (weil es gegen die besten Interessen des Getöteten verstößt, sein Leben vorzeitig zu verlieren), daß dieser Grund in Fällen der Euthanasie aber doch wohl kaum gelten kann; in allen Fällen der Euthanasie ist es – wie Frau Dr. Schmidt zuvor selbst erklärt hat – im besten Interesse der Patienten zu sterben. Warum sollte es also von vornherein als falsch angesehen werden, das zu tun, was im besten Interesse eines Mitmenschen ist?

Frau Dr. Schmidt wirft ein, daß Töten falsch sei, weil das menschliche Leben unverfügbar sei. »Ausschließlich Gott«, sagt sie, »ist Herr über Leben und Tod, und es ist uns Menschen nicht gegeben, in Gottes Pläne zu pfuschen.« Der Fremde hört mit Interesse zu, sagt dann aber, daß abgesehen davon, daß man in seinem Land nicht den gleichen religiösen Glauben habe, es für ihn schwer verständlich sei, wie Frau Dr. Schmidt das menschliche Leben als unverfügbar ansehen könne, wo sie doch laufend in Gottes Pläne einzugreifen scheine. Sie verlängere das Leben von einigen Patienten und lasse andere willentlich sterben. »Wie«, fragt er die Ärztin, »können diese Praktiken mit der Unverfügbarkeit des menschlichen Lebens in Einklang gebracht werden?«

Frau Dr. Schmidt antwortet, daß die Ärztin in Fällen der passiven Euthanasie nichts unternehme, was den Tod direkt verursacht. Wenn ein Patient sterbengelassen werde, dann sterbe er an einer natürlichen Ursache, wie z. B. einer Infektion. In Fällen der aktiven Euthanasie dagegen, sei die Ärztin selbst die Urheberin des Todes.

Der Fremde stimmt zu, daß man zwischen aktiver und passiver Euthanasie auf diese Weise unterscheiden kann. »Aber«, fragt er, »ist diese Unterscheidung mit der hiesigen Praxis vereinbar, leidenden Patienten schmerzlindernde Mittel in so starker Dosierung zu geben, daß diese manchmal den Tod herbeiführen? Ist in solchen Fällen nicht die Ärztin die Urheberin des Todes? Und ist es überhaupt moralisch relevant, ob die Ärztin die Urheberin des Todes ist oder nicht? Ist nicht eine Ärztin, die Patienten willentlich durch die Vorenthaltung lebenserhaltender Mittel sterben läßt, genauso verantwortlich für deren Tod wie eine Ärztin, die ihnen eine tödliche Spritze gibt?« Würde Frau Dr. Schmidt zum Beispiel sagen, daß eine Ärztin, die einer anderweitig gesunden Diabetikerin absichtlich Insulin vorenthält, weniger verantwortlich für den voraussehbaren Tod der Patientin wäre als eine Ärztin, die sie direkt tötet? Die einfache Verteidigung, daß die erste Ärztin den Tod nicht direkt verursacht habe, dürfte doch wohl kaum ausreichend sein.[31]

Die imaginäre Debatte zwischen Frau Dr. Schmidt und dem Fremden könnte noch lange fortgesetzt werden. Ähnliche Debatten sind während der letzten 15 Jahre in Australien, Amerika und England in medizinischen und philosophischen Journalen geführt worden. Diese Debatten sind noch nicht beendet. Was sie jedoch klar gezeigt haben, ist, daß Diskussionen dieser Art unvermeidlich sind. Es ist nicht länger klar – wenn es das jemals war –, daß es vernünftige Gründe gibt, warum Ärzte passive, aber nicht aktive Euthanasie praktizieren sollten. Aktive Euthanasie ist gegenwärtig illegal. Aber Gesetze können geändert werden. Wenn ein Gesetz schlecht ist, dann haben wir die Pflicht, es zu ändern.

7. Das deutsche Tabu

Eine vernünftige Diskussion dieser Fragen steht in Deutschland noch aus. Solche Diskussionen sind aber auch in einem von der Nazi-Vergangenheit überschatteten Land unvermeidlich. Auch in Deutschland werden Entscheidungen über das Leben und Sterben von Patienten gefällt. Die Abwesenheit öffentlicher Diskussionen bedeutet lediglich, daß diese Entscheidungen implizit und auf der Basis von moralisch ungerechtfertigten (und vielleicht nicht zu rechtfertigenden) Kriterien gefällt werden.

Wann immer der ostafrikanische Stamm der Nuer entschied, daß ein schwergeschädigtes neugeborenes Kind nicht leben sollte, dann wurde das Kind als ein versehentlich von menschlichen Eltern geborenes Nilpferd klassifiziert. Diese Kinder wurden in den Fluß gelegt, in dem Nilpferde ja normalerweise zu Hause sind. Was die Nuer anging, töteten sie damit nicht ein Mitglied ihres

Stammes, sondern sie vollführten eine für junge Nilpferde passende Handlung. Das Ergebnis war, daß die Ethik der Nuer, die das Töten von Mitgliedern des Stammes verbot, anscheinend unverletzt blieb.[32]
Wenn eine moderne Gesellschaft schwergeschädigte Säuglinge, komatöse und andere unheilbar kranke Patienten willentlich sterben läßt, gleichzeitig aber darauf besteht, daß die Frage der Euthanasie nicht einmal diskutiert werden darf, dann ist diese Gesellschaft dem Stamme der Nuer nicht unähnlich.

Anmerkungen

1 *In re* C (a minor). Court of Appeal: Lord Donaldson MR. Balcombe and Nichols LJJ, April 20, 1989.
2 *In re* B (1981) 1 WLR 421.
3 Siehe dazu z. B. die Debatte »Exzeß der Vernunft oder Ethik der Erlösung«, *Die Zeit,* Nr. 29, 14. Juli 1989, S. 9-12; »Euthanasie – Bizarre Verquickung«. *Der Spiegel,* Nr. 34/1989, S. 171-173; und Klaus Dörner: »Wenn Mitleid tödlich wird«. *Der Spiegel,* Nr. 34/1989, S. 173-176.
4 Reinhard Löw: »Gedanken«, *Die Welt,* Nr. 144, Samstag, 23. Juni 1990.
5 W. St. C. Symmers, Sr.: »Not Allowed to Die«, *British Medical Journal,* Vol. 1, 1968, S. 442.
6 Der Begriff »Vitalismus« wurde m. E. von Richard A. McCormick geprägt, hat in der englischen Literatur seither aber eine breitere Anwendung gefunden. Siehe z. B. Richard A. McCormick S. J.: »The Quality of Life, The Sanctity of Life, *Hastings Center Report.* Vol. 8, 1978, S. 30-36.
7 Siehe hierzu Marcia Angell, M. D.: »Prisoner of Technology – the Case of Nancy Cruzan«, *New England Journal of Medicine,* Vol. 322, April 1990, S. 1226-1228; und Richard A. McCormick, S. J.: »The *Cruzan* Decision: The case of Ms. Nancy Cruzan«, *Midwest Medical Ethics,* Vol. 5, Nos. 1 & 2, Winter/Spring, 1989, S. 3-6.
8 Ich bespreche den Vitalismus ausführlicher in Helga Kuhse: *The Sanctity-of-Life Doctrine in Medicine – A Critique,* Oxford: Clarendon Press, 1987; siehe auch Helga Kuhse: »Die Lehre von der Heiligkeit des Lebens«, in: Anton Leist (Herausgeber): *Um Leben und Tod,* Frankfurt am Main: Suhrkamp, 1990, S. 75-106.
9 Siehe Helga Kuhse: *The Sanctity-of-Life Doctrine in Medicine,* op. cit., Kapitel 4.

10 Siehe Helga Kuhse und Peter Singer: *Should the Baby Live?*, Oxford: Oxford University Press, 1985, S. 11-17.

11 Peter Singer, Helga Kuhse und Cora Singer: »The treatment of newborn infants with major handicaps – A survey of obstetricians and paediatricians in Victoria, *Medical Journal of Australia*, Vol. 2, No. 6, September 17, 1983, S. 274-278.

12 Anthony Shaw, Judson G. Randolph and Barbara Manard: »Ethical Issues in Pediatric Surgery: A National Survey of Pediatricians and Pediatric Surgeons«. *Pediatrics*, Vol. 60, No. 4, Part 2, October 1977, S. 588-599.

13 Siehe z. B.: »Sterbehilfe an Säuglingen«, *Hamburger Abendblatt*, 26. Juli 1989, S. 26.

14 »Grenzen der ärztlichen Behandlungspflicht bei schwerstgeschädigten Neugeborenen«, verabschiedet von der Deutschen Gesellschaft für Medizinrecht. Abgedruckt in: Hans-Martin Sass (Herausgeber): *Medizin und Ethik*, Stuttgart: Reclam, 1989, S. 375-378.

15 *In the Matter of Karen Quinlan, An Alleged Incompetent*, Supreme Court of New Jersey 355A2d 647. Ein Auszug aus dem Urteil ist abgedruckt in Bonnie Steinbock (Herausgeberin): *Killing and Letting Die*, Englewood Cliffs, N. J.: Prentice Hall, 1980, S. 23-44.

16 Siehe Helga Kuhse: *The Sanctity-of-Life Doctrine in Medicine*, op. cit.

17 Siehe oben, Anm. 4.

18 Siehe Helga Kuhse: *The Sanctity-of-Life Doctrine in Medicine*, Kapitel 5. Siehe auch Peter Singer: *Praktische Ethik*, Stuttgart: Reclam, 1984, insbesondere Kapitel 2.

19 Zitiert nach »Grenzen der ärztlichen Behandlungspflicht ...«; siehe oben Anm. 14, S. 375.

20 Siehe Helga Kuhse: *The Sanctity-of-Life Doctrine in Medicine*, Kapitel 1 und 5; siehe auch W. K. Frankena: »The Ethics of Respect for Life«, in: S. F. Barker (Herausgeber): *Respect for Life in Medicine, Philosophy and the Law*, Baltimore: Johns Hopkins University Press, 1977, S. 24-62.

21 »Speziesismus« ist der Glaube, es sei moralisch richtig, menschliches Leben gegenüber ansonsten relevant ähnlichem nicht-menschlichen Leben verschieden zu behandeln. Siehe Peter Singer: *Praktische Ethik*, Stuttgart: Reclam, 1984, Kapitel 4.

22 In der englischsprachigen Literatur wurde der Begriff »morally considerable« von Kenneth Goodpaster geprägt. Siehe K. Goodpaster: »On begin morally considerable«, *The Journal of Philosophy*, 1978, S. 309-325.

23 Siehe Helga Kuhse: »Interests«. *Journal of Medical Ethics*, Vol. 11, 1985, S. 146-149.

24 The World Medical Association: *The World Medical Association Handbook of Declarations*, 1985, S. 4 und S. 26 (meine Betonung).

25 President's Commission for the Study of Ethical Problems in Medicine and Biomedical and Behavioral Research: *Deciding to Forego Life-Sustaining Treatment – Ethical, Medical und Legal Issues in Treatment Decisions.* US Government Printing Office. March 1983.

26 »Richtlinien für die Sterbehilfe«, verabschiedet vom Vorstand der Bundesärztekammer 1979. Abgedruckt in: Hans Martin Sass (Herausgeber) *Medizin und Ethik*, op. cit., S. 378-383.

27 *The Age*, Melbourne/Australien, 23. April 1988.

28 Siehe Helga Kuhse und Peter Singer: »Doctors' practices and attitudes regarding voluntary euthanasia«, *The Medical Journal of Australia*, Vol. 148, June 20, 1988, S. 623-627.

29 John Freeman: »Is There A Right to Die – *Quickly*?«, *Journal of Pediatrics*, Vol. 80, 1972, S. 904-5.

30 Siehe World Medical Assembly: »Statement on Terminal Illness and Boxing«, in: The World Medical Association: *The World Medical Association Handbook of Declarations*, op. cit., S. 26.

31 Ich bespreche diese Fragen ausführlich in *The Sanctity-of-Life Doctrine*, op. cit.

32 Siehe T. L. Beauchamp und J. F. Childress: *Principles of Biomedical Ethics*, Oxford University Press, 1979, S. 121.

Reinhard Merkel
Teilnahme am Suizid
Tötung auf Verlangen
Euthanasie
Fragen an die Strafrechtsdogmatik

1. Einleitung

> »Wenn wir aus der Geschichte der Moral etwas gelernt haben, dann doch dies, daß man moralische Probleme nicht kaschieren soll. Die Fälle, in denen das Leben uns zwingt, von zwei Übeln das geringere zu wählen, muß man wie Brennesseln anfassen: mit dem Bewußtsein dessen, was man tut.«
> (H. L. A. Hart, Der Positivismus und die Trennung von Recht und Moral, 1957)

Das ist eine plausible Ermahnung, und in keinem Bereich strafrechtsdogmatischer Auseinandersetzungen ist ihre Berechtigung heute schmerzhafter fühlbar als im Grenzgebiet zwischen Leben und Tod. Gewiß sind die Aufgaben, Probleme und Lösungen des Strafrechts nicht mit denen der Moral identisch. Gerade der zitierte Aufsatz Harts ist ein berühmtes Plädoyer für die prinzipielle Trennung beider Sphären.[1] Festzuhalten ist aber auch dies: Ein Strafrecht, das sich um »Richtigkeit«, Gerechtigkeit und damit um Akzeptanz und Wirksamkeit bemüht, muß sich an den gültigen Normen und Überzeugungen der Sozialethik orientieren.[2] Nirgendwo ist diese Verpflichtung offensichtlicher als im Regelungsbereich des Lebensschutzes. Daß sich dessen Ränder im Maße der neueren Entwicklung medizintechnischer Möglichkeiten immer tiefer in die Schattenzonen des Ungeklärten verschoben haben, fällt gewiß nicht in die Verantwortlichkeit der Strafrechtsdogmatik. Aber es stellt ihr drängende neue Aufgaben. Daß deren Lösung oder wenigstens ihr ganzes Ausmaß und die

Schärfe ihrer Konturen schon hinreichend deutlich geworden wären, kann man schwerlich behaupten.
Ein genauerer Blick auf die strafrechtlichen Diskussionen zur Euthanasie legt die Vermutung nahe, daß in ihnen die zitierte Mahnung Harts ein sehr geringes Echo hat. Einige der strafrechtsdogmatischen Grenzbefestigungen – jener grundlegenden Prinzipien, an deren Fraglosigkeit die spezifisch juristische Diskussion seit eh und je ihr Ende findet und ihre Ergebnisse zu beglaubigen hat – sind im Problembereich zwischen Leben und Tod brüchig geworden: ausgehöhlt vom lautlos normierenden Druck der medizinischen Wirklichkeit und der ihr folgenden ethischen Reflexion. Der Eindruck läßt sich schwer abweisen, daß die Strafrechtsdogmatik in dieser Sphäre manche ihrer Grundsatzbekenntnisse nur noch als verbale Schablonen aufrecht hält, als potemkinsche Ruinen einer verjährten Gewißheit.[3] Nicht selten verstellen sie den Blick auf die ungelösten ethischen Konflikte, die erst hinter ihnen beginnen.
Hier die wichtigsten Beispiele: Daß »das Rechtsgut Leben« der »absolute Höchstwert unserer Rechtsordnung« und daher in Kollisionsfällen (diesseits von Notwehr und Krieg) einer Abwägung mit anderen Interessen entzogen sei[4]; daß die Absolutheit dieses Schutzes vollständig unabhängig sei von Erwägungen über die noch erwartbare Quantität, vor allem aber die Qualität des jeweils konkreten Lebens, daß sich also niemand straflos anmaßen dürfe, über den »Lebenswert« oder »-unwert« eines anderen zu befinden und diesen Befund zur Grundlage einer Entscheidung über Leben und Tod zu machen[5]; daß daher auch niemals Mitleid zu den Motiven der Beendigung eines fremden menschlichen Lebens gehören dürfe[6]; und daß die strikte Gewährleistung dieser Maximen vom obersten Verfassungsgrundsatz, dem des Schutzes der Menschenwürde, erzwungen werde[7] – all dies ist längst nicht mehr wahr.[8] Und die Gründe dafür sind nicht etwa die schlechten einer beklagenswerten, aber unabänderlichen Realität; es sind die guten einer besseren moralischen Einsicht. Aber man wird bei genauer Lektüre die Vermutung nicht los, daß es in diesem schwierigen Interferenzbereich von Recht, Medizin, Ethik und den finsteren Schatten der deutschen Vergangenheit noch immer zu dem kategorisch geforderten Nachweis der eigenen moralischen Lauterkeit gehört, zuerst und vor allem jene Prinzipien hervorzuheben – um sie anschließend mit der dogma-

tischen Begründung von Ergebnissen zu unterlaufen, die häufig zweifellos angemessen, aber mit den vorher berufenen Prinzipien einfach nicht verträglich sind. Wie sonst wäre etwa ein Satz wie der folgende zu erklären, der den logischen Bruch dieser Haltung in exemplarischer Prägnanz vorführt (und der sich keineswegs in einer unbedeutenden, sondern in einer gründlichen und vielzitierten Monographie findet): »Das berechtigte Postulat nach formalisiertem und unbegrenztem Lebensschutz muß aber dort seine Grenze finden, wo es in Inhumanität umschlägt.«?[9] Wenn die berechtigte Unbegrenztheit begrenzt wird, stimmen offenbar die Grundlagen nicht mehr.

Für die Dogmatik des Strafrechts ist das kein akzeptabler Zustand. Sie handelt sich damit schwerwiegende interne Verspannungen logischer und normativer Art ein. Daran ändert auch der weitgehende Konsens über die »richtigen«, nämlich ethisch geforderten Ergebnisse nichts. Denn die Inkonsistenzen und Widersprüche im Gefolge der angebotenen Begründungen sind um so schwerer erträglich, als sie sich einem Konflikt mit Grundsätzen des Lebensschutzes verdanken, die man zum Verfassungs-, also Legitimationsfundament des Strafrechts zu rechnen pflegt.

Um dies vorweg exemplarisch und etwas plastischer zu skizzieren: Zu den unbestrittenen Prinzipien in Rechtsprechung und Schrifttum gehört, daß »vom Beginn der Geburt an... das menschliche Leben... in jeder Gestalt und *in jeder Phase*«[10] durch die Paragraphen der Tötungsdelikte geschützt ist. Vor diesem Hintergrund erweist man aber seiner Argumentation und der juristischen Dogmatik keinen guten Dienst, wenn man in jenen eindeutigen Fällen, in denen niemand die Zulässigkeit der »passiven« oder der »indirekten« Euthanasie bezweifelt[11], nicht deutlich zugesteht, daß hier eine Suspendierung des vorher berufenen Grundsatzes, seine konkrete *Nicht*-Anwendbarkeit akzeptiert werden muß; daß man sich daher mit den schwierigen, aber unumgänglichen Problemen *ihrer* Rechtfertigung zu befassen hat; und daß die vorher beschworene »Absolutheit« des Prinzips vielleicht weniger der Garant eines humanen Ethos als der einer täuschenden Suggestion ist. Sondern wenn man sich statt dessen der Aufgabe, legitime Kriterien der Lebensschutz-Beschränkung zu finden, halb und halb dadurch entzieht, daß man den konkreten Einzelfall einfach begrifflich aus dem Anwendungsbereich des Prinzips hinauszudefinieren versucht. Eine häufig zu lesende

Formel ist etwa diese: Die maschinell-medizinische Verzögerung des Todeseintritts verlängere »eigentlich nicht mehr das Leben, sondern nur noch die Leiden des Sterbens«.[12] Sterbensverlängerung ist selbstverständlich Lebensverlängerung. Man möchte fragen: Was denn sonst?

Solche begrifflichen Ausweichstrategien, die tendenziell eher die Verleugnung als eine überzeugende Lösung der Schwierigkeiten begünstigen, sind in diesem Bereich zahl- und variantenreich. Daß dabei oft an Evidenzerlebnisse appelliert wird, macht den Sachverhalt nur problematischer. Denn es setzt Begründungslasten herab oder macht sie unkenntlich. Möllering etwa schreibt zum Zweck der Rechtfertigung von Lebensverkürzungen im Wege der »indirekten« Euthanasie: »Die Bedeutung der ärztlichen Hilfe gegenüber einem 80jährigen Krebspatienten mit unerträglichen Schmerzen und infauster Prognose ist eine andere als bei einem noch jungen Kranken, dessen Leiden ohne weiteres geheilt werden kann.«[13] Wer würde das bestreiten wollen? Aber als Legitimation einer Lebensverkürzung ist es mit dem allseits betonten »absoluten« Prinzip, »daß für das Strafrecht jeder Lebensaugenblick jedes Menschen – auch des Todgeweihten – einen unendlichen Wert hat«[14], schlechterdings nicht zu vereinbaren. Und Möllerings Irrtum – der einer, soweit ich sehe, nahezu unbestrittenen Auffassung der Strafrechtsdogmatik entspricht – beginnt, wenn er den zitierten Satz mit der Bemerkung abschließt: »– es bedarf dazu keiner Überlegung über den ›Lebenswert‹.«[15] Genau solcher Überlegungen bedarf es. Es kommt darauf an zu zeigen, in welcher Perspektive sie angestellt werden müssen und alleine angestellt werden dürfen. Daß damit eine Problematik von beklemmender Schwierigkeit berührt wird, sollte nicht von der Pflicht ablenken, die wirklichen Formen, Gründe und Rechtfertigungen einer Einschränkung des Lebensschutzes im Bereich der Euthanasie zu klären. Denn nur so kann man diese Einschränkungen ihrerseits mit den notwendigen und angemessenen Restriktionen versehen. Nur so werden sich auch legitime, handhab- und überprüfbare Regeln für Einzelfall-Entscheidungen finden lassen.[16] Und nur damit können etwaige Inkonsistenzen der strafrechtlichen Wertungen in *allen* Grenzbereichen von Leben und Tod – vom Schwangerschaftsabbruch bis zur Euthanasie – deutlich gemacht und entweder ihre Bereinigung oder ihre tragfähige Begründung als Anliegen der Dogmatik demonstriert werden.

Und nicht zuletzt ist dies zu bedenken: Ein klares und ehrliches Verständnis der Grenzen des Lebensschutzes wird andererseits dessen fundamentale Bedeutung *innerhalb* seines legitimen Bereiches besser verstehen und begründen lassen als der auch im Strafrecht vorherrschende Hinweis, es handle sich dabei um ein notwendiges Tabu.[17] Tabus, das weiß man am Ende des 20. Jahrhunderts, sind leichter zu beseitigen als konsensfähige gute Gründe. Ein nicht unerheblicher Teil der »Slippery Slope«- oder »Dammbruch«-Besorgnisse scheint mir gerade damit zusammenzuhängen, daß man ein genaueres Verständnis der Lebensschutzprinzipien – und damit deren substantieller Korruptionsfestigkeit – durch ihre Tabuisierung eher verhindert. Ein Tabu, das mit ausdrücklicher Billigung seiner nominellen Verteidiger ständig und offenkundig verletzt wird, verliert seine normative Kraft und seine beruhigende Wirkung.

II. Suizid und Tötung auf Verlangen

> »Wenn das taedium vitae den Menschen ergreift, so ist er nur zu bedauern, nicht zu schelten.«
> (Goethe an Zelter, 3. Dezember 1812)

Daß er als Selbstmörder jedenfalls nicht zu bestrafen sei, ist im deutschen Recht unbestritten. Daher bleiben im Grundsatz auch die Veranlassung und die Förderung einer Selbsttötung straflos. Strafbar ist dagegen die aktive Tötung auf Verlangen (§ 216 StGB). Dieses Schema sieht bei weitem einfacher aus, als es ist. Hinter ihm verbergen sich mehrere hauchdünne und entsprechend umstrittene Trennlinien zwischen straflosem Verhalten und Tötungsdelikt.

Auf der Hand liegt zunächst das Problem, eine angemessene Grenze genau dort zu ziehen, wo die aktive Unterstützung eines Suizids umschlägt in die (Fremd-)Tötung des Sterbewilligen. Aber auch eine Handlung, die äußerlich den Rahmen der bloßen »Beihilfe«[18] nicht verläßt, kann sich bei genauerem Hinsehen als Totschlag, sogar als Mord in mittelbarer Täterschaft erweisen: wenn der Selbsttötungsentschluß des Suizidenten kein »frei-« oder »eigenverantwortlicher« war und der Teilnehmer dies erkannt hat. Wer in Kenntnis der Umstände den Selbstmord eines Kindes, eines Geisteskranken, eines mit schweren Drohungen dazu Genötigten oder eines über den (in Wahrheit fehlenden) Anlaß seines Suizids Getäuschten unterstützt, begeht in aller Regel als Täter ein Totschlagsdelikt, und zwar durch das sich selbst tötende Opfer als den »Mittler« der Tat. Umstritten ist schließlich die Frage, ob die im allgemeinen straflose Teilnahme an einer »eigenverantwortlichen« Selbsttötung jedenfalls dann als Tötungsdelikt durch Unterlassen zu bestrafen sei, wenn der Teilnehmer ein »Garant« für das Leben des Suizidenten war, also beispielsweise dessen Ehegatte.[19]

1977 beschrieb Claus Roxin, einer der führenden Theoretiker dieser Diskussion in Deutschland, deren Zustand als rechtsunsicher und rechtspolitisch schroff kontrovers, als widerspruchsvoll und verworren.[20] Seither hat die Verwirrung eher zugenommen.[21] Das legt die Vermutung nahe, daß sie alleine mit den Argumentationsmitteln der Dogmatik nicht zu klären ist. Roxin deutet die rechtspolitischen Konflikte hinter den Standpunkten an. Grob lassen sie sich auf die folgenden Fragen reduzieren: Soll das Strafrecht mit dem scharfen Instrument der Totschlagsparagraphen Suizidprophylaxe betreiben? Soll, darf oder muß es unabhängig von den faktischen Chancen solcher Prophylaxe jedenfalls im Sinne einer normstabilisierenden (»positiven«) Generalprävention die mögliche ethische Mißbilligung der Suizidunterstützung rechtlich absichern? Und schließlich: Kann oder sollte es dabei aus dem Bereich seiner Zuständigkeit vorweg und bewertungslos eine Sphäre ausgrenzen, innerhalb deren die individuelle Autonomie eines Suizidenten auch zugunsten seiner Unterstützer strafrechtsverdrängend wirkt?

Die letztere, grundsätzliche Frage hat ersichtlich eine offene Flanke zur Philosophie. Dabei geht es in spezifischer Schärfe um das Problem, mit welcher Intensität und in welcher Reichweite das allgemeine – etwa religiös, transzendental, anderweitig ethisch oder schlicht »gesellschaftlich« begründbare – Interesse am Schutz alles menschlichen Lebens durchzusetzen ist. Denn hier wird dieses Interesse auf die härteste Probe seiner Plausibilität gestellt: Es soll sich gegebenenfalls auch gegen ein kollidierendes Individualinteresse an der Beendigung des eigenen Lebens behaupten. Kurz und vergröbernd: Es geht um den Konflikt »Autonomie versus Schutz des ›Lebens an sich‹«.

1. Mit Blick auf die oben skizzierten Abgrenzungen zwischen strafloser Suizidbeteiligung und Tötungsdelikt lassen sich zwei unterschiedliche strafrechtliche Problemfelder ausmachen, innerhalb deren die Trennlinien gezogen werden müssen: Zum einen die (objektive) *Verhaltensebene*, auf der sich die Frage nach dem Übergang von der Teilnahme- zur Tötungshandlung stellt; hier muß der verbotsfreie Raum bloßer Hilfeleistungen abgesetzt werden gegen den Deliktsbereich des § 216. Und zum andern die (subjektive) Ebene der *Verantwortlichkeit* des Suizidenten; hier ist im Konflikt zwischen Autonomie und Lebensschutz der Bereich der Straflosigkeit gegen den des Totschlags (§ 212) abzugrenzen. In beiden Kollisionssphären lassen sich mit dogmatischen Konstruktionen die Grenzlinien relativ schlüssig in die eine oder die andere Richtung verschieben: hin zur Strafe oder weg von ihr.

a) In strikt dogmatischer Perspektive liegt es nahe, zunächst Ausmaß und Gewicht des Beteiligtenhandelns zu klären. Denn nur dieses kann ja überhaupt strafbar sein; der Suizid ist es nicht. Mit der im Strafrecht ganz überwiegenden »Tatherrschaftslehre«[22] wäre es dann als Anstiftung, Beihilfe oder (Mit-)Täterschaft[23] zu qualifizieren – analog der ansonsten üblichen Methode für die Fälle des Zusammenwirkens mehrerer Täter. Damit wäre die Einordnung des Beteiligtenhandelns entweder in den (grundsätzlich) straflosen Teilnahme- oder in den Deliktsbereich des § 216 erreicht. Erst danach wäre zu fragen, ob die Entscheidung des Suizidenten eine »eigenverantwortliche« war und wie sich dies gegebenenfalls für die strafrechtliche Bewertung des vorher klassifizierten Teilnehmerhandelns auswirkt.[24]

Die herrschende Lehre in der Wissenschaft verfährt umgekehrt. Sie fragt zuerst nach der »Eigenverantwortlichkeit« des Suizidenten. Sieht sie diese als gegeben an, so läßt sie eine grundsätzliche und weitgehende Sperre für die Strafbarkeit des Beteiligten gleichsam vorweg einschnappen. Erst danach wird dessen Handeln genauer untersucht. Die Sperre – und damit die Strafbarkeitsgrenze zu § 216 – durchbricht es nur, wenn es den entscheidenden *point of no return*, jenen kritischen Augenblick innerhalb des tödlichen Gesamtgeschehens, jenseits dessen kein Zurück mehr möglich war, aktiv beherrscht hat.[25]

Die beiden Auffassungen führen zu erheblich unterschiedlichen Ergebnissen. Einig ist man sich nur hinsichtlich zweier Fallgruppen: bei der Teilnahme am eindeutig nicht »eigenverantwortlichen« – z. B. kindlichen – Suizid (Totschlag nach § 212); und bei untergeordneten, nur im Vorfeld des tödlichen Geschehens, nicht aber im Ausführungsstadium des (eigenverantwortlichen) Suizids wirksamen Beihilfehandlungen (Straflosigkeit). In allen Fällen dagegen, wo Suizident und Beteiligter nach den üblichen strafrechtlichen Kriterien der Tatherrschaft als (Quasi-)Mittäter zusammenwirken, wo also der Beteiligte auch im Ausführungsstadium des Suizids noch unterstützende Handlungen beisteuert (ohne allerdings den kritischen point of no return alleine zu beherrschen), fallen die Ergebnisse schroff unterschiedlich aus. Die herrschende Meinung läßt hier ihre Sperre wirken und spricht frei. Die Gegenauffassung verurteilt nach § 216.[26]

b) Die Divergenz ist – von außen betrachtet – gewissermaßen eine der Blickwinkel. Nach herrschender Auffassung: Strafbar getötet werden kann nur, wer sich nicht eigenverantwortlich selbst tötet oder zumindest »mitttötet«. Nach der Gegenauffassung: Strafbar töten kann schon, wer einen anderen, der sich eigenverantwortlich selbst tötet, zumindest »mittötet«. Dogmatisch beruft sich die herrschende Lehre vor allem auf das Argument, bei einem fremdunterstützten Suizid könne von einer strafrechtlichen Mittäterschaft (§ 25 Abs. 2) deshalb keine Rede sein, weil diese zwei *Straf*täter voraussetze; und nur zwischen solchen sei eine wechselseitige Zurechnung der jeweiligen Tatbeiträge zulässig und damit deren Ergänzung zur vollen Täterschaft bei jedem Beteiligten, nicht aber im Fall des Suizids, der keine Straftat ist. Dessen »Teilnehmer« müsse daher, um alleiniger Täter einer Tötung nach § 216 zu sein, den letztlich tödlichen Akt auch insgesamt alleine beherrschen.[27]

Das ist zunächst ebenso einleuchtend wie die dahinterstehende rechtspolitische Grundsatzentscheidung, von der strafrechtsfreien Autonomiesphäre des Suizidenten auch die seinem »eigenverantwortlichen« Beschluß sich unterordnende Teilnahme gedeckt sein zu lassen. Sieht man genauer hin, zeigen sich allerdings gravierende Probleme. Sie kristallisieren sich um die zwei entscheidenden Kriterien, mittels deren die straflose Suizidteilnahme vom Tötungshandeln getrennt werden soll: das der »Eigenverantwortlichkeit« und das des »letztlich tödlichen Aktes« (bzw. der »Beherrschung des point of no return«). Es ist alles andere als klar, ob diese Kriterien begrifflich und empirisch hinreichend faßbar und ob sie normativ plausibel und leistungsfähig genug sind, um *alleine* die Last einer so schwerwiegenden Abgrenzung wie der zwischen Straflosigkeit und (z. B.) Totschlag tragen zu können.

c) Drängt man die Entscheidung über die Strafbarkeit nach § 216 in die Frage einer Alleinbeherrschung des point of no return zusammen, dann wird zweierlei vorausgesetzt: erstens, daß dieser selbst feststellbar ist, und zweitens, daß der ihn ausfüllende Akt wenigstens im Prinzip stets genau einem der Beteiligten, dem Suizidenten *oder* seinem Helfer, zugeordnet werden kann. Beides ist zweifelhaft. Betrachten wir eines der Beispiele, die Herzberg der herrschenden Meinung polemisch entgegengehalten hat: »B will seinen Selbstmord aus Versicherungsgründen als Arbeitsunfall tarnen. Mit Geld gewinnt er den Arbeitskollegen A für den Plan einer Tötung im Hof ihrer Speditionsfirma. Zur verabredeten Tatzeit fährt A mit dem LKW auf ein Zeichen des B langsam los. B wirft sich, scheinbar stolpernd, unter die Räder.«[28]

Deutlich ist, daß hier beide, Suizident und Teilnehmer, den point of no return gleichermaßen und völlig ebenbürtig beherrschen. Hat B sich selbst, oder hat A ihn getötet? Ich glaube nicht, daß hier der geläufige Hinweis verfängt, der »Schmerz der Grenze«[29] gehöre eben zum »täglichen Brot der Strafrechtsdogmatik«.[30] Denn es handelt sich hier nicht um einen jener typischen Grenzfälle, in denen man nicht genau weiß, ob die Zuordnung so oder so zu erfolgen hat (und deshalb etwa beides relativ vertretbar erscheint). Vielmehr exemplifiziert das Beispiel einen Typus von Fällen, in denen man *sehr genau weiß*, daß die Zuordnung *weder so noch so* erfolgen kann, daß also ganz sicher weder A noch B als *der* Beherrscher des point of no return qualifizierbar ist. Oder anders: daß sub specie der angebotenen Abgrenzungsstrategie die Zuordnung nicht etwa bloß unsicher möglich, sondern daß sie sicher unmöglich ist. Kurz: daß dieser Fall von der herrschenden Dogmatik nicht erfaßt wird.

Wie ist er zu entscheiden? Herzberg hält hier ein Strafbedürfnis nach § 216 für evident und meint, damit den Grundsatz der herrschenden Lehre desavouieren zu können. Mir leuchtet das nicht ein. Richtig ist, daß innerhalb dieser Lehre der Fall sozusagen nicht vorgesehen ist. Nimmt man aber deren Prinzip ernst, nämlich das der strafrechtsfreien Achtung des eigenverantwortlichen Suizids auch im Hinblick auf Beteiligte, dann kann die Entscheidung nur so aussehen, daß auch in den Fällen, wo der Suizident an der unmittelbar tödlichen Handlung des point of no return noch irgendwie aktiv mitgewirkt hat, die Strafrechtssperre des Autonomiegrundsatzes eintreten und den § 216 verdrängen muß. Warum sollte der LKW-Fahrer unseres Beispiels strafwürdiger sein als in dem Fall, wo er den Wagen bloß in Gang setzt und dann abspringt, um danach den letzten Akt des Suizids mittels der jetzt führerlosen Maschine allein dem anderen zu überlassen? Oder gar, wo er in dem fahrenden Wagen einfach die Augen schließt, also nicht genau weiß und nicht wissen will, wann, wo und ob überhaupt der andere sich davor wirft, und diesem damit wiederum die alleinige Beherrschung des point of no return überläßt?

2. Deutlich wird nun allerdings dies: Die Linie zwischen Straffreiheit und Tötungsdelikt nach § 216 wird für die herrschende Meinung nicht bloß faktisch – im Sinne eines »Schmerzes der Grenze« – hauchdünn. Sie wird vor allem normativ auf eine kaum erträgliche Weise unplausibel. Der Einwand gewinnt weiter an Schärfe, wenn man sich folgendes klarmacht: Nicht nur ist in bestimmten Fällen eine exklusive Beherrschung des point of no return prinzipiell nicht feststellbar; auch die Bestimmung dieses Punktes selbst ist nicht stets einfach empirisch möglich. Zu den Schulbeispielen der herrschenden Abgrenzungsstrategie gehört dieses[31]: Der Arzt, der dem Sterbewilligen die »erlösende Spritze« bloß in die Hand gibt und diesen sie injizieren läßt, ist strafloser Gehilfe eines Suizids; nimmt er dagegen selbst die Injektion vor, tötet er strafbar auf Verlangen. Warum eigentlich? Das Oberlandesgericht München hat im berühmten Fall Hackethal erwogen, ob dieser, nachdem die sterbewillige Frau E. das von ihm besorgte Gift getrunken und ihr Bewußtsein verloren hatte, noch zur Einleitung von Rettungsmaßnahmen verpflichtet war.[32] Wo liegt bei der (Selbst-)Tötung mittels Gift der point of no return? Wirklich im Akt der Injektion bzw. des Schluckens, wie die herrschende Lehre behauptet? Stellen wir uns den Fall so vor: Der Arzt injiziert das tödliche Gift und sagt dann dem Sterbewilligen, nun seien noch fünf bis acht Minuten Zeit für rettende Gegenmaßnahmen und er, der Arzt, werde diese auch sofort einleiten, wenn ihn der Kranke nur dazu auffordere. Dieser schweigt. Der Arzt fragt noch mehrmals und hält sich zur Rettung bereit – bis der andere gestorben ist. Hat er nach § 216 getötet? Die *faktisch* letzte

Kausalhandlung für den Tod hat gewiß er vorgenommen. Aber die Möglichkeit der angebotenen Rettung (des »return«!) hat der andere bewußt verstreichen lassen. Liegt hier nicht die nach der herrschenden Lehre maßgebliche «freie Entscheidung über Leben und Tod *nach* dem letzten Handlungsbeitrag des Teilnehmers«[32a] eindeutig bei dem Sterbewilligen? Und wenn man deshalb hier § 216 verneinen will: Soll dann die Strafbarkeit tatsächlich davon abhängen, ob der Arzt ein langsam oder ein schnell wirkendes Gift injiziert hat (wobei letzteres sich ja durchaus als die humanere Methode darstellen könnte)?

Aus all dem scheint mir soviel deutlich zu werden: Die Grenze zwischen strafloser und strafbarer Suizidbeteiligung läßt sich alleine mittels der Kriterien der herrschenden Lehre nicht befriedigend ziehen. Das hängt ersichtlich (auch) mit deren Prinzip des Vorrangs der Eigenverantwortlichkeit beim Suizid und dem daraus folgenden Druck auf § 216 zusammen. Ob dies allerdings einen Einwand gegen das Prinzip oder gegen die geltende Regelung der Tötung auf Verlangen nahelegt, ist damit nicht ausgemacht.

a) Neumann hat mit Recht darauf hingewiesen, daß das Prinzip der Eigenverantwortlichkeit »*keine empirische Fähigkeit,* sondern eine *normative Zuständigkeit* meint; es geht um den Verantwortungsbereich, nicht um das soziale Können des Opfers« (nämlich des Suizidenten).[33] Das heißt zunächst, daß die in der Strafrechtsdogmatik fast durchgängige Synonymisierung von »eigen-« und »freiverantwortlich« falsch ist. Nicht ob der Suizident »wirklich frei« gehandelt hat, ist die Frage, sondern ob ihm seitens der Rechtsordnung die Verantwortung für seinen Tod so weitgehend zugeschrieben wird, daß kein anderer mehr, auch nicht sein Unterstützer, dafür verantwortlich gemacht werden kann. Natürlich spielt für die Möglichkeit einer solchen Zuschreibung autonomer Verantwortlichkeit die Erwägung eine erhebliche Rolle, ob deren Träger sozusagen konstitutionell unfähig erscheint (z. B. als Kind oder als Geisteskranker), die Verantwortung für eine Negativ-Entscheidung über sein Leben zu tragen. Aber diese Rolle ist bei weitem nicht die einzige. Und weder eine grundsätzliche noch eine nur im konkreten Fall vorliegende Beeinträchtigung der Willens- und Entschlußfreiheit des Suizidenten kann schon *eo ipso* die Alleinverantwortung auf den Beteiligten übergehen und ihn zum Totschläger werden lassen.

b) Vermutlich hat die unangemessene Assimilation des Verantwortlichkeits- an das Freiheitsproblem in der Strafrechtsdogmatik den Blick für die zwei entscheidenden Fragen eher verdunkelt[34]:

- Wie, genauer: in wessen Interessensperspektive sind die Regeln zu entwickeln, wonach ein Suizidentschluß als inakzeptabel zu qualifizieren ist und Außenstehenden eine ethische Pflicht zur Intervention, jedenfalls aber zur Verweigerung der Beteiligung auferlegt?
- Ab wann und wie weitgehend darf oder muß das Strafrecht eine Mißachtung dieser Pflicht pönalisieren?

Die erste Frage legt ein philosophisches Stichwort nahe: das der »Paternalismus«-Debatte, die seit H. L. A. Harts »Harry Camp Lecture« von 1962 über »Paternalism and the Enforcement of Morality«[35] in einer Vielzahl von Analysen ihr Thema transparent gemacht hat.[36] Feinberg hat 1971 die Unterscheidung von »strong and weak paternalism« vorgeschlagen, die inzwischen als eine zwischen »hard and soft paternalism« geläufiger ist.[37] Der logische Kern dieses Unterschieds betrifft die Frage nach der Zuständigkeit für die Feststellung derjenigen Interessen (und der Formen ihres Schutzes), die auch gegen den Willen ihrer Inhaber zu deren »Wohl« durchgesetzt werden sollen. Der »harte Paternalismus« schiebt diese Definitionsmacht dem Staat oder der Gesellschaft zu. Die Pointe des »weichen Paternalismus« ist nun, daß auch solche Interessen alleine in der Perspektive ihres Inhabers – also wenn man will: quasi-paradox, nämlich (mit jeweils unterschiedlichem Zeitindex) *für und gegen* ihn – festgestellt und verteidigt werden dürfen. Anders ausgedrückt: Das Modell des »weichen Paternalismus« ist nicht das eines fürsorgenden Machthabers (Vaters; Gesetzgebers), der am besten weiß, was das Richtige für seine untergeordneten Schützlinge (Kinder; Bürger) ist. Es ist das Gesellschaftsvertrags-Modell einer wechselseitigen »social insurance policy«[38] zwischen aufgeklärt-egoistischen Individuen, die bei dem fiktiven Vertragsschluß als autonom und rational vorausgesetzt (fingiert) werden. Es ist damit, und das zu sehen ist wichtig, in Wahrheit genuin *nicht*-paternalistisch.[39]

Unverkennbar ist die Nähe dieser Konzeption nicht nur zu den klassischen Sozialkontrakttheorien, sondern vor allem zu John Rawls' berühmtem Modell des »Urzustands« der Vertragsschließenden hinter einem »Schleier des Nichtwissens« über ihren Status in der künftigen Gesellschaft.[40] Die Frage nach der Zulässigkeit oder Notwendigkeit einer Suizidverhinderung bzw. einer Teilnahmeverweigerung lautet für diesen unechten Paternalismus nicht: Was ist das objektiv »wahre Wohl« oder Interesse des im Augenblick »unfrei« oder unvernünftig handelnden Suizidenten? Sondern: Welches Verhalten eines Beobachters würde ich (jeder von uns) wollen, wenn ich (er/sie) in einem künftigen Zustand »unfreien« oder unvernünftigen Entscheidens einen Suizidversuch unternähme? Daß dies keineswegs immer dasselbe sein müßte wie die Realisierung des »wahren Wohls«, folgt schon daraus, daß zu den wichtigsten Rechten, die jeder im prä-gesellschaftlichen »Urzustand« für seine ihm unbekannte spätere soziale Existenz dürfte gewährleistet wissen wollen, die äußere Freiheit gehört, also grundsätzlich auch die Freiheit zu Fehlern, zur Ausführung unvernünftiger, exzentrischer, religiösen oder irrationalen Überzeugungen folgender, ja sogar später bedauerter Entscheidungen. Ein nicht weit hergeholtes Beispiel wäre dies: Hätte der frühere Ministerpräsident Uwe Barschel bei seinem Selbstmord einen Beobachter oder Helfer gehabt, so hätte sich dieser mit guten Gründen sagen können: »Hier will jemand Hand an sich legen in einer gewiß augenblicklich verzweifelten Situation, die er aber in wenigen Jahren überstanden haben wird. (Man denke an das Beispiel Richard Nixons.) Er ist wohlhabend, relativ jung, hat Frau und Kinder – kurz: er könnte nach einer äußerst schwierigen noch eine viel längere Zeit zufriedenen Lebens vor sich haben.« Hätte der Beobachter die Pflicht zur Intervention gehabt? Und jedenfalls die, bei Strafe des Totschlags jede Beteiligung zu unterlassen? In der Strafrechtslehre und erst recht in der Rechtsprechung gibt es eine verbreitete Neigung, die Unterstützung von Suiziden, bei denen der Beteiligte weiß, es könnte »alles wieder gut«[41] werden, als Totschlag in mittelbarer Täterschaft zu bestrafen. In der Perspektive eines unechten »weichen« Paternalismus wäre diese Lösung für unser Beispiel kaum vertretbar. Daß »alles wieder gut« werden könnte, dürfte auch Barschel gewußt haben. Zur strafrechtsfreien Autonomie sollte aber die eigene Entscheidung gehören, wieviel Qual der Gegenwart man um einer besseren Zukunft willen durchzustehen bereit oder fähig ist. Da allerdings, wo die »innere Freiheit«, die als mindestens minimale Kompetenz der äußeren korrespondieren müßte, vollständig fehlt, wäre die im »Urzustand« zu wählende Regel eine, die dem Beobachter eines (meines) Suizidversuchs ein Handeln zum Schutz des »wahren Wohls« aufgäbe. Wichtig dabei ist dies: Weder ist in allen Konstellationen einer offenkundigen Zeitgebundenheit von Selbstmordmotiven der (autonome) Suizidentschluß akzeptabel, noch ist er umgekehrt in allen Fällen »konstitutioneller Inkompetenz« stets inakzeptabel.[42] Das Prinzip der Interessensverteidigung des Suizidenten, das zwischen den Polen von *dessen* »Wohl« und Autonomie Orientierungen sucht, kann in solchen Grenzfällen auf die Wahrnehmung und Beurteilung der sachlichen und persönlichen Umstände, kurz: der konkreten Plausibilität eines Selbstmordentschlusses nicht verzichten.

Daß ein solches Sozialvertrags-Modell des unechten, »weichen« Paternalismus in einer liberalen, demokratischen und säkularisierten Gesellschaft einen erheblichen Legitimitätsvorsprung vor jedem »hart« paternalistischen hat, scheint mir auf der Hand zu liegen. Eine Lebensform, die zwischen den rapide wachsenden Möglichkeiten des Wählens, Handelns und Scheiterns ihre traditionellen Sicherheiten zerreibt und dies als Funktion von Freiheit begreift, kann nicht gut die unvermeidlichen, sozusagen kollektiv-seelischen Risiko-Konsequenzen ihrer Entwicklungsprinzipien ausgerechnet mit dem Strafrecht abfangen wollen. »Legal paternalism« wird in der angelsächsischen Philosophie mit guten Gründen nur in der skizzierten Form des »weichen« Paternalismus für zulässig gehalten – weil er damit in Wahrheit keiner ist. Patentlösungen für Suizidfälle liefert er so wenig wie alle anderen Konzepte. Aber er gibt die Blickrichtung an, in der Regeln und Entscheidungen gesucht werden sollten.[43]

3. Für die Strafrechtsdogmatik zwischen Suizid und Tötungsdelikt ergeben sich daraus, so scheint mir, die folgenden Konsequenzen:

a) Der Ausgangspunkt der herrschenden Lehre ist richtig: *Vor* der Beurteilung des Beteiligtenhandelns ist ein Raum der Eigenverantwortlichkeit des Suizidenten als strafrechtliches »Sperrgebiet« auszugrenzen. Das folgt mit einem Erst-recht-Schluß schon daraus, daß auch in der Perspektive einer »weich« paternalistischen *Ethik* eine solche Sphäre der Suizid-Autonomie akzeptiert werden muß; die Schwelle der strafrechtlichen Intervention muß aber deutlich höher liegen als die der moralischen Pflicht. Wenn sich mein Freund töten will, weil er dies aufgrund seiner Religion, die ihm so heilig wie mir unverständlich ist, unter bestimmten

Umständen für zwingend geboten hält[44], dann mag ich schwere moralische Schuld auf mich laden, wenn ich ihm dabei helfe; eine strafrechtliche sollte so nicht begründbar sein. Ob sein für mich abstruses Dogma ihn unfrei macht, ist unerheblich. Gewiß gibt es hier Grenzen, etwa da, wo die »brainwash«-Missionen obskurer Sekten beginnen. Aber solche Grenzen sind teils weiter, teils enger zu ziehen als die des »mangelfrei gebildeten Willens«[45], teils natürlich auch genauso, aber nicht einfach deshalb, weil es die Grenzen des freien Willens sind. Die skizzierte Perspektive des »weichen« Paternalismus, in der sie zu suchen wären, läßt damit auch die oft vertretene Limitierung der Eigenverantwortlichkeit in Analogie zu den strafrechtlichen Verantwortlichkeitsgrenzen für *Fremd*schädigungen (§§ 20, 21, 35 StGB)[46] unplausibel erscheinen. Aber auch die Gegenauffassung, die darauf abstellt, ob der Sterbewille des Suizidenten für ein »ernsthaftes« Tötungsverlangen im Sinne des § 216 ausgereicht hätte[47], erscheint nur dann einleuchtend, wenn sie diese »Ernsthaftigkeit« nicht in der Außenperspektive eines echten Paternalismus (des Staates, der Gesellschaft, der »objektiven Vernunft«) beurteilt. Sondern wenn sie die Interessenfrage – gewissermaßen aus dem Blickwinkel des Rawlsschen »Urzustandes« – alleine in der Innenperspektive des individuellen Suizidenten stellt und diese über die »Ernsthaftigkeit« des Sterbewillens entscheiden läßt. Der Suizidentschluß eines vollsinnigen Erwachsenen kann dabei ebenso inakzeptabel sein (z. B. wenn er, sagen wir, einen Ehebruch des Partners als Motiv hat) wie umgekehrt der eines Geisteskranken oder eines Jugendlichen achtenswert (etwa wenn er im Terminalstadium einer qualvollen Krankheit gefaßt wird).[48]

b) Damit rückt allerdings § 216 insgesamt ins Zwielicht eines prinzipiellen Legitimationsmangels. Die oben angedeuteten Friktionen der herrschenden Lehre in diesem Punkt kommen nicht von ungefähr. Hierher gehört auch die traditionelle Verlegenheit der Strafrechtsdogmatik vor dem Problem einer konstruktiven Begründung des Paragraphen. Gewiß ist es, wie Herzberg sagt, »ein Unterschied«[49], ob man jemandem Gift zur Selbsttötung überläßt oder es ihm injiziert. Ein strafrechtlich relevanter Unterschied kann dies aber nur sein, wenn sich die zweite Variante von der ersten im spezifischen Modus einer eigenen Sozialschädlichkeit abhebt – und zwar im Hinblick auf einen Handlungserfolg (den Tod), der *als solcher* strafrechtlich eben nicht mißbilligt

wird. Das tut sie nicht. Die heute geläufigste Begründung, § 216 schütze einfach »das Leben an sich«, und zwar auch gegen den Willen seines Inhabers[50], ist – von ihrer dubiosen Unklarheit abgesehen – entweder metaphysisch verwurzelt oder in einem strikten Sinne »hart« paternalistisch. Beides läßt im liberalen Rechtsstaat eine klaffende Legitimationslücke offen. Eine andere verbreitete Begründung ist die, daß »überall dort, wo die Letztentscheidung über Leben und Tod einem Dritten anheimgegeben wird, damit auch ein wesentliches Stück Fremdbestimmung mit ins Spiel« komme, »ja im Grunde die Selbstbestimmung durch Fremdbestimmung ersetzt« werde.[51] Aber das ist, unabhängig davon, ob gerade dies über die Strafbarkeitsfrage entscheiden dürfte, eine wirklichkeitsferne Fiktion. Kaum jemals dürfte die Subordination eines aktiv tötenden Sterbehelfers unter den Zwang der Situation und vor allem der Todesbitte ohne die hilfloseste Seelennot zu bewältigen sein. Man verdeutliche sich dies an einem bekannten und gewiß extremen Beispiel, das aber nur das Typische des Konflikts scharf heraushebt: dem nach einem Unfall eingeklemmten und verbrennenden LKW-Fahrer, den auf sein drängendes Flehen hin sein Beifahrer erschlägt.[51a]
Eine interessante, aber ebenfalls nicht überzeugende Begründungsvariante findet sich bei Jakobs: Auch die einem »ernsthaften Verlangen« nachgebende Fremdtötung sei »genuin Sozialbeziehung«; die »allgemeinen Erwartungen vom Inhalt solcher Beziehungen« würden aber trotz der Einwilligung »gestört«, weil dies weit vom »allgemeinen Standard« abweiche.[52] Das enthält eine petitio principii: Es ist ja gerade die Frage, wieweit die »allgemeinen Erwartungen« auch innerhalb des Bereichs der Eigenverantwortlichkeit legitimerweise mit dem Strafrecht durchgesetzt werden dürfen. Auf der Abstraktionshöhe von Jakobs' Formel ließen sich unschwer auch grob »perverse« Sexualpraktiken zwischen Erwachsenen pönalisieren, was (trotz § 226a StGB) niemand mehr akzeptieren dürfte.[52a] Zudem hängt die Frage der Abweichung vom »allgemeinen Standard« ersichtlich von der konkreten Situation ab: Im Fall des verbrennenden LKW-Fahrers würde gerade das *Unterbleiben* der Tötungsbitte einen »Standard« von Heroismus markieren, der ganz erheblich vom »allgemeinen« abwiche.
Gegenüber solchen Begründungen ist festzuhalten, daß § 216 seiner Funktion nach eine indirekt paternalistische Norm[53] ist. Seine

Begründung hätte sich daher primär auf diese Funktion zu beziehen. Sein entscheidendes Kriterium aber, ob im point of no return ein Außenstehender *gehandelt* hat oder nicht, verfehlt die Frage nach der legitimen strafrechtlichen Prävention eigenverantwortlicher Sterbewünsche so weit und so offensichtlich, daß es keine geeignete Grundlage für die Rechtfertigung der Norm abgeben kann.[54]

Keineswegs bedeuten diese Erwägungen ein Plädoyer für die Straffreiheit jeder Tötung auf Verlangen. Im Gegenteil läge vermutlich deren Mehrzahl außerhalb des Rahmens eigenverantwortlicher Sterbeentschlüsse im Sinne eines »weichen« Paternalismus – und bliebe damit strafbar. Und dann mit Recht als Totschlag. Nur sollte diese Strafbarkeit nicht weiter (und nicht weniger weit) reichen dürfen als die jeder anderen aktiven Suizidhilfe. Nicht ob der Helfer an irgendeinem Punkt des Geschehens »gehandelt«, sondern ob er aus guten Gründen gehandelt hat, ob also der konkrete Todeswunsch hinzunehmen war oder nicht, ist entscheidend.[55]

Damit berühren wir jenen seit eh und je neuralgischen Punkt der Strafrechtsdogmatik: Hier müßten nämlich die persönlichen und sachlichen Umstände und Motive eines Suizids konkret beurteilt und (erst) jenseits der (»weich« paternalistischen) Grenzen des Tolerablen zurückgewiesen werden. Das schließt ersichtlich die normative Frage ein, ob der Sterbewillige aus verständlichen Gründen sein eigenes Leben nicht mehr für wert hält, gelebt zu werden. Die Neigung der Strafrechtsdogmatik, vor dem Hintergrund eines angeblich »absoluten Lebensschutzes« diese Frage für unzulässig zu erklären[56], schafft in dem praktisch wichtigsten Bereich der Tötung auf Verlangen, dem der medizinischen Sterbehilfe, eine Art Gesamtklima der argumentativen Unehrlichkeit, das keine gute Voraussetzung für die Lösung eines drängenden Problems darstellt. Das gilt a fortiori für jene weit schwierigeren Situationen, in denen nicht bloß zu fragen ist, ob der Entscheidung eines Patienten über das nicht mehr »Wünschenswerte«[57] seines Lebens – handelnd oder unterlassend – entsprochen werden soll. Sondern ob, wann und wie diese Entscheidung auch von anderen getroffen werden darf.

III. Euthanasie

> »Daß an Embryonen sowohl als an abgelebten Greisen und den Tod erwartenden Kranken oder des Todes schuldigen Verbrechern, desgleichen an allen Menschen ohne Unterschied der Nation, Religion, Standes und Alters das Verbrechen der Tödtung begangen werden könne, ist mit dem Worte *Mensch* ausgesprochen...«
> (Anmerkungen zum Feuerbachschen »Strafgesezbuche für das Königreich Baiern. Nach den Protokollen des königlichen geheimen Raths«, 1813, 2. Band, S. 4)

Daran ist – sieht man zunächst vom Sonderfall der »Embryonen« ab – selbstverständlich nicht zu rütteln. Unrichtig ist aber das Absolutheitspostulat, das sich hinter dem breiten Rücken dieser Evidenz festgesetzt hat und lebendig erhält: Die Menschenqualität eines durch andere beendeten Lebens *könne* nicht nur, sondern *müsse* – außerhalb von Notwehr, Krieg und Todesstrafe – stets das Verdikt der rechtswidrigen Tötung nach sich ziehen. Auch jenseits der Tötung auf Verlangen kann dies längst nicht mehr richtig sein. Welche Schwierigkeiten die Strafrechtsdogmatik mit diesem Sachverhalt hat, den sie im übrigen schon lange faktisch anerkennt, manchmal auch nolens volens und gleichsam mit geschlossenen Augen bloß hinnimmt, das sollen im folgenden einige exemplarische Konstellationen[58] deutlich machen. Die noch immer beinahe durchgängig verpönte Bewertung der »Qualität« fremden Lebens erweist sich dabei in bestimmten Fällen nicht nur als unumgänglich, sondern zur Erreichung ethisch und rechtlich akzeptabler Entscheidungen als normativ geboten.

1. Schon der Todesbegriff selbst, der sich seit Ende der sechziger Jahre im Anschluß an einen einflußreichen »Harvard Report« weltweit in Medizin und Recht durchgesetzt hat[59] – der des Hirntods –, enthält starke Elemente einer solchen qualitativen Bewertung. Das dauernde Erlöschen aller jener Hirnfunktionen, die bewußtes menschliches Leben vom bloß vegetativen Existieren abheben, ist als einer der entscheidenden Gesichtspunkte in die Todesdefinition eingegangen.[60] Daran ändert auch die Tatsache nichts, daß nur der Gesamthirntod, also auch das Erlöschen der

Hirnstammfunktionen, die lediglich das vegetative Biosystem steuern, die Trennlinie zwischen Leben und Tod ziehen kann. Denn diese Funktionen können jedenfalls für eine gewisse Zeit maschinell ersetzt werden. Es wäre ein haarsträubendes Postulat, wollte man in ihrem Ausfall so etwas wie das entscheidende Kriterium des Todesbegriffs fixieren und etwa jemanden, dessen Herz-Kreislauf-Steuerung bei Fortbestehen seiner Großhirn-(also Bewußtseins-)Funktionen ausfällt, für, sagen wir, »so gut wie tot« erklären.
Natürlich tut dies niemand. Dennoch wird in der Strafrechtslehre gelegentlich auf ein ähnliches Argument ausgewichen, um die Lebensqualitäts-Erwägungen des Hirntodbegriffs in den Hintergrund drängen und seine rein biologischen, quasi steuerungstechnischen Aspekte hervorheben zu können. Gerd Geilen, der als einer der ersten deutschen Strafrechtler das Gespenst der normativen Implikationen des Hirntods scharf herausgearbeitet und auch gleich zu bannen versucht hat, schreibt: »(Es ist) wenig nützlich, was trotzdem bei der Begriffsentwicklung eine große Rolle gespielt hat und ein nach wie vor sicherlich publikumswirksames Argument bedeutet, wegen der *zerebralen Lokalisierung* der *spezifisch geistigen Funktionen* von einer solchen Verabsolutierung des Hirntods auszugehen... während in Wahrheit die Hirntoddiagnose nichts anderes bedeutet als die Feststellung eines irreversiblen Funktionsausfalls.«[61] Das ist eine erstaunliche Bemerkung. Warum ein irreversibler Funktionsausfall entscheidend sein soll und nicht der Endpunkt des von ihm erst bedingten und ihm nachfolgenden Absterbe-Prozesses, der ja buchstäblich zugleich ein Ablebens-Prozeß ist, das ist gerade die erklärungsbedürftige Frage. Irreversibel tödliche Funktionsausfälle im menschlichen Körper gibt es auch außerhalb des Gehirns eine ganze Menge. Wer käme auf die abstruse Idee, sie mit dem Tod, den sie irgendwann nach sich ziehen, zu *identifizieren*? Warum tut man es beim Gehirn? Die Medizin kann – und das ist ja ein zu Transplantationszwecken häufig praktiziertes Verfahren – hirntote menschliche Körper über eine gewisse Zeit hinweg biologisch »am Leben«, an irgendeiner Art von Leben, erhalten – bei schlagendem Herzen und atmenden Lungen. Für dieses Faktum ist es vollständig bedeutungslos, daß der Zeitraum, innerhalb dessen das heute möglich ist, noch sehr begrenzt erscheint; man darf auch einigermaßen sicher sein, daß er in Zukunft erheblich ver-

längert wird.[62] Es ist – im genauen Gegensatz zu Geilens Meinung – »wenig nützlich«, vor der Tatsache die Augen zu schließen, daß der Hirntodbegriff die normative Entscheidung enthält, solches maschinell gestütztes, rein biologisches Irgendwie-Leben nicht mehr als menschliches Leben gelten zu lassen. Denn bereits diese Tatsache läßt die leise Nötigung fühlbar werden, das strafrechtliche Prinzip, wonach jede Form menschlichen Lebens als »unendlich wertvoll« unter dem Schutz des Tötungsverbots steht, genauer zu bedenken.

Klar ist, daß eine Argumentation wie die Geilens der verständlichen Neigung entspricht, von Anfang an jene abschüssigen Diskussionen abzuschneiden, in denen weitergefragt werden könnte: ob der Lebensschutz auch in anderen Fällen, in denen jeder Schatten irgendeiner Art von Bewußtsein und jede Chance einer Besserung fehlt, relativierbar erscheint. Aber Fragen, denen echte Probleme zugrundeliegen, lassen sich nicht dauerhaft über begriffliche Strategien abdrängen. Geilen selbst hat einleuchtend darauf hingewiesen, daß in der Hirntoddefinition auch »ein Stück Notstandsdenken steckt«, also eine Abwägung zwischen Lebensschutz- und Transplantationsinteressen, und im Ergebnis »die Freigabe von Lebensresten eines im naturwissenschaftlichen Sinne noch Moribunden zur Lebensrettung eines andern«.[63] Unrealistisch wäre die Hoffnung, solchen Abwägungszwängen in anderen schwerwiegenden Interessenskonflikten zwischen Leben und Tod einfach entkommen zu können.

2. Kaum noch bestritten wird in der Strafrechtslehre die Zulässigkeit des Abbruchs lebenserhaltender medizinischer Maßnahmen unter bestimmten Voraussetzungen, also die Zulässigkeit dessen, was man verkürzend »passive Euthanasie« nennt. Wenig Schwierigkeiten glaubt man mit der Begründung der Straflosigkeit dann zu haben, wenn das »Sterbenlassen« im Einvernehmen mit dem Moribunden oder auf dessen Bitten hin erfolgt. Da der Arzt gegen den Willen des Kranken nicht bloß nicht behandeln muß, sondern – bei Strafe der Körperverletzung – gar nicht darf, verhalte er sich mit dem Behandlungsabbruch einfach so, wie es ihm die Rechtsordnung vorschreibe. An diesem Argument ist im Prinzip nichts auszusetzen. Immerhin erscheint hier aber ein ans Paradoxe streifender Wertungswiderspruch: Auch eine grob unvernünftige, also im Grunde suizidale Behandlungsverweigerung durch den Patienten ist vom Arzt hinzunehmen, während eine

noch so verständliche Tötung auf Verlangen strafbar bleibt. Zum Beispiel: den ansonsten kerngesunden 40jährigen, der die Einwilligung in eine dringend indizierte Blinddarmoperation verweigert, darf der Arzt nicht nur, sondern muß er, einer tödlichen Unvernunft sich beugend, sterben lassen[64]; dem 80jährigen, schwer leidenden Krebspatienten, der ihn im Terminalstadium um eine aktive Lebensverkürzung von wenigen Stunden anfleht, muß er die »erlösende Spritze« verweigern.[65]

Oder doch nicht? In Fällen, in denen das gravierende Interesse des Patienten an der Beendigung eines qualvollen und für ihn nicht mehr lebenswerten Existenzrestes offenkundig ist, sucht die Strafrechtsdogmatik unter dem ethischen Druck solcher Evidenzen einerseits und dem ihres Tabu-Prinzips beim Lebensschutz andererseits Auswege. Daß diese oft in die Schattenzonen der argumentativen Unehrlichkeit führen, kann kaum überraschen. Das scheint im übrigen keine deutsche Besonderheit zu sein. Eser hat 1985 in einer Anhörung zur Sterbehilfe vor dem Rechtsausschuß des Bundestags dargelegt, daß trotz der weltweiten Pönalisierung der aktiven Tötung auf Verlangen auch Fälle der direkten aktiven Sterbehilfe strafrechtlich »kaum verfolgt werden«.[66]

a) In dem größten Kommentar zum deutschen Strafgesetz liest man (mit 23 bestätigenden Nachweisen) dies: »Die aktive Sterbehilfe ist ausnahmslos unzulässig... Wer hier Ausnahmen befürwortet, kann leicht einen Dammbruch verursachen.«[67] Und eine halbe Seite weiter: »... die Schmerzlinderung mit lebensverkürzender Wirkung als Nebenfolge (indirekte Euthanasie)... (ist) mangels entgegenstehender Willensäußerung zulässig.«[68] Da die Inkaufnahme voraussehbarer verbotener »Nebenfolgen« über die Figur des dolus eventualis eindeutig eine aktive vorsätzliche Tatbegehung darstellt, ist – vor jeder Frage nach einer möglichen Rechtfertigung – eines zur Evidenz klar: Die wenige Zeilen zuvor perhorreszierte »Ausnahme« ist hier mit erstaunlicher Selbstverständlichkeit eingeführt. In dem nachfolgenden Versuch, eine Rechtfertigung zu begründen, setzt sich die terminologische Selbsttäuschung fort: »Notstandsgesichtspunkte« könnten hier »nicht in Anspruch genommen werden«. Denn dabei müßte das Leben gegen ein anderes Interesse abgewogen werden; eine solche Abwägung (die sonst häufig auch »unzulässig« genannt wird), müsse aber *immer* »zugunsten des Rechtsguts Leben ausschlagen... Die zutreffende Begründung der indirekten Euthanasie« folge vielmehr »aus der Begrenzung des Tötungsverbots entsprechend dem richtig verstandenen Schutzbereich der Norm«. Denn die ärztlichen Berufsordnungen, die als »Bestandteil der Rechtsordnung« zu bewerten seien, »sehen nach im Ergebnis nahezu einhelliger Auffassung nicht vor, den Schmerz und die Agonie uferlos und ohne Sinn zu verlängern.«[69]

Das Ergebnis ist fraglos richtig. Aber seine Begründung reibt sich geradezu schmerzhaft an den zuvor betonten Grundsätzen: »Die ärztliche Berufsordnung« ist ersichtlich kein Argument; denn zum »Bestandteil der Rechtsordnung« kann sie nur werden, wenn und soweit sie der Rechtsordnung entspricht. Bei dieser allein ist daher die Rechtfertigung zu suchen. Mit welcher Begründung aber sollen denn aus dem »Schutzbereich der Norm« des Tötungsverbots jene Fälle indirekter Euthanasie ausgeklammert werden, wenn nicht mit der fast tautologischen Feststellung, solches Leben halte man eben strafrechtlich nicht mehr für schutzbedürftig? Und wie soll dieser Mangel des Schutzbedürfnisses seinerseits begründet werden, wenn nicht mit dem bewertenden, abwägenden und verstehenden Blick auf den Zustand, die »Qualität«, die Hoffnungslosigkeit dieses Lebens? Denn nichts anderes kann ihn ja begründen, da der Sterbewunsch des Patienten wegen § 216 hierfür nicht in Frage kommt. Und ein weiteres Argument, das ihn begründen *dürfte,* ist in ethischer wie in rechtlicher Perspektive beim besten Willen nicht erkennbar.

b) Man kann durchaus plausibel die Fälle, in denen eine Schmerzlinderung nur das entfernte (und daher allenfalls Fahrlässigkeitsvorwürfe begründende) Risiko einer Lebensverkürzung mit sich bringt, mittels der Rechtsfigur des »unverbotenen Risikos« gänzlich außerhalb des Strafrechts in einer Sphäre »sozialer Adäquanz« ansiedeln.[70] Das geht aber in jenen keineswegs ganz seltenen anderen Fällen nicht, in denen die Schwere der Schmerzzustände nur noch mit so gravierenden Mitteln bekämpft werden kann, daß der Arzt den dadurch verursachten Tod für wahrscheinlich oder geradezu für sicher halten muß. Und hier, wo die drängender werdende ethische Verpflichtung das ärztliche Handeln umso unvermeidlicher in den strafrechtlichen Bereich des Vorsatzes zwingt, werden die Ausweichstrategien innerhalb der Strafrechtsdogmatik offenkundig. Warum es »keiner Ausführung« bedürfen soll, daß ein solcher Fall »anders zu beurteilen ist als die Vornahme einer sofort tödlichen Injektion«[71], das ist im

Horizont eines Strafrechts, das den Eventualvorsatz genauso wie den direkten bestraft und etwaige Motive des Täters dabei außer acht läßt, einfach unerfindlich. Die überwiegende Meinung in der Strafrechtslehre schenkt sich solche Ausführungen denn auch nicht. Sie qualifiziert zunächst die Situation unerträglicher, nur mit absehbar tödlichen Medikationen zu bekämpfender Schmerzzustände einleuchtend als Notstand im Sinne des § 34 StGB.[72] Da in dessen Rahmen das geopferte Interesse (am Weiterleben) gegen das wahrgenommene (an der Schmerzlinderung) abgewogen und von diesem »wesentlich« überwogen werden muß, wäre allerdings hier nicht nur die gefürchtete Abwägung menschlichen Lebens, sondern als deren Ergebnis sogar ein deutlicher Nachrang des Lebensinteresses erforderlich.

Schon deshalb weist ein anderer Teil der Lehre die Notstandslösung a limine zurück.[73] Hierbei scheint freilich die prinzipiell verfehlte Auffassung eine Rolle zu spielen, das Interesse am eigenen Leben könne, weil »das Leben« als Rechtsguts-Abstraktum absoluten Höchstrang hat, auch von anderen Interessen *derselben* Person, um deren Leben es geht, niemals überwogen werden.[74] Das ist abwegig, lebensfremd, inhuman. Die Konsequenz, daß beispielsweise das Interesse des hilflos verbrennenden LKW-Fahrers, die Minuten seines qualvollen Sterbens zu durchleben, unweigerlich größer sein müsse als das, ihnen durch einen vorherigen Tod entzogen zu werden, dürfte eigentlich als reductio ad absurdum ausreichen. Innerhalb der Interessensabwägung beim Notstand, die schon nach dem Wortlaut des § 34 ein komplexes Zusammenspiel deontologischer und utilitaristischer Erwägungen erfordert, kann alleine das Gewicht eines in diesem Spiel befindlichen Rechtsguts nie eine zwingende Lösung vorschreiben. Aber auch hier scheint das Dogma des »absoluten Lebensschutzes« einen langen Schatten der Reflexionsverhinderung zu werfen. Selbst das angebliche Interesse der Rechtsgemeinschaft an einem tabuisierten Lebensschutz kann nicht gut – jedenfalls nicht legitimerweise – dahin gehen, jenen LKW-Fahrer verbrennen zu lassen, und zwar schon deshalb nicht, weil jeder andere in vergleichbare Situationen kommen könnte.

c) Doch auch die herrschende Meinung, die die Notstandslösung zuläßt, stellt diese unter einen merkwürdigen Vorbehalt: Der Arzt, der bei einer schweren Schmerzmedikation die absehbare Todesfolge in Kauf nimmt, der also – und daran ist strafrechtlich

nicht zu rütteln – mit (bedingtem) Vorsatz tötet, sei nur dann gerechtfertigt, wenn er innerlich alleine die Schmerzlinderung »anstrebe« und den Tod nur als »unbeabsichtigte Nebenfolge« hinnehme. Merkwürdig ist dieser Vorbehalt schon deshalb, weil sein Grundgedanke ansonsten im Strafrecht keine Rolle spielen dürfte. Ersichtlich wird nämlich bei diesem Argument eine »innere Willensrichtung« des Arztes, die wesentlich zu seinem Handlungs*motiv* gehört, herangezogen, um damit unzulässigerweise seinen Handlungs*vorsatz* in den Hintergrund zu drängen. (Man denke sich einen Todesschützen, der sich damit rechtfertigen wollte, er habe ausschließlich eine Übung seiner Schießkunst angestrebt und den Tod des Opfers nur als »unbeabsichtigte Nebenfolge« und sehr ungern in Kauf genommen.)
Analysiert man die Funktion des Arguments für die übliche Rechtfertigung der »indirekten Euthanasie« genauer, so zeigt sich zunächst dies: Die Forderung, der Arzt dürfe den Tod nur »als Nebenfolge« in Kauf nehmen, limitiert zugleich die faktischen Konstellationen, innerhalb deren eine Rechtfertigung in Betracht zu ziehen ist; nur solche, in denen der Tod jedenfalls nicht eine *sicher* prognostizierbare Folge der Medikation ist, scheinen in Frage zu kommen. Aber diese Restriktion geschieht nur implizit, vage und gleichsam unentschlossen. Denn ist zwar einerseits klar, daß eine Berufung des Arztes auf bloße »Inkaufnahme« der tödlichen »Nebenfolge« in Fällen, wo er diese zweifelsfrei erwartet hat, äußerst unglaubwürdig wäre, so hat doch andererseits die Beschränkung der Rechtfertigung auf Situationen der bloß *möglichen* Todesfolge eine kaum akzeptable Konsequenz: Entweder lehnt man dann, wenn die einzige noch helfende Schmerzmedikation nach ärztlicher Beurteilung eine sicher tödliche ist, also gerade in jenen schwersten Fällen, in denen a fortiori eine Rechtfertigung des Arztes geboten wäre, diese unplausiblerweise ab[75]; oder man verweist den Arzt auf den probaten Weg der Heuchelei. Mit Recht schreibt Herzberg: »Der drückebergerische Zug solcher Lösung ist deutlich. Sie verweist auf den Weg der Überdosierung und einer späteren Einlassung, die in puncto ›Absicht‹ dem Richter genau das sagt, was er hören möchte und gottlob nicht nachprüfen kann. Recht und Unrecht werden nicht mehr objektiv gemessen, sondern davon abhängig, ob es dem Täter gelingt, den vom Kranken verlangten und von allen Anteilnehmenden herbeigesehnten Tod in *seinem* Herzen *nicht* anzustreben.«[76]

Das Nebenfolgen-Argument mit seiner irrelevanten Unterscheidung von »direkter Absicht« und »indirekter Inkaufnahme« verschleiert aber auch, daß die Situation der »indirekten Euthanasie« die der echten Kollision einer Unterlassenspflicht (nicht zu töten) mit einer Handlungspflicht (Schmerzen zu lindern) darstellt. Das *ist* die klassische Notstandssituation. Innerhalb ihrer kann aber die Tötung eines Menschen, die als einziges Mittel die Hilfe für einen *anderen* ermöglichte, grundsätzlich nicht gerechtfertigt werden.[77] Um es mit einem (etwas phantastischen) Gedankenexperiment zu illustrieren: Ließe sich die dringend gebotene Schmerzlinderung für den Patienten A nur durch Einleiten eines bestimmten Gases in das Krankenzimmer erreichen, wodurch aber als »Nebenfolge« der dort ebenfalls liegende und vollständig transportunfähige B wahrscheinlich getötet würde, dann wäre eine Rechtfertigung solcher Schmerzlinderung auf Kosten eines Menschenlebens völlig indiskutabel. Die Ausweichstrategie der Strafrechtsdogmatik auf das Nebenfolgen-Argument in den Fällen der »indirekten Euthanasie« scheint mir vor allem folgenden Grund zu haben: Man sieht deren Struktur sub specie der Kennzeichnung »Schmerzlinderung gegen Leben« intuitiv in Analogie zu der, die etwa der Gas-Fall aufweist. Das dort indiskutable Ergebnis einer Rechtfertigung findet man aber hier – vielleicht ebenfalls intuitiv – nicht abwegig. Daher akzeptiert man eine irreführende Kompromißlösung, die beide Intuitionen sozusagen in Frieden läßt, weil sie die wirkliche Logik der Kollision von positiver und negativer Pflicht nicht deutlich macht und deshalb die Frage einer gefährlichen Ähnlichkeit mit der des Gas-Falles gar nicht aufkommen läßt.

d) In Wahrheit käme es darauf an zu zeigen, daß und warum diese »Ähnlichkeit« keine ist. Stattdessen stützt man sich auf die schlecht säkularisierte Variante einer jahrhundertealten katholischen Doktrin, der »Theorie der Doppelwirkung« des Thomas von Aquin[78], die im übrigen in der analytischen Philosophie einigermaßen vernichtenden Analysen unterzogen worden ist und die etwa Jonathan Bennett »a morality of gestures and poses« genannt hat.[79] Deutlich zu machen wäre, *wo* das »Absolutheits«-Postulat des Lebensschutzes seinen guten Sinn hat; daß es dort auf ganz anderen Erwägungen beruht als denen der »Tabuisierung« eines »Rechtsguts«; und daß im Bereich der echten Sterbehilfe diese Erwägungen und damit jenes Absolutheitspostulat keinen Platz haben.

Individuelles Leben darf – jedenfalls mit Zustimmung der Rechtsordnung[80] – in einem Konflikt mit Interessen *anderer,* und wären es die Lebensinteressen vieler, nie quantifiziert, qualifiziert, abgewogen und aktiv aufgeopfert werden.[81] Keine größere Rolle spielt dabei, ob man dies kantianisch mit der Erwägung begründet, daß jedes menschliche Individuum als »Zweck an sich selbst« eine Schranke für Eingriffe seitens jedes anderen darstellt[82], oder ob man es auf die gesellschaftsvertragliche Schutzüberlegung stützt, daß jeder sicher sein muß, in Situationen seiner eventuellen Hilf- oder »Nutz«-losigkeit nicht als »weniger wertvoll« den Interessen anderer geopfert zu werden.

Mit solchen Konstellationen haben die Fälle der Tötung auf Verlangen im Wege aktiver Sterbehilfe offensichtlich nichts zu tun. Denn in ihnen wird der interne Interessenskonflikt einer Person zugunsten des für *diese* Person überwiegenden Interesses gelöst. Der kantische Imperativ, daß niemand als »Mittel« für die Zwecke anderer mißbraucht werden darf, greift hier sowenig ein wie der Gedanke einer sozialvertraglichen Schutzerwägung. Im Gegenteil muß gerade in deren Perspektive jeder von uns daran interessiert sein, in Situationen existentieller Interessenskonflikte innerhalb seiner eigenen Sphäre nicht unmenschlich behandelt zu werden. Daß das subjektive Lebensinteresse im Einzelfall weit hinter das Leidvermeidungsinteresse zurücktreten kann, zeigt exemplarisch der Fall des verbrennenden LKW-Fahrers. Wer wollte ernsthaft behaupten, daß es vergleichbare Leidenszustände – zu denen keineswegs nur körperliche Schmerzen zu rechnen sind[83] – im Verlauf schwerster Krankheiten nicht gebe? Auch die weitere Restriktion seitens der herrschenden Strafrechtslehre, daß nämlich allenfalls im Terminalstadium einer solchen Krankheit die »indirekte Euthanasie« zu rechtfertigen sei[84], ist wenig einleuchtend. Das Leben wird ja hier nicht deshalb verkürzt, weil es ohnehin nicht mehr lange dauert, sondern weil es unerträglich ist. Eine längere Dauer macht unerträgliche Leidenszustände evidenterweise nicht erträglicher, sondern schlimmer.[85] Unbeugsamen Kantianern, die unter Berufung auf befürchtete Dammbrüche auch in solchen Fällen jede aktive Lebensverkürzung kategorisch ausschließen, wäre zunächst und vor allem ihr eigenes Grundlagenargument entgegenzuhalten: daß sie die gravierendsten Interessen des Einzelnen, die sogar sein Lebensinteresse überwiegen, zugunsten angeblicher Dammschutzinteressen der Allgemeinheit ignorieren, also gerade den Kategorischen Imperativ grob verletzen.

Vor dem Hintergrund des geltenden § 216 kann meines Erachtens eine angemessene juristische Lösung nur so aussehen: Auch die gezielte aktive Tötung auf Verlangen ist in Fällen, in denen das (bekundete) Interesse eines Menschen an der Beendigung seines Leidens sein Lebensinteresse eindeutig überwiegt, nach § 34 als Notstandshandlung gerechtfertigt – und zwar völlig unabhängig von »direkten« oder »indirekten« Absichten, ja selbst von sonst noch vorhandenen, etwa sachwidrigen »Neben«-Motiven. Die genauen Kriterien einer solchen Abwägung sind gewiß schwierig und kaum ohne ausdifferenzierte Kasuistik zu ermitteln. Auf der Hand liegt aber dies: Ohne konkrete Bewertung der noch erwartbaren Lebensqualität des Leidenden wäre diese Notstandsentscheidung weder juristisch möglich noch ethisch vertretbar.

3. Anders liegt die Problematik jener Fälle, in denen bei Patienten mit irreversiblem Bewußtseinsverlust lebenserhaltende Intensivmaßnahmen aufgrund eines einseitigen Arztbeschlusses abgebrochen werden. Von einer Wahrnehmung des überwiegenden Patienteninteresses kann hier kaum die Rede sein, jedenfalls nicht ohne die Krücke unplausibler Fiktionen wie etwa der schlicht dezisionistischen Behauptung, die »Menschenwürde« eines komatösen Patienten gebiete, ihn sterben zu lassen.[86] Vielmehr dürften meist ganz andere Überlegungen den Ausschlag geben: die (oft auch für die Angehörigen) ruinösen Kosten intensivmedizinischer Maßnahmen (täglich zwischen 1000,– und 2000,– DM[87]) und vor allem das dringende Bedürfnis, die knappen Apparat-Ressourcen in hoffnungsvolleren Notfällen zur Lebensrettung einsetzen zu können – und zwar beides angesichts der Tatsache, daß diese Mittel in den Koma-Fällen zur Erhaltung eines nur noch biologisch vegetierenden Lebens aufgewendet werden. Geschieht dies jahrelang – wie in dem berühmten Fall der Karen Ann Quinlan oder dem erst kürzlich entschiedenen der Nancy Cruzan, die sieben Jahre im irreversiblen Koma lag[88] –, dann ist die Frage schwer abzuweisen, ob hier nicht mit ungeheuerem Aufwand etwas völlig Sinnloses betrieben werde. Freilich ist die drohende ethische Prinzipienverletzung deutlich: der Verstoß gegen das strikte Verbot, Lebensinteressen gegenüber Drittinteressen zurücktreten zu lassen. Gleichwohl gibt es im deutschen Strafrecht an der Zulässigkeit der einseitigen »passiven Euthanasie« in sol-

chen Fällen keinen Zweifel. Doch auch hier verdecken die angebotenen Erklärungen die wirkliche Entscheidungsgrundlage.

Daß hier »der ärztliche Auftrag beendet« sei, wie man immer wieder lesen kann[89], ist als Ergebnis so einleuchtend, wie es als dessen Begründung untauglich ist, weil es qua petitio principii einfach die begründungsbedürftige Entscheidung wiederholt. Die gelegentlich geradezu erschrocken angehängte Beteuerung, es handle sich dabei keinesfalls um ein Urteil über »die *Sinnlosigkeit des Lebens* eines Patienten, sondern nur (über) die *Sinnlosigkeit* einer *weiteren ärztlichen Behandlung*«[90], ist eine klassisch unzulässige Umgehung: Nichts anderes könnte (und dürfte) ja die ärztliche Behandlung sinnlos machen als die Sinnlosigkeit des noch erzielbaren Erfolges – eben des irreversibel bewußtlosen, aber jahrzehntelang erhaltbaren Patientenlebens. Und wenn man aus dem (zur Begründung ohnehin untauglichen) »Ende des ärztlichen Auftrags« eine »Unzumutbarkeit« der Weiterbehandlung *für den Arzt* folgert[91], dann wird dabei offenkundig und horribile dictu das ärztliche Interesse, von Zumutungen verschont zu bleiben, höher bewertet als das Leben des Patienten. Auch die Fiktion einer »mutmaßlichen Einwilligung« des Patienten[92] hilft nicht: Nach fast einhelliger Meinung darf selbst gegen dessen vorher ausdrücklich erklärten Willen, er wolle auch bei irreversiblem Bewußtseinsverlust ad infinitum am Leben erhalten werden, die Behandlung abgebrochen und so der Tod herbeigeführt werden.[93] Erstaunlich ist schließlich die Umstandslosigkeit, mit der häufig das »Ende des ärztlichen Auftrags« aus dessen »Zielsetzung« abgeleitet wird, die nämlich auf »Erhaltung und Ermöglichung menschlicher Selbstverwirklichung beschränkt«[94] sei. Nicht nur ist damit die sonst verpönte Bewertung erhaltungswürdigen (und die Ausgrenzung anderen) menschlichen Lebens sehr weitreichend vollzogen. Auch und vor allem sind die auf der Hand liegenden Konsequenzen dieser Auffassung etwa für die Fälle von Neugeborenen mit schweren und besserungsunfähigen Hirnschäden beklemmend genug, um die Vermutung nahezulegen, sie seien nicht mitbedacht worden und die zugrundeliegende Definition der ärztlichen Zielsetzung entstamme einem Ad-hoc-Bedarf an Begründung und werde in anderen Grenzfällen zwischen Leben und Tod schleunigst wieder vergessen.

Der wirkliche Grund für die Zulässigkeit der einseitigen »passiven Euthanasie« dürfte ein ganz anderer sein: die intuitive Einsicht, daß es in diesen Fällen kein Interesse des Patienten an seinem weiteren Leben mehr geben kann. Wenn die Erlebensmöglichkeit, also die wenigstens minimale Fähigkeit, irgendetwas an der eigenen Existenz auch nur gleichsam schattenhaft zu erfahren, vollständig fehlt, dann fehlt das Interesse an einer solchen Existenz ebenfalls vollständig. Dies ist nicht erst das Resultat einer theoretischen Erwägung, sondern schon begrifflich mit dem Ausdruck »Interesse« verbunden.[95] Damit fehlt auch die Möglichkeit, diesen Patienten an seinem »Rechtsgut Leben« zu schädigen. Er ist insofern nicht mehr schadensfähig. Klar ist natürlich, daß dafür sowohl die Vollständigkeit als auch die Irreversibilität des Bewußtseinsverlusts im Maße der Möglichkeiten menschlicher Erkenntnis feststehen müssen.[96] Doch dann kann kein Lebensinteresse mehr verletzt werden: nicht weil dessen Objekt »nichts mehr wert« sei – darüber braucht man keinen Streit zu beginnen; sondern weil gewissermaßen dessen Subjekt fehlt. Ein Leben, das in keinem faßbaren Sinn mehr erlebt werden kann, wird niemandem genommen, wenn es beendet wird. Ein Interesse, das nicht »gehabt« werden kann, ist keines. *Deswegen* kann die Hilfsbedürftigkeit Dritter, ja können selbst ökonomische Erwägungen den Abbruch einer solchen Behandlung rechtfertigen. Es steht ihnen nichts gegenüber. Eine Abwägung mit Lebensinteressen findet nicht statt. Wer allerdings ein abstraktes »Rechtsgut Leben an sich« schützen will, muß diese Begründung ablehnen. Er dürfte aber auch keine andere finden. Und dies ist nicht der erste und einzige Einwand gegen seine Prämisse.

Das alles heißt natürlich nicht, daß man mit irreversibel komatösen Patienten beliebig verfahren, sie etwa einfach zu Forschungszwecken verwenden dürfte. Das darf man ja auch mit Leichen nicht. Doch solche Schranken werden von den *vorherigen* Interessen des noch nicht komatösen Patienten gezogen, die – ähnlich wie letztwillige Verfügungen Verstorbener – auch und gerade für den späteren Fall des irreversiblen Bewußtseinsverlustes (bzw. des Todes) für Dritte verbindlich sind. Aber es handelt sich dabei nicht um *Lebens*interessen. Daher beurteilt sie die Rechtsordnung auf einer tiefer gelegenen Ebene als das Lebensschutzinteresse – und akzeptiert sie oder weist sie zurück. *Daraus* – und nicht aus einem aufoktroyierten Begriff der »Menschenwürde« – erklärt sich, warum selbst eine frühere Verfügung des Patienten, er wolle auch im irreversiblen Koma ad infinitum am Leben er-

halten werden, abgelehnt und die entsprechende Behandlung abgebrochen werden darf.
Neben dem Blick auf die »Qualität« eines Lebens, die in bestimmten Fällen erwogen werden muß, ergibt sich damit für die Frage nach dem Lebensinteresse noch eine andere Perspektive: die auf dessen Träger. Wenn die Annahme richtig ist, daß die vollständige und nicht behebbare Erlebensunfähigkeit zum Wegfall jedes Lebensinteresses führt, dann liegt freilich die irritierende Frage nahe, ob es hier graduelle Abstufungen geben könne. Mit anderen Worten: ob eine erheblich geminderte oder sich erst künftig entwickelnde Erlebensfähigkeit auch eine Minderung des Lebensinteresses begründen und damit immerhin dessen Abwägung gegen andere Interessen erlauben und beeinflussen könnte. Festzuhalten ist nach den obigen Grundsätzen, daß diese Interessen ausschließlich die eigenen des Individuums sein dürfen, nach dessen Lebensinteresse dabei gefragt wird. Wir berühren damit den schwierigsten Bereich unserer Diskussion.

IV. »Früheuthanasie«

> »Ich will die Frage einmal umkehren. Nicht was wir dem Säugling zu seinem Weiterleben schulden – das ist die positive Verantwortung –, sondern wie weit wir gehen dürfen mit der Zumutung des Daseins an das von uns gezeugte Kind, ist hier das Problem. Da gibt es Grenzen um dieses Wesens selbst willen, wo man sagt: Nein, dazu dürfen wir es nicht verurteilen...«
> (Hans Jonas, ZEIT-Gespräch vom 25. August 1989)

Das ist die ethisch richtige Perspektive für eine solche Frage: der Blick auf das Neugeborene. Man vergleiche damit die sogenannte »kindliche«, »eugenische« oder »Fruchtschadensindikation« des § 218a Abs. 2, Ziff. 1 und Abs. 3 StGB, der (unter den weiteren formalen Voraussetzungen jeder legalen Abtreibung) den Abbruch einer Schwangerschaft bis zum Ende der 22. Woche post conceptionem erlaubt, »wenn dringende Gründe für die Annahme sprechen, daß das Kind... an einer nicht behebbaren

Schädigung seines Gesundheitszustandes leiden würde, die so schwer wiegt, daß von der Schwangeren die Fortsetzung der Schwangerschaft nicht verlangt werden kann«.
Das ist die andere Blickrichtung: auf die Interessen der Schwangeren. »Fast ängstlich«, schreibt Hanack[97], war der Gesetzgeber bemüht klarzustellen, daß hier keinesfalls Erwägungen über die Interessen des geschädigten Fötus eine Rolle spielen dürfen. Und in allen juristischen Kommentaren findet diese Klarstellung das zustimmende, offenbar von keinem ethischen Zweifel irritierte Echo, dies müsse so sein; denn niemand dürfe sich anmaßen, über den »Wert« eines zu erwartenden Lebens mit schweren Defekten ein Urteil abzugeben. Auf der Hand liegt die beklemmende Paradoxie, die diese Perspektive produziert: Jedes noch so schwer geschädigte menschliche Leben müsse genau wie jedes gesunde beurteilt und geschützt werden – es darf aber in bestimmten Fällen zugunsten der Lebens*qualitäts*interessen einer anderen Person getötet werden.[98] Daß dies ein gravierender Verstoß gegen den ansonsten (und mit Recht) verteidigten Grundsatz darstellt, wonach niemandes Leben den Interessen eines anderen geopfert werden darf, ist evident. Man stelle sich diesen Interessenskalkül und die ihm entsprechende Handlungsfolge nur gegenüber dem *geborenen* Kind vor. Die stillschweigend akzeptierte Prämisse, das ungeborene Leben sei eben etwas prinzipiell anderes, ist bei Föten im 6. Schwangerschaftsmonat, die aufgrund der »kindlichen Indikation« abgetrieben werden dürfen, nicht nur biologisch, sondern vor allem moralisch schlicht inakzeptabel. Das ist kein Plädoyer für die Streichung dieser Indikation. Für ein Strafrecht, das die Abtreibung *gesunder* Embryonen nach einem weitläufigen Prinzip der »Zumutbarkeit« für andere großzügig gestattet, ist so etwas wie eine »kindliche Indikation« nahezu unabweisbar. Aber deren ethische Legitimation und damit ihre zulässige rechtliche Gestalt hätten anders auszusehen als die des geltenden Rechts: Sie hätten eine wirklich »kindliche« und nicht jene »Lebensqualitätsindikation« zugunsten der Schwangeren zu bezeichnen, die sie in Wahrheit festlegen. Gewiß ruft dies die trostlose Frage auf, welcher logische und normative Druck auf das Problem der Behandlung schwerstgeschädigter *Neugeborener* dadurch entstünde. Aber welchen Sinn sollte es für das Strafrecht haben, vor dem Hintergrund der Tatsache, daß auf dem Gebiet der (alten) Bundesrepublik jährlich rund 1200 Neugeborene für

einen sicheren Tod »liegengelassen« werden[99], solchen Fragen aus dem Weg zu gehen? Und die logische und moralische Identität der Konflikte vor und nach der Geburt wird zunehmend und auf eine alle Beteiligten maßlos überfordernde Weise in den Kliniken augenscheinlich.

Zwei solcher typischen Konfliktsituationen seien im folgenden skizziert. Die erste ist in der strafrechtlichen Literatur immerhin beschrieben worden – sehr vereinzelt und im doppelten Sinne ratlos.[100] Die zweite wird, soweit ich sehe, noch gar nicht wahrgenommen. »Lösungen« habe ich keine vorzuschlagen, und vermutlich hat das derzeit niemand. Aber zu finden werden sie nur sein, wenn die Fragen nicht länger verdrängt werden. »Das Problem«, schreibt einer der an der medizinischen Diskussion maßgeblich beteiligten Gynäkologen, »wird mit zunehmender Perfektionierung der Ultraschalldiagnostik wie eine Lawine erst noch auf uns zukommen, und die Heuchelei aller Beteiligten in diesem Zusammenhang ist groß.«[101]

1. Der Gynäkologe Hepp schilderte auf einem Symposion 1981 den Fall eines legalen Schwangerschaftsabbruchs aus »kindlicher« Indikation am Ende der 22-Wochen-Frist des § 218a Abs. 3. Der Abbruch erfolgte, wie in solchen Fällen üblich, durch die Einleitung einer künstlichen Frühgeburt mittels Prostaglandin. Er führte zur Geburt eines lebenden Kindes. Zeichen der vorher diagnostizierten Schädigung waren nicht erkennbar. Hepp schreibt: »Mit der Geburt des zu unserer Überraschung noch lebenden Kindes veränderte sich unsere Tätigkeit. Keiner der Ärzte sah sich in der Lage, den vorher von uns aktiv in Gang gesetzten Prozeß des Tötens aktiv fortzusetzen (was nach geltendem Recht auch nicht erlaubt gewesen wäre). Im Sinne einer passiven Sterbehilfe bzw. Tötung durch Unterlassen, indem wir auf jegliche Reanimationsmaßnahmen verzichteten, beobachteten wir das Kind, bis es nach 1 Stunde und 20 Minuten keine Atmung und keinen Herzschlag mehr hatte. Aktive Reanimation wäre einerseits bei 594 g (Geburtsgewicht) medizinisch sehr wahrscheinlich ohne Aussicht auf Lebensrettung gewesen, andererseits im Gegensatz zur primären elterlichen und ärztlichen Intention gestanden.«[102]

Daß dies »nach geltendem Recht« ein zweifelsfreies Verhalten war, kann man nicht behaupten. In seiner ganzen paradoxen Schärfe stellt sich das Problem aber erst dann, wenn bei einem

Abbruch innerhalb der 22-Wochen-Frist ein tatsächlich schwer geschädigtes Kind lebend und mit der Hilfe intensivmedizinischer Maßnahmen auch lebensfähig geboren wird. Die wenige Stunden zuvor mit Billigung der Rechtsordnung eingeleitete Tötungshandlung zu Ende zu führen, wäre jetzt ein Schwerverbrechen: Totschlag. Unlösbar ist – neben dem offenen ethischen Absurdum – auch der strafrechtliche Widerspruch: § 218a Abs. 3 gibt geschädigtes kindliches Leben im Fall der Unzumutbarkeit für die Mutter bis zum Ende der 22. Woche ausdrücklich preis.[103] Und nach der Geburt innerhalb dieser Frist? Wird diese Preisgabe nun widerrufen?[104] Und wie läßt sich das mit dem die Abtreibung legitimierenden Kriterium der »Unzumutbarkeit« für die Mutter vereinbaren? Denn diese Frage ist nach der Geburt ersichtlich und sozusagen erst recht dieselbe wie vorher; sie wird für die Indikation selbstverständlich im Hinblick auf die Lebenssituation der Schwangeren *nach* einer möglichen Geburt gestellt und beantwortet. Wie eine Frau, der das durch einen legalen Tötungsakt ins Leben geholte, schwergeschädigte Kind in den Arm gelegt wird, mit dieser Situation und mit ihrem Gerechtigkeitsempfinden fertig werden soll, ist nicht leicht vorstellbar. Sicher prognostizieren läßt sich aber die Zunahme solcher Fälle im Maße der Weiterentwicklung der Neonatalmedizin. »Es überrascht nicht«, schreibt Hepp über eine amerikanische Studie, »wenn Lee und Baggish eine Publikation über 607 artifizielle Aborte des 2. Trimesters mit dem Titel: ›Life births as complication of second trimester abortion‹ überschreiben. In diesem Kollektiv kamen 45 Kinder (7,3%) mit Zeichen des Lebens zur Welt.«[105] Das ethische Absurdum des Wechsels der Tötungsbeurteilung von »rechtmäßig« zu »Totschlag« innerhalb weniger Stunden ist selbstverständlich exklusives Kennzeichen nur dieser Fälle. Es wird von ihnen als ein für *alle* legalen Spätabtreibungen zutreffendes bloß besonders deutlich gemacht.

Und noch etwas darf als sicher gelten: Die in solchen Situationen gewiß ebenfalls überforderten Ärzte dürften in den meisten Fällen dieser Art die Methode der »passiven Euthanasie« praktizieren, die bei Sechsmonats-Kindern ja relativ sicher funktioniert. Das ist nicht nur wegen der legal erzwungenen und geduldeten Heuchelei dieses Verfahrens, sondern vor allem wegen der damit verbundenen Quälerei der Kinder eine kaum erträgliche Vorstellung. Bleibt der Gesetzgeber bei der zutiefst unehrlichen und ethisch fehlerhaften Fassung der heutigen kindlichen Indikation, dann darf man als eine Art Legalverdrängung der Probleme in absehbarer Zeit eine gewissermaßen gegenläufige Expansion der Verdunklungsstrategien erwarten: Zum einen dürfte die Abtreibungsfrist von 22 auf 20 Wochen verkürzt werden, weil ihre Funktion, per Abtreibung produzierte Lebendgeburten auszuschließen, von der medizinischen Entwicklung immer stärker unterlaufen und damit die Verdrängung der Frage, wen man hier eigentlich tötet, gefährdet wird. Zum andern aber wird man eine Reihe von Ausnahmen zulassen, in denen auch nach Fristablauf und bis unmittelbar vor dem Geburtstermin abgetrieben werden darf, damit bei zu spät erkannten fötalen Schäden schwerster Art das »Zumutbarkeitskriterium« für die Mutter nicht allzu evident unter den Druck des normativ Absurden gerät. Stellt sich der Gesetzgeber den Problemen wirklich, dann ist schwer zu sehen, wie er dem logischen und ethischen Zwang ausweichen könnte, die unmittelbar vor- und die unmittelbar nachgeburtliche Tötung strafrechtlich gleich zu behandeln und entweder beide strikt zu verbieten (was für die Abtreibung politisch kaum durchsetzbar wäre) oder beide *nach den gleichen Kriterien* zuzulassen. Allein mit Zumutbarkeitserwägungen im Hinblick auf die Mutter wäre das letztere keinesfalls zu legitimieren. Das darf nicht bedeuten, die schweren Probleme der Mütter und der Familien geschädigter Neugeborener einfach zu ignorieren, wie es in der deutschen medizinethischen Diskussion weitgehend geschieht. Aber diese Interessen liegen auf einer anderen moralischen Ebene als das kindliche Lebensinteresse und dürfen nicht unmittelbar mit diesem verrechnet werden. Wenn allerdings *eigene* Interessen des Kindes sein Lebensinteresse auf- oder überwiegen, haben die Probleme der Eltern und der Familien ihren legitimen Platz in der Gesamtabwägung, ebenso übrigens wie das Interesse der Allgemeinheit an einer gerechten Allokation intensivmedizinischer Ressourcen.[106]

2. In der älteren strafrechtlichen Literatur findet man gelegentlich in extenso das Problem der sogenannten »Perforation« erörtert: die Notwendigkeit der Tötung eines Kindes – meist mit Hydrocephalus – während der Geburt zur Rettung des Lebens der Mutter.[107] Die überwiegende Meinung in der heutigen Dogmatik hält diese Tötung, die wegen der bereits begonnenen Geburt keine Abtreibungs-, sondern bereits eine Totschlagshandlung darstellt, aus

Notstandsgesichtspunkten für gerechtfertigt.[108] Es liege ein sogenannter »Defensivnotstand« vor, in dem die Ursächlichkeit und damit die Zuständigkeit für die Notstandslage dem Kind zugeschrieben werden müsse. Daher sei trotz des Konflikts »Leben gegen Leben« die Tötung des Kindes zur Rettung der Mutter über § 34 gerechtfertigt. Im übrigen hält man das Problem wegen der heute zur Routine gehörenden Unkompliziertheit des Kaiserschnitts, der das Leben von Mutter *und* Kind erhalten kann, für faktisch weitgehend obsolet; lediglich zur Demonstration strafrechtsdogmatischer Grundprobleme sei es nach wie vor interessant.
Das könnte sich zunehmend als Illusion erweisen. Ein erfahrener Gynäkologe an der Universitätsfrauenklinik einer deutschen Großstadt berichtet den folgenden Fall, der in jeweils gleicher Struktur in seiner Praxis bereits mehrfach aufgetreten sei[108a]: Bei einer Schwangeren wird *nach* Ablauf der 22-Wochen-Frist des § 218a Abs. 3 ein schwerer neuraler Defekt des Fötus mit der Folge eines sich monströs entwickelnden Hydrocephalus diagnostiziert. Die Frau wird über die hohe Wahrscheinlichkeit eines Hirnschadens ihres ungeborenen Kindes und außerdem darüber informiert, daß eine Abtreibung aus »kindlicher Indikation« wegen Fristablaufs nicht mehr zulässig sei. Eine allgemeine »medizinisch-soziale Indikation« nach § 218a Abs. 1 Ziff. 2 (mit Abtreibungserlaubnis bis unmittelbar vor der Geburt) – etwa wegen Suizidgefahr für die Schwangere – wird von einem psychiatrischen Gutachter abgelehnt. Die Frau wird zur Beratung an verschiedene Institutionen verwiesen und erfährt, daß wegen des Wasserkopfes des Fötus eine Geburt auf normalem Wege ausgeschlossen und nur als Schnittentbindung möglich sei. Die Schwangere erklärt daraufhin, daß sie die Einwilligung in den Kaiserschnitt verweigere – genau wissend, daß nach dem Beginn der Geburtswehen sofort eine für sie lebensbedrohliche Situation entstehen und die Ärzte zur lege artis gebotenen »Perforation«, also zur Tötung des Kindes zwingen werde. Dabei muß dessen Schädel durchbohrt und die Flüssigkeit abgepumpt werden, was nahezu sicher den Tod herbeiführt. Um es schroff und deutlich zu formulieren: Die Mutter korrigiert die – ja meist nicht durch ihre Schuld versäumte – Abtreibungsfrist und sorgt nachträglich für die vom Gesetzgeber nicht mehr zugelassene Tötung, nämlich für die Durchsetzung ihres im übrigen ganz legalen »Unzumutbarkeits«-Standpunktes gegenüber dem Kind.

Gewiß liegt hier ein Fall des Defensivnotstands vor. Aber die Lage, in der das Kind zur Lebensbedrohung für die Mutter wird, ist von dieser selbst provoziert worden. Von einer »Zuständigkeit« des Kindes für den Notstand kann keine Rede sein. Es liegt ein durch die Verweigerung der Einwilligung in eine relativ harmlose Operation *»verschuldeter«* Defensivnotstand vor. Das muß nach herrschender Auffassung eine Rechtfertigung der Mutter ausschließen.[109] Damit zeichnet sich eine bizarre Konsequenz ab: Das im Geburtsvorgang befindliche Kind ist nicht mehr von § 218, sondern wie ein geborener Mensch bereits von den Totschlagsparagraphen geschützt. Die durchgehaltene Einwilligungsverweigerung wird mit Beginn der Eröffnungswehen (und der Lebensgefahr für die Mutter) zu einem »gegenwärtigen, rechtswidrigen Angriff« der Frau auf das Leben ihres Kindes, und das heißt: sie begründet für dieses eine Notwehrlage (§ 32 StGB). Zwar »greift« die Mutter nicht unmittelbar handelnd selbst »an«. Aber ihre Weigerung, den Kaiserschnitt vornehmen zu lassen, erzeugt zusammen mit der medizinischen lex artis für die zuständigen Ärzte einen Nötigungsnotstand[110], nämlich den fast unentrinnbaren Druck, das Kind zu töten, um die Mutter nicht sterben zu lassen. Damit wird aber diese selbst strafrechtlich zur mittelbaren Täterin der unmittelbar tödlichen Perforationshandlung.

Oder müßten hier die Ärzte anders handeln? Da die Notwehrsituation des Kindes kaum zu bestreiten ist, darf jeder Dritte, hier also die Ärzte, im Wege der »Nothilfe« die »gebotene und erforderliche« Verteidigungshandlung zugunsten des angegriffenen Kindes vornehmen oder veranlassen – das heißt den zwangsweise durchzuführenden Kaiserschnitt. Die Überlegung projiziert ein groteskes Szenario: die von mehreren Helfern niedergezwungene, festgeschnallte, narkotisierte Frau, die gegen ihren Willen und Widerstand zwangsaufgeschnitten wird. Kein Arzt, so wurde mir von medizinischer Seite glaubhaft versichert, würde so etwas tun. Aber müßte er nicht? Darf sich ein Geburtshelfer an einer öffentlich-rechtlichen Klinik zur eigenhändigen Vornahme eines rechtswidrigen Schwerverbrechens der Kindestötung zwingen lassen, wenn er es – unter zwar häßlichen Umständen, die aber größeren Schaden vermeiden helfen – immerhin sicher verhindern könnte? Freilich gehört es zu den kaum bestrittenen Grundsätzen des Strafrechts, daß in niemandes körperliche Integrität zur Rettung eines anderen zwangsweise eingegriffen werden darf, nicht

einmal in der banalen Form einer Blutentnahme, die ein fremdes Leben retten könnte.[111] Und das heißt, daß die Vorstellung eines aufgezwungenen Kaiserschnitts nicht nur Mediziner, sondern auch Juristen sofort empören dürfte.
Aber wieso eigentlich? Es ist dogmatisch kaum zu begründen, warum die beteiligten Ärzte sich selbst sehenden Auges zu (ihrerseits entschuldigten) Tätern einer Kindestötung machen lassen dürfen, die sie verhindern könnten und für die sofort anschließend die Frau strafrechtlich zu verfolgen wäre. Würde die Mutter ihr geborenes Kind, dem das in der Geburt befindliche strafrechtlich völlig gleichsteht, in Tötungsabsicht angreifen, würde man ihr gegebenenfalls noch ganz andere Verletzungen als einen Kaiserschnitt zumuten, um den Angriff abzuwehren – bis hin zu ihrem eigenen Tod.
Verschärfen wir diese (realistische) Situation per Gedankenexperiment. Nehmen wir an, die Schwangere wäre mit einer verbleibenden Lebenserwartung von höchstens zwei Wochen tödlich erkrankt und würde aus purer Bösartigkeit die Einwilligung in den notwendigen Kaiserschnitt zur Entbindung ihres *vollkommen gesunden* Kindes verweigern. Wären die Ärzte hier immer noch geneigt, sich die Tötung des Kindes zur Rettung des zweiwöchigen Lebensrestes der todkranken (und rechtswidrig handelnden) Frau aufzwingen zu lassen? Und die Juristen, dies zu billigen? Und wenn sie es hier, was man wohl annehmen darf, aus Nothilfeerwägungen zugunsten des Kindes *nicht* wären – wie würden sie dann den Fall entscheiden, den wir nun gewissermaßen umgekehrt zuspitzen wollen: Die Schwangere sei völlig gesund, während an dem Fötus so schwere Schäden festgestellt wurden, daß die Prognose einer Lebenserwartung von wenigen Wochen nach ärztlichem Ermessen sicher ist. Würde man hier auch nur eine Sekunde lang daran denken, den Kaiserschnitt qua Nothilfe zu erzwingen? Und wenn nicht: Was wäre genau der strafrechtlich relevante Unterschied zu dem obigen umgekehrten Fall, der mit einiger Sicherheit auch umgekehrt entschieden würde? Und wäre dieser Unterschied auch nur annähernd verständlich zu machen ohne einen bewertenden Blick auf die jeweilige Existenzsituation? Ohne Fragen nach der erwartbaren Quantität und Qualität des jeweiligen Lebens, das zu retten bzw. zu opfern wäre? Denn der Grundsatz, daß unabhängig von jeder solchen Erwägung alles menschliche Leben gleich, nämlich als

»unendlich wertvoll« zu schützen sei, müßte hier unterschiedliche Lösungen strikt verbieten.
Ich lasse diese Fragen offen. Sie werden, soweit ich sehe, in der strafrechtlichen Literatur bisher gar nicht gestellt.[112] Aber sie sind alles andere als bloß akademisch. Ich weiß nicht, wie eine durchgängig befriedigende Lösung aussehen könnte. Dogmatisch läßt sich sowohl die Nothilfelösung zugunsten des Kindes begründen, als auch der Vorrang einer Eingriffsschranke der körperlichen Integrität, nämlich des Verbots von Zwangsoperationen, und damit die Notstandslösung zugunsten der Mutter – aber beide nur mit jeweils abstrusen Konsequenzen in naheliegenden Fallvarianten, von denen ich zwei skizziert habe.
3. Die bisherige Untersuchung hat für die gesamte Problematik zwischen Suizidteilnahme und Euthanasie zwei wesentliche Perspektiven der Entscheidungsfindung erkennbar werden lassen: die Frage nach dem begründeten Zurücktreten des Lebensinteresses eines Menschen hinter überwiegende andere Interessen aus seiner eigenen Sphäre; und die nach der vorhandenen oder fehlenden Erlebens- und damit auch Schadensfähigkeit im Hinblick auf die eigene Existenz. Beide Fragen dürfen nach traditioneller und überwiegender Auffassung der Strafrechtsdogmatik für Euthanasieentscheidungen keine Rolle spielen. Meine These ist, daß sie diese Rolle nicht nur ethisch spielen müssen, sondern es faktisch sowohl bei Medizinern[113] als auch bei Juristen längst tun. Aber ihre Funktion, deren genaueres Verständnis dringend notwendig wäre, wird von strafrechtlichen Blankett- oder offenen Verdrängungsformeln wie »Menschenwürde« oder »Ende des ärztlichen Auftrags« zwar schlecht und recht übernommen, vor allem jedoch maskiert und unkenntlich gemacht. Ein Beleg von verblüffender und exemplarischer Deutlichkeit ist die Tatsache, daß im Entwurf der späteren »Einbecker Empfehlungen« über die »Grenzen ärztlicher Behandlungspflicht bei schwerstgeschädigten Neugeborenen« das Entscheidungskriterium »Lebensquantität« (»Lebenserwartung«) zunächst auf den Index schwerster Normverstöße »gegen Sittengesetz und Verfassung« gesetzt, *zugleich* aber seine Anwendung im Einzelfall für zulässig erklärt und schließlich beides in der Endfassung gestrichen wurde[114] – eine geradezu symbolfähige Geste der Ratlosigkeit, die das Problem ungelöst und die entscheidenden Ärzte damit und mit der Drohung des Totschlagsparagraphen allein läßt. Stehengeblieben

ist immerhin der manifeste Widerspruch, daß unter I.2. jede Abstufung des Lebensschutzes »nach dem körperlichen Zustand oder der geistigen Verfassung« für strikt verboten erklärt wird, während Nr. V. eine ganze Reihe körperlicher und geistiger Defektzustände aufzählt, die eine »passive Euthanasie« erlauben.[115]

a) All dies scheint mir deutlich zu machen, daß sich im Problembereich »Euthanasie« auch die Strafrechtsdogmatik *offen* und *zustimmend* auf die noch immer etwas bekenntnishaft abgelehnten Entscheidungskriterien »Lebensqualität« und »-quantität« einlassen muß.[116] Daß diese im sonstigen Strafrecht aus guten Gründen keine Rolle spielen dürfen, ändert nichts daran, daß sie bei Entscheidungen über Leben oder Tod eines anderen die ethisch unbedingt vorrangigen sind. Denn nur mit ihrer Hilfe können Konflikte zwischen Lebens- und anderen Interessen eines Menschen lösbar werden. Und für die Frage, ob das Leben dieses Menschen (aktiv, passiv oder »indirekt«) beendet werden darf, sind einfach seine Interessen die maßgeblichen.[117] Werden sie ignoriert, wird jede Berücksichtigung von Drittinteressen, die ansonsten durchaus Gewicht haben können, moralisch illegitim. Der englische »Court of Appeal« ließ in einer Grundsatzentscheidung 1981 keinen Zweifel daran, daß das Sterbenlassen eines schwergeschädigten Neugeborenen nur »in the childs own best interests« zulässig sein könne.[118] Dasselbe Prinzip betont der äußerst vorsichtige und restriktive Report der amerikanischen »President's Commission for the Study of Ethical Problems in Medicine ...«.[119] Es ist mehr als unwahrscheinlich, daß dieser in anderen Ländern fraglose und höchstrichterlich bestätigte Grundsatz in Deutschland einen schweren Verstoß gegen »Sittengesetz und Verfassung« darstellen könnte.

Häufig wird dagegen eingewandt, man könne die subjektive Existenzsituation eines noch so schwer geschädigten Neugeborenen nie von außen beurteilen. Das ist ein zweifach abwegiges Argument. Das Quälende eines körperlichen Leidenszustands, dessen physiologische Ursache evident ist, kann von außen so sicher wie irgendein anderes Faktum der Welt festgestellt werden.[120] (Warum halten wir jemanden, der ein schwer verletztes, sterbendes Tier *nicht* tötet, sondern bewußt zu Ende leiden läßt, für grausam und inhuman?) Und bei Lebewesen, deren einzige Erlebensform in der passiven Hinnahme körperlicher Empfindungen besteht – wie bei Neugeborenen –, ist ein quälender physischer Schmerz mit solcher Sicherheit der *einzige* subjektive Existenzinhalt, daß jeder Zweifel daran sinnlos oder zynisch wird. Steht dann nach allem medizinischen Ermessen fest, daß sich ein solcher Zustand wegen der geringen Lebenserwartung und des aussichtslosen Leidens des Neugeborenen nicht ändern kann, dann stellt sich allerdings – mit Hans Jonas – nicht so sehr die Frage, ob man es sterben, sondern ob man es leben lassen darf. Und sie bezeichnet den zweiten Einwand gegen das obige »agnostische« Argument: Es gibt in diesen Fällen kein unschuldiges Nicht-Entscheiden. Beide möglichen Alternativen bedürfen der ethischen Rechtfertigung. Und die einer bedingungslosen »pro vita«-Entscheidung dürfte in schwersten Fällen (die wohl »extrem«, aber nicht extrem selten sind[121]) bei weitem problematischer sein als die »pro morte«.

b) Philosophen wie Tooley und Singer[122] haben die Aufmerksamkeit auf die Frage gelenkt, ob Neugeborene im Hinblick auf ihre eigene Existenz überhaupt schon erlebens- und damit schadensfähig sind. Beide verneinen die Frage und folgern daraus das Fehlen des Lebensinteresses und damit eines eigenen (moralischen) Rechts auf Leben.[123] Ich halte dies, ohne auf die differenzierte Argumentation genauer eingehen zu können, für zweifach falsch. Zum einen kann die Frage nach der Schadensfähigkeit hinsichtlich der eigenen Existenz nicht – wie Tooley und Singer vorschlagen – an der Möglichkeit eines sei es noch so rudimentären *Wunsches* zu leben festgemacht werden. Vielmehr reicht dafür bereits jede, auch eine minimale Fähigkeit zur subjektiven *Empfindung* der eigenen Existenz aus. Diese ist bei Neugeborenen (wie auch bei Föten jedenfalls nach der 12. Woche[124] und bei vielen Tieren) zweifellos vorhanden. Man könnte – mit der etwas freihändigen Entlehnung eines Bergsonschen Begriffs – von einem bereits gegebenen »élan vital« sprechen. Zum andern darf die Frage der Schadensfähigkeit Neugeborener nicht nur im Hinblick auf ihren momentanen Entwicklungsstand gestellt werden. Denn menschliche Lebensinteressen sind nicht alleine an einer gegenwärtigen subjektiven Empfindungsfähigkeit abzulesen[125], sie werden vielmehr auch mit Blick auf Entwicklungschancen in der Zukunft konstatiert und insofern *zugeschrieben*. Ob man diesen Gedanken im Rahmen einer Konzeption des »übergreifenden Lebensinteresses«[126] oder etwa in der Perspektive eines gesellschaftsvertraglich begründeten Paternalismus Rawlsscher Prägung entwickelt, spielt keine größere Rolle. Der Unterschied zu Tooley und Singer besteht vor allem darin, daß nach ihrer Auffassung schon relativ geringere Interessen – und auch solche dritter Personen – die Tötung Neugeborener rechtfertigen; es stehe ihnen (ähnlich wie im Fall eines irreversibel komatösen Patienten) nichts von erheblichem Belang gegenüber. Das ist nicht überzeugend.

Wichtig ist allerdings die Lenkung des Augenmerks auf die Frage der Schadens- und damit Interessensfähigkeit überhaupt. Sie scheint mir für den strafrechtlichen Umgang mit den »Grenzen der ärztlichen Behandlungspflicht bei schwerstgeschädigten Neugeborenen« eine bisher nicht wahrgenommene Perspektive[127] der Überlegung freizumachen. Festzuhalten ist das Prinzip eines mit der Geburt (und einige Zeit vorher) vorhandenen und strafrechtlich zu schützenden »übergreifenden« Lebensinteresses. Daraus folgt, daß die Frage der Zulässigkeit einer »passiven Euthanasie« bei Neugeborenen in *deren* Interessenssphäre zu entscheiden ist. Für die dabei unumgänglichen Abwägungen ermöglicht aber das Kriterium der Schadensfähigkeit eine größere Transparenz der Konflikte und eine differenziertere, umfassendere und daher *moralisch höherrangige* Berücksichtigung aller relevanten Gesichtspunkte als der Verweis auf ein abstraktes »Rechtsgut Leben« und die anschließende Flucht in Ausweichstrategien wie den »ärztlichen Auftrag« oder die »Sinnlosigkeit der Behandlung«. Es macht vor allem auf die (im Strafrecht verpönte) Graduierbarkeit des Lebensinteresses in bestimmten Fällen und zwar auch im Rahmen einer »übergreifenden« Lebensschutzkonzeption aufmerksam: jedenfalls dann, wenn die medizinisch feststehende Lebenserwartung eines Neugeborenen so gering ist, daß die Chance der Entwicklung eines eigenen Lebensbewußtseins außerhalb des dumpf erfahrenen Leidens nicht besteht. Ein solches Kind durch die vielfachen Torturen der technisierten Lebenserhaltungskunst in eine kurze Existenz auswegloser Qualen zu zwingen, gibt es nicht nur keine Pflicht. Es gibt im *Interesse des Kindes* dazu kein Recht.

Der Gedanke, daß in solchen Fällen kaum das Lebens-, aber sehr gravierend das Leidvermeidungsinteresse des Kindes verletzt werden kann, scheint mir auch die Frage unvermeidlich zu machen, ob das oft tagelange passive Sterbenlassen gegenüber der schmerzlosen aktiven Tötung ethisch vertretbar ist. Es gibt gewiß eine Reihe guter Gründe, die aktive Euthanasie dennoch nicht zuzulassen. Aber eine Gesellschaft, die ihre eigenen Dammschutzinteressen schlechthin höher einstuft als die Interessen derer, auf die sie die Konsequenzen abwälzt, sollte immerhin aufhören, mit reflexhafter Selbstverständlichkeit für ihren Standpunkt die Dignität einer höheren Moral zu reklamieren.

c) Lösungen habe ich – jedenfalls derzeit – keine vorzuschlagen. Die Singers erscheinen mir nicht haltbar. Aber die Auseinandersetzung damit könnte eine weitere Aufhellung der Probleme und jedenfalls eine größere Ehrlichkeit in der Begründung der eigenen Entscheidungen erzwingen. Ludwig Wittgenstein hat einmal den Sinn seines Philosophierens in ein anschauliches Bild gefaßt: Er gleiche jemandem, der einen Raum betrete, den ein anderer verzweifelt durch das verschlossene Fenster zu verlassen versuche; er, Wittgenstein, sage nichts weiter als »Dreh dich um!«; der andere, der dies tue, werde dann die offene Tür bemerken. Ich plädiere, was das Strafrecht und die Euthanasie angeht, für ein vorsichtiges Drehen des Blicks.

Anmerkungen

1 Das schließt an eine seit Kant in der Rechtsphilosophie klassische Position an; vgl. Kant, Metaphysik der Sitten, Einleitung, III., (1907), S. 218-221. – Gegen Hart v. a. Radbruch (1990), S. 83 ff., 96 ff.; ähnlich wie Radbruch Kaufmann (1983), S. 171 ff.; ders. (1983b), S. 131 ff.

2 Das bestreiten natürlich auch Hart und andere Rechtspositivisten nicht. Es geht ihnen lediglich um den Nachweis, daß es keine begriffliche oder sonstwie notwendige Verbindung zwischen dem *Rechts*charakter des Strafrechts und dem Grad seiner Richtigkeit oder Gerechtigkeit gibt, daß also das Recht »wie es ist« in seinem Bestand nicht von einem Maßstab »wie es sein soll« abhängt.

3 Das gilt in einem so umfangreichen und von zahllosen Kontroversen durchzogenen Argumentationsbereich wie dem der Strafrechtsdogmatik selbstverständlich nicht ausnahmslos. Auf die mir bekannten Ausnahmen werde ich von Fall zu Fall hinweisen.

4 Sch.-Schr.-Lenckner (1988). Rdnr. 23 zu § 24; Sch.-Schr.-Eser (1988), Rdnr. 14 vor § 211; LK-Jähnke (1980), Rdnr. 5 f vor § 211;

Lackner (1989), Anm. 2e aa zu § 34; Möllering (1977), S. 29; Hassemer (1973), S. 188; Keller (1987), S. 120; s. auch BVerfG E 39 (1975), S. 1 ff., S. 46.

5 Sch.-Schr.-Eser, a.a.O.; Kaufmann (1983), S. 146; Hirsch (1986), S. 241; Peters (1988), S. 233 ff.

6 Kaufmann (1983a), S. 133 f.; Jähnke (1987), S. 102; ähnlich der Theologe Gründel (1987), S. 76; Laber (1990), S. 185, 188.

7 Statt aller Otto (1986), S. D 17 f. und passim, m. w. N.

8 Dies wird auch manchmal deutlich gesehen, aber mit einer charakteristischen Unsicherheit vor der Frage, wie man es zu bewerten habe. Meist werden zugleich die zitierten Grundsätze bekräftigt, ohne daß die Problematik dieser Kollision eingehend analysiert würde. Exemplarisch Eser (1977), S. 377 f.; ders. (1977a), S. 121 f.; deutlicher im Sinne eines Akzeptierens der Relativierung allerdings ders. (1986), S. 789 f., sowie Hanack (1975), S. 131, 146.

9 v. Dellingshausen (1981), S. 224.

10 LK-Jähnke (1980), Rdnr. 5 vor § 211 (Hervorhebung dort); ähnlich Roxin (1962), S. 429; Maurach-Schroeder (1988), S. 12 f.

11 Als »indirekte Euthanasie« wird die Schmerzbekämpfung mit lebensverkürzender Nebenwirkung, als »passive E.« der Abbruch oder die Nichtaufnahme einer lebensrettenden Behandlung bezeichnet. Zu den Begriffen und zur Zulässigkeit beider Formen vgl. LK-Jähnke (1980), Rdnr. 15 und 18 vor § 211. Für Strafbarkeit in diesen Fällen allerdings noch in jüngerer Vergangenheit Eb. Schmidt (1957), S. 12 f.; Kohlhaas (1973), S. 550.

12 Hirsch (1987), S. 598; ähnlich S. 602; Schreiber (1986), S. 337.

13 Möllering (1977), S. 33.

14 Roxin (1962), S. 427.

15 Möllering (1977), S. 33.

16 Es ist ein populäres, aber abwegiges Mißverständnis zu meinen, wegen der Singularität des jeweiligen Einzelfalles könnten keine Regeln für solche Entscheidungen formuliert werden. Wohl kann nur aufgrund der konkreten Umstände des Einzelfalles entschieden werden, ob er unter eine bestimmte Regel fällt oder nicht. Diese *allein* entscheidet nichts. Aber sie ist notwendig, um die aus den konkreten Umständen zu ziehenden Verhaltenskonsequenzen nicht in einen unkontrollierten Freiraum möglicher Willkür zu entlassen, sondern innerhalb der Grenzen von Ethik und Recht – eben innerhalb von Regelgrenzen – zu halten.

17 Engisch (1966), S. 412; Geilen (1975), S. 29; Hirsch (1974), S. 782; Eser (1977b), S. 30; ders. (1977a), S. 109; v. Dellingshausen (1981), S. 221 f.; Möllering (1977), S. 95; Roxin (1977), S. 339.

18 Dieser Begriff kann hier ebenso wie der der Anstiftung nicht im technischen Sinne der Teilnahmeparagraphen 26 und 27 StGB ver-

wendet werden. Dort ist als Bezugsgegenstand der Teilnahme eine »vorsätzlich begangene rechtswidrige« Haupttat vorausgesetzt. Eine solche ist der Suizid gerade nicht. »Anstiftung«, »Beihilfe« und »Teilnahme« werden daher im folgenden in einem untechnischen, vorjuristischen Sinn (der häufig auch mit dem Präfix »Quasi-« versehen wird) verwendet.

19 So vor allem Herzberg (1972), S. 266 f.; ders. (1985), S. 177 ff.; ähnlich Geilen (1974), S. 153; mit ähnlicher Tendenz, aber vielfach schwankend die Rechtsprechung des BGH. – Die Garantenproblematik werde ich ebenso wie die der »unterlassenen Hilfeleistung« nach § 323c StGB im folgenden nicht behandeln.

20 Roxin (1977), S. 331.

21 Vgl. nur die Ablehnung des sogenannten »Wittig-Urteils« des BGH (BGHSt 32, S. 367 ff.) in der Literatur, z. B. Schmitt (1984), S. 866 ff.; Gropp (1985), S. 97 ff.; Hirsch (1987), S. 615; Eser (1985), S. 6 ff.; Roxin (1987), S. 345; Neumann (1987), S. 244; zur Verteidigung des BGH Kutzer (der freilich Berichterstatter des fraglichen Urteils war) (1985), S. 79 ff.; ders. (1985a), S. 710 ff.; Herzberg (1985), S. 184 f.

22 Dazu v. a. Roxin (1990); ders. in LK (1985), Rdnr. 9 ff. zu § 25.

23 In jeweiligen »Quasi«-Formen, vgl. Anm. 18.

24 So v. a. Herzberg (1985), S. 136; ders. (1988), S. 771 ff.

25 Grundlegend Roxin (1990), S. 569; s. auch Neumann (1987), S. 244 ff.

26 Herzberg (1988), S. 775, hat diese Mittäterschaftslösung nun auf die Fälle beschränkt, in denen sowohl der Suizident als auch der Teilnehmer jeweils einen für den Todeserfolg bereits *alleine* ausreichenden Handlungsbeitrag geleistet haben.

27 Exemplarisch Roxin (1987), S. 347; ders. (1990), S. 569 ff.

28 Herzberg (1985), S. 137; ders. (1988), S. 776.

29 Hanack (1975), S. 150.

30 Neumann (1985), S. 682.

31 Statt vieler Roxin (1990), S. 569; Hirsch (1974), S. 793; v. Dellingshausen (1981), S. 280.

32 OLG München (1987), S. 22 f.

32a Sch.-Schr.-Eser (1988), Rdnr. 11 zu § 216; Roxin (1990), S. 569 ff.; Neumann (1987), S. 245.

33 Neumann (1987), S. 249.

34 Dafür wurde konsequenterweise die strafrechtliche Relevanz der psychologischen Suizidforschung oft weit überschätzt; vgl. Geilen (1974), S. 148 f.; Herzberg (1972), S. 266; ders. (1977), S. 85 f.; Bringewat (1976), S. 368 ff. Unhaltbar ist vor allem die Behauptung, das sogenannte »präsuizidale Syndrom« schließe stets die »Freiverantwortlichkeit« aus. Gerade weil noch dem plausibelsten »Bilanzselbstmord« ein solches Syndrom als Streßphänomen vorausgehen dürfte, müßte hier – analog der im Strafrecht geläufigen Rechtsfigur der

»actio libera in causa« – auf die »Entschlußfreiheit« (wenn man es denn *darauf* ankommen lassen will) im davor liegenden Zeitpunkt der »Bilanzziehung«, nicht auf die zur Tatzeit abgestellt werden.

35 Hart (1963), S. 30 ff.

36 Vgl. dazu nur Dworkin (1971); Murphy (1974); Hodson (1977); Feinberg (1986), S. 3 ff.; Glover (1983), S. 35 f.; van de Veer (1988); vgl. auch Rawls (1971), S. 249 ff. In der deutschen strafrechtlichen Diskussion hat das »Paternalismus«-Stichwort nur Hoerster (1986), S. 1789 aufgenommen, allerdings sehr beiläufig und ohne Differenzierungen.

37 Feinberg (1986), S. 12 und S. 377 (Anm. 16).

38 Dworkin (1971), S. 120.

39 Ähnlich (mit etwas anderer Begründung) Feinberg (1986), S. 12 ff.

40 Rawls (1971), S. 12, S. 136 ff.

41 Engisch (1948), S. 14.

42 Dies wird anders gesehen von § 215 Abs. 2 AE-Sterbehilfe (1986), der bei Jugendlichen stets eine »freiverantwortliche« Entscheidung verneint. M. E. ist sowohl diese Betrachtungsweise als auch ihr Ergebnis inadäquat.

43 Damit soll nicht behauptet werden, daß die vorgeschlagene Perspektive in den bekannten Bereichen problematischer Suizidentschlüsse solche Lösungen *erleichtern* würde. Sie will diese aber plausibler begründen und konsistenter aufeinander abstimmen.

44 Man denke an die gelegentlichen politisch-religiös motivierten Selbstverbrennungen (z. B. buddhistischer Mönche).

45 LK-Jähnke (1980), Rdnr. 25 vor § 211.

46 Roxin (1990), S. 632 ff.; ders. (1977), S. 349 ff.; ders. LK (1985), Rdnr. 52-54, 83, 87; Bottke (1982), S. 247 ff.; ders. (1983), S. 30 ff.; v. Dellingshausen (1981), S. 263.

47 Geilen (1974), S. 151 f.; Herzberg (1977), S. 36 ff.; ders. (1985), S. 336 ff.; LK-Jähnke (1980), Rdnr. 26 vor § 211; Sch.-Schr.-Eser (1988), Rdnr. 36 vor § 211; Neumann (1985), S. 679. – Wichtig hierbei ist, daß die »Ernsthaftigkeit« nicht ein psychologisch-empirisches, sondern ein normatives Kriterium darstellt.

48 Anders – und m. E. nicht überzeugend – AE-Sterbehilfe (1986), S. 25.

49 Herzberg (1986), S. 1635.

50 Möllering (1977), S. 28; Otto (1986), S. D 53; ders. (1989), S. 158; Weigend (1986), S. 66 ff.; v. Dellingshausen (1981), S. 220; Hirsch (1974), S. 782, 796.

51 Eser (1977b), S. 33. – Häufig wird hiermit ein »Beweisargument« verbunden: Bei der Freigabe der Tötung auf Verlangen würde sich jeder Totschläger auf ein vorheriges Verlangen des Opfers berufen. Das ist nicht nur aus einer recht unwahrscheinlichen Ferne an den Haaren herbeigezogen (zur Strafmilderung könnte er das ja heute

schon!), sondern auch keine ausreichende Strafbarkeitsbegründung; vgl. dazu einleuchtend Kaufmann (1983), S. 145.

51a Den Fall berichtet Otto (1986), S. D 60; s. auch Merkel (1989), S. 13; einen ähnlichen Fall erwähnt Hart (1968), S. 123.

52 Jakobs (1983), S. 359.

52a Vgl. dazu neuestens Sitzmann (1991), S. 71 ff.

53 »Indirekt«, weil nicht der unmittelbar gegen sich selbst zu schützende Sterbewillige, sondern der auf Verlangen Tötende bestraft wird.

54 Kritisch gegen § 216 – mit anderen Begründungen – Kaufmann (1983), S. 143 ff.; Schmitt (1972), S. 113 ff.; Marx (1972), S. 65 f.; nur im Hinblick auf die medizinische Sterbehilfe auch Hoerster (1986), S. 1786 ff.; ders. (1988), S. 1 ff.

55 Rechtspolitisch hat dieser Vorschlag derzeit keine Chancen. Auf dem Hintergrund der Argumente, die ihn stützen, sollte dem § 216 aber immerhin ein Indikationenkatalog für Rechtfertigungen, der vor allem die medizinische Sterbehilfe beinhalten müßte, als Abs. 3 angefügt werden.

56 Statt vieler v. Dellingshausen (1981), S. 261 f. Anders aber Herzberg (1977), S. 91, sowie ders. (1986), S. 1643 f., der eine Notstandsrechtfertigung bei § 216 für zulässig hält; ähnlich für Extremfälle Otto (1986), S. D 60, sowie Geilen (1975), S. 26 ff.

57 Diese Bezeichnung schlägt Leist (1990), S. 125 vor, um den historisch schwer belasteten »Lebenswert«-Begriff zu vermeiden. Eine Änderung der Probleme ist damit nicht verbunden.

58 Der gesamte Umkreis der Probleme kann selbst andeutungsweise nicht annähernd sichtbar gemacht werden.

59 Harvard Medical School. Ad hoc Committee (1968), S. 337 ff.

60 Dazu die Diskussion zwischen Walters (1989), S. 824 ff., und Winslow (1989), S. 829 ff.; vgl. auch Green/Wikler (1980), S. 105 ff., und dagegen Agich/Jones (1986), S. 267 ff.; Sass (1989), S. 160 ff. Zu den Hirntodkriterien: Bundesärztekammer (1986), S. 2940 ff.

61 Geilen (1976), S. 305; ähnlich ders. (1972), S. 373 ff., 391. Zu den normativen Implikationen des Hirntod-Begriffs auch Stratenwerth (1969), S. 528 ff.

62 Dazu Green/Wikler (1980), S. 110.

63 Geilen (1976), S. 306.

64 Geilen (1975), S. 8 f.; aus der Rechtsprechung vgl. bereits BGHSt (1958), S. 113 f.; BGHZ 90 (1984), S. 103 ff. Immerhin hat der BGH in der späteren Entscheidung eines ähnlichen Falles den Arzt zwar nicht wegen Totschlags, aber wegen unterlassener Hilfeleistung nach § 323c verurteilt. Die Entscheidung wurde in der Literatur überwiegend abgelehnt.

65 Zu einer – die Irritation keineswegs beseitigenden – Auflösung des Paradoxes Engisch (1977), S. 323.

66 Eser (1985a), S. 51/19.
67 LK-Jähnke (1980), Rdnr. 14 vor § 211.
68 A.a.O., Rdnr. 15.
69 A.a.O., Rdnr. 17 m. zahlr. w. N.; ähnlich Tröndle (1987), S. 30; Wessels (1989), S. 7.
70 Dazu grundsätzlich LK-Hirsch (1985), Rdnr. 30 ff.; v. Dellingshausen (1981), S. 141 ff.
71 Geilen (1976), S. 277.
72 Statt aller Sch.-Schr.-Eser (1988), Rdnr. 26 vor § 211 m. w. N.
73 LK-Jähnke (1980), Rdnr. 15 vor § 211; Wessels (1989), S. 7.
74 Der Kontrast »Rechtsgut«/»Interesse« berührt die umstrittene Frage, was eigentlich das Bezugsobjekt des Strafrechtsschutzes sei. Ich lasse diese Frage unerörtert, gehe aber von folgenden grundsätzlichen Überlegungen aus: Strafrechtsnormen beziehen ihre materielle Legitimation letztlich aus ihrer Funktion, *Möglichkeiten der Verwirklichung menschlicher Interessen* zu schützen. Der »Rechtsguts«-Begriff symbolisiert nichts anderes als die abstrakte Verfestigung solcher Interessen unabhängig von den Einzelheiten des konkreten Verletzungsfalls. Auf diesem Abstraktionsniveau sind aber *Kollisionen* zwischen »Rechtsgütern« nicht sinnvoll darstell-, geschweige denn auflösbar (etwa nach einem allgemeinen »Gewicht« der »Güter«). Solche Kollisionen sind nur im Durchgriff auf die hinter ihnen geschützten Interessen (also auf die Beziehungen von Inhabern zu den Rechtsgütern) zu lösen. Natürlich kann es für *ein* Rechtsgut auch Mehrfach-Zuständigkeiten geben und zwischen diesen wiederum Konflikte; für »das Leben« wird etwa eine solche Zuständigkeitsteilung zwischen Individuum und Gesellschaft behauptet. Aber hinter *allen* reklamierten Zuständigkeiten müssen als typische Sachverhalte faßbare und schützenswerte Interessen auszumachen sein. Dezisionistische »Tabu«-Behauptungen genügen dafür nicht (obwohl natürlich eine strafrechtlich schützenswerte Tabuisierung gesellschaftlicher Interessen denkbar ist). – Vgl. zum begrifflichen Zusammenhang zwischen (moralischen) Rechten und Interessen im Hinblick auf den Lebensschutz die philosophische Diskussion bei Tooley (1972), S. 37 ff., und Feinberg (1980), S. 140 ff. Zur strafrechtlichen Rechtsgüterdiskussion Jakobs (1983), S. 30 ff. m. w. N.
75 So konsequent, aber mit unhaltbarem Ergebnis v. Dellingshausen (1981), S. 310, 352 f.
76 Herzberg (1986), S. 1640.
77 Zu der umstrittenen, aber plausiblen Ausnahme des »Defensivnotstands« Roxin (1985), S. 457 ff. Zu anderen schwierigen und umstrittenen Konstellationen instruktiv Küper (1981), S. 785 ff.
78 Thomas von Aquin, Summa Theologica, II. Buch, II. Teil, Qu. 64, Art. 7: »Es steht nichts im Wege, daß ein und dieselbe Handlung

zwei Wirkungen hat, von denen nur die eine beabsichtigt ist, die andere aber außerhalb der (eigentlichen) Absicht liegt... Eine solche Handlung hat nichts Unerlaubtes.«

79 Bennett (1965/66), S. 91; vgl. auch Quinn (1989), S. 334 ff.; Foot (1990), S. 196 ff., für die Doktrin der Doppelwirkung – jedenfalls bei Tötungen im Krieg – allerdings Anscombe (1961), S. 42 ff., S. 46.

80 Daß ein solches rechtswidriges Vorgehen unter den Voraussetzungen des § 35 gleichwohl *entschuldigt* sein kann, ist eine andere Frage.

81 In Fällen einer Kollision zweier Unterlassungspflichten, in denen *jede* der möglichen Handlungen in gleichem Umfang fremdes Leben verletzen würde, kann das Recht allerdings keine davon sinnvoll tadeln; vgl. dazu Sch.-Schr.-Lenckner (1988), Rdnr. 76 vor § 32 m. w. N.

82 Vgl. auch Kants dezidierte Ablehnung des »Not«-(= Notstands-) »rechts« in Metaphysik der Sitten, Rechtslehre (1907), S. 235 f.

83 Dies klarzustellen ist einer der Vorzüge der AE-Sterbehilfe (1986); vgl. dort S. 22, Begründung zu § 214a.

84 So auch die Bundesärztekammer (1979), S. 957 ff.; Eser (1977a), S. 123; weniger restriktiv Hanack (1975), S. 139 ff.

85 Ähnlich Patzig (1988), S. 645.

86 Hanack (1975), S. 138; v. Dellingshausen (1981), S. 401 f.; Otto (1986), S. D 35 ff. Wie willkürlich das »Menschenwürde«-Argument hier verwendet wird, zeigt Ottos Behauptung, die Menschenwürde des Patienten gebiete, ihn auch *gegen* seinen vorher ausdrücklich erklärten Willen sterben zu lassen. Daß ein derartiges Aufzwingen von »Menschenwürde« gerade mit dieser unvereinbar ist, scheint mir zweifelsfrei.

87 Hiersche (1987), S. 4.

88 Zum Fall Quinlan: v. Lutterotti (1985), S. 79 ff.; Woozley (1979), S. 503 ff. Zum Fall Cruzan: Angell (1990), S. 1226 ff.; Dworkin (1991), S. 14 ff.

89 Sch.-Schr.-Eser (1988), Rdnr. 29 vor § 211 m. w. N.

90 Gründel (1987), S. 79; ähnlich Kaufmann (1983), S. 129 unter Hinweis darauf, daß dies die bei Medizinern vorherrschende Ansicht ist.

91 Sch.-Schr.-Eser (1988), Rdnr. 29 vor § 211.

92 Geilen (1975), S. 20.

93 Statt aller Otto (1986), S. D 35.

94 Sch.-Schr.-Eser (1988), Rdnr. 29 vor § 211.

95 Gemeint ist hier ein echtes subjektives Interesse. In irgendeinem anderen Sinn könnte man wohl auch von »Interessen« objektiver Art schon bei bloßen Gegenständen sprechen (der Motor »braucht« einen Ölwechsel o. ä.).

96 Zur Möglichkeit (und Schwierigkeit) dieser Feststellung AE-Sterbehilfe (1986), S. 15 f.

97 Hanack (1984), S. 198.

98 Nach ganz herrschender Meinung sind die Indikationen des § 218a Rechtfertigungsgründe. Es geht also nicht, wie oft behauptet wird, um einen bloßen »Strafrechtsverzicht« des Staates. A. A. Kaufmann (1972), S. 327 ff.: »Rechtsfreier Raum«.

99 Schätzung des Leiters der Geburtshilfeabteilung der Universitätsklinik Bonn, Manfred Hausmann; zit. nach Klee (1990), S. 59.

100 Hanack (1984), S. 202 ff.; Hiersche/Jähnke (1986), S. 1 ff.

101 Hiersche (1989), S. 305.

102 Hepp (1982), S. 44.

103 So auch Hanack (1984), S. 203.

104 In diesem Sinn, aber ohne weitere Begründung, Hiersche/Jähnke (1986), S. 1.

105 Hepp (1982), S. 45.

106 Dazu Engelhardt (1990), S. 289 ff.

107 Heimberger (1930), S. 397 ff.; ders. (1908), S. 70 ff.; Eb. Schmidt (1929), S. 350 ff.; RGSt 36 (1903), S. 334 ff.

108 Statt aller Roxin (1985), S. 475 ff.

108a Persönliche Mitteilung an mich, R. M.

109 Roxin (1985), S. 467 und 474 f.

110 Das schließt auf seiten der Ärzte nach § 35 Abs. 2 die Schuld aus.

111 Statt aller Sch.-Schr.-Lenckner, Rdnr. 47 zu § 34.

112 In der älteren Literatur wird die Frage eines »Verschuldens« des Perforations-Notstands durchaus erörtert, aber in einem anderen, heute völlig obsoleten Sinn, nämlich als das Problem, ob bereits der Geschlechtsverkehr mit Schwangerschaftsrisiko für ein solches (Fahrlässigkeits-)Verschulden ausreiche. Das wurde vom Reichsgericht bereits 1903 mit Recht verneint, vgl. RGSt 36 (1903), S. 340.

113 Vgl. nur Ewerbeck (1982), S. 129 ff.

114 »Einbecker Empfehlungen« (1987), S. 134 und S. 146.

115 A. a. O., S. 182 f.

116 Den Zwang dazu erkennt deutlich Eser (1986), S. 790; er nimmt ihn aber eher wie die unerwünschte Konsequenz einer aus anderen Erwägungen notwendigen Entscheidungsstrategie hin. Es ist aber wichtig, zu sehen, daß gerade und nur diese Kriterien Rationalität und Moralität der Entscheidungen gewährleisten können.

117 Es braucht nicht betont zu werden, daß natürlich – soweit möglich – jeder *selbst* und *alleine* für die Feststellung seiner Interessen und ihrer Rangfolge zuständig ist. (Dies gehört selbst zu seinen Primärinteressen.) Daß damit allerdings bei weitem nicht alle Probleme lösbar sind, dürfte deutlich geworden sein.

118 Vgl. dazu Morgan (1990), S. 690.

119 S. bei Kuhse/Singer (1985), S. 153 ff.

120 Wittgenstein schreibt in den Philosophischen Untersuchungen gegen

den Skeptiker, der die Erkennbarkeit des Fremdpsychischen bezweifelt: »Wen ich, mit offenbarer Ursache, sich in Schmerzen winden sehe, von dem denke ich nicht: seine Gefühle seien mir doch verborgen.« Und an anderer Stelle: »Versuch einmal – in einem wirklichen Fall – die Angst und die Schmerzen des Andern zu bezweifeln.« Vgl. Wittgenstein (1980), S. 536 und Bemerkung 303.

121 Um nur einen der möglichen Einwände gegen den immer wieder öffentlich erhobenen, mehrfach unsinnigen Vorwurf zu erwähnen, hier würden »Extremfälle« ausgebeutet.

122 Tooley (1990), S. 157 ff.; Singer (1984), S. 174 ff.; etwas modifiziert Singer/Wells (1984), S. 96 ff.

123 Das gilt für *alle*, auch für gesunde Neugeborene. Ebenfalls für alle gilt nach diesem Argument die Möglichkeit eines aus den Interessen anderer, etwa der Eltern, *abgeleiteten* Lebensrechts.

124 Vgl. Hepp/Wisser (1989), S. 55 ff.

125 Völlig abwegig ist freilich der Einwand Spaemanns (1990), S. 7, nach Singers Argumentation hätten auch Personen, die schlafen, kein Lebensrecht. Zu den durchgängigen Lebensinteressen von Personen gehört selbstverständlich, im Schlaf nicht getötet zu werden. Singers Argument stellt natürlich auf die *Fähigkeit* zum Lebenswunsch ab, nicht auf dessen aktuelle gedankliche Präsenz. Daß ein bekannter Philosoph wie Spaemann zu einem solchen Argument greift, zeigt beiläufig das intellektuelle (und moralische) Niveau an, auf dem sich ein großer Teil der öffentlichen Anti-Singer-Kampagnen in Deutschland bewegt.

126 So mit überzeugenden Argumenten Leist (1990), S. 152 ff., der allerdings übersieht, daß ein starkes Element des Schutzes »potentieller Interessen«, den er ausdrücklich ablehnt (S. 132), in seiner Konzeption des »übergreifenden« Lebensschutzes enthalten ist.

127 Das liegt offenkundig daran, daß solche Erwägungen zur subjektiven Schadensfähigkeit des Opfers ansonsten und aus guten Gründen im Strafrecht allenfalls für das Strafmaß, nicht aber für die Strafbarkeitsfrage eine Rolle spielen dürfen (vgl. dazu Anm. 74). Doch ist auch hier – wie oben bei den Lebensqualitäts- und -quantitäts-Kriterien – zu betonen, daß es um die singuläre Situation einer *legalen* Entscheidung über Leben und Tod eines anderen Menschen geht (der kein »Angreifer« im Sinne des Notwehrparagraphen ist). Der Abwägungsvorgang, der alleine eine solche Entscheidung legitimieren kann, ist ohne diese Kriterien weder sinnvoll (d. h. umfassend genug) noch moralisch legitim.

Literatur

AE-Sterbehilfe (1986), Baumann, Jürgen u. a., Alternativentwurf eines Gesetzes über Sterbehilfe, Stuttgart–New York.

Agich, George J./Jones, Royce (1986), Personal Identity and Brain Death: A Critical Response, in: Philosophy & Public Affairs 15, 1986, S. 267 ff.

Angell, Marcia (1990), Prisoner of Technology. The Case of Nancy Cruzan, in: New England Journal of Medicine 322, 1990, S. 1226 ff.

Anscombe, Elizabeth (1961), War and Murder, in: Richard A. Wasserstrom, War and Morality, Belmont, Calif., S. 42 ff.

Bennett, Jonathan (1965/66), »Whatever the Consequences«, in: Analysis 26, 1965/66, S. 83 ff.

Birnbacher, Dieter (Hg.) (1980), Ökologie und Ethik, Stuttgart, 2. Aufl. (1986).

Boland, P., Krone, H. A., Pfeiffer, R. A. (1982), Kindliche Indikation zum Schwangerschaftsabbruch. Bamberger Symposion 12.-14. Juni 1981, Friedrichsdorf/Taunus.

Bottke, Wilfried (1982), Suizid und Strafrecht, Berlin.

Bottke, Wilfried (1983), Probleme der Suizidbeteiligung, in: Goldtammer's Archiv für Strafrecht, 1983, S. 22 ff.

Bringewat, Peter (1976), Unbeachtlicher Selbsttötungswille und ernstliches Tötungsverlangen – ein Widerspruch?, in: Eser (1976), S. 368 ff.

Bundesärztekammer (1979), Richtlinien für die Sterbehilfe, abgedr. in: Deutsches Ärzteblatt 76, 14, 1979, S. 957 ff.

Bundesärztekammer (1986), Kriterien des Hirntodes. Entscheidungshilfen zur Feststellung des Hirntodes, in: Deutsches Ärzteblatt 83, 43, 1986, S. 2940 ff.

Bundesgerichtshof, Entscheidungen in Strafsachen (BGHSt E), Bde. 11 (1958), 32 (1984).

Bundesverfassungsgericht, Entscheidungen (BVerfG E), Bd. 39 (1975).

von Dellingshausen, Ulrike (1981), Sterbehilfe und die Grenzen der Lebenserhaltungspflicht des Arztes, Düsseldorf.

Deutscher Bundestag, Rechtsausschuß (1985), Anhörung zur Sterbehilfe, Protokoll Nr. 51.

Dworkin, Gerald (1971), Paternalism, in: Richard A. Wasserstrom, Morality and the Law, Belmont, Calif., S. 108 ff.

Dworkin, Ronald (1991), The Right to Death, in: The New York Review of Books, January 31, 1991, S. 14 ff.

»Einbecker Empfehlungen« (1987), Hiersche, Hans-Dieter; Hirsch, Günter; Graf-Baumann, Toni (Hg.), Grenzen ärztlicher Behandlungspflicht bei schwerstgeschädigten Neugeborenen, Schriftenreihe Medizinrecht, Berlin–Heidelberg–New York–London–Tokyo.

Engelhardt, H. Tristram (1990), Die Einführung von Zugangsbeschrän-

kungen für kostenintensive lebensrettende medizinische Behandlung, in: Sachße, Christoph und Engelhardt, H. Tristram (Hg.), Sicherheit und Freiheit, Frankfurt/M., S. 289 ff.
Engisch, Karl (1948), Euthanasie und die Vernichtung lebensunwerten Lebens in strafrechtlicher Beleuchtung, Stuttgart.
Engisch, Karl (1966), Die Strafwürdigkeit der Unfruchtbarmachung mit Einwilligung, in: Festschrift für Hellmuth Mayer, Berlin, S. 399 ff.
Engisch, Karl (1977), Konflikte, Aporien und Paradoxien bei der rechtlichen Beurteilung der ärztlichen Sterbehilfe, in: Festschrift für Eduard Dreher, Berlin–New York, S. 309 ff.
Eser, Albin (Hg.) (1976), Suizid und Euthanasie als human- und sozialwissenschaftliches Problem, Stuttgart.
Eser, Albin (1977), Zwischen »Heiligkeit« und »Qualität« des Lebens, in: Tradition und Fortschritt im Recht, Festschrift der Tübinger Juristenfakultät, Tübingen, S. 377 ff.
Eser, Albin (1977a), Lebenserhaltungspflicht und Behandlungsabbruch in rechtlicher Sicht, in: Auer, Alfons; Menzel, Hartmut; Eser, Albin, Zwischen Heilauftrag und Sterbehilfe, Köln–Berlin–Bonn–München.
Eser, Albin (1977b), Zum »Recht des Sterbens« – einige grundsätzliche Überlegungen, in: Das Recht auf einen menschenwürdigen Tod, Vorträge und Diskussionsbeiträge der deutsch-französischen Juristenkonferenz 1976 in Straßburg, Heidelberg–Karlsruhe, S. 21 ff.
Eser, Albin (1985), Sterbehilfe und ärztliche Verantwortung, in: Medizinrecht 1985, Heft 1, S. 6 ff.
Eser, Albin (1985a), Stellungnahme vor dem Deutschen Bundestag, Rechtsausschuß (1985), S. 51/17 ff.
Eser, Albin (1986), Freiheit zum Sterben – kein Recht auf Tötung, in: Juristenzeitung 1986, S. 786 ff.
Ewerbeck, Hans (1982), Das Leben eines Kindes mit schweren Mißbildungen aus der Sicht des Pädiaters, in: Boland, P. u. a. (1982), S. 129 ff.
Feinberg, Joel (1980), Die Rechte der Tiere und zukünftiger Generationen, wiederabgedruckt in: Birnbacher, Dieter (Hg.) (1980), S. 140 ff.
Feinberg, Joel (1986), The Moral Limits of the Criminal Law, Vol. 3, Harm to Self, Oxford–New York.
Foot, Philippa (1990), Das Abtreibungsproblem und die Theorie der Doppelwirkung, wiederabgedruckt in Leist, Anton (Hg.) (1990a), S. 196 ff.
Geilen, Gerd (1972), Medizinischer Fortschritt und juristischer Todesbegriff, in: Festschrift für Ernst Heinitz, Berlin, S. 373 ff.
Geilen, Gerd (1974), Suizid und Mitverantwortung, in: Juristenzeitung 1974, S. 145 ff.
Geilen, Gerd (1975), Euthanasie und Selbstbestimmung, Tübingen.
Geilen, Gerd (1976), Rechtsfragen der Euthanasie, in: Festschrift für Wilhelm Bosch, Tübingen, S. 277 ff.

Geilen, Gerd (1976a), Legislative Erwägungen zum Todeszeitproblem, in: Eser (Hg.) (1976), S. 301 ff.
Glover, Jonathan (1983), Suicide and Gambling with Life, in: Jan Narveson (Ed.), Moral Issues, Toronto–New York, S. 28 ff.
Green, Michael/Wikler, Daniel (1980), Brain Death and Personal Identity, in: Philosophy & Public Affairs 9, 1980, S. 105 ff.
Gropp, Walter (1985), Suizidbeteiligung und Sterbehilfe in der Rechtsprechung, in: Neue Zeitschrift für Strafrecht, 1985, S. 97 ff.
Gründel, Johannes (1987), Grenzen der ärztlichen Behandlungspflicht bei schwerstgeschädigten Neugeborenen aus theologisch-ethischer Sicht, in: Hiersche, Hans-Dieter; Hirsch, Günter; Graf-Baumann, Toni (Hg.) (1987), S. XXX ff.
Hanack, Ernst-Walter (1975), Euthanasie in strafrechtlicher Sicht, in: Hans-Dieter Hiersche, Euthanasie – Probleme der Sterbehilfe, München 1975, S. 121 ff.
Hanack, Ernst-Walter (1984), Zum Schwangerschaftsabbruch aus sogenannter kindlicher Indikation als Grenzproblem, in: Gedächtnisschrift für Peter Noll, Zürich, S. 197 ff.
Hart, H. L. A. (1963), Law, Liberty, and Morality, Oxford–New York.
Hart, Herbert L. A. (1968), Punishment and Responsibility, Oxford.
Harvard Medical School. Ad Hoc Committee (1968), A definition of irreversible coma. Report of the Harvard Medical School to examine the definition of brain death, in: Journal of the American Medical Association 205, 1968, S. 337 ff.
Hassemer, Winfried (1973), Theorie und Soziologie des Verbrechens, Frankfurt.
Heimberger, Joseph (1930), Arzt und Strafrecht, in: Festgabe für Reinhard von Frank, Bd. 1, Tübingen, S. 399 ff.
Heimberger, Joseph (1908), Berufsrechte und verwandte Fälle, in: Birkmeyer u. a. (Hg.), Vergleichende Darstellung des deutschen und ausländischen Strafrechts, Allgemeiner Teil, Bd. IV, Berlin 1908, S. 15 ff., S. 70 ff.
Hepp, Hermann (1982), Schwangerschaftsabbruch aus kindlicher Indikation – anthropologisch-philosophische Aspekte des Arzt-Patienten-Konflikts, in: Boland, P. u. a. (1982), S. 33 ff.
Hepp, Hermann und Wisser, Josef (1989), Zur Schmerzempfindlichkeit des ungeborenen Kindes, in: Schriftenreihe der Juristen-Vereinigung Lebensrecht e. V. zu Köln, Nr. 6, 1989, S. 55 ff.
Herzberg, Rolf (1972), Die Unterlassung im Strafrecht und das Garantenprinzip, Berlin–New York.
Herzberg, Rolf (1977), Täterschaft und Teilnahme, München.
Herzberg, Rolf (1985), Beteiligung an einer Selbsttötung oder tödlichen Selbstgefährdung als Tötungsdelikt, in: Juristische Arbeitsblätter 1985, S. 131 ff.; 177 ff.; 265 ff.; 336 ff.

Herzberg, Rolf (1986), Der Fall Hackethal: Strafbare Tötung auf Verlangen?, in: Neue Juristische Wochenschrift 1986, S. 1635 ff.

Herzberg, Rolf (1988), Die Quasi-Mittäterschaft bei § 216 StGB: Straftat oder straffreie Suizidbeteiligung?, in: Juristische Schulung, 1988, S. 771 ff.

Hiersche, Hans-Dieter/Jähnke, Burkhard (1986), Der todkranke Fötus. Probleme des Schwangerschaftsabbruchs aus sog. kindlicher Indikation, in: Monatsschrift für deutsches Recht, 1986, S. 1 ff.

Hiersche, Hans-Dieter (1987), Einführungsreferat, in: Hiersche, Hans-Dieter u. a. (1987), S. 1 ff.

Hiersche, Hans-Dieter; Hirsch, Günter; Graf-Baumann, Toni (Hg.) (1987), Grenzen ärztlicher Behandlungspflicht bei schwerstgeschädigten Neugeborenen, Berlin–Heidelberg–New York–London–Paris–Tokyo.

Hiersche, Hans-Dieter (1989), Ultraschalldiagnostik in der Pränatalmedizin aus medizinrechtlicher Sicht, in: Medizinrecht 1990, S. 304 ff.

Hirsch, Hans Joachim (1974), Einwilligung und Selbstbestimmung, in: Festschrift für Hans Welzel, Berlin, S. 775 ff.

Hirsch, Günter (1986), Der sterbende Mensch. Rechtliche Grenzen der ärztlichen Behandlungspflicht, in: Zeitschrift für Rechtspolitik 1986, S. 239 ff.

Hirsch, Hans Joachim (1987), Behandlungsabbruch und Sterbehilfe, in: Festschrift für Karl Lackner, hg. v. Wilfried Küper, Berlin–New York, S. 597 ff.

Hodson, John D. (1977), The Principle of Paternalism, in: American Philosophical Quarterly 14, 1977, S. 61 ff.

Hoerster Norbert (1986), Rechtsethische Überlegungen zur Freigabe der Sterbehilfe, in: Neue Juristische Wochenschrift 1986, S. 1786 ff.

Hoerster, Norbert (1988), Warum keine aktive Sterbehilfe?, in: Zeitschrift für Rechtspolitik 1988, S. 1 ff.

Jähnke, Burkhard (1987), Grenzen der ärztlichen Behandlungspflicht bei schwerstgeschädigten Neugeborenen aus juristischer Sicht, in: Hiersche, Hans-Dieter; Hirsch, Günter; Graf-Baumann, Toni (Hg.) (1987), S. 99 ff.

Jakobs, Günther (1983), Strafrecht. Allgemeiner Teil, Berlin–New York.

Kant, Immanuel (1907), Gesammelte Schriften, Akademie-Ausgabe, 1. Abtlg., Bd. VI, Berlin.

Kaufmann, Arthur (1972), Rechtsfreier Raum und eigenverantwortliche Entscheidung – Dargestellt am Problem des Schwangerschaftsabbruchs, in: Festschrift für Reinhart Maurach, Karlsruhe, S. 327 ff.

Kaufmann, Arthur (1983), Euthanasie – Selbsttötung – Tötung auf Verlangen, in: ders., Strafrecht zwischen Gestern und Morgen, Köln–Berlin–Bonn–München 1983, S. 137 ff.

Kaufmann, Arthur (1983a), Zur ethischen und rechtlichen Beurteilung

der sogenannten Früheuthanasie, in: ders., Strafrecht zwischen Gestern und Morgen, Köln–Berlin–Bonn–München 1983, S. 117 ff.
Kaufmann, Arthur (1983b), Rechtsphilosophie im Wandel, 2. Aufl., Köln–Berlin–Bonn–München.
Keller, Rolf (1987), Beginn und Stufungen des strafrechtlichen Lebensschutzes, in: Günther, Hans-Ludwig/Keller, Rolf (Hg.), Fortpflanzungsmedizin und Humangenetik, Tübingen 1987, S. 111 ff.
Klee, Ernst (1990), »Durch Zyankali erlöst«. Sterbehilfe und Euthanasie heute, Frankfurt/M.
Kohlhaas, Max (1973), Das Recht auf den eigenen Tod, in: Neue Juristische Wochenschrift 1973, S. 548 ff.
Küper, Wilfried (1981), Tötungsverbot und Lebensnotstand, in: Juristische Schulung 1981, S. 785 ff.
Kuhse, Helga/Singer, Peter (1985), Should the Baby Live? The Problem of Handicapped Infants, Oxford–New York–Melbourne.
Kutzer, Klaus (1985), Stellungnahme zur Sterbehilfe, in: Deutscher Bundestag, Rechtsausschuß (1985), Anhörung zur Sterbehilfe, Protokoll Nr. 51, S. 79 ff.
Kutzer, Klaus (1985a), Strafrechtliche Überlegungen zum Selbstbestimmungsrecht des Patienten und zur Zulässigkeit der Sterbehilfe, in: Monatsschrift für deutsches Recht 1985, S. 710 ff.
Laber, Jörg (1990), Die rechtlichen Probleme der Früheuthanasie, in: Medizinrecht 1990, S. 182 ff.
Lackner, Karl (1989), Kommentar zum Strafgesetzbuch, 18. Aufl., München.
Leipziger Kommentar zum Strafgesetzbuch (abgek. »LK«) (1980 ff.), hg. von Jescheck, Hans-Heinrich; Ruß, Wolfgang; Willms, Günther, 10. Aufl., Berlin–New York; zit., »LK-(Name des jeweiligen Autors)«.
Leist, Anton (1990), Eine Frage des Lebens. Ethik der Abtreibung und der künstlichen Befruchtung, Frankfurt/M.–New York.
Leist, Anton (Hg.) (1990a), Um Leben und Tod, Frankfurt/M.
von Lutterotti, Markus (1985), Menschenwürdiges Sterben, 2. Aufl. Freiburg.
Marx, Michael (1972), Zur Definition des Begriffs »Rechtsgut«, Köln–Berlin–Bonn–München.
Maurach, Reinhart; Schroeder, Friedrich Christian; Maiwald, Manfred (1988), Strafrecht, Besonderer Teil, TB. 1, 7. Aufl. (zit. »Maurach/Schroeder«).
Merkel, Reinhard (1989), Der Streit um Leben und Tod, in: DIE ZEIT, Nr. 26, 1989, S. 13 ff.
Möllering, Jürgen (1977), Schutz des Lebens – Recht auf Sterben, Stuttgart.
Morgan, Derek (1990), Abortion: The Unexamined Ground, in: The Criminal Law Review 1990, S. 687 ff.

Murphy, Jeffrie G. (1974), Incompetence and Paternalism, in: Archiv für Rechts- und Sozialphilosophie 1974, S. 465 ff.
Neumann, Ulfrid (1985), Abgrenzung von Teilnahme am Selbstmord und Tötung in mittelbarer Täterschaft, in: Juristische Schulung 1985, S. 677 ff.
Neumann, Ulfrid (1987), Die Strafbarkeit der Suizidbeteiligung als Problem der Eigenverantwortlichkeit des »Opfers«, in: Juristische Arbeitsblätter 1987, S. 244 ff.
Oberlandesgericht (OLG) München (1987), Beschluß des 1. Strafsenats im Verfahren gegen Julius Hackethal, Aktenzeichen 1 Ws 23/87.
Otto, Harro (1986), Recht auf den eigenen Tod? Strafrecht im Spannungsverhältnis zwischen Lebenserhaltungspflicht und Selbstbestimmungsrecht; Gutachten zum 56. Deutschen Juristentag in Berlin, München.
Otto, Harro (1989), Eigenverantwortliche Selbstschädigung und -gefährdung sowie einverständliche Fremdschädigung und -gefährdung, in: Festschrift für Herbert Tröndle, Berlin–New York, S. 157 ff.
Patzig, Günther (1988), Wertrelativismus und ärztliche Ethik, in: Universitas 43, 1988, S. 638 ff.
Peters, Ralf (1988), Der Schutz des neugeborenen, insbesondere des behinderten Kindes, Stuttgart.
Quinn, Warren S. (1989), Actions, Intentions, and Consequences: The Doctrine of Double Effect, in: Philosophy & Public Affairs 18, 1989, S. 334 ff.
Radbruch, Gustav (1990), Gesamtausgabe, hg. von Arthur Kaufmann, Bd. 3, Rechtsphilosophie III, bearb. von Winfried Hassemer, Heidelberg.
Rawls, John (1971), A Theory of Justice, Cambridge, Mass. (deutsch: Eine Theorie der Gerechtigkeit, Frankfurt/M. 1974).
Reichsgericht, Entscheidungen in Strafsachen (RGSt), 36. Bd., 1903.
Roxin, Claus (1962), Pflichtwidrigkeit und Erfolg bei fahrlässigen Delikten, in: Zeitschrift für die gesamte Strafrechtswissenschaft 74, 1962, S. 411 ff.
Roxin, Claus (1977), Die Mitwirkung beim Suizid – ein Tötungsdelikt?, in: Festschrift für Eduard Dreher, Berlin–New York, S. 331 ff.
Roxin, Claus (1985), Der durch Menschen ausgelöste Defensivnotstand, in: Festschrift für Hans-Heinrich Jescheck, Berlin, S. 457 ff.
Roxin, Claus (1987), Die Sterbehilfe im Spannungsfeld von Suizidteilnahme, erlaubtem Behandlungsabbruch und Tötung auf Verlangen, in: Neue Zeitschrift für Strafrecht 1987, S. 345 ff.
Roxin, Claus (1990), Täterschaft und Tatherrschaft, 5. Aufl., Berlin–New York.
Sass, Hans-Martin (1989), Hirntod und Hirnleben, in: ders. (Hg.), Medizin und Ethik, Stuttgart, S. 160 ff.

Schmidt, Eberhard (1929), Das Reichsgericht und der übergesetzliche Notstand, in: Zeitschrift für die gesamte Strafrechtswissenschaft 49, 1929, S. 350 ff.

Schmidt, Eberhard (1957), Der Arzt im Strafrecht, in: Albert Ponsold, Lehrbuch der gerichtlichen Medizin, 2. Aufl., Stuttgart.

Schmitt, Rudolf (1972), Strafrechtlicher Schutz des Opfers vor sich selbst?, in: Festschrift für Reinhart Maurach, Karlsruhe 1972, S. 113 ff.

Schmitt, Rudolf (1984), Der Arzt und sein lebensmüder Patient, in: Juristenzeitung 1984, S. 866 ff.

Schönke-Schröder, Kommentar zum Strafgesetzbuch (abgek. »Sch.-Schr.«) (1988), 23. Aufl.; zit.: »Sch.-Schr.-(Name des jeweiligen Autors)«.

Schreiber, Hans-Ludwig (1986), Das Recht auf den eigenen Tod – Zur gesetzlichen Neuregelung der Sterbehilfe, in: Neue Zeitschrift für Strafrecht 1986, S. 337 ff.

Singer, Peter (1984), Praktische Ethik, Stuttgart.

Singer, Peter & Wells, Deane (1984), The Reproduction Revolution. New Ways of Making Babies, Oxford–New York–Melbourne.

Sitzmann, Valentin (1991), Zur Strafbarkeit sado-masochistischer Körperverletzungen, in: Goldtammer's Archiv für Strafrecht, 1991, S. 71 ff.

Spaemann, Robert (1990), Geleitwort, in: Till Bastian (Hg.), Denken – Schreiben – Töten. Zur neuen »Euthanasie«-Diskussion, Stuttgart, S. 7 f.

Stratenwerth, Günther (1969), Zum juristischen Begriff des Todes, in: Festschrift für Karl Engisch, S. 528 ff.

Tooley, Michael (1990), Abtreibung und Kindstötung, in: Leist, Anton (Hg.) (1990a), S. 157 ff.

Tröndle, Herbert (1987), Warum ist die Sterbehilfe ein rechtliches Problem?, in: Zeitschrift für die gesamte Strafrechtswissenschaft 99, 1987, S. 25 ff.

Van de Veer, Donald (1988), Paternalistic Intervention. The Moral Bounds of Benevolence, Princeton, New Jersey.

Walters, James (1989), Anencephalic infants as organ sources: Should the law be changed?, in: The Journal of Pediatrics 115, 1989, S. 824 ff.

Weigend, Thomas (1986), Über die Begründung der Straflosigkeit bei Einwilligung des Betroffenen, in: Zeitschrift für die gesamte Strafrechtswissenschaft 98, 1986, S. 44 ff.

Wessels, Johannes (1989), Strafrecht – Besonderer Teil – 1, 13. Aufl. Heidelberg.

Winslow, Gerald R. (1989), No – the law on anencephalic infants as organ sources should not be changed, in: The Journal of Pediatrics 115, S. 829 ff.

Wittgenstein, Ludwig (1980), Schriften Bd. 1, 4. Aufl. Frankfurt/M.

Woozley, A. D. (1979), Euthanasia and the Principle of Harm, in: James Rachels (Ed.), Moral Problems 3rd Edition, New York, S. 498 ff.

Volker v. Loewenich
Ethische Fragen in der Perinatal-Medizin aus neonatologischer Sicht

Die Diskussion um ethische Fragen in Medizin und Biologie ist nicht neu, sie erlebt aber in den letzten zehn Jahren geradezu eine Konjunktur. Erst in allerletzter Zeit ist ein z. T. sehr heftig geführter Streit um die Erhaltung oder Nicht-Erhaltung des Lebens schwergeschädigter Neugeborener und behinderter Kinder entbrannt. Er entstand, nachdem die Thesen des australischen Philosophen Peter Singer [25] einer breiteren Öffentlichkeit bekannt gemacht worden waren und lebhafte bis hitzige Kontroversen ausgelöst hatten.
Während in medizinischen Zeitschriften die Spannbreite der Meinungen zu dieser Thematik eher schmal ist, findet sich in nichtmedizinischen Publikationen ein breites Spektrum der Ansichten, das von der Forderung nach absoluter Pflicht zur Lebenserhaltung in jedweder Situation bis hin zu weitgehender Freigabe der Beendigung eines unter nicht-optimalen Bedingungen stehenden Lebens reicht. Ein gewisser Wandel der publizierten Meinung ist zudem auffallend: Noch bis vor kurzem waren Neonatologen und Intensivtherapeuten immer wieder und meist undifferenziert kritisiert worden, sie erhielten geschädigtes Leben um jeden Preis, koste es, was es wolle. Jetzt sehen sie sich auf einmal mit dem Vorwurf konfrontiert, sie vergriffen sich an menschlichem Leben, insbesondere an dem behinderter Neugeborener. Diese Anwürfe werden in der Regel umso heftiger vorgetragen, je uninformierter der Wortführer ist. Streitbar auftretende Vertreter von Behindertenverbänden lehnen es strikt ab, über die Vorenthaltung lebenserhaltender Maßnahmen bei schwergeschädigten Neugeborenen nachzudenken oder als behindert diagnostizierte Feten abtreiben zu lassen, was aus der Sicht selbst Betroffener keineswegs unverständlich sein muß. Beachtenswerterweise wurde allerdings gleichzeitig die Tötung gesunder Feten auf Wunsch der sie tragenden Mutter ausdrücklich befürwortet (Diskussionsrunde im Hessischen Rundfunk am 21. November 1990). Wir stehen hier vor einem sehr bemerkenswerten Phänomen unserer

Zeit. Es ist daher der Mühe wert, zunächst einmal über Fakten zu informieren und sich dann Gedanken zu machen über die Grundlagen ethisch zu begründender Entscheidungen auf diesem sensiblen Gebiet der Medizin.

Zur Begriffs-Bestimmung: Perinatale Medizin ist Medizin »um die Geburt herum«. Perinatale Medizin dient der Gesundheit von Mutter und Kind vor, während und nach der Geburt. Sie ist dabei im wesentlichen auf das Kind zentriert, für dessen Gesundheit vor, während und sofort nach der Geburt sie arbeitet. Perinatale Medizin ist eine Kooperation zwischen Geburtsmedizin auf der einen und Neonatologie, d.h. Neugeborenen-Heilkunde, auf der anderen Seite, und zwar sowohl auf klinischem als auch auf wissenschaftlichem Gebiet. Geburtsmedizin ist ein Teil der Frauenheilkunde, Neonatologie ein Teil der Kinderheilkunde.

Problem-Situationen in der Perinatalen Medizin

Entscheidungsschwierigkeiten bereiten immer wieder zwei Themenkreise: *Das extrem unreife Frühgeborene* und *das schwerstgeschädigte Neugeborene* bzw. auch das Noch-nicht-Geborene, bei dem vor der Geburt Schäden entdeckt wurden.
Einige Beispiele:
Nahezu alle erheblich zu früh geborenen Kinder leiden unter Störungen der Lungenfunktion, die durch die Unreife dieses Organs bedingt sind. Solche Atemstörungen waren bis weit in die achtziger Jahre hinein die hauptsächliche Todesursache dieser Patienten und oft genug auch der Grund schwerer bleibender Behinderungen. Mittlerweile sind die Atemstörungen sehr weitgehend mit Erfolg zu behandeln. Dennoch stellen chronische Lungenveränderungen, Entwicklungsstörungen der Augen, die bis zur Erblindung führen können, und Schädigungen des Gehirns Komplikationen dar, deren Häufigkeit und Schwere mit dem Grad der Unreife des zu früh aus dem Uterus ausgestoßenen jungen Menschen zunehmen.
Die auch als Bronchopulmonale Dysplasie (BPD) bezeichneten chronischen Lungenschäden sind möglicherweise eine Folge der Sauerstoffexposition der hierfür noch nicht gerüsteten Lungen. Hohe Beatmungsdrücke scheinen ebenfalls eine schädigende

Rolle zu spielen. Alle diese Einflüsse sind jedoch nicht von der Grundkrankheit und damit von der Unreife des Kindes zu trennen. Allerdings zeichnen sich in den letzten Jahren Wege ab, diese die Kinder lange Wochen hindurch an das Beatmungsgerät bindenden Lungenveränderungen wenn nicht zu vermeiden, so doch wesentlich zu mildern. Dennoch sind die unreifsten Kinder nach wie vor die Patienten mit der für die Atmung von Luft am schlechtesten vorbereiteten und deshalb anfälligsten Lunge; sie sind daher von der Gefahr chronischer Atemstörungen stets in besonderem Maße bedroht.

Vergleichbare Probleme gibt es bei den Augen: Die unreife Netzhaut ist noch unvollständig mit Blutgefäßen versorgt. Letztere wachsen erst heran und sind dabei sehr störbar, wobei ein Zuviel an Sauerstoff an den Keimzellen der Gefäße eine Rolle zu spielen scheint. Allerdings hängt dieses Zuviel an Sauerstoff in der Netzhaut von vielen z. T. unvermeidbaren Faktoren ab, wobei die Sauerstoffdosierung von eher untergeordnetem Einfluß ist. Eine Vorbeugung ist bis heute nur sehr eingeschränkt möglich, wenn man von der Vermeidung der zu frühen Geburt einmal absieht. Je extremer die Unreife des Kindes, desto größer die Gefahr, später sehbehindert oder sogar blind zu werden.

Ein weiteres Problem sind schlaganfall-ähnliche Blutungen in die Gehirnkammern, die intraventrikulären Blutungen. Auch hier sind die unreifsten Kinder am meisten gefährdet. Durch eine besonders schonende Geburtsleitung und durch Schaffung optimaler Bedingungen nach der Geburt läßt sich die Rate dieser Blutungen zwar deutlich verringern, aber bislang noch nicht eliminieren. Leichtere Blutungen werden folgenlos überstanden, schwerere können dagegen beachtliche Behinderungen verursachen.

Mittlerweile ließ sich die Rate der Spätschäden erheblich senken: Hatten noch bis in die Mitte der sechziger Jahre 60% der ohnehin wenigen Überlebenden mit einem Geburtsgewicht unter 1500 g erhebliche neurologische Spätschäden, so beträgt diese Rate seit etwa 1980 noch rund 8% [16]. Das Problem hat sich heute zu extrem kleinen Frühgeborenen verschoben, nämlich zu Kindern mit einem Geburtsgewicht unter 1000 g, wobei man inzwischen Gruppen von 500 bis 750 g und von 750 bis 1000 g unterscheidet, da letztgenannte eine deutlich bessere Prognose haben als erstere. Die Rate erheblicher Spätschäden des Zentralnervensystems beträgt in der Gruppe mit den niedrigsten Geburtsgewichten zwi-

schen 30 und 40%. Dies erscheint hoch, bedeutet aber umgekehrt, daß rund 60% der Überlebenden, d. h. die absolute Mehrheit, keine schweren neurologischen Schäden davonträgt. Dies galt ursprünglich nur für besonders fortschrittliche Zentren [27]. Inzwischen gibt es aber auch zentren-unabhängige, d. h. populations-bezogene Studien mit prinzipiell gleichen Ergebnissen [z. B. 30]. Dennoch bleibt unbestreitbar, daß mit abnehmendem Geburtsgewicht, oder besser gesagt, mit abnehmendem Gestationsalter (d. h. Tragzeit) die Komplikationsrate ebenso steigt wie die Sterblichkeit. Man hat deshalb immer wieder ein sog. Cut-off-Gewicht oder Cut-off-Gestationsalter diskutiert (s. u.).
Andererseits darf man nicht aus den Augen verlieren, daß auch weniger unreife oder sogar ausgetragene Kinder keineswegs sicher sind vor später manifest werdenden Schäden: Diese Schäden können während der Geburt selbst entstehen, viel häufiger nach heutigem Wissen aber unbemerkt und meist auch unbemerkbar vor der Geburt [21]. Diesen Umstand muß man realistischerweise in die Diskussion um die Problematik des sehr unreifen Kindes einbeziehen.

Fehlbildungen sind ein weiterer Problemkreis. Hier gibt es korrigierbare Mißbildungen, wie z. B. Bauchspalten, unkomplizierte Darmverschlüsse oder weniger komplexe Herzfehler. Andere Abnormitäten sind allenfalls teil-korrigierbar und bleiben damit Krankheiten oder Behinderungen, die mit dem Leben vereinbar sind, die Lebensqualität aber erheblich einschränken können. Hierher gehören u. a. Darmfehlbildungen, bei denen ein sog. Kurzdarm-Syndrom resultiert, das in schwersten Fällen eine natürliche Ernährung lebenslang unmöglich macht und regelmäßig zu bedrohlichen Komplikationen führt. Hierher gehören auch schwerste Formen der Meningomyelozele (sog. offener Rücken), die nicht einmal Rollstuhl-Fähigkeit erlauben. Hier stellt sich bereits die Frage, was dem Betroffenen zumutbar erscheint.
Ferner gibt es Fehlbildungen, die überhaupt nicht korrigierbar sind. Ein Teil ist mit dem Leben unvereinbar. So führt das sog. Potter-Syndrom in der Regel wegen nicht ausreichend herangewachsener Lungen auch unter Beatmung rasch zum Tode. Das Fehlen der linken Herzkammer wird allenfalls durch eine alsbaldige Herztransplantation zu behandeln sein. Einige Chromosomen-Aberrationen sind nur sehr begrenzte Zeit mit dem Leben

vereinbar; die bekanntesten sind hier die Trisomien 13 und 18. Daneben finden sich aber zahlreiche Mißbildungen, vorzugsweise des Gehirns, die nicht zum Tode führen, aber eine so schwere Behinderung bedeuten, daß ein kommunikatives Leben nicht oder so gut wie nicht möglich ist. Ein völlig anderes Beispiel einer auf zellulärer Ebene liegenden Fehlbildung ist die Mukoviszidose (zystische Fibrose), die ein verkürztes und von stetig schwerer werdender Krankheit gekennzeichnetes Leben bedeutet, auch wenn dieses Leben aufgrund einer immer weiter verbesserten, konsequent lebensbegleitenden, wenngleich ausschließlich symptomatischen Therapie immer länger wird.
Schließlich gibt es eine große Reihe nicht tödlicher, aber erheblich behindernder und z. T. auch Qualen verursachender Fehlbildungen, die die Lebenserwartung nicht immer wesentlich einschränken. Als Beispiele seien die abnorme Brüchigkeit der Knochen (Osteogenesis imperfecta) oder minder schwere Formen der Fischhäutigkeit (Ichthyosis) genannt. Für den Betroffenen keineswegs belästigend, aber geistig stark behindernd ist z. B. die Trisomie 21 mit ihren Spielarten (Down-Syndrom oder Mongoloidismus).

Denkansätze medizinischer Ethik

Wir beobachten zwei Denkansätze: einen kasuistischen und einen prinzipiellen. Ersterer findet sich bei der Mehrzahl der amerikanischen Medizin-Ethik-Schulen, letzterem folgen europäische Schulen, aber auch einige amerikanische, wie z.B. die der Georgetown University in Washington, DC [22].
Der kasuistische Denkansatz geht von konkreten Situationen aus. Er fragt, was sich in diesen Situationen als medizinisch zweckmäßig erwiesen hat und damit dem Wohle des Patienten dient, dabei nicht gegen den Willen des Patienten und vor allem nicht gegen geltendes Recht verstößt. Diese Beschreibung ist zweifellos vergröbernd, wird aber gestützt z. B. durch mehrere in dieser Hinsicht exemplarische Beiträge eines ausschließlich ethischen Fragen der perinatalen Medizin gewidmeten Heftes von »Seminars in Perinatology« (Vol. XI, No. 3, Juli 1987) [26] sowie in gleicher Weise durch die Beiträge des Bandes »Ethical and Legal Issues in Perinatology« der Reihe »Clinics in Perinatology« (Vol. 14/2, Juni 1987) [24]. So wird von Schulen mit kasuistischem Denkan-

satz der Versuch unternommen, Ethik zu lehren in dem Sinne, daß vermittelt werden soll, was »ethisch« sei [11, 12, 24]. Bemerkenswerterweise hört man auf Kongressen amerikanische Kollegen nicht selten sagen, etwas sei »ethical« oder »not ethical«, nie aber »ethically (not) justified«. Mittlerweile haben nicht wenige große Klinika in den USA ihren eigenen Medizin-Ethiker, der in professioneller Weise Fragen zur medizinischen Ethik bearbeitet und gerade auch in Einzelfällen seinen Rat erteilt, darüberhinaus in Gesprächsrunden Medizin-Ethik lehrt und Ärzte in Ausbildung in der Bearbeitung einzelner ethischer Konfliktsituationen »trainiert« [12]. Dies ist einerseits bewundernswert, trägt aber andererseits die Gefahr in sich, daß der behandelnde Arzt einmal rein kasuistisch zu denken lernt und zum anderen sein Gewissen und seinen Intellekt nicht mehr mit moralischen Problemen belasten muß, sondern deren Lösung an den hierfür vorgehaltenen Fachmann delegieren kann.
Der europäische Denkansatz, dem u. a. aber auch Warren Thomas Reich von der Georgetown University [22] folgt, fragt eher nach den Prinzipien ethisch zu fundierender Entscheidungen. Traugott Koch hat dies 1987 [15] folgendermaßen erklärt: »Ethisches Denken ist Antwort auf die Frage, was wir tun sollen, ..., zu tun verantworten können. Deshalb kann ethisches Denken nicht in dem Sinne situationsabhängig sein, als resultiere aus der Situation, was zu tun ist. Vielmehr ist es genau umgekehrt: Die Situation ist an sich zweifelhaft und ruft deshalb nach einer ethischen Überzeugung, die ihrer unklaren Zweideutigkeit überlegen ist und in der Situation zu orientieren vermag.« Hier zeigt sich bereits, was später noch zu erwähnen sein wird, daß ethische Überlegungen nicht ohne Axiome auskommen und daß wir deshalb gewisse nicht deduzierbare Voraussetzungen akzeptieren müssen, was dem naturwissenschaftlich ausgebildeten Arzt keineswegs leichtfällt, und das ist m. E. durchaus nicht nachteilig. Andererseits ist es gerade dem Arzt verständlich, daß die einzelne Situation nicht den Maßstab, nicht die Norm für sein Tun enthält und daß die oft beschworene normative Kraft des Faktischen eher eine Fiktion ist.
Eine Beschreibung der verschiedenen Denkansätze, des kasuistisch-amerikanischen und des mehr prinzipiellen europäischen, hat Eduard Seidler in dem o. g. Heft der »Seminars in Perinatology« vorgelegt [23].

Entscheidungs-Kriterien und deren Basis

Wie an den genannten Beispielen bereits klargeworden sein dürfte, kreisen die meisten ethischen Fragen, die sich in Perinataler Medizin und Neonatologie stellen, um das Problem, ob geschädigtes Leben zu erhalten sei oder nicht. Bevor hier Antworten versucht werden sollen, muß nach der Basis unserer Entscheidungen gefragt werden. Wir stehen hier vor einer Grundfrage jeder profanen Ethik. Die christliche Ethik muß die Frage nach ihrer Basis nicht stellen, nur ist diese Basis ebensowenig allgemein akzeptiert, wie dies bei anderen Religionen gesagt werden könnte.

Ein vorzugsweise in der amerikanischen Ethik zu findender Ansatz ist die Suche nach einem *»common sense«*, einer von allen Beteiligten akzeptierten gemeinsamen Ansicht. Es handelt sich dabei notwendigerweise um so etwas wie einen kleinsten gemeinsamen Nenner, der umso schmäler sein muß, je breiter das Spektrum der in ihn eingehenden Meinungen ist. Dies ist der eine Nachteil dieses Denkansatzes. Der andere ist die Manipulierbarkeit des »common sense«, sei es durch Lehrer mit besonders großer Ausstrahlung, sei es durch öffentliche Medien oder sei es durch Herrschafts-Strukturen. Wie manipulierbar die öffentliche Meinung ist, hat u. a. die deutsche Geschichte dieses Jahrhunderts exemplarisch gezeigt, besonders in der Zeit, in der diese Meinung »gesundes Volksempfinden« genannt wurde.

Dennoch erscheint die Annahme nicht unberechtigt, es gebe so etwas wie ein kollektives Rechtsbewußtsein bzw. Unrechtsbewußtsein. Die Existenz eines apriorischen Kant'schen »moralischen Gesetzes in mir« ist durchaus plausibel, allerdings weder beweisbar noch von irgendwo herleitbar. Man kann sie akzeptieren oder auch nicht und überdies fragen, wieviel von diesem inneren Gesetz ausschließlich endogen und wieviel dann doch tradiert ist.

Andererseits können wir offenbar ubiquitär akzeptierte Überzeugungen nachweisen. Dies gilt sicher für das prinzipielle Verbot, Menschen zu töten. Zwar gibt es zahlreiche Spielarten dieses Verbotes, z. B. seine Gültigkeit nur innerhalb des eigenen Stammes oder Clans. Dennoch ist es das im hier zu besprechenden Rahmen breitest anerkannte Prinzip. Es mag für die im folgenden angestellten Erörterungen unwesentlich sein, ob wir von einem naturrechtlichen Gesetz, was immer dies sei, sprechen wollen oder ob dieses Verbot schlicht einer sozialen Notwendigkeit entspringt. Wir können keine Basis dieses Verbotes benennen, sondern nur feststellen, daß es dieses prinzipielle Verbot ganz offensichtlich gibt.

Zur Beschreibung der Basis unserer Entscheidungskriterien wollen wir uns einer auch schon an anderer Stelle [16] benutzten Unterteilung bedienen, die der Bonner Moraltheologe Franz Böckle in einer Diskussion auf dem Symposion »ethische Probleme in der Pädiatrie« (Tegernsee 1981; nicht publiziert, aus der persönlichen Erinnerung zitiert) eingeführt hat:

Wir kennen einerseits ein *apodiktisches Recht*, z. B. den Dekalog mit seinem fünften Gebot: »Du sollst nicht töten« (scil. einen anderen Menschen), oder den Satz des hippokratischen Eides, daß ich niemandem ein tötendes Mittel geben oder auch nur Ratschläge zur Beendigung seines Lebens erteilen werde (abgedruckt in [20], pp. 4-5).

Apodiktisches Recht kann man auch als eine *prinzipien-fundierte Ethik* bezeichnen.

Die uneingeschränkte Bejahung des apodiktischen Verbots, menschliches Leben zur Disposition zu stellen, und die strikte Ablehnung, das unbedingte Erhalten menschlichen Lebens in jedweder Situation überhaupt zu hinterfragen, finden wir in Deutschland verständlicherweise bei der Generation, die durch die Schrecken des Dritten Reiches geprägt wurde, z. B. bei dem Pädiater Klaus Betke [3] oder dem Juristen A. Arndt [1].

Dennoch müssen wir feststellen, daß apodiktisches Recht nicht allen Notwendigkeiten menschlicher Existenz gerecht werden kann. Bezeichnenderweise wird das Kapitel des Alten Testamentes, das den Dekalog (2. Buch Mose 20, 2-17) enthält, ergänzt durch zwei weitere Kapitel (2. Mose 21 und 22), die dem Grundrecht der zehn Gebote ein *kasuistisches Recht*, man könnte sagen »Ausführungsbestimmungen«, zur Seite stellen. Dieses kann z. B. die Notwendigkeit zu töten unter bestimmten Bedingungen zulassen oder sogar fordern.

Einen Kompromiß zwischen einer rein kasuistischen Rechts-Konstruktion und einer prinzipien-fundierten Ethik stellt die sog. *Erfahrungs-Ethik* dar. Bei ihrer Beschreibung sei es erlaubt, einer Darstellung von Warren Thomas Reich [22] zu folgen:

Wir finden hier eine Werte-fundierte Ethik. Sie fragt, was für

Werte zu erhalten bzw. zu pflegen seien, z. B. die eben erkennbare dankbare oder erfreute Reaktion eines zu zwischenmenschlicher Kommunikation nahezu unfähigen Patienten mit schwerster Hirnschädigung. Diese Denkweise kann allerdings nur durch Stellen von Fragen Aussagen machen, nicht konkret beantworten, was für Werte im einzelnen gemeint sind. Es bleibt subjektivem Empfinden überlassen, wie diese Werte zu erkennen sind und aus welcher bzw. wessen Perspektive. Dieser Denkansatz ist mithin nicht zu trennen von dem, der als Einstellungs-fundierte oder Haltungs-fundierte Ethik bezeichnet werden kann:
Hier wird gefragt, mit welcher Einstellung ich meinem Mitmenschen begegnen soll. Reich benutzt hier ein von dem Philosophen Emmanuel Levinas (Zitat s. bei Reich [22]) eingeführtes Bild des Fremdlings, der darauf angewiesen ist, daß ich auf ihn zugehe, mich seiner annehme. Er greift damit das in der klassischen Antike oder im Islam so hochstehende Gebot der Gastfreundschaft auf.
Auch in der hippokratischen Ethik findet sich ein zwar nicht gleicher, aber doch wenigstens vergleichbarer Ansatz, der danach fragt, was dem Wohle (»best benefit«) des Patienten diene und was ihm nicht schade (das Prinzip des »μὴ βλάπτειν« oder »nil nocere«). Auch dieser Denkansatz ist aber keineswegs frei von subjektiven Momenten.
Die Erfahrungs-Ethik beinhaltet somit die große Gefahr, daß sich aufgrund subjektiver Überlegungen immer weiter gehende Abweichungen ergeben können von Normen, die zunächst durchaus akzeptiert waren und die auch weiterhin als unverzichtbar angesehen werden müssen.
Bei allen diesen Überlegungen zeigt es sich, daß jede Ethik auf Prämissen aufbaut, die nicht wie Naturgesetze aus meßbaren Fakten hergeleitet werden können. Vielmehr müssen wir akzeptieren, daß jeder ethische Denkansatz auf Axiomen, d. h. hier: Überzeugungen oder Setzungen, basiert, die akzeptiert oder auch abgelehnt werden können. Das Wissen um diese Tatsache hilft, in Diskussionen Vertretern anderer Meinungen zuhören zu können.
Verständlicherweise ist der Tenor der meisten zeitgenössischen Publikationen zur medizinischen Ethik eine *Synthese aus einer Erfahrungs-Ethik, der als Meßlatte eine strenge prinzipien-fundierte Ethik zur Seite gestellt wird.* Auch die von der American

Medical Association 1980 formulierten Prinzipien einer medizinischen Ethik drücken dies in § 3 sinngemäß so aus (abgedruckt in [20], pp. 10-11). Nur die immer wieder durchzuführende Kontrolle erfahrungs-ethischer Entscheidungen durch das apodiktische Recht uns gesetzter Normen bewahrt vor stetig weiter gehenden Norm-Überschreitungen. Es muß das Bewußtsein wachgehalten werden, daß jede noch so gut zu rechtfertigende oder auch geradezu notwendige Überschreitung einer Norm auf eine schiefe Ebene führt, auf der jederzeit die Gefahr des Abgleitens besteht. Wie real diese Gefahr ist, hat die deutsche Geschichte dieses Jahrhunderts deutlich genug gezeigt [17].

Da im folgenden die Frage nach den Grenzen von Pflicht und Recht zu einer lebenserhaltenden Behandlung gestellt wird, soll an dieser Stelle zunächst der *Unterschied zwischen aktiver und passiver Sterbehilfe* besprochen werden:

Aktive Sterbehilfe heißt aktives Handeln mit dem Ziel, ein aus später im einzelnen zu besprechenden Gründen nicht mehr wünschenswertes Weiterleben zu verhindern. Aktive Sterbehilfe gilt in den meisten Gesellschaften als Tötungsdelikt und ist deshalb mit Strafe bedroht. In der Tat beinhaltet eine aktive Sterbehilfe, man könnte sagen: Sterbenachhilfe, einen höheren Grad von Aggressivität gegen menschliches Leben als eine passive Sterbehilfe. Ulrich Eibach [6] bescheinigt der aktiven Sterbehilfe eine illegitime Eigenmächtigkeit in der Verfügung über menschliches Leben, die er bei der passiven Sterbehilfe nicht sieht. Allerdings kommt Eibach drei Seiten später zu dem Schluß, daß die Unterscheidung zwischen aktiver und passiver Sterbehilfe »terminologisch irreführend« sei, da auch passive Sterbehilfe geistige Aktivität voraussetze. Nahezu der gleiche Gedanke, gewonnen aus erlebter klinischer Erfahrung, wurde von mir erstmals 1981 in Form einer These formuliert [16]. Ursprünglich heftig abgelehnt, findet sie sich inzwischen zunehmend häufig auch bei anderen Autoren.

Passive Sterbehilfe: Auch der Verzicht auf den Einsatz lebensverlängernder Maßnahmen oder die Einstellung derselben ist nicht so passiv, so inaktiv, wie dies der Terminus glauben macht. Intention und Ergebnis sind die gleichen wie bei der aktiven Sterbehilfe. Auch der Entschluß zur passiven Sterbehilfe ist mindestens gedanklich aktiv. Die Formulierung eines Unterschiedes zwischen aktiver und passiver Sterbehilfe scheint deshalb aus ethi-

scher Sicht eher künstlich zu sein. Diese erstmals 1981 vorgetragene These [16] hat uns damals heftigen Widerspruch insbesondere von juristischer Seite eingetragen. Dieser Widerspruch hat uns gelehrt, klar zu sagen, was gemeint ist: Es ist nicht gemeint, daß aktive Sterbehilfe zu rechtfertigen sei, weil sie sich von passiver moralisch nicht unterscheide. Das Gegenteil ist gemeint: Passive Sterbehilfe ist letztlich keineswegs nur passiv, sondern auch aktiv, gedanklich oder sogar faktisch, wenngleich nicht so offensichtlich aggressiv gegen das Leben wie die aktive Sterbehilfe. Es kann nicht angehen, eine Passivität, die strenggenommen gar keine ist, zur »Salvierung des eigenen Gewissens« (Thielicke [28]) heranzuziehen. Auch bei Ausübung einer passiven Sterbehilfe muß sich der Arzt stets bewußt sein, daß er eine uns apodiktisch gesetzte Grenze, das Tötungsverbot, bereits übertritt, und er muß dies rechtfertigen können.
Es soll nicht verschwiegen werden, daß die Unterscheidung zwischen aktiver und passiver Sterbehilfe unter anderen Gesichtspunkten durchaus berechtigt ist: Justitiabel sind Handlungen, nicht Gedanken. Ferner: Aktives Vorgehen gegen menschliches Leben setzt eine stärkere Herabsetzung der Hemmschwelle beim Ausführenden voraus, die für weitere Patienten gefährlich werden kann. Diese Hemmungslosigkeit kann wachsen, bis der Betreffende zum »Todesengel« wird. Derartige Deviationen sind bekanntermaßen immer wieder vorgekommen. Eine Unterscheidung zwischen aktiver und passiver Sterbehilfe im juristischen Sinne ist deshalb, obwohl nicht ganz logisch, doch durchaus zweckmäßig.

Umsetzung in Leitlinien

Es gibt keine Grenzen der *Pflicht zu leidensmindernder Behandlung*, d. h., die Linderung von Leiden ist eine ärztliche und pflegerische Aufgabe, von der es keine Ausnahmen gibt. Hierin sind sich alle einschlägigen Empfehlungen einig, von denen als noch mehrfach zu zitierende repräsentative Beispiele die Ergebnisse der Sonoma-Conference [14] und die Einbecker Empfehlungen [13], hier deren § 8, genannt seien. Die in England anfangs der siebziger Jahre stellenweise geübte Praxis, hoffnungslos mißbildeten Kindern jede Behandlung, auch Nahrungszufuhr, vorzuenthalten, wurde rasch wieder aufgegeben, nachdem allen Beteiligten klar war, daß hier Leiden nicht gemindert, sondern verstärkt wurden. Dies hätte man bei Einbeziehung erfahrungs-ethischer Gesichtspunkte (s. o.) damals von vorneherein erkennen müssen. Gerade diejenigen Patienten, gleichviel welchen Reifegrades oder welchen Alters, denen aus guten Gründen eine lebenserhaltende Behandlung vorenthalten wird, benötigen in besonderem Maße Linderung ihrer Leiden, d. h. eine konsequente Bekämpfung von Schmerz und Angst, liebevolle Zuwendung und Respektierung ihrer Menschenwürde. Dies gilt ganz ausdrücklich auch für den sehr jungen Menschen, auch für das extrem unreife Frühgeborene, genauso wie für jeden anderen Menschen beliebigen Alters, s. hierzu auch den Abschnitt über Ethik in der Perinatalen Medizin. Es kann daher z. B. nicht gutgeheißen werden, offenbar oder vermeintlich nicht lebensfähige extrem Frühgeborene einfach liegenzulassen, »der Natur ihren Lauf zu lassen«. Dies sollte logischerweise auch für abgetriebene Feten gelten, die Lebenszeichen von sich geben.

Soll aus unten zu schildernden Gründen das Leben nicht weiter verlängert werden, so darf eine Lebensverkürzung als Nebenwirkung einer leidensmindernden Behandlung in Kauf genommen werden, da die Minderung von Leiden hier das eigentliche Behandlungsziel ist. Dies hat z. B. Pius XII. vor dem internationalen Anaesthesiologenkongreß in Rom betont. Auch bei Juristen findet diese Einstellung Zustimmung, sofern nicht auf diese Weise gezielt Leben verkürzt werden soll, s. bei A. Eser [8].

Wann sollte auf *lebensverlängernde Maßnahmen* verzichtet bzw. wann sollten diese abgebrochen werden?

Es kann nicht Sinn des humanitären Heilauftrages sein, einen bereits begonnenen Sterbeprozeß durch medizinische Maßnahmen zu verlängern und damit möglicherweise Qualen zu vermehren und die Würde des Sterbens zu tangieren, wenn der Tod ohnehin nicht mehr aufzuhalten ist.

Ebensowenig kann man es als eine Handlung zum Wohle des Patienten und zur Abwendung oder Vermeidung von Schaden ansehen, wenn ein durch unerträgliche Beschwerden gekennzeichnetes Leben verlängert wird, ohne daß Aussichten auf eine Besserung oder Heilung bestehen. Hier würde die Therapie in einen »Terror der Humanität« umschlagen, wie dies Thielicke einmal, zweifellos etwas sehr drastisch, formuliert hat [28].

Schließlich besteht mindestens in den mir bekannten Publikationen eine sehr weitgehende Einigkeit darüber, daß bei irreversibler Bewußtlosigkeit oder der Unfähigkeit zu jedweder zwischenmenschlichen Kommunikation ein Aufrechterhalten bereits zusammengebrochener Vitalfunktionen durch medizinische Maßnahmen nicht gefordert werden kann [z. B. 2, 4, 9, 11, 13, 18, 28]. Bekanntlich haben amerikanische Gerichte in solchen Fällen durchaus anders entschieden.

Es muß hier übrigens zugegeben werden, daß die Beurteilung, ob wirklich jede zwischenmenschliche Kommunikation fehlt, sehr schwierig sein kann. Bei Neugeborenen und Frühgeborenen ist diese Beurteilung keineswegs einfacher, im Gegenteil: da sich hier die zwischenmenschliche Kommunikation sehr diskret vollzieht, muß anhand einer Synopse objektivierbarer Befunde eine Prognose erarbeitet werden. Moderne bildgebende Verfahren erleichtern die Erstellung einer solchen Prognose, die aber immer nur eine Abschätzung dessen sein kann, was nach aktuellem Wissen mit großer Wahrscheinlichkeit eintreten wird, im Einzelfall aber nicht mit absoluter Sicherheit eintreten muß. Dennoch kann man z. B. bei einer im Ultraschallbild sichtbaren sehr weitgehenden Zerstörung des Gehirns davon ausgehen, daß ein kommunikatives Leben nicht möglich sein wird, und von dieser Erkenntnis sein Tun leiten lassen.

Schwieriger wird die Entscheidung, ob eine lebenserhaltende Therapie bei infauster Prognose angebracht ist oder nicht. Infaust heißt, daß die Krankheit so gut wie ausnahmslos zum Tode führt, der durch die lebenserhaltende Behandlung mithin nur hinausgezögert wird. Da aber jedes Leben endlich ist, ergibt sich hier zwangsläufig die Frage, welche Lebensspanne die Behandlung dem Patienten noch gewährt und ob die Qualität dieses Lebens dem Betroffenen zumutbar erscheint oder nicht, z. B. ob er für den Rest seines Lebens von intensivmedizinischer Hilfe abhängig bleiben wird. Wie schwierig hierauf eine Antwort zu geben ist, wird jedem klar sein, der aus eigener Tätigkeit noch die oft jahrelange Beatmung von Poliomyelitis-Kranken kennt.

Allerdings muß betont werden, daß nicht jede eingetretene oder mit Sicherheit zu erwartende schwere Behinderung das Vorenthalten oder den Abbruch lebenserhaltender Maßnahmen rechtfertigt. Dies ist u. a. in § 7 der Einbecker Empfehlungen [13] klar ausgesprochen. Man denke hier an Mongoloidismus, an Dysraphien (sog. offener Rücken), an die Glasknochenkrankheit, an schwere Extremitäten-Mißbildungen, an cerebrale Bewegungsstörungen, an Intelligenzdefekte u. a. m., alles Bedingungen, die ein Leben mit Behinderungen bedeuten für den Betroffenen selbst und, das soll hier nicht verschwiegen werden, eine Bürde für seine Umwelt.

Dieses Postulat ist außerordentlich wichtig und sollte immer wieder in Erinnerung gerufen werden. Als Neonatologe, ebenso wie als pränatal diagnostizierender Geburtshelfer, sieht man sich immer wieder mit z. T. massiv vorgetragenen Forderungen von Eltern konfrontiert, die nur ein nach ihren Maßstäben perfektes Kind akzeptieren. Ist eine nennenswerte Behinderung zu erwarten oder bereits sichtbar, dann wird mitunter ganz klar die Einstellung lebenserhaltender Maßnahmen, wenn nicht gar die aktive Beendigung des Lebens gewünscht. Ist das Kind noch nicht geboren, dann wird die Beendigung der Schwangerschaft gefordert, eine Forderung, der, im Gegensatz zur vorgenannten, ja auch in der Regel entsprochen wird. Hier zeigt sich übrigens eine der krassesten Bewußtseinsspaltungen unserer Zeit.

Freilich soll hier nicht der Eindruck erweckt werden, als sei die zitierte elterliche Haltung die Regel; das Gegenteil ist häufiger, vor allem nach Überwinden des ersten Erschreckens über eine schwerwiegende Diagnose. Dennoch ist die wie ein Rechtsanspruch vorgetragene Forderung nach dem perfekten (Einzel-) Kind ein typisches und nicht gerade seltenes Phänomen. Die Versuchung, solchen Forderungen nachzugeben, ist nicht so gering, wie der Außenstehende vielleicht denken mag: Es gibt wenige Prozesse um den Tod eines Neugeborenen, aber eine noch immer anschwellende Lawine von Zivilverfahren, weniger auch von Strafverfahren, wegen bleibender Behinderungen überlebender Kinder. Gerade von Geburtshelfern, die weitaus häufiger attakkiert werden als Neonatologen, sind nicht ganz selten erleichterte Äußerungen zu hören, wenn ein von schwerer Behinderung bedrohtes Neugeborenes gestorben ist. Hier sehen wir eine äußerst ungute, ja geradezu gefährliche Entwicklung, die durch die zunehmende Klagefreudigkeit des Publikums, aber auch durch die für den Beklagten gefährlichen, von der Rechtsprechung immer höher geschraubten Ansprüche an Aufklärung und Dokumentation bedingt ist und die ein defensives Verhalten in allen medizinischen und ethischen Entscheidungen fördert.

Schließlich ist allen Verlautbarungen, die von anerkannten Ärzten stammen oder an denen solche Ärzte beteiligt waren, eines gemeinsam, nämlich die *Ablehnung einer gezielten Lebensverkürzung durch aktive Eingriffe*, s. z. B. § 3 der Einbecker Empfehlungen [13] oder bei [4, 6, 9]. Medizinische Laien urteilen hier z. T. ganz anders, etwa der durch öffentliche Diskussionen in letzter Zeit besonders bekannt gewordene Philosoph Peter Singer [25] oder Laienorganisationen wie in Deutschland die »Gesellschaft für humanes Sterben«. Es soll nicht verschwiegen werden, daß man sich als medizinischer Laie, fern von tatsächlichem und selbst erlebtem Geschehen, zweifellos leichter tut, extreme Standpunkte zu vertreten, als der Therapeut vor Ort, der die Qual sieht, die Schreie hört und andererseits unerwartete Genesungen sowie Freude und Dankbarkeit über ersehnte, manchmal gar nicht mehr erhoffte Gesundung erlebt.

Sicherheit von Prognosen

Die Sicherheit einer Prognose hängt ab von der Spezifität prognostischer Indizes. Diese Spezifität kann nie 100% erreichen. Es bleiben daher immer Unsicherheiten bestehen. Mit zunehmender Erkenntnis ist die Spezifität (oder besser: die bislang angenommene Spezifität) der prognostischen Indizes immer wieder einem Wandel unterworfen. Hierzu zwei Beispiele:
1. Blutungen in die Hirnkammern (intraventrikuläre Blutungen) galten bis in die siebziger Jahre hinein als Katastrophen, die zum Tod oder zu schwerer Behinderung führten, weshalb ihr Nachweis in einigen Institutionen Anlaß zum Abbruch lebenserhaltender Maßnahmen gab. Die Diagnose konnte damals nur autoptisch bzw. zu Lebzeiten durch Liquorentnahme bei zuvor klinisch auffällig gewordenen Frühgeborenen gestellt werden. Nach Einführung bildgebender Verfahren, besonders der Ultraschall-Echographie, haben wir gelernt, daß diese Blutungen häufiger sind als früher angenommen, und daß ein nicht unerheblicher Teil dieser Blutungen weder sehr ausgedehnt noch notwendigerweise mit einer schlechten Prognose belastet ist. Umgekehrt haben uns die Ultraschallbilder gelehrt, daß der früher gar nicht sichtbar zu machende Untergang von Gehirngewebe um die Hirnkammern herum häufig mit späteren Behinderungen, vorzugsweise spasti-

schen Lähmungen, verknüpft ist, allerdings auch hier wieder nicht in jedem Fall. Dies mag die Problematik jeder Prognosestellung demonstrieren.

2. Das Geburtsgewicht wird nach wie vor als ein sehr brauchbares Maß für die Prognose angesehen. Fast alle Klassifizierungen von Frühgeborenen benutzen Gewichtsgrenzen, meist im Abstand von je 500 g. So galten bis vor einigen Jahren alle Kinder mit einem Geburtsgewicht unter 1500 g als sehr klein und entsprechend hoch gefährdet. Mittlerweile sieht man 1000 g als eine die Prognose bestimmende Grenze, unterteilt aber inzwischen noch ein weiteres Mal bei 750 g. Sicher werden Sterblichkeit und Rate der Spätschäden umso höher, je leichter das Kind bei der Geburt als Zeichen seiner Unreife ist. Dies hat immer wieder dazu geführt, daß unterhalb eines örtlich verschieden festgelegten Gewichtes nicht mehr beatmet wurde. Anfangs der siebziger Jahre schrieb mir ein französischer Neonatologe auf meine Frage, warum er Kinder mit einem Gewicht unter 1200 g nicht beatme: »Weil die Resultate nicht gut sind.« Noch 1984 postulierte der 1987 verstorbene Pädiater Hans Ewerbeck [10], gestützt auf 1980 publizierte Zahlen einer amerikanischen Autorin (A. Schechtner in Pediatric Clinics of North-America, 1980: »How small is too small?«), bei Kindern mit einem Gewicht von 750 g und weniger nicht zu beatmen, da 40% der Überlebenden in der untersuchten Population wesentliche neurologische Spätschäden zeigten. Ewerbeck stellt die Frage, ob es rechtens sei, Leben zu erhalten um den Preis eventuell lebenslanger Hilflosigkeit des betroffenen Patienten, der in diesen Fällen selbst gar nicht in den Entscheidungsprozeß einbezogen werden kann. Er verneint diese Frage. Dabei übersieht der Autor, daß ein Prozentsatz von 40% geschädigt Überlebender bedeutet, daß 60% der Überlebenden nicht geschädigt sind, d. h. die absolute Mehrheit. Soll diese dann sterben, damit das Überleben einer geschädigten Minorität vermieden wird? Es mag den Außenstehenden überraschen und stören, daß ein Pädiater, noch dazu einer, der sich zeitlebens sehr ernsthafte Gedanken um die moralischen Aspekte seines Faches gemacht hat, zu solch einem Schluß kommt. Dies ist nur zu erklären aus dem steten Angerührt-Sein von dem Leid, das den betroffenen Kindern und Familien auferlegt wird. Hierauf wird unter dem Stichwort »Sicherheit der Entscheidung« noch einzugehen sein.

Aber dieses Beispiel zeigt noch etwas:
Gewichtsgrenzen können nicht als prognostische Indizes herangezogen werden, auch wenn dies der einfachen Meßbarkeit wegen immer wieder getan wird. Sie sind unentbehrlich aus mathematischen Gründen: will man Aussagen über Prognose bzw. Ergebnisse bezogen auf das Geburtsgewicht machen, dann muß man Gewichtsklassen bilden, sonst kann man nicht rechnen. Diese als statistischer Kunstgriff gebildeten Gewichtsklassen dürfen aber nicht als natürliche Klassen oder Grenzen mißverstanden werden. Wo ich als Statistiker die Grenzen meiner Klassen festlege, ist meiner Willkür überlassen. Runde Zahlen des bei uns üblichen metrischen Systems bieten sich als Klassengrenzen an, das ist alles. Man könnte statt 1000 g auch 987 g oder zwei englische pounds nehmen. Man müßte vielleicht noch definieren, ob das Kind vor oder nach dem Urinieren und mit wie lang belassenem Nabelschnurrest gewogen werden soll (was in keiner einschlägigen Arbeit definiert ist; dies ließe sich auch gar nicht machen).
Es soll mit dieser Überlegung lediglich dargetan werden, daß Klassengrenzen nicht dazu taugen, Entscheidungen über Behandlung oder Nicht-Behandlung zu untermauern, sofern man diese Entscheidungen hier überhaupt trifft. Das sog. Cut-off-Gewicht ist nach meiner Meinung daher als logisch nicht begründbar abzulehnen. Außerdem muß man im Auge behalten, daß das Geburtsgewicht bei gleichem Reifegrad der Kinder bzw. gleichem Schwangerschaftsalter erheblich streut.
Biologisch sinnvoller ist es, als prognostischen Index statt des Gewichtes das Schwangerschaftsalter heranzuziehen. Aber auch hier haben wir das Problem, daß sich die Prognose nicht exakt nach der Tragzeit richtet, obwohl sie prinzipiell von dieser abhängt. Im Einzelfall ergeben sich lediglich gewisse Wahrscheinlichkeiten, wenn man einmal von einem Schwangerschaftsalter unter 23 Wochen post menstruationem absieht, bei dem es heute (noch?) ein extrauterines Überleben praktisch nicht gibt. Aber auch hier haben wir mit einer nicht unerheblichen biologischen Streuung zu rechnen. Überdies ist das Schwangerschaftsalter in einigen Phasen der Schwangerschaft recht genau, in anderen aber nur ungenau zu bestimmen, so daß keineswegs immer eine fundierte Berechnung der Tragzeit möglich ist. Ferner ist das Problem der Klassenbildung das gleiche wie beim Geburtsgewicht.

Wir können deshalb allenfalls im Einzelfall, individuell, eine Prognose erarbeiten, die sich nie aus einem oder zwei Parametern ergeben kann, sondern nur aus der Synopse aller medizinisch einholbaren Information. Weitere Kriterien müssen zudem ständig erarbeitet werden. Es ist und bleibt gefährlich, sich an simple Grenzen wie etwa das Gewicht zu halten, gefährlich für den einzelnen Patienten, der möglicherweise unangemessen behandelt wird, und hemmend für den Fortschritt der ärztlichen Kunst, der ja wiederum den Patienten zugute kommen soll: Wer wegen schlechter Ergebnisse Kinder mit einem Gewicht unter 1000 g nicht beatmet, wie an einer der renommiertesten europäischen Kinderkliniken noch 1972 üblich, der wird bei diesen Patienten nie gute Ergebnisse haben können. Nur das von einem gewissen Optimismus getragene Kämpfen um das Leben jedes einzelnen Patienten und nur das unbeirrte Behandeln auch von Patienten mit seinerzeit noch schlechter Prognose ließ dieselbe im Laufe der Jahre besser werden. Niemand käme heute mehr auf den Gedanken, ein 800 g-Kind nicht zu beatmen.

Ein vergleichbares Beispiel kann aus der pädiatrischen Onkologie herangezogen werden: Bis in die ersten siebziger Jahre hatte ein Kind mit einer akuten lymphatischen Leukämie (ALL) eine Überlebenschance von weniger als 1%. Die auch damals schon sehr eingreifende Chemotherapie brachte häufig eine Remission, mitunter auch eine zweite. Dann war ein weiteres Überleben so gut wie ausgeschlossen, weshalb nicht nur von betroffenen Eltern, sondern auch von Ärzten immer wieder die mit schweren Nebenwirkungen belastete Behandlung infrage gestellt wurde. Hätten damals nicht pädiatrische Onkologen-Haematologen mit unbeirrtem Optimismus die Therapie weiterentwickelt und angewandt, dann wären wir nie zu der heute bei der ALL üblichen Überlebensrate von nahezu 80% gekommen.

Sicherheit und Gefahren der Entscheidung

Entscheidungen müssen anhand prognostischer Indizes gefällt werden, deren Relativität dargestellt wurde. Neben der hieraus resultierenden Unsicherheit gibt es aber noch weitere Gefahren:

1. Wenn ein Patient gestorben ist, weil ich aus wohl erwogenen

Gründen und in seinem offenkundigen Interesse das Leben nicht um jeden Preis erhalten habe, dann kann ich mich in dem Glauben halten, die Entscheidung richtig getroffen zu haben. Es gibt aber keine Korrekturmöglichkeit für diese Überzeugung.
2. Überlebt ein Patient schwer geschädigt aufgrund meiner lebenserhaltenden Therapie, dann wird mir dieser Patient möglicherweise immer wieder als lebender Vorwurf erscheinen. Dies fürchte ich, und dies wird, falls erlebt, in meine zukünftigen Entscheidungsfindungen eingehen, bewußt oder unbewußt [5, 16].
3. Werden einem Patienten lebenserhaltende Maßnahmen vorenthalten oder entzogen, dann wird dieser Patient in der Regel sterben. Stirbt er wider Erwarten nicht, so resultiert die Gefahr, daß er noch wesentlich schwerer geschädigt überlebt, als er dies mit Hilfe einer lebenserhaltenden Therapie getan hätte.
Hieraus folgt:
Alle Entscheidungen, für oder gegen den Erhalt des Lebens, sind mit dem Risiko belastet, falsch zu sein und den Entscheidenden schuldig werden zu lassen. Dieses Faktum muß der Behandelnde stets vor Augen behalten, es muß ihn bedrücken, und er muß bereit sein, diese Last zu akzeptieren. Stellt sich bei ihm Zufriedenheit mit seinen Entscheidungen ein, wird er möglicherweise gefährlich.
Alle Entscheidungen, für oder gegen den Erhalt des Lebens, können erst getroffen werden, wenn sich der Behandelnde die größtmögliche Sicherheit hinsichtlich Diagnose und Prognose erarbeitet hat. Dies bedeutet, daß in allen auch nur mit leichtesten Zweifeln verbundenen Fällen zunächst das ganze Spektrum lebensrettender Maßnahmen einzusetzen ist. Dies bedeutet aber ferner, daß man sich auch dazu verstehen muß, nach Erkenntnis der Aussichtslosigkeit oder Unzumutbarkeit der Lebenserhaltung die bereits begonnene Behandlung wieder abzubrechen, was wesentlich schwieriger und belastender, aber auch wesentlich ehrlicher und anständiger dem Patienten gegenüber ist, als von vorneherein eine »hands off«-Taktik zu verfolgen. Diese Einstellung wird übrigens immer häufiger in voneinander unabhängigen Publikationen zu dieser Thematik vertreten (z. B. [2, 4, 18]).
Schließlich sind Entscheidungen der geschilderten Art durch Modulationen des subjektiven Empfindens gefährdet. Niemand kann von gerade Erlebtem so abstrahieren, daß es nicht in seine Entscheidungsfindung eingehen, diese ein wenig in die eine oder an-

dere Richtung modifizieren könnte. Stimmungen, erzeugt durch frisch in der Erinnerung weilende Erfolge oder Mißerfolge, oder auch durch emotionale Erschöpfung, sollen nicht, können aber die Beurteilung neuer Situationen beeinflussen [5, 16, 19]. Fr. Walther [29] hat schon 1935 geschrieben, was 1990, ohne ersteren zu kennen auch M. L. Chiswick [5] ausdrückte: Man hüte sich davor, die Hoffnungslosigkeit einer Situation zu verwechseln mit einer eventuellen Hoffnungslosigkeit des Patienten, seiner Angehörigen oder der Behandelnden.

Brauchen wir eine Ethik der Perinatalen Medizin?

Folgt man einem prinzipiellen und nicht einem kasuistischen Denkansatz, dann sind alle in der Perinatalen Medizin aufkommenden ethischen Fragen mit dem Instrumentarium einer allgemeinen Ethik zu bearbeiten. Man benötigt dann auch keine eigene Medizin-Ethik; man kann allenfalls eine ethische Abhandlung zu Problemen in der Medizin so betiteln.

Dennoch lohnt es sich, einige spezielle ethische Fragen der Perinatalen Medizin einzeln zu besprechen. Dies ist im Vorangehenden bereits mehrfach erfolgt. Es bleibt noch die Frage zu behandeln, ob *das Neugeborene in seiner Qualität als Mensch anders zu beurteilen sei als ein Mensch höheren Lebensalters.*

Die landläufige öffentliche Meinung macht in der Tat einen solchen Unterschied, auch wenn dies nicht nachzulesen, sondern nur in Gesprächen zu erfahren ist, die freilich nicht unbedingt repräsentativ für die gesamte Bevölkerung sein müssen. Dennoch ist häufig zu hören, Kinder und erst recht Neugeborene seien bis zu einem gewissen Grad durch weitere Kinder zu ersetzen, eine Einstellung, die sich besonders deutlich in der Handhabung des Schwangerschaftsabbruches manifestiert.

Für die Annahme einer Ersetzbarkeit individuellen Lebens gibt es allerdings weder eine rechtliche noch eine religiöse und erst recht keine logische Basis:

Jeder Mensch gleichviel welchen Alters oder welcher Größe ist einmalig und deshalb nicht durch ein anderes Individuum ersetzbar. Er ist einmalig und dies unabhängig von Lebensalter und Entwicklungsstand, d. h. während seiner gesamten Lebensspanne von der Konzeption bis zum Individualtod. Für das geborene Kind kennt auch unser Grundgesetz hier keine Unterschiede. Zivilrechtlich ist sogar der Fetus schon Person, strafrechtlich jedoch erst vom Einsetzen regelmäßiger Geburtswehen an. Dieses noch aus dem vergangenen Jahrhundert stammende Gesetz ist zwar gültig, aber hoffnungslos obsolet: So hat ein Frühgeborenes auf der Intensivstation mit einem Schwangerschaftsalter von 26 Wochen den Status einer juristischen Person, nicht aber das gerade noch nicht geborene Kind von 39 Wochen in utero.

Während die juristische Definition der Person eindeutig, wenngleich im Bereich des Strafrechts durchaus revisionsbedürftig ist, gibt es in der Philosophie ein breites Spektrum der Meinungen, von denen zwei Antipoden vorgestellt werden sollen:

Die utilitaristische Philosophie, z. B. Engelhardt [7] oder Singer [25], hält sich an das von Kant und von der idealistischen Philosophie stammende Autonomieprinzip:

Menschliche Person ist, wer zu selbständigen vernünftigen Entscheidungen fähig ist und so sein Leben selbst gestalten kann.

Folgt man diesem Prinzip, so kann man in der Tat dem menschlichen Neugeborenen die Qualität einer menschlichen Person absprechen. Dieses Absprechen macht dann aber nicht beim Neugeborenen halt: Sollen wir z. B. die Qualität der Person und damit Rechte und Würde eines Menschen verlieren, wenn uns im Alter die Fähigkeit zur vollen Autonomie abhanden kommt? Auch in körperlichen und seelischen Ausnahmesituationen fehlt die Fähigkeit zu selbständiger vernünftiger Entscheidung, z. B. bei einer Frau unter der Geburt. Verliert sie dann auf Zeit Menschenrechte und Menschenwürde? Umgekehrt verfügen zahlreiche Menschen zeitlebens nicht über so viel Vernunft, daß sie fähig wären, wirklich selbständige Entscheidungen zu treffen. Soll diesen Mitmenschen die Qualität der Person abgesprochen werden?

Es erscheint daher berechtigt festzustellen, daß das Autonomieprinzip am realen Leben vorbeigeht. Es hat keine empirische Basis, sondern ist vielmehr ein Konstrukt, das aus der Innensicht des Denkers stammt. Dieses Prinzip dennoch auf die menschliche Existenz anzuwenden ist demnach nicht angemessen, sondern falsch; es ist weiterhin mindestens potentiell gefährlich, jedenfalls soweit sehr junges oder sehr altes menschliches Leben anhand dieses Prinzips zur Disposition gestellt werden kann und damit

Normen einer prinzipien-orientierten Ethik völlig über Bord geworfen werden.
Im übrigen sollte man nicht annehmen, ein Neugeborenes verfüge über keinerlei Autonomie. Auch ein Neugeborenes kann sich autonomer benehmen, als dies seinen Eltern lieb sein mag.
Eine völlig andere Position finden wir bei Aristoteles, der sich hier vom Denken der klassischen Antike radikal abhebt: Aristoteles hat sich mit dem Problem der Personhaftigkeit des Kindes und des Feten beschäftigt. Seine Beseelungstheorie, die später auch von der Scholastik übernommen wurde, wirkt auf uns heute rührend-naiv: der männliche Keim werde vier Wochen nach der Konzeption, der weibliche acht Wochen danach beseelt. Sicher ist nach heutigem Verständnis eine Lösung des Problems, wer ab wann Person sei, aus dieser Sichtweise nicht zu erwarten.
Es erscheint mir legitim und möglicherweise auch am sinnvollsten, jedenfalls aus der Sicht des praktisch Tätigen, hier den Weg der naiven Beobachtung einzuschlagen:
Das Neugeborene, selbst das sehr unreife Frühgeborene, ist zu zwischenmenschlicher Kommunikation fähig. Die Signale, die derart junge Kinder aussenden, sind non-verbal und sehr diskret, aber man kann lernen sie zu verstehen. Stete Beschäftigung mit diesen Patienten und Eingehen auf ihre Nöte und Bedürfnisse sind freilich die Voraussetzung.
Auch sehr unreife Frühgeborene lassen sich durch Ansprache beruhigen, nicht nur durch taktile Zuwendung. Andererseits empfinden auch die unreifsten Kinder Schmerz, ja sie lernen sogar, sich vor Schmerz zu fürchten und können dies in ihrem Verhalten und in ihrer Mimik ausdrücken. Da auch das unreifste Kind biologisch ein Mensch ist und sich verhält wie ein Mensch, ist nicht einzusehen, warum man ihm die Qualität der Person absprechen könne. Vielmehr ist das Kind, auch das extrem junge, nicht anders zu behandeln als jeder andere Patient beliebigen Lebensalters, soweit dies Würde und Rechte der Person betrifft.
Die Geburt ist eine der größten Caesuren im menschlichen Leben, sie ist aber nicht der Beginn menschlichen Lebens. Sie bedeutet lediglich eine brüske Umstellung biologischer Funktionen von den Bedürfnissen des intrauterinen Lebens auf die des extrauterinen. Wann diese Caesur erfolgt, ist nicht gesetzmäßig, sondern allenfalls regelhaft vorgegeben. Zufälle oder »Unfälle« können diese Caesur zeitlich vorverlegen, es kann zur Frühgeburt

kommen. Von dieser während des Heranwachsens eines menschlichen Individuums zeitlich also mehr oder weniger zufällig gesetzten Caesur kann man eine Änderung der Qualität Mensch bzw. menschliche Person demnach keineswegs ableiten.
Hieraus folgt aber konsequenterweise, daß auch dem Feten in utero mit dem gleichen Respekt zu begegnen ist wie dem bereits geborenen Kind. Auch in der *pränatalen Medizin* gilt es daher, die Existenz von Leiden zu realisieren und dieses zu mindern sowie die bestmögliche Diagnostik und ggf. auch Therapie einzusetzen. Auch das noch nicht geborene Kind muß als menschliches Gegenüber verstanden werden. Dazu gehört u. a. die Einsicht, daß der dem Frauenarzt mögliche Zugang zum Feten noch nicht dazu qualifiziert, pädiatrische, kinderchirurgische oder neurochirurgische Probleme anzugehen, wenn man in deren Bearbeitung nicht ausgebildet ist. Hier muß der Pränatalmediziner, nicht anders als postnatal der Neonatologe, den Rat und die Mithilfe anderer Disziplinen einholen.

Abschließend dürfen wir versuchen, folgendes festzuhalten: Beschäftigt man sich regelmäßig mit dem Neugeborenen oder dem Frühgeborenen als einem menschlichen Gegenüber und erwirbt damit die Möglichkeit, von selbst erfahrenen, aber auch empirisch überprüfbaren Grundtatsachen auszugehen, dann kommt man notwendigerweise zu der Erkenntnis, daß auch das jüngste Kind alle Qualitäten hat, die ein menschliches Wesen als solches auszeichnen. Somit begegnen wir in der Perinatalen Medizin dem Kind, dem noch nicht geborenen wie dem bereits geborenen, als einer menschlichen Person, ausgestattet mit der Würde und den Rechten eines Menschen. Diese sind nicht nach Größe, Alter oder augenblicklichen geistigen Fähigkeiten abstufbar. Es muß daher auch keine spezielle Ethik der Perinatalen Medizin geben. Vielmehr gelten Grundsätze einer allgemeinen Ethik hier wie anderswo, sie können ohne weiteres auf die speziellen Probleme in der Perinatalen Medizin angewandt werden.
Den Belangen des kranken Menschen am ehesten angemessen erscheint eine Erfahrungs-Ethik etwa im Sinne der hippokratischen Ethik, die sich am Wohle des Patienten orientiert, allerdings, um einem potentiell gefährlichen Subjektivismus zu steuern, unter der Kontrolle einer strikten prinzipien-fundierten Ethik.

Literatur

1. Arndt, A.: Das Verbrechen der Euthanasie. In: A. Arndt: Gesammelte juristische Schriften, pp. 269-284. Hrsgg. von E.-W. Böckenförde und W. Lewald, 1976, zitiert nach [15].
2. Avery, G.: Ethical Dilemmas in the Treatment of the Extremely Low Birth Weight Infant. pp. 361-366 in [24].
3. Betke, K.: Intensivmedizin: Indikation und Grenzen. Monatsschr. Kinderheilk. *130*, 353-357 (1982).
4. Campbell, A. G. M.: Ethical Problems in Neonatal Care. pp. 35-41 in N. R. C. Roberton (Ed.): Textbook of Neonatology. Edinburgh, London, Melbourne, New York: Churchill Livingstone 1986.
5. Chiswick, M. L.: Withdrawal of Life Support in Babies: Deceptive Signals. Arch. Dis. Childh. *65*, 1096-1097 (1990).
6. Eibach, U.: Thesen zur Diskussion um die sogenannte »Euthanasie«. pp. 245-249 in A. Eser und P. Bringewat (Hrsg.): Suizid und Euthanasie als human- und sozialwissenschaftliches Problem. Stuttgart: F. Enke 1976.
7. Engelhardt, H. T.: The Foundations of Bioethics. New York: Oxford University Press 1986.
8. Eser, A.: Lebenserhaltungspflicht und Behandlungsabbruch aus rechtlicher Sicht. pp. 75-147 in A. Auer, H. Menzel, A. Eser: Zwischen Heilauftrag und Sterbehilfe. Köln, Berlin, Bonn, München: C. Heymanns 1977.
9. Eser, A.: Grenzen der Behandlungspflicht aus juristischer Sicht. pp. 77-94 in P. Lawin, H. Huth (Hrsg.): Grenzen der ärztlichen Aufklärungs- und Behandlungspflicht. Stuttgart, New York: G. Thieme 1982.
10. Ewerbeck, H.: Intensivmedizinische Maßnahmen bei Neugeborenen und Kindern mit Mißbildungen. Dtsch. Ärztebl. *81* (Nr. 35), 2488-2489 (1984).
11. Fleischman, A.: Bioethical Review Committees in Perinatology. pp. 379-393 in [24].
12. Fleischman, A., Arras, J.: Teaching Medical Ethics in Perinatology. pp. 395-402 in [24].
13. Hiersche, H.-D., Hirsch, G., Graf-Baumann, T. (Hrsg.): Grenzen ärztlicher Behandlungspflicht bei schwerstgeschädigten Neugeborenen. Berlin, Heidelberg, New York, London, Paris, Tokyo: Springer 1987. *Enthält die Einbecker Empfehlungen.*
14. Jonsen, A. R., Phibbs, R. H., Tooley, W. H., Garland, M. J.: Critical Issues in Newborn Intensive Care: A Conference Report and Policy Proposal. Pediatrics *55*, 756-768 (1975) (*Sonoma-Conference*).
15. Koch, Tr.: »Sterbehilfe« oder »Euthanasie« als Thema der Ethik. Z. Theologie und Kirche 84, 86-117 (1987).
16. v. Loewenich, V.: Grenzen der neonatologischen Intensivbehandlung, pp. 194-204 in [20].

17. v. Loewenich, V.: Kommentar zu dem Referat von K. Betke: Intensivmedizin: Indikation und Grenzen [3]. Monatsschr. Kinderheilk. *130*, 357-358 (1982).
18. v. Loewenich, V.: Grenzen der ärztlichen Behandlungspflicht bei schwerstgeschädigten Neugeborenen aus ärztlicher Sicht. Medizin-Recht 1985, Heft 1, 30-33.
19. Marshall, R. E., Kaman, Ch.: Burnout in the Neonatal Intensive Care Unit. Pediatrics *65*, 1161-1165 (1980).
20. Müller, H., Olbing, H. (Hrsg.): Ethische Probleme in der Pädiatrie und ihren Grenzgebieten. München, Wien, Baltimore: Urban & Schwarzenberg 1982.
21. Nelson, Karin B.: What Proportion of Cerebral Palsy is Related to Birth Asphyxia? J. Pediat. *112*, 572-573 (1988).
22. Reich, W. Th.: Caring for Life in the First of It: Moral Paradigms for Perinatal and Neonatal Ethics. pp. 279-287 in [26].
23. Seidler, E.: Recent Developments in Perinatal and Neonatal Ethics: A European Perspective. pp. 210-215 in [26] *(enthält die englische Übersetzung der Einbecker Empfehlungen).*
24. Silber, T. J. (Ed.): Ethical and Legal Issues in Perinatology. Clinics in Perinatology, Vol. *14*/2 (Jun. 1987). Philadelphia, London, Toronto, Montreal, Sydney, Tokyo: W. B. Saunders Co. 1987.
25. Singer, P.: Praktische Ethik (deutsche Ausgabe). Stuttgart: Reclam 1984.
26. Siva Subramanian, K. N., McCullough, L. B., Queenan, J. T. (Edd.): The Ethics of Perinatal and Neonatal Care. Seminars in Perinatology Vol. *11*/3 (July 1987). Orlando (Florida): Grune & Stratton 1987.
27. Stewart, A. L., Reynolds, E. O. R., Lipscomb, A. P.: Outcome for Infants of Very Low Birth Weight: Survey of World Literature. Lancet I/1981, 1038-1041.
28. Thielicke, H.: Leben mit dem Tod. pp. 132 und 135. Tübingen: J. C. B. Mohr 1980.
29. Walther, F.: Die Euthanasie und die Heiligkeit des Lebens. Die Lebensvernichtung im Dienste der Medizin und Eugenik nach christlicher und monistischer Ethik. p. 106. München 1935.
30. Wariyar, U., Richmond, S., Hey, E.: Pregnancy Outcome at 24-31 Week's Gestation: Neonatal Survivors. Arch. Dis. Childh. *64*, 678-686 (1989).

Nach einem 1990 bei der Deutschen Akademie der Naturforscher LEOPOLDINA in Halle (Saale) gehaltenen Vortrag.

»Mir leuchtet nicht ein, wie man so Werte bewahren will«

Peter Singer im Gespräch mit Christoph Fehige und Georg Meggle

Unter den für Peter Singers Deutschland-Aufenthalt im Sommer 1989 geplanten Vortragsterminen wurde einzig der Saarbrücker Termin vom Veranstalter nicht abgesagt. Im Rahmen von Prof. Dr. Georg Meggles Proseminar »Praktische Ethik« sollte Singer am Nachmittag des 8. 6. 1989 an der Universität des Saarlandes zum Thema »Haben schwerstbehinderte Neugeborene ein Recht auf Leben?« vortragen. Die Aufregung um Singers Thesen und Auftreten, die von geplanten Veranstaltungen an anderen Orten der Bundesrepublik ausgelöst worden war, nahm zu dieser Zeit in der überregionalen Presse bereits breiten Raum ein. Der Saarbrücker Vortrag wurde von Sprechchören und Trillerpfeifen vereitelt. Auf Meggles Bitte an die Störer hin, sie mögen ans Mikrophon treten und ihre Gründe dafür vortragen, daß Singer nicht reden dürfen soll, entwickelte sich eine Diskussion, in deren Verlauf auch Singer zu Worte kam. Das folgende Gespräch mit Peter Singer führten Christoph Fehige und Georg Meggle am Abend desselben Tages. Übersetzer: Thomas Fehige.*

Frage: Professor Singer, Sie sind nach Deutschland zu Vorträgen über ein Themengebiet eingeladen worden, das hier geschichtlich extrem belastet ist. Mit welchen Reaktionen mußten Sie rechnen und haben Sie gerechnet, über welche der tatsächlichen Reaktionen sind Sie am meisten überrascht oder gar schockiert? Wie verhalten sich die Reaktionen zu den Diskussionserfahrungen, die Sie zu diesem Thema bisher in anderen Ländern gemacht haben?

Singer: Ich habe erwartet, daß es gegen die Diskussion dieser Dinge in Deutschland einen stärkeren Widerstand geben würde als anderswo. Ich habe erwartet, daß ich während der Diskussionen nach meinen Vorträgen stärker kritisiert würde, daß ich vielleicht mehr Menschen finde, die gegenteiliger Ansicht sind, als solche, die meine Meinung teilen. Was ich überhaupt nicht erwartet habe, und was mich wirklich schockiert hat, war, daß der ernsthafte Versuch gemacht wurde, mich vollständig am Reden

* Die Gesprächsteilnehmer danken Gabi Schon und Ulla Wessels für ihre Hilfe bei der Transskription des Gesprächsmitschnitts.

zu hindern. Ich hatte wohl vorausgesetzt, daß heutzutage in Deutschland die Grundsätze der Redefreiheit, der Freiheit der Lehre und der Meinungsfreiheit wie in anderen westlichen Demokratien eine breite Unterstützung erführen. Aus diesem Grund hatte ich, bis es dann wirklich passiert ist, nie geglaubt, daß ich nicht würde reden können: Zwei Tage vor dem geplanten Antritt meiner Europareise wurde beispielsweise meine Einladung zu dem Symposium in Marburg zurückgezogen; dito, nachdem die Leute, die mich eingeladen hatten, unter massiven Druck gesetzt worden waren, die Einladung, in Dortmund einen Vortrag zu halten; mit nichts derartigem hatte ich gerechnet, auch nicht damit, daß es selbst hier in Saarbrücken Versuche geben würde, mich durch Trillerpfeifen, Geheul und den Versuch, die Leute gewaltsam vom Betreten des Vortragssaals abzuhalten, am Sprechen zu hindern.
Frage: War das nicht blauäugig von Ihnen? Hätten Sie mit Blick auf die geschichtliche Situation hier in Deutschland nicht doch mit derartigen Reaktionen von vornherein rechnen müssen? Sie haben gerade hauptsächlich auf die Freiheit der Rede abgehoben, wie sie im Verständnis der meisten Demokratien gerade die Demokratie selbst charakterisiert. Aber war nicht aufgrund der Erfahrungen, die Deutschland mit dem Thema der Euthanasie gemacht hat, fast zu erwarten, daß hier die Sensibilität für so ein Thema viel größer ist als in anderen Demokratien?
Singer: Sicher habe ich eine größere Sensibilität erwartet, aber nicht, daß meine Ansichten als nazistische oder faschistische denunziert werden würden. Das lag jenseits von allem, was ich mir als plausibel vorstellen konnte. Und deshalb habe ich auch nicht erwartet, daß man versuchen würde, mich am Reden zu hindern.
Frage: Immerhin scheuen Sie sich nicht, für bestimmte Formen von Euthanasie zu plädieren, und »Euthanasie« ist ein Wort, das auch zur Bezeichnung einiger der schlimmsten Verbrechen der Nazis benutzt wird.
Singer: Es muß sehr deutlich gesagt werden, daß das sogenannte Euthanasie-Programm der Nazis niemals ein Euthanasie-Programm war, wie es vor den Nazis z. B. von Euthanasie-Gesellschaften in Großbritannien verstanden wurde. Es war auch kein Euthanasie-Programm, wie es während der Zeit und später von Menschen, Gruppen und Ländern, die nichts mit Nazis zu tun haben und die Euthanasie in der einen oder anderen Form unter-

stützt haben, verstanden wurde. Dort, bei den Nicht-Nazis, war und ist die freiwillige Euthanasie im Falle von Menschen gemeint, die danach verlangen, oder Euthanasie im Falle der schwer leidenden Kinder, über die ich spreche. Richtig verstanden bedeutet Euthanasie, einen guten Tod herbeizuführen, in dem Sinne, daß dieser Tod für das Wesen, dessen Tod es ist, eine Wohltat ist oder ihm Leiden erspart. Die sogenannten Euthanasie-Programme der Nazis ließen das vollständig außer acht; sie waren einfach ein Weg, Menschen loszuwerden, die man als wertlose Masse betrachtete. Und der Beweis dafür ist natürlich, daß es völlig im Verborgenen geschah, daß Angehörige weder konsultiert wurden noch auch nur darüber informiert, was geschah; sie wurden über den Tod ihrer Verwandten belogen; jene, die in irgendeiner Weise eine Präferenz dafür weiterzuleben, hätten ausdrücken können, wurden nie darüber befragt, und es ist klar, daß viele Tausende eine solche Präferenz hätten ausdrücken können. Es war wirklich nichts als ein Programm zur Ermordung von Menschen, die dem Regime nutzlos erschienen. In diesem Sinne ist es etwas Schreckliches, daß wir die Terminologie der Nazis noch immer akzeptieren, daß wir uns noch nicht davon befreien und ihre Verbrechen mit einem treffenden Namen belegen konnten. Wir würden es dann vermeiden, in einem Atemzug das, was die Nazis taten, und das, was beispielsweise heute in den Niederlanden passiert, Euthanasie zu nennen; dort können sterbende Patienten ihre Ärzte um aktive Hilfe bitten, wenn sie große Schmerzen leiden – es ist doch schwer, sich zwei verschiedenere Dinge vorzustellen als das, was die Nazis getan haben, und das, was heute in den Niederlanden geschieht. Beides als Euthanasie zu beschreiben, muß eine Menge von Mißverständnissen auslösen.
Frage: Es geht ja nicht nur um das Wort »Euthanasie«. Die zentralen Begriffe auch Ihrer Diskussion der Tötung schwerstbehinderter Neugeborener sind die des Wertes von Leben und der Differenzierung dieses Wertes. »Lebensunwertes Leben« ist der Begriff, der in der deutschen Debatte am tabuisiertesten ist, der für viele von vornherein als einer der unmenschlichsten Begriffe überhaupt zählt. Mag sein, daß dieser Begriff von den Nazis mit ganz anderen Kriterien belegt worden ist; aber viele Leute vermuten, daß es eben doch derselbe Begriff oder ein Begriff von derselben Inhumanität ist. Falls man überhaupt über die Einschätzung des unterschiedlichen Wertes von Leben reden will, dazu kom-

men wir gleich noch, kann man es dann nicht in einer Weise tun, die diese vorbelastete Terminologie nicht ins Spiel bringt?
Singer: Ja, ich glaube, das könnte man, und ich glaube, daß es hier tatsächlich in gewissem Maße ein Problem gibt. Es ist einfach schade, daß dies die Wörter sind, die der Übersetzer benutzt hat. Ich glaube, daß man im Englischen sehr wohl unterscheiden kann zwischen »a life not worth living« und »a life unworthy of being lived«. Wenn jemand sagt »that life is not worth living«, dann wäre die natürliche Implikation, daß er meint: Vom Standpunkt des Individuums aus, das dieses Leben lebt, ist es nicht wert, es fortzuführen; wie zum Beispiel ein Patient, der unter Schmerzen an Krebs stirbt, sagen könnte: »Sieh mal, ich würde mein Leben lieber nicht fortsetzen, mit dieser Qualität oder unter solchen Schmerzen ist es mein Leben nicht wert, weitergelebt zu werden.« Niemand, glaube ich, würde von solch einem Patienten sagen, er lebe ein *life not worthy of being lived.* Das brächte nämlich nicht so sehr die Perspektive des individuellen Subjekts ins Spiel, als eher eine Art objektiven Standards, und das, glaube ich, meinten die Nazis mit »lebensunwertes Leben« – daß das betreffende Leben vom Standpunkt des »Volkes« her oder nach der »Rassenhygiene« oder ähnlichen Maßstäben nicht lebenswert sei. Sie meinten nicht, daß das Leben für das individuelle Subjekt keinen Wert besitze. Das ist es aber, was ich meine.
Frage: Warum halten Sie es, um über die ethischen Probleme zu sprechen, über die Sie nachdenken, überhaupt für notwendig, den Begriff des Wertes von Leben zu verwenden – ganz gleich, in welcher Terminologie?
Singer: Ich denke, daß in der Tat ein solcher Begriff – welche Wörter man auch immer dafür benutzen mag – notwendig ist und daß sich in der Tat auch so gut wie jeder darauf bezieht. Hier in der Diskussion in Saarbrücken wurde meiner Meinung nach klar, daß Leute, die sich für meine Gegner hielten, schließlich doch mit mir in diesem Punkt übereinstimmten. Nehmen wir das Leben eines Neugeborenen, das an einer so hoffnungslosen Mißbildung leidet, daß wir sagen können, daß alle Neugeborenen unter diesen Bedingungen innerhalb von, sagen wir, den ersten beiden Lebensjahren sterben. In dieser Zeit bis zu ihrem Tod werden sie viel Leid erfahren. Nehmen wir an, bei einem Neugeborenen entwikkelt sich unter diesen Umständen eine Lungenentzündung, so könnte der Arzt sagen: »Nun, es ist vielleicht besser, wenn wir

diese Lungenentzündung nicht behandeln, wir werden also keine Antibiotika verabreichen.« Genau so wird es häufig gemacht, und ich glaube, daß die meisten Menschen zustimmen würden, daß das völlig vernünftig ist. Wenn aber das die Entscheidung ist, die man fällt, so fällt man sie auf der Basis, daß eine Lebensverlängerung für das Neugeborene keinen Sinn hat. Um sie also zu fällen, muß man zu dem Urteil gelangen, daß die Qualität seines Lebens so ist, daß das Leben es nicht wert ist, verlängert zu werden. Wäre es schließlich ein normales Leben, mit normalen guten Aussichten, und das Kind bekäme eine Lungenentzündung, würde man selbstverständlich Antibiotika geben. Man kommt also nicht umhin – wie sehr man sich auch bemüht –, Urteile über die Qualität verschiedener Leben zu fällen; man kommt nicht um das Urteil herum, daß einige Leben es wert sind, erhalten zu werden, und daß es besser ist, andere nicht zu erhalten. Der einzige Ausweg wäre, alles zu tun, was möglich ist, um jedes Kind solange wie möglich am Leben zu erhalten, jenes Neugeborene eingeschlossen, das extrem leidet und innerhalb rund eines Jahres ohnehin sterben wird. Und ich glaube nicht, daß es viele Menschen gibt, die das wirklich von der modernen Medizin verlangen.

Frage: Der Unterschied zwischen Ihnen und den meisten Ihrer Gegner scheint sich auf die Frage zu reduzieren oder mindestens in ihr zu konkretisieren: Sollte es, darf es in der Praktischen Ethik Tabus geben?

Singer: Nun, das ist sicherlich ein fundamentaler Punkt, in dem Dissens herrscht. Was mich unter all dem, was ich in Büchern wie *Practical Ethics* und *Should the Baby Live?* gesagt habe, am meisten von anderen unterschieden hat, war, daß andere Leute versucht haben, gewisse Unterschiede zu machen, Grenzen zu ziehen, aber diese Tatsache gleichzeitig zu verbergen. Meine Kollegin Helga Kuhse und ich haben uns bemüht, ihnen diesen Schleier herunterzureißen, sie und ihre Methoden so darzustellen, wie sie sind, und dann zu sagen: »Jetzt bleibt die Frage: ›Sollen wir dies oder jenes tun oder nicht?‹« Zum Beispiel haben wir dem, der vorgibt, er wolle niemals ein unschuldiges menschliches Leben absichtlich töten, sondern lasse nur »der Natur ihren Lauf«, gezeigt, daß dieses Versteck hinter einer Idee von Natur in Wirklichkeit unhaltbar ist und daß die Ärzte ihrer Verantwortung nicht ausweichen können, indem sie sagen: »Ich lasse nur der Natur ihren Lauf.«

Das ist, denke ich, ein Beispiel für ein Tabu, das wir nicht verschleiert lassen wollen. Ich denke auch, daß das Ausmaß, in dem wir bereit sind, Fragen zu stellen und zu sagen, daß man wirklich jede Frage stellen kann, ebenfalls ein Indikator für Tabuprobleme ist. Und das wurde ja interessanterweise hier in der Saarbrücker Debatte verweigert; es wurde gesagt, daß manche Fragen nicht gestellt werden sollten. Mir scheint das im Widerspruch zur gesamten westlichen Tradition der Philosophie zu stehen. Und es ist anzunehmen, daß diese Leute wohl auch Sokrates gezwungen hätten, den Schierlingsbecher zu nehmen, weil er ihnen gefährliche Fragen stellte.

Frage: Aber sind Ihre Fragen nicht so gefährlich, daß sie besser nicht gestellt würden? Was halten Sie von dem Argument: Läßt man die Tötung schwerstbehinderter Neugeborener zu – und gerade dafür plädieren Sie ja in bestimmten Fällen –, dann ist damit der erste Schritt zur unmenschlichen Praxis, wie wir sie im Nazi-Deutschland erlebt haben, getan?

Singer: Ich glaube wirklich, daß man scharf zwischen folgenden beiden Fragen unterscheiden muß. Frage eins: Sollte der Staat, indem er einfach Leute töten läßt, die er nicht am Leben erhalten will, diktieren, wer leben und wer sterben muß? Frage zwei: Können Entscheidungen über die Behandlung stark mißgebildeter Neugeborener diskutiert werden, und wer sollte diese Entscheidungen fällen? Entscheidungen darüber, ob man schwerstbehinderte Neugeborene am Leben erhalten sollte, müssen nämlich getroffen werden, sie wurden schon immer getroffen, entweder von Ärzten (normalerweise von Ärzten) oder von Eltern. Diese Frage wird in anderen Ländern breit und offen diskutiert, besonders in den englischsprachigen Ländern; aber auch in Italien habe ich zum Beispiel erst vorige Woche ganz offen und frei darüber diskutieren können. Deshalb hatte ich mir wirklich nicht vorgestellt, daß Leute dieses Thema so stark mit dem Nationalsozialismus in Verbindung bringen würden. In Großbritannien ist seit vielen Jahren die Vorgehensweise offiziell anerkannt, nach der die Behandlung einiger schwerstbehinderter Neugeborener in Kenntnis der Tatsache, daß sie dann früher sterben, abgebrochen wird. Glauben die Leute denn im Ernst, daß das Großbritannien dem Nationalsozialismus auch nur einen Schritt nähergebracht hat? Wenn sie aber das nicht glauben, meinen sie dann, daß der Nationalsozialismus in Deutschland noch so dicht unter der Oberfläche lauert, daß es nur der offenen Diskussion solcher Fragen bedürfte, um ihn wieder hervorbrechen zu lassen? Ich denke, daß solche Annahmen, wenn sie denn überhaupt jemand hegt, ein sehr oberflächliches Verständnis von Nazismus verraten und daß der Nazismus mehr mit einer rassistischen Ideologie zu tun hat, mit einem Glauben an ein quasi-mystisches »Volk« und mit dem Versuch, die Rechte des Individuums diesem »Volk« unterzuordnen.

Frage: Klar ist, daß in Ihren Schriften und in Ihren Äußerungen, also auch heute in Saarbrücken, ein Tabu gebrochen wurde. Sie sind Konsequentialist, also Anhänger der in der Ethik weitverbreiteten Ansicht, daß das, was an Handlungen moralisch zählt, die Gesamtheit der Konsequenzen einer Handlung ist. Nun könnte man ja konsequentialistisch für die Existenz von Tabus argumentieren, und ähnlich wurde heute, zumindest zwischen den Zeilen, argumentiert. Man könnte sagen: Das Brechen eines Tabus kann schlechte Folgen haben; ob es gut oder schlecht war, das Tabu zu brechen, ist also auch eine empirische Frage, die nämlich, welche Konsequenzen es haben wird. Und da ist es im Fall des zur Debatte stehenden Tabus eine sehr weit verbreitete Ansicht, daß es zu brechen schlechte Konsequenzen haben wird.

Singer: Das ist in bestimmter Hinsicht eine schwierige Frage, eine empirische nämlich, und wir können nicht genau sehen, was sein wird. Vielleicht habe ich eine gewisse optimistische Grundeinstellung. Ich gehe davon aus, daß Licht auf eine Frage zu werfen im allgemeinen mehr Gutes als Schaden anrichten wird. Der große Schaden passiert dann, wenn die offizielle Ansicht ist, man müsse dies und jenes tun, und dennoch die Leute, wenn sie in die Situation kommen, glauben, daß dies und jenes eigentlich doch nicht das Richtige ist; da niemals jemand die offizielle Ansicht in Frage gestellt hat, wissen sie dann überhaupt nicht, was wirklich zu tun ist; sie tun dann vielleicht etwas, was der offiziellen Ansicht zuwiderläuft, ohne es zu sagen, oder sie tun vielleicht nicht das, was sie für richtig halten. Und das kann Probleme aufwerfen. Die Erfahrungen in dem Krankenhaus in Linz sind wahrscheinlich – wir kennen nicht alle Fakten – das Resultat von solch einer Situation: Vielleicht meinten die Schwestern anfangs, etwas gegen das Leiden unternehmen zu müssen. Da man dies aber nicht offen diskutieren durfte, gingen sie nicht hin und diskutierten mit den Patienten oder den Ärzten oder sonst jemandem, ob ein Patient, ein Sterbender, schrecklich leiden mußte – sie nahmen die Sache einfach selbst in die Hand und töteten die Patienten. Und nachdem sie das getan hatten, machten sie weiter und taten es mit anderen Patienten, unkontrolliert und wohl auch mit zunehmender Unmenschlichkeit. Ich denke daher, daß es wirklich viel besser ist, diese Dinge ans Licht zu bringen, wie es mit der Frage der freiwilligen Euthanasie in den Niederlanden heute geschieht. Und ich denke, wir werden erleben, daß die Ergebnisse wirklich für alle an der Situation Beteiligten viel besser sind.

Frage: Was halten Sie von folgender moderater Haltung in Sachen Tabus: Tabus darf es zwar in der Wissenschaft nicht geben, aber in der gesellschaftlichen Öffentlichkeit muß es sie, aus den genannten konsequentialistischen Gründen, geben und müssen sie respektiert werden. Würden Sie sagen, daß die Offenheit, die man von der Wissenschaft erwartet, oder jedenfalls von der freien Diskussion an den Universitäten, auch in allen anderen Kontexten das beste ist?

Singer: Ich teile die moderate Ansicht über Tabus nicht. Ich glaube, daß es bestimmte Dinge, insbesondere bestimmte Einstellungen gibt, die man im allgemeinen fördern sollte. Man sollte im allgemeinen etwa den Glauben an Wahrheit und Ehrlichkeit fördern, an Gerechtigkeit und ähnliches, obwohl uns die Wirklichkeit, kompliziert, wie sie ist, auch mit brisanten Situationen konfrontieren kann, in denen man selbst in diesen Hinsichten Ausnahmen machen muß. Und in diesem Sinne sollte man auch die Achtung vor dem Leben fördern. Aber echte Tabus, Dinge, die entweder nur oder sogar nicht einmal bei akademischen Versammlungen angesprochen werden dürfen, dafür sehe ich keinen Platz. Mir leuchtet nicht ein, wie man so Werte bewahren will.

Frage: Es gibt ja, unter den möglichen Konsequenzen, auch politische Mißverständnisse. Darauf haben viele Leute auch nach der Diskussion hingewiesen. Man kann jetzt sagen »Aha, auch in Deutschland kann man jetzt wieder frei über Euthanasie reden«, und das wäre, wenn es mit dem Mißverständnis verbunden ist, man könnte nun in der gleichen Weise diese Thematik behandeln, wie sie hier im Lande schon einmal behandelt worden ist, in der Tat eine katastrophale Konsequenz. Wenn Vortrag oder Diskussion diese Konsequenz hätten, wäre es dann nicht besser gewesen, heute die Vorlesung ausfallen zu lassen, wie das an anderen Orten geschehen ist?

Singer: Ich kann wirklich nicht glauben, daß die Situation in Deutschland so viel schlechter ist als in anderen westlichen Ländern. Ich kann nicht glauben, daß allein das Aufwerfen dieser Frage bedeutet, daß all diese schrecklichen Dinge wieder beginnen. Ich denke, daß sie unter besonderen historischen Bedingungen passiert sind, daß diese historischen Bedingungen heute mit Sicherheit nicht vorliegen und daß die beste Versicherung dafür, daß sie auch in der Zukunft nicht entstehen, darin besteht, die Gesellschaft so offen wie möglich zu halten, die Diskussion von Problemen als einen Grundwert demokratischer Freiheit zu erhalten und insbesondere auf den Werten der Individuen zu bestehen, statt einer mysteriösen Art von »Volk« oder »Staat« oder ähnlichem zu huldigen. So werden wir meiner Meinung nach die angesprochenen Konsequenzen vermeiden.
Frage: Sie haben zugegeben, daß das Reden über diese Fragen schreckliche Konsequenzen haben könnte, wenn Sie das auch für unwahrscheinlich halten. Warum sollten wir dieses Risiko eingehen? Was ist so schlecht am status quo, daß dieses Risiko – wie klein es auch sein mag – gerechtfertigt wäre?
Singer: Grundlegend schlecht am status quo ist, daß er unnötiges Leiden mit sich bringt. Angenommen beispielsweise, wir haben ein Neugeborenes vor uns, das unter seinem sehr ernsten Zustand leidet. Es gab da einen Fall, der in der amerikanischen Literatur beschrieben wird. Es gibt eine Krankheit namens Epidermolysis Bullosa, die starke Blasenbildung auf der Haut verursacht, so daß das Kind als einem Brandopfer ähnlich beschrieben wird. Man kann es nicht berühren, ohne daß die Haut verletzt wird. Das geht einher mit inneren Blutungen. Wenn solche Neugeborenen im Einklang mit einer »Heiligkeit-des-Lebens«-Ethik behandelt werden, können sie viele Monate, vielleicht ein oder zwei Jahre überleben. Angesichts der Beschreibung, die ich gelesen habe, scheint mir ihr Leben aber aus kaum unterbrochenem Leid und Schmerz zu bestehen, von keinem kompensierenden Wert erleichtert. Der Preis für das Nicht-Diskutieren dieser Tabus ist also, daß Menschen, die fortfahren, die naive Ansicht zu vertreten, alles menschliche Leben sei gleichermaßen wertvoll und daß wir alles zum Erhalt menschlichen Lebens unternehmen müssen, solch ein Neugeborenes so lange wie möglich am Leben erhalten wollen. Das scheint mir ein äußerst grausames Verhalten zu sein. Ein anderes Beispiel wäre die Art, wie man manche behinderten

Neugeborenen behandelt, nachdem man entschieden hat, daß sie sterben sollten. Es ist relativ geläufige Praxis im Fall von Babies mit Down-Syndrom und einem zusätzlichen Darmverschluß, daß man den Darmverschluß nicht operiert, wohl wissend, daß das bedeutet, daß das Baby nicht richtig ernährt werden kann. Die Nahrung kann wohl mit dem Mund aufgenommen werden, aber das hilft nichts, da das Baby sie nicht verwerten kann, und das Ergebnis ist, daß man diese Babies über einen Zeitraum von einer Woche, vielleicht zehn Tagen, langsam verhungern läßt.
Frage: Wollen Sie sagen, daß das die übliche Praxis in den Krankenhäusern der zivilisierten Welt ist, oder doch in einigen?
Singer: Vielleicht nicht, aber es passiert. Ich weiß nicht, ob man das speziell im Fall des Down-Syndroms eine übliche Praxis nennen kann, denn man hat jetzt speziell über das Down-Syndrom und darüber, ob man ein Überleben dieser Babies wünschen soll oder nicht, ein wenig mehr nachgedacht. Aber ich bin sicher, daß es noch passiert. Einer der berühmtesten Fälle war ein englischer, ich glaube 1982, in dem das Baby sogar keine andere Behinderung als nur das Down-Syndrom hatte, die Eltern nicht wollten, daß es überlebt, und der Arzt anordnete, daß es nicht gefüttert werden sollte. Der Arzt wurde vor Gericht gestellt und freigesprochen. Die englische Jury bestätigte also in gewissem Sinne das Verhalten des Arztes. Auch im Falle der Spina Bifida, bei der die Babies mit den schweren Schäden an der Wirbelsäule in schlimmen Fällen von der Hüfte abwärts gelähmt sein werden, darm- und blaseninkontinent und wahrscheinlich auch geistig unterentwickelt, werden die schwersten Fälle nicht behandelt. Aber auch hier ist das Ergebnis nicht, daß sie sofort sterben, sondern daß die Wunde im Rücken sich langsam entzündet und sie hohes Fieber bekommen. Manchmal reicht das Fieber nicht einmal aus, um den Tod herbeizuführen, der Gehirndruck steigt, und es entwickelt sich – ohne Behandlung – ein Hydrocephalus (Wasserkopf), der, wie ich denke, doch ebenfalls Schmerzen verursacht und an dem sie dann schließlich sterben. Nun, möglicherweise werden sie sediert – man kann nur hoffen, daß sie zumindest sediert werden, wenn sie all das durchmachen müssen. Dennoch scheint es ein vollkommen unnötig langes Sterben zu sein, wahrscheinlich eine Marter für das Neugeborene, sicher für das Personal und die Eltern. Wenn ohnehin die Entscheidung getroffen wird, daß das Neugeborene nicht operiert werden soll, in dem Wissen, daß

diese Entscheidung seinen frühen Tod bedeutet, dann kann ich nicht verstehen, wieso man keine aktive Hilfe anbieten kann.
Frage: Selbst in den Beispielen, die Sie angeführt haben, würden viele Menschen sagen, daß es dennoch einen großen Unterschied gibt zwischen dem Sterbenlassen und dem Töten des Neugeborenen. Würden Sie zustimmen, daß das ein Unterschied ist und daß er ethisch von Bedeutung ist?
Singer: Ich glaube nicht daran, daß es einen enormen ethischen Unterschied in der Methode gibt, durch die der Tod herbeigeführt wird. Nicht, wenn man annimmt, daß bei beiden Varianten, sei es aktive Handlung oder Unterlassung, das, was unternommen respektive nicht unternommen wird, absichtlich und in voller Kenntnis der Folgen unternommen respektive nicht unternommen wird. Wenn nun ein Arzt sich entscheidet, bei einem kranken Kind unter den zuvor beschriebenen Umständen die Antibiotika abzusetzen, tut er das mit Absicht. Antibiotika zu geben ist eine einfache Sache und völlig normal, und er setzt sie mit dem Wissen ab, daß das mit hoher Wahrscheinlichkeit den Tod des Neugeborenen herbeiführt, und der Arzt und vielleicht auch die Eltern (hoffentlich auch die Eltern) glauben wirklich, daß dies ein Gebot des Mitgefühls und der Menschlichkeit ist und wollen es deshalb. Vergleichen wir das mit einem ansonsten gleichen Fall, bei dem gesagt würde »Die Aussichten für dieses Kind sind so schrecklich, sein Leben wäre so voll von Schmerzen und Leid, daß es eine Wohltat wäre, es jetzt zu beenden und das aktiv zu tun.« Es gibt vielleicht den psychologischen Unterschied, daß manche Menschen die aktive Sterbehilfe für viel schwerer durchführbar halten, aber ich glaube nicht, daß es wirklich einen moralisch relevanten Unterschied gibt, der gegen die aktive Form spricht. Wenn Menschen bereit sind, es zu tun, dann kann es wirklich geboten sein, da es, wo der Tod schon sicher ist, wenigstens den schnelleren und schmerzfreieren Tod herbeiführt.
Frage: Diese Beurteilungsweise widerspricht, prima facie jedenfalls, deutlich den jüdisch-christlichen Vorstellungen von der sogenannten Heiligkeit des Lebens. Diese Position wird ja tatsächlich häufig vertreten oder zumindest verbal bekundet. Sie halten ihren Verfechtern entgegen, daß sie sich, wenn sie sich auf praktische ethische Probleme um Leben und Tod einlassen, wider die eigene Lehre gezwungen sehen, das Leben von Menschen nach dem Wert zu beurteilen, den es aus der Sicht derer hat, die es

führen. Es stünde hier demnach eine Mythologie der Praxis gegenüber.

Singer: Was man bei denen, die die Lehre von der Heiligkeit des menschlichen Lebens aufrechtzuerhalten versuchen, sicherlich beobachten kann, ist, wie Sie sagen, daß sie in der Tat selbst in Entscheidungsprozesse auf der Grundlage der Qualität des Lebens hineingeraten. Ein gutes Beispiel ist die Unterscheidung zwischen gewöhnlichen und außergewöhnlichen Maßnahmen. Es gibt eine Doktrin, die besagt, daß man verpflichtet sei, die gewöhnlichen Maßnahmen zur Lebenserhaltung zu treffen, aber nicht notwendigerweise die außergewöhnlichen, und daß das etwas mit der Natur dieser Maßnahmen zu tun habe. Aber in der Realität sehen wir, daß alle möglichen verschiedenen Maßnahmen einmal für gewöhnlich, ein anderes Mal für außergewöhnlich erklärt werden. Unter den von mir beschriebenen Umständen halten Ärzte beispielsweise die Anwendung von Antibiotika für außergewöhnlich, und zwar genau weil die Qualität des Lebens – des Lebens, das mit Antibiotika erhalten werden könnte – so gering ist, während unter allen anderen Umständen die Anwendung von Antibiotika natürlich die gewöhnlichste Sache ist, die man sich vorstellen kann. Dasselbe gilt für andere Fälle. Was wie eine Unterscheidung aussieht, die auf etwas völlig anderem beruht und daher die Qualität nicht in Betracht zu ziehen scheint, bezieht in Wirklichkeit, wenn man die Umsetzung betrachtet, die Qualität mit ein, baut sie sozusagen in die Unterscheidung ein, zum Beispiel in die Frage, was als gewöhnliche und was als außergewöhnliche Maßnahme zur Lebenserhaltung zählt.

Frage: Unter den Gruppen, die in den letzten Tagen am stärksten Protest angemeldet haben, waren Behinderte und deren Vertreter, etwa Organisationen von Eltern von behinderten Kindern. Es wurde darauf hingewiesen, daß auch schwerbehinderte Kinder Rechte haben, zum Beispiel auf eine für sie optimale Ausbildung. Nun könnte man meinen, daß, simpel gesagt, wer das Recht auf Leben bestimmter Leute in Zweifel zieht, ihnen wahrscheinlich allemal das Recht auf optimale Ausbildung abspricht. Wie halten Sie es mit behinderten Kindern, die vielleicht eine Schule besuchen und die der Förderung bedürfen? Sagt Ihre Ethik, daß diese Kinder, weil sie behindert sind, weniger Wert haben als andere Menschen? Und daß es dann, wenn es anstrengend für uns Nicht-Behinderte wäre, diese Kinder zu fördern, es auch nicht schlimm wäre, wenn wir gerade das unterließen?

Singer: Auf keinen Fall will ich das sagen! Sondern gerade das Gegenteil. Wer meint, ich wolle das sagen, hat die Grundlage meiner Position vollständig mißverstanden. Das kommt wahrscheinlich daher, daß er nur drei oder vier isolierte Zitate gelesen hat, nicht aber das ganze Buch. Sonst müßte er wissen, daß die Grundlage meiner Ethik das Prinzip der gleichen Berücksichtigung von Interessen ist. Wenn man dieses Prinzip, ein sehr egalitäres Prinzip, nun auf behinderte Kinder anwendet, die leben und weiterleben werden, dann gibt es keinen Zweifel, daß ihren Interessen dasselbe Gewicht wie den Interessen anderer zukommt, und das bedeutet oft sogar, daß wir für sie sehr viel mehr tun müssen, als wir es bisher tun. Das ist doch genau das, was Helga Kuhse und ich in *Should the Baby Live?* geschrieben haben: Daß ihre Interessen zu oft vernachlässigt worden sind, daß sie in Anstalten gesteckt wurden. Die Gesellschaft kann die Qualität ihres Lebens enorm verbessern, und das hat sie zumindest in der Vergangenheit häufig unterlassen. Vielleicht sind wir jetzt dabei, diese Dinge zu verbessern, und wir unterstützen diese Versuche natürlich in jeder Weise, zum Beispiel die Bestrebungen, behinderte Kinder an den regulären Schulen zu integrieren.
Noch ein Wort zu der Opposition seitens der Elternorganisationen. Was wir in *Should the Baby Live?* eigentlich vorschlagen, ist, die Entscheidung vorrangig in die Hände der Eltern zu legen. Wir versuchen, die Position der Eltern in diesen Situationen zu stärken, wir sagen, daß sie in Beratung mit den Ärzten in der Lage sein sollten, die Entscheidungen zu treffen. Diejenigen, die glauben, daß man Fragen der Qualität des Lebens niemals diskutieren dürfe und daß man eine sogenannte Heiligkeit jeden menschlichen Lebens stets bewahren müsse, scheinen zu sagen, daß der Staat jene Eltern bestrafen soll, die nicht alles für die Verlängerung des Lebens ihres Kindes getan haben wollen. Dies ist in der Tat in den USA in einem berühmten Fall in Danville in Illinois geschehen. Es ging um siamesische Zwillinge mit vielen Behinderungen – sie hatten zusammen nur drei Beine und weitere Probleme dieser Art. Die Eltern und die Ärzte entschieden, daß es besser wäre, nicht zu versuchen, die Zwillinge am Leben zu erhalten, sondern sie sterben zu lassen. Die Eltern und die Ärzte wurden unter Mordanklage vor Gericht gestellt. Nun, das ist eine Art staatlicher Eingriffe, die wir ablehnen, Eingriffe in das, was meiner Meinung nach vor allem die Entscheidung der Eltern sein

sollte, und ich hätte schon gedacht, daß Elternorganisationen unsere Ansicht unterstützen würden.

Frage: Manche grobe Vereinfachungen in der Wiedergabe Ihrer Positionen lauten etwa so: Singer ist jemand, der sich sehr stark für die Tiere einsetzt, aber das hat zur Folge, daß er die Menschen herunterstuft. Denn er vertritt die These, daß Menschen und Tiere gleich zu behandeln sind.

Singer: Meine These ist nicht, daß Menschen und Tiere gleich behandelt werden sollen oder daß man mit ihnen auf gleiche Weise umgehen soll. Wenn wir das wollten, müßten wir auch Dackeln das Wahlrecht geben. Es geht vielmehr darum, den Interessen der Tiere da, wo sie ähnlich starke Interessen wie Menschen haben, auch ähnliches Gewicht beizumessen. Dies bedeutet, daß wir nicht einfach ein Tier nehmen können und sagen: Weil es kein Exemplar des Spezies Mensch ist, zählen seine Interessen nicht oder zählen weniger als die ähnlich starken Interessen der Menschen. Viele Leute scheinen zum Beispiel das tierische Interesse, keine Schmerzen zu haben, als weit weniger wichtig als ein entsprechendes menschliches Interesse anzusehen. Diese ganze Frage hat offensichtlich viele wichtige Konsequenzen dafür, wie wir Tiere in der Massenhaltung, in Labors und auf vielen anderen Gebieten behandeln, Gebiete, auf denen, glaube ich, ihr Status sehr stark angehoben werden muß. Auf den meisten dieser Problemfelder versuche ich aber, die Stellung der Tiere anzuheben und nicht die der Menschen zu verringern. Natürlich soll man ebenfalls alle Interessen der Menschen genauso behandeln.

In einer einzigen Hinsicht könnte man sagen, daß meine Position nicht so einen großen Respekt vor dem Menschen hat wie einige andere Positionen. In dem Sinne nämlich, daß ich nicht anerkenne, daß die Grenze unserer Spezies »homo sapiens« per se eine moralisch bedeutsame Grenze ist. In der Ethik dreht es sich um Interessenabwägung, und es gibt bestimmte Interessen, von denen analytisch gilt, daß man, ohne bestimmte Fähigkeiten zu haben, auch diese Interessen nicht haben kann. In diesem Sinne kann man, wo es um die Wichtigkeit geht, ein Leben zu erhalten, in gewissem Ausmaß Unterschiede machen zwischen Lebewesen, die sich der Tatsache bewußt sind, daß sie ein Leben in der Zukunft haben, und ihr Leben fortsetzen wollen, und solchen, die so ein Bewußtsein von sich in der Zukunft nicht haben oder gar nicht haben können. Das bedeutet dann, daß es möglicherweise auch einige menschliche – biologisch menschliche – Lebewesen gibt, denen Fähigkeiten fehlen, die für die Verwerflichkeit, Leben zu nehmen, relevant sind. In diesem Sinne ziehe ich keine Grenze zwischen allen Mitgliedern der Spezies »homo sapiens« und allen anderen Lebewesen, sondern eher zwischen Lebewesen, die bestimmte Fähigkeiten oder Eigenschaften haben, ohne die man bestimmte Interessen gar nicht haben kann, und solchen Lebewesen, die diese Eigenschaften nicht haben.

Frage: Es wäre demnach gut vorstellbar, daß das Leben eines glücklichen Schweines wertvoller wäre als das eines bestimmten ungücklichen Exemplars der Spezies »homo sapiens«?

Singer: Nun, das ist sehr lässig formuliert. Es ist sicher nicht oder nicht allein die Tatsache, daß jemand unglücklich ist, die sein Leben weniger wertvoll macht. Nehmen wir, als extremen Fall, ein anenzephalisches Neugeborenes, eines also, das ohne Gehirn geboren worden ist. Man kann solch ein Neugeborenes Wochen und Monate am Leben erhalten. Und nun vergleichen wir dieses Neugeborene, das keine Erfahrungen irgendwelcher Art hat, kein Bewußtsein, keine Fähigkeit, Schmerz oder Freude zu empfinden, und keine Hoffnung, jemals eine solche Fähigkeit zu erlangen, mit dem eines Schweines, das sich, wenigstens wenn es gesund ist und ordentlich behandelt wird, im Gras wälzen kann, in der Lage ist, mit anderen Mitgliedern der sozialen Gruppe, in der Schweine leben, Beziehungen aufzunehmen und verschiedene Freuden zu erleben, einschließlich beispielsweise derjenigen des Spielens, womit zumindest junge Schweine viel Zeit zubringen. Dann, glaube ich, wäre es nicht unvernünftig zu sagen: Ja, für sich genommen – man muß vielleicht noch auf die Ansichten der Eltern Rücksicht nehmen, das ist klar – aber für sich genommen ist es erhaltenswerter als das Leben des anenzephalischen Neugeborenen.

Frage: Damit sind wir wieder bei der Bewertung des Am-Leben-gelassen-Werdens respektive bei der Begründung eines Nicht-am-Leben-gelassen-werden-Müssens, vorgenommen aus der Sicht des betroffenen Individuums selbst. Nun sind aber Menschen in ganz andere soziale Kontexte eingebettet als viele Tiere. Menschenmütter etwa hängen in der Regel an ihren Babies, und selbst wenn es aus der Sicht des Kindes vielleicht besser wäre, das Leben nicht führen zu müssen, so ist doch die Bindung von seiten der Mutter auch ein Interesse, das bei der Betrachtung der Interessen aller Beteiligten nicht vernachlässigt werden darf. Und würde man nicht sagen, daß jetzt das Interesse, diese sozialen Bindungen aufrechtzuerhalten, bei den Menschen ein entwickelteres ist als bei den Tieren und von daher bei den Menschen stärker ins Gewicht fallen sollte?

Singer: Sicher gibt es zwischen Menschen und ihren Kindern oder anderen Mitmenschen einige solche Verbindungen, die sich von denen zwischen nicht-menschlichen Lebewesen unterscheiden. Ich glaube aber nicht, daß es diese sozialen Bindungen notwendigerweise bei jedem Menschen gibt. Um auf den Punkt zurückzukommen: Es sind sehr oft die Eltern, die auf Befragen nicht wollen, daß ein solches Neugeborenes überlebt. In dem Fall widerspräche man also gerade denjenigen, zu denen die stärkste soziale Bindung besteht, wenn man sagen wollte, daß das Neugeborene weiterleben muß. Ich denke, in diesen Fällen und in solchen, wo die Eltern schon alles Interesse an dem Neugeborenen aufgegeben haben, sind die sozialen Bindungen nicht von so großer Signifikanz, daß sie das, was ich vorhin sagte, außer Kraft setzen würden.

Frage: Bekanntlich legen Sie selbst in der Darlegung Ihrer eigenen Theorie auf die Terminologie der Rechte keinen großen Wert, und zwar in der Annahme, daß sich alles, was sich in dieser Terminologie sagen läßt, besser und weniger irreführend, vielleicht auch weniger emotionalisierend, auch anders sagen läßt. Warum dann trotzdem die Rede von Rechten im Titel Ihres heute niedergepfiffenen Vortrags? Warum nicht ein weniger provokativer Titel mit dem gleichen Informationsgehalt, etwa »Ethische Probleme im Umgang mit schwerstbehinderten Babys«?

Singer: Als ich diesen Titel vorschlug, war ich mir in der Tat nicht darüber im klaren, daß diese Frage in Deutschland derart emotional behandelt wird. Es ist in der englischsprachigen Welt gang und gäbe, auch in der Ethik, einen absichtlich provokativen Titel zu wählen. Man versucht, die Leute zum Denken zu reizen, das Interesse am Vortrag zu erhöhen. Ein Titel wie »Ethische Probleme im Zusammenhang mit Neugeborenen« würde beispielsweise in Australien ein kleineres Publikum anziehen als ein Titel, wie ich ihn gewählt habe. In diesem Sinne schien mir dieser Titel, von meiner australischen Warte aus betrachtet, keine unvernünftige Sache – damals, als es noch nicht diese erhebliche emotionale Aufregung gab, die mittlerweile davon ausgelöst worden ist. Zurückblickend: Ja, vielleicht hätte der Titel besser sein können. Wenn er sich im Deutschen, wie mir mittlerweile gesagt worden ist, tatsächlich liest, als handele es sich um eine Suggestivfrage, die auf die Antwort »Nein« abzielt, dann ist auch das gänzlich unbeabsichtigt. Ich dachte, es sei eine neutrale Frage.

Frage: Vielleicht sind eine ganze Reihe der Provokationen und Irritationen auch darauf zurückzuführen, daß der Stil der intellektuellen Auseinandersetzungen in Deutschland ein etwas anderer ist als in den Ländern, mit deren Diskussionen Sie vertraut sind.

Singer: Es überrascht mich nicht, daß es hier anders ist als zum Beispiel in England oder Australien. Ich bin aber schon überrascht, wie sehr sich die Situation von einem Land wie etwa Italien unterscheidet. Man sollte meinen, Italien sei ein katholisches Land, in dem meine Diskussionen vielleicht heftigerer Kritik ausgesetzt sind als in einem weniger religiösen Land. Aber obwohl meine Ansichten natürlich in internen Diskussionen in Italien kritisiert wurden, gab es doch nichts von dieser Aufregung. Das Recht, diese Fragen anzugehen, wurde, als ich meine Vorträge über Euthanasie, Abtreibung oder ähnliche Fragen hielt, absolut nicht bestritten. Mir scheint, daß die gesamte Diskussion in Deutschland unterentwickelt ist. Nicht nur die über Euthanasie, sondern auch über alles, was irgendwie mit dem zu tun hat, was man *Genetic Engineering* nennen könnte. Dazu gehören Dinge, die in anderen Ländern für völlig normal und alltäglich gehalten werden, wie die genetische Beratung von Paaren, die einen Erbfehler haben könnten. All das wird hier mit größtem Mißtrauen betrachtet, vermutlich einer bestimmten politischen Gruppe wegen, die stets versucht, irgendwelche Verbindungen zwischen der Nazi-Vergangenheit und diesen Dingen herzustellen. Das scheint mir, wie gesagt, ziemlich weit hergeholt. Ich zweifle nicht daran, daß diese Leute ehrlich von der Art überzeugt sind, in der sie denken und handeln. Vielleicht versuchen sie auch, die Rolle von Wächtern gegen ein Wiedererwachen des Nazismus für ihre speziellen eigenen politischen Ziele auf diesem Gebiet zu instrumentalisieren. Ich sage nicht, diese Ziele seien im allgemeinen nicht gut, es scheint mir nur, daß sie ihre Opposition doch in einem ziemlich extremen Ausmaß betreiben.

Frage: Welche Möglichkeiten sehen Sie, mit Leuten, die sich auf Argumentationen schon gar nicht einlassen, in einer rationalen

Weise selbst umzugehen; es hat ja keinen Sinn, bloß zu sagen: Gut, die können einfach nicht argumentieren, oder: Die hören einfach nicht zu; als nächstes taucht ja die Frage auf: »Was macht man jetzt?«
Singer: Ich fand es heute in Saarbrücken wirklich interessant, daß viele Leute zum Vortrag kamen, die offensichtlich nichts von dem, was gesagt wurde, hören, sondern einfach nur den Vortrag verhindern wollten. Sie hatten sich mit Trillerpfeifen ausgerüstet, die sie benutzen wollten, sie riefen »Aufhören, aufhören!« und so weiter. Als aber die Diskussion einmal angefangen hatte, durch Ihren Vorschlag, daß die Störer vielleicht 'mal zum Mikrophon kommen sollten, um zu erklären, warum sie meinten, der Vortrag solle nicht stattfinden, da schien es klar, daß zumindest einige (ich habe einige beobachtet) sich auf einmal ein wenig schämten, einfach nur zu rufen und zu pfeifen. Ich glaube, sie fingen an, einzusehen, daß es eigentlich recht kindisch wäre, damit weiterzumachen, daß eigentlich jeder im Saal Fähigkeiten hatte, die über das Pfeifen und Rufen hinausgehen, was ja auch Dreijährige schon können. Ich denke, daß man Leuten dieses Sich-Schämen vermitteln kann, leider natürlich nicht jedem, aber doch vielen. In diesem Sinne vertraue ich auf eine Art von Anstand: Viele Leute können Scham darüber empfinden, mit etwas weiterzumachen, das unsere wunderbare Fähigkeit zu vernünftigem Diskurs, zum Entwickeln und Verfolgen von Argumenten verleugnet.
Frage: Vielleicht beruht ein großer Teil der Irritationen auf der Art, in der die deutsche Philosophie bislang diese wunderbare Fähigkeit zum Entwickeln und Verfolgen von Argumenten ausgeübt hat: Eben sehr abstrakt und immer auf Grundsatzfragen gerichtet. So wird an praktisch-ethische Fragen inhaltlich heranzugehen, zudem auch noch an solche, bei denen es um Leben und Tod geht, als etwas angesehen, was gar nicht zur eigentlichen Philosophie zu rechnen ist. »Wo bleibt die philosophische Substanz?«, ist eine Frage, die man in diesen Kontexten in Deutschland sehr oft zu hören bekommt.
Singer: Für jemanden, der aus der englischsprachigen Welt stammt, hört sich das ziemlich komisch an, da dort in den letzten zwanzig Jahren der Gedanke starke Anerkennung erfahren hat, daß die Philosophie ihre Aufmerksamkeit angewandten, konkreten Fragen zuwenden sollte. Und in der Tat gibt es eine Reihe höchst respektabler wissenschaftlicher Zeitschriften, die sich dem

widmen, wie *Philosophy and Public Affairs* in den USA, *Journal of Applied Philosophy* und *Journal of Medical Ethics* in Großbritannien oder unsere eigene Zeitschrift *Bioethics*. Das Schrifttum hat einen enormen Umfang erreicht, und niemand zum Beispiel an der Universität Oxford würde jemals sagen: »Oh, das kann aber doch philosophisch nicht seriös sein, es ist ja angewandt und konkret!«. Denn einige der bekanntesten Moralphilosophen – man kann ruhig sagen: *die* bekanntesten Philosophen – haben doch genau das getan: Richard Hare, Jonathan Glover, Derek Parfit, auch Leute wie Ronald Dworkin in der Rechtsphilosophie haben sich mit sehr angewandten Fragestellungen auseinandergesetzt, sowie mit einigen theoretischeren. Es ist wohl eines der Probleme in Deutschland, daß es keine Tradition der Auseinandersetzung über diese ethischen Fragen gibt, und dieser Mangel an Tradition schafft ein Vakuum, in das Leute vordringen. Aber sie füllen die Lücke nicht durch ihre eigenen Argumente, sondern indem sie sagen, daß diese Fragen nicht diskutiert werden dürfen oder daß es nur eine einzige mögliche Antwort gibt oder: »Jeder, der mir hierin widerspricht, ist ein Nazi«. Meiner Meinung nach ist es dringend notwendig, eine solche Tradition in Deutschland aufzubauen, wenn man eine fruchtbare Diskussion solcher Fragen der Praktischen Ethik, die in Deutschland wie in allen anderen Ländern auftauchen, haben will: in bezug auf Gentechnologie, auf Euthanasie, auf die Verteilung medizinischer Ressourcen. Es bedarf einer Tradition, die sowohl rational, will sagen: argumentativ ist, als auch konkret, also angewandt auf einzelne Probleme.

Frage: Noch einmal genauer gefragt. Als bekannter Ethiker kommen Sie viel in der Welt herum, nehmen allerorts an Kongressen teil und reisen zu Gastvorträgen. Was ist Ihr Eindruck vom vergleichsweisen Stand der Praktischen Ethik in der BRD?

Singer: Nach meinen Erfahrungen der letzten paar Tage muß ich wohl sagen, daß man nicht allzu weit gekommen ist. Aber ich weiß, daß es einige Leute gibt, die die Diskussion dieser Fragen vorantreiben, so daß man nicht alles nach den Ereignissen dieser Tage beurteilen sollte. Aber es sind nur recht wenige, soweit ich sehe. Wenn man die Situation hier mit der in Großbritannien vergleicht, einem Land vergleichbarer Größe, dann gibt es doch in Großbritannien mindestens zwei Zeitschriften, das *Journal of Medical Ethics* und das *Journal of Applied Philosophy*, die ausschließlich auf diesem Gebiet veröffentlichen. Es gibt ein Zentrum für *Social Ethics and Policy* in Manchester, ein weiteres in Swansea, eines in London, das *Institute of Medical Ethics*, und eines in Keele. Ich sehe einfach nichts irgendwie Vergleichbares in Deutschland. In diesem Sinne denke ich, daß es noch viel zu tun gibt.

Frage: Die fast durchgängige Nichtexistenz Praktischer Ethik in Deutschland ist machtvoll untermauert von der Skepsis gegenüber auch nur der Möglichkeit einer wissenschaftlichen Auseinandersetzung mit Ethik, einer Skepsis, wie sie etwa in den Schriften Max Webers verfochten wird. Diese Position behauptet, es gebe einen prinzipiellen Unterschied zwischen Tatsachen und Werten, der deren rationale Diskutierbarkeit angeht. Ist eine ethische Aussage zu machen etwas anderes als seine eigenen Präferenzen zu artikulieren? Wenn nicht, gibt es dann an ihnen irgend etwas rational zu diskutieren? Und macht sich dann der Akademiker, der behauptet, »Ich werde ethische Fragen akademisch beantworten«, nicht einer Art Anmaßung schuldig? Versucht er nicht, eine bloße Willensbekundung aufzumotzen, indem er ihr einen vollkommen unverdienten Anstrich von Wissenschaftlichkeit gibt?

Singer: Ich denke, daß man die Unterscheidung, die Max Weber macht, als Teil einer Tradition ansehen kann, die sich auch in der englischsprachigen Welt sowie im Wiener Kreis vorfindet. Es ist die Tradition des logischen Positivismus, der genau diese Unterscheidung zwischen Tatsachen und Werten macht und in der Tat auch die Diskussion in der Praktischen Ethik für vielleicht dreißig Jahre unterdrückt hat. Diese Zeit fing an, sagen wir mal, mit der Veröffentlichung von A. J. Ayers *Language, Truth and Logic* in den dreißiger Jahren und dauerte bis in die sechziger Jahre. Dann ging die praktische Diskussion langsam wieder los, mit Richard Wasserstroms Artikel über die Menschenrechte im Kampf um die Bürgerrechte, Dick Hares Artikel über den Frieden und einigen anderen Beiträgen. Die dreißig Jahre davor waren eine Phase, die die englischsprachige Philosophie durchgemacht hat, und die meisten von uns würden heute wohl sagen, daß es sich in gewisser Hinsicht um einen Irrweg gehandelt hat. Interessant ist aber, daß es hier in Deutschland anders aussieht.

Doch all das ist natürlich eine geschichtliche Antwort, die nicht auf Ihre philosophische Frage eingeht. Wie kann man Praktische

Ethik betreiben, solange man nicht die Ethik solide untermauert und die Unterscheidung zwischen Tatsachen und Werten überwunden hat? Die verbreitete stillschweigende Annahme war, daß man das nicht kann. Die Hoffnung derer jedoch, die anfingen, Praktische Ethik zu betreiben, war, daß man durchaus argumentieren kann, ohne das Fundament seiner Ethik in einer endgültigen Form vorliegen zu haben. Diese Hoffnung ist von der Praxis der Praktischen Ethik wohl auch eingelöst worden. Anders gesagt, man braucht nicht bei Adam und Eva anzufangen, man braucht nicht zu sagen: Erst müssen wir so etwas wie eine letztgültige Metaethik schaffen oder eine Verbindung zwischen Tatsachen und Werten nachweisen – was auch immer. Es gibt viel, das man auch ohne all das zeigen kann: Leute nehmen Positionen ein, die wichtige praktische Folgen haben, die wiederum entweder mit anderen Einstellungen derselben Leute unvereinbar sind oder die Implikationen haben, deren die Leute sich nicht bewußt sind; oder die bestimmte Einwände zulassen oder bestimmte Unterscheidungen und Diskriminierungen implizieren, die bei genauem Hinsehen als willkürlich und nicht rechtfertigbar erscheinen – über all diese Dinge kann man doch diskutieren, sprechen und argumentieren, und Anhänger vielleicht unterschiedlicher ethischer Grundprinzipien könnten trotzdem eine solche Diskussion äußerst hilfreich finden. Sie kann möglicherweise ihre Einstellungen verändern. Selbst wenn man also eine Art subjektivistischen Standpunkt einnehmen wollte, wie er durch die Unterscheidung zwischen Tatsachen und Werten nahegelegt wird, kann man immer noch sagen: Gut, hier sind meine Grundwerte, wohin führen sie mich denn nun auf bestimmten Gebieten wie Abtreibung, Gentechnologie oder was es auch immer sein mag? Und dies ist der Punkt, an dem die Praktische Ethik eine wichtige Rolle spielen kann.

Frage: Mal schauen, wie weit wir uns Ihren Grundwerten nähern können. Sie hatten bereits das Prinzip der gleichen Berücksichtigung der Interessen aller vorgestellt, dessen Geist man auch in den Slogan fassen kann »Ein Interesse ist ein Interesse, wessen Interesse es auch sein mag.« Das ist ja in der Lesart, in der Sie sie oben erläutert haben, eine zwar generelle, aber immer noch materiale ethische Aussage. Was sind Ihrer Meinung nach die Grundlagen dieses ethischen Prinzips selbst? Sie begründen es weder mit einer aristotelischen Sicht vom Guten Leben noch mit einem intuitionistischen Ansatz noch durch den Versuch, es a priori aus dem Begriff der reinen Vernunft zu deduzieren.

Singer: Nein, ich leite dieses Prinzip ab von der Anwendung der Universalisierbarkeit als Maßstab für moralische Urteile. Ich nehme damit einen Standpunkt ein, der von Richard Hare entwickelt wurde und seinerseits eine Verfeinerung oder Umformulierung von Kants Kategorischem Imperativ darstellt. Dieser Standpunkt ist im Kern, daß, wenn etwas als moralisches Urteil bestehen soll, es sich dabei um ein Urteil handeln muß, dem ich mich auch unterwerfen würde, wenn ich mich in die Lage all derer versetzen würde, die von meiner Handlung betroffen wären. Dies bedeutet, daß ich deren Interessen unvoreingenommen betrachten werde, da all diese Interessen in einem bestimmten Sinne meine Interessen sind, meine Interessen nämlich in den erwähnten hypothetischen Situationen, in denen ich die Rolle eines jeden anderen einnehme und für die das moralische Urteil nach dem zuvor Gesagten für mich ja immer noch akzeptabel sein soll. Ich muß also die Sache so angehen, als wäre ich all die davon betroffenen Wesen. Und von da aus kann man, wie Hare gezeigt hat, als Schlußfolgerung zu dem Gedanken gelangen, daß es die Interessen sind, die zählen, nicht die Rasse, das Geschlecht, nicht einmal die Spezies der Wesen, um deren Interessen es sich handelt.

Frage: Damit hätten wir die Argumentationskette bis zu der Behauptung zurückverfolgt, daß, wer moralisch urteilt, universalisierbar urteilt. Was nun, wenn wir noch einen Schritt weiter gehen? Betrachten wir ein beliebiges Vernunftwesen: Können Sie ihm irgendein Argument dafür vorhalten, universalisierbar zu urteilen? Was, wenn es das nicht will? Ist es damit bereits unvernünftig? Oder vernünftig, aber unmoralisch?

Singer: Nun, hier geraten wir auf eine sehr fundamentale Ebene, auf der es sicherlich schwer ist, Argumente zu formulieren. Man kann vielleicht an Leute appellieren, die Natur der Grundlage zu bedenken, auf der sie ihr Leben führen wollen. Wollen sie einfach so leben, wie es für sie persönlich am besten funktioniert, in einem rein egoistischen Sinn? Falls sie nach sorgfältiger Überlegung wirklich zu der Meinung gelangen, daß sie genau das wollen, dann ist es sehr schwierig, weitere Argumente zu finden, mit denen man sie davon überzeugen kann, den Standpunkt der Universalisierbarkeit einzunehmen. Ich glaube aber, daß die Leute nach einigem Nachdenken eher sagen würden, daß sie nicht einfach nach dem Grundsatz des Egoismus leben wollen. Sie würden irgendwie die Wichtigkeit des unvoreingenommenen, universalisierbaren Standpunkts erkennen. Sie würden sich mit etwas Größerem identifizieren wollen, mit einer Sache, die ihren individuellen Egoismus transzendiert. Und das ist auch die Idee von Prinzipien, auf die wirklich alle sich als Grundprinzipien einigen könnten. Wenn wir uns nämlich für den egoistischen Standpunkt entscheiden, müssen wir damit rechnen, daß andere, die ebenfalls den egoistischen Standpunkt für sich einnehmen, stets mit uns in Konflikt kommen und uns bekämpfen werden. Wenn es uns aber gelingt, daß die Leute sich auf einen Standpunkt einigen, der das Element der Universalisierbarkeit einschließt, dann können wir alle übereinstimmen, daß es vernünftig ist, sich daran zu beteiligen, mögen wir auch über die Umsetzung verschiedene Vorstellungen haben. Und das ist vielleicht die letzte noch mögliche Antwort, daß wir selbst den Wunsch haben könnten, an etwas teilzuhaben, das in diesem Sinne größer ist als wir selbst. Und vielleicht könnte man sogar argumentieren, daß das letztlich befriedigender ist, weil es eine größere Bandbreite von Zielen mit sich bringt als der persönliche Egoismus. Bei dem weiß man, daß alles, wofür man kämpft, mit dem Tod sein Ende findet.

Frage: Wir sprachen über die Rolle, die die Praktische Ethik in der Wissenschaft haben kann. Was ist mit den Funktionen, die sie in der Gesellschaft haben sollte? Wenn Sie für ein Industrieland des zwanzigsten oder einundzwanzigsten Jahrhunderts, unserem nicht allzu unähnlich, eine Demokratie entwerfen sollten, genau auf welchen Ebenen, in welcher Form würden Sie eine Beteiligung der Praktischen Ethik am Leben dieser Gesellschaft vorschlagen?

Singer: Nun, auf vielen verschiedenen Ebenen. In unserem Zentrum in Monash halten wir es für eine unserer wichtigsten Aufgaben, die Öffentlichkeit mit Informationen zu versorgen, so daß sie eine zu bestimmten Fragen besser informierte Öffentlichkeit sein kann. Dies tun wir, indem wir Info-Mappen herstellen, in die wir eine Menge Artikel packen, die eine große Breite von möglichen Standpunkten vorstellen. Diese Mappen machen wir zum Selbstkostenpreis verfügbar. Das Ziel ist eine besser informierte öffentliche Diskussion und Auseinandersetzung. Wir erhalten Anfragen nach solchen Informationen auch von außerhalb der Philosophie, von Studenten, von Lehrern und vielen anderen

Leuten. Die Diskussion muß unter Einbeziehung einer wohlinformierten Öffentlichkeit beginnen. Weiterhin glaube ich, daß es wichtig ist, daß an den Universitäten Forschung auf diesem Gebiet betrieben wird, sei es in den philosophischen oder medizinischen Abteilungen, sei es in speziellen interdisziplinären Instituten; denn die Probleme sind ja in der Tat interdisziplinäre. Weiterhin ist es wichtig, daß die Praktische Ethik auch irgendwo in den Entscheidungsprozeß der Regierungen getragen wird, sei es in Form von speziellen Ethikkommissionen auf verschiedenen Ebenen in der Regierung oder den Gesundheits- und Wohlfahrtsbehörden, sei es in Form spezialisierter Ethikausschüsse wie zum Beispiel dem Warnock-Ausschuß in Großbritannien zum Thema In-vitro-Befruchtung oder der Benda-Kommission hier bei Ihnen. Ich will hier nichts über die einzelnen Ausschüsse oder die, die darin arbeiten, sagen, aber ich denke, daß dies eine weitere Ebene ist, auf der Diskussionen guttun – allerdings nur auf der Basis einer schon florierenden ethischen Diskussion in der Bevölkerung und an den Universitäten.

Frage: Abschließend vielleicht ein Blick nach vorn. Von den unzähligen Themen, die behandelnswert wären, was sind Ihrer Ansicht nach diejenigen, deren sich die Praktische Ethik in der Zukunft, sagen wir bis ins 22. Jahrhundert, am dringlichsten anzunehmen hätte?

Singer: So weit in die Zukunft will ich nicht gehen. Ich würde sagen, daß auf dem Gebiet, mit dem wir uns am meisten beschäftigen, also in der Bioethik, die gesamte Gentechnologie sehr ernsthafter und genauer Untersuchung bedarf. Denn das ist ein Bereich, in dem wir durch das *Human Genome Project*, das wahrscheinlich fortgeführt wird, eine Menge erfahren werden. Es gibt Probleme mit der Anwendung dieses Wissens beim Menschen. Wir müssen vermeiden, daß es nicht einen zu großen Druck auf Menschen geben wird, »Schäden« zu vermeiden, die nicht unbedingt wirklich Schäden sein müssen (setzen wir »Schäden« hier in Anführungszeichen). Gleichzeitig wird es aber für Menschen, die das wollen und die dieses Wissen nutzen wollen, Möglichkeiten geben, Nachkommen ohne Schäden, ohne echte Schäden zu haben, ohne solche Schäden, die für das betreffende Wesen die Aussicht auf ein erfülltes Leben beeinträchtigen. Gleichzeitig, und das ist vielleicht von noch größerer Dringlichkeit, gibt es das Problem mit der Anwendung der Gentechnologie auf Organismen, die in die Umwelt entlassen werden. Bis zu einem gewissen Punkt mag das ein praktisches Problem sein, aber es erheben sich damit auch ethische Fragen: Wie soll man eine solche Technologie unter Kontrolle halten? Sollen wir eine Situation nach der Art der freien Marktwirtschaft zulassen, in der Tausende von Firmen die richtigen Produkte entwickeln, wenn sie nur zu 99,99% sicher sind? Wir könnten dennoch vollständige ökologische Katastrophen erleben. Es gibt also Risiko-Nutzen-Entscheidungen, die weit sorgfältiger abgewogen werden müssen, als das bislang geschieht. Ebenfalls auf dem Gebiet der Ökologie werden die Klimafragen wie z. B. das Ozonproblem sehr ernste Konsequenzen für das haben, was wir tun sollten. Ein Beispiel: Nehmen wir an, daß es stimmt, daß der Kohlendioxid-Ausstoß hauptsächlich der entwickelten Welt eine Erwärmung verursacht, die den Meeresspiegel ansteigen läßt. Das Ergebnis wäre, daß bestimmte Länder vollständig unbewohnbar würden. Ein Beispiel dafür wäre Tuvalu in der Nähe Australiens, eine Inselgruppe im Pazifik. Die Inseln sind einfach niedrige Korallenriffe, ein Anstieg von einem Meter, und sie wären vollständig überflutet. Oder nehmen wir Bangladesh, wo es schon jetzt enorme Überschwemmungsprobleme gibt. Durch bestimmte Überschwemmungen würden die Wohngebiete von zwanzig, dreißig, vierzig Millionen Menschen einfach vernichtet. Was sind wir als entwickelte Länder diesen unterentwickelten Ländern schuldig, wenn wir diese Probleme wirklich hervorrufen; sollen wir einfach sagen: »Tja, tut uns leid, kann man nichts machen.«? Oder unternehmen wir eine ernsthafte Anstrengung, es besser zu machen? Noch ein anderes Thema aus demselben Gebiet ist die weltweite Verantwortung für die Erhaltung der Wälder. Wir in der entwickelten Welt haben einen großen Teil unserer Wälder vernichtet. Und trotzdem: Wenn jetzt andere Länder anfangen, dasselbe zu tun, sagen wir: »He, hallo, das könnt ihr nicht machen, das wär' ja schrecklich für die Umwelt!« Nun, klar, die sollten das in der Tat nicht machen, aber wieder ist die Frage: Was schulden wir ihnen, sozusagen als Entschädigung dafür, daß wir unsere Wälder zerstört haben und es deshalb notwendig ist, daß sie ihre behalten? Viele dieser ethischen und sozialen Probleme sind einfach sehr, sehr wichtig. Zu wichtig, als daß wir zu ihrer Lösung nicht die beste Maschinerie auffahren lassen sollten, die wir zu bieten haben, unsere Vernunft.

Zweiter Teil
Zur Debatte über die Euthanasie-Problematik

Ursula Wolf

Philosophie und Öffentlichkeit

Anmerkungen zur Euthanasiedebatte

Die Diskussion über Euthanasie, welche durch Singers Vorschläge entfacht wurde, ist nicht gerade das Beispiel einer sachlichen und vernünftigen Auseinandersetzung. Auf den ersten Blick sieht es so aus, als läge das nur an den Gegnern der Position Singers, während immerhin diejenigen, die seine Thesen oder zumindest die Diskutabilität der Thesen verteidigen, angemessen argumentieren. Doch wenn etwas so schiefläuft wie diese Debatte, liegt das meistens nicht nur an der einen Seite. Statt immer wieder dieselben Argumente zu wiederholen, scheint es mir daher angebracht, daß wir uns einmal dem Verlauf der Debatte zuwenden und fragen, was genau die Fehler sind, an denen die Diskussion scheitert. Dabei interessiert mich insbesondere auch, welche Fehler diejenigen gemacht haben, die eine öffentliche Diskussion des Euthanasieproblems verteidigen bzw. fordern (wozu ich mich selbst rechne).

Im folgenden beschränke ich mich auf die grundlegenden Probleme, die sich dort zeigen, wo die Frage der Diskussionsfreiheit und die Frage der Euthanasie nicht mehr trennbar sind. Ich beginne beim Problem der Diskussionsfreiheit, indem ich zunächst eine Unterscheidung vorschlage, die selten beachtet wird, nämlich die Unterscheidung zwischen akademischer und öffentlicher Diskussionsfreiheit.

1. Akademische Diskussionsfreiheit

Was fachphilosophische Publikationen und Diskussionen innerhalb philosophischer Seminare betrifft, so könnte man zunächst denken, daß hier im Prinzip jedes Thema zulässig ist und jede These zur Diskussion gestellt werden kann. Das entspricht jedoch durchaus nicht der Praxis. Vielmehr ergeben sich Beschränkungen aus der Zielsetzung des Fachs selbst sowie der Zielsetzung der Ausbildung in diesem Fach (Analoges gilt natürlich für alle anderen universitären Disziplinen). Zum Schreiben und Diskutieren innerhalb des Fachs Philosophie gehört immer schon die Intention, etwas Sinnvolles zum derzeitigen Stand der Problematik in diesem oder jenem Teilbereich beizutragen. Wer im leeren Raum willkürlich eine absurde These aufstellt, mit dem wird vermutlich niemand diskutieren. Dies ist keine moralische Beschränkung, sondern eine der Relevanz und Wichtigkeit.

Man könnte überlegen, ob es nicht zusätzlich moralische Beschränkungen gibt. Angenommen, ein Anwendungsethiker schlägt vor, man könne das Problem der Wohnungsnot dadurch lösen, daß man alle Obdachlosen tötet. Das scheint eine moralisch undenkbare Position und als solche nicht diskussionsfähig. Eine solche moralische Undenkbarkeit geht jedoch, so würde ich behaupten, immer einher mit dem zuvor genannten Kriterium der theoretischen Relevanz. Es handelt sich bei diesem Vorschlag um eine isolierte Handlungsanweisung, die mit keiner der vorhandenen philosophischen Moraltheorien auch nur entfernt zu verbinden wäre. Das heißt allerdings nicht, daß es verboten wäre, solche Vorstellungen überhaupt zu behandeln. In bestimmten Kontexten kann das durchaus sinnvoll und erforderlich sein. Zum Beispiel dann, wenn die Frage ist, was überhaupt eine ernstzunehmende moralische Position und was nur ein willkürliches Konstrukt ist, das den Anschein eines echten Standpunktes erweckt.

Es besteht kein Zweifel, daß Singers Position nicht zu den willkürlichen Konstrukten gehört, sondern eine diskutable Theorie darstellt. Er stellt nicht einfach irgendwelche Forderungen, sondern entwickelt einen zusammenhängenden Standpunkt, der seinerseits nicht für sich steht, sondern an den Utilitarismus anknüpft, der eine der großen historischen Richtungen der Moralphilosophie darstellt.

Man könnte dann immer noch behaupten, daß es zumindest in der Ausbildung weitergehende moralische Beschränkungen geben müßte. Ist es nicht gefährlich, Studierende mit Theorien zu konfrontieren, die zwar wirklich den Status von beachtenswerten Theorien haben, die aber falsch sind und unerwünschte praktische Folgen haben können? Auch hier muß die Antwort eindeutig negativ sein. Ziel der philosophischen Ausbildung ist das kritische Verstehen von Texten und Theorien und die Entwicklung der Fähigkeit, selbst mit Argumenten Standpunkte zu vertreten. Es gibt keine Ausbildung zu diesem Ziel ohne die Konfrontation mit zwar diskutablen, aber falschen Theorien. Zumal in der Moralphilosophie bisher niemand weiß, welches die richtige Theorie ist.

In diesem Zusammenhang scheint es mir ein zumindest übertriebener Anspruch, wenn einige Kolleginnen und Kollegen meinen, in philosophischen Seminaren suche man nach der richtigen Lösung für die konkret in der Gesellschaft anstehenden Probleme. (Mit diesem Selbstverständnis lädt man in der Tat Interessengruppen außerhalb der Universität zum Eingreifen in die Freiheit von Forschung und Lehre geradezu ein.) Das kann schon deswegen nicht so sein, weil die konkreten Probleme komplex sind und nicht nur philosophische Aspekte haben (dazu mehr unter 3.). Natürlich kann man sich philosophisch fragen, wie ein bestimmtes Problem grundsätzlich zu sehen und zu beurteilen ist und wie es, abstrakt gesehen, gelöst werden könnte oder sollte. Das ist jedoch etwas anderes als die Aufforderung, daß die Gesellschaft entsprechende Regelungen einführen sollte.[1] Anwendungsprobleme der Ethik sind im übrigen auch ohne diesen Praxisbezug für die Moralphilosophie wichtig: Es ist bisher ungeklärt, was die Grundlage der Moral ist und was an Wesen es ist, das sie zu Gegenständen moralischer Rücksicht macht. Es ist insbesondere unklar, was in einer nicht-religiösen Moral die Grundlage des Tötungsverbots ist. Wenn man hier Vorschläge und Modelle entwickeln und sich über ihre Voraussetzungen und Implikationen klarwerden will, dann geht das nicht ohne das Nachdenken über strittige Grenzfragen, wie sie z. B. die Frage von Abtreibung und Euthanasie sind. Für diesen Zweck ist das Thema der Euthanasie unverzichtbar nicht wegen der lösungsbedürftigen gesellschaftlichen Fragen, auch nicht einer abstrakten Diskussionsfreiheit zuliebe, sondern einfach aufgrund seiner theoretischen Relevanz.

2. Die praktischen Folgen von Wissenschaft und die (Selbst-)Überschätzung der Philosophie

Aus den bisherigen Überlegungen ergibt sich, daß sich die Störung fachphilosophischer Seminare, wie sie von Interessengruppen vermehrt praktiziert wird, durch nichts rechtfertigen läßt. Man könnte entgegenhalten, daß die Vorstellung von Grundlagendiskussionen, die losgelöst von gesellschaftlichen Problemen stattfinden, eine Illusion ist, und daß es auch nicht im Sinn der Philosophie selbst sein kann, sich in den Elfenbeinturm zurückzuziehen. Den letzteren Punkt stelle ich noch einen Moment zurück. Was den anderen Punkt angeht, so trifft es sicher zu, daß die philosophische Reflexion auf Grundlagen der Moral sich indirekt und über Zwischenschritte auch auf öffentliche Entscheidungen auswirken kann. Das gilt für jede Wissenschaft, und nicht nur für die Philosophie, wobei die gesellschaftlichen Folgen der anderen Wissenschaften oft sehr viel schwerwiegender sind. Grundlagenforschung in den Naturwissenschaften kann über Zwischenschritte neue und gefahrvolle technische Möglichkeiten eröffnen. Das ist ein Faktum, das sich nicht ändern läßt, es sei denn um den Preis, daß man die Wissenschaften abschafft, und ich sehe nicht, wie man das wollen kann. Produktives wissenschaftliches Arbeiten kann es nur geben, wenn ein gewisser Freiraum existiert, in dem ohne Einmischung von außen letzte Grundlagen diskutiert werden dürfen, in dem abgekoppelt von gesellschaftlichen Fragen und Rücksichten auch Dinge probeweise in Frage gestellt werden dürfen, die man alltäglich nicht in Frage stellen würde.[2]

Es entbehrt im übrigen nicht einer gewissen Komik, daß derzeit der Zusammenhang zwischen grundsätzlicher Reflexion und praktischen Folgen gerade anhand der Philosophie problematisiert wird. Die VertreterInnen dieses Fachs bieten sich als Opfer nämlich deswegen an, weil sie diese Rolle nicht ganz unwillig spielen und sie sogar ein Stück weit genießen. Denn die Angriffe verleihen ihnen das Gefühl, daß die Philosophie in der Tat eine einflußreiche gesellschaftliche Kraft ist; für so wichtig hat man uns selten gehalten. Faktisch sind die Probleme, über die die Philosophie diskutiert, ausgehend von anderen Wissenschaften entstanden, und bestimmte Arten medizinischer Praxis und das Vorherrschen einer technokratischen Einstellung sind ebenfalls ein bereits gegebenes Faktum. Die wenigen PhilosophInnen, die den technokratischen Umgang mit menschlichem Leben vielleicht in der Tat verteidigen, werden daher keinen Schaden anrichten, weil das, was sie vertreten, ohnehin getan würde. In Wirklichkeit stehen die meisten PhilosophInnen dieser Tendenz kritisch gegenüber, womit sie leider ebenfalls wenig bewirken. Die technokratische Seite sieht das realistischer als die Gegenseite; sie hält es gar nicht für nötig, uns in unseren Gedankenspielen zu stören, sondern billigt uns Narrenfreiheit zu.

3. Die Rolle der Philosophie in öffentlichen Debatten

Damit will ich nicht behaupten, daß die Philosophie keinerlei öffentliche Einflußmöglichkeiten hat. Sie sind nur von anderer und sehr viel begrenzterer Art. Sie liegen zum einen darin, daß wir öffentliche Debatten auslösen können, wenn wir im Zusammenhang theoretischer Überlegungen auf Probleme stoßen, die gesellschaftlich wichtig, aber nicht genügend reflektiert sind, so daß die faktische Praxis undurchsichtig ist. Die Philosophie kann dann zweitens dazu beitragen, die verschiedenen Standpunkte, die in einer öffentlichen Streitfrage vertreten werden, deutlich zu artikulieren und auf diese Weise sichtbar zu machen, auf welche Annahmen und Konsequenzen man sich mit der einen oder anderen Position einläßt. Beides ist nicht nur etwas, das wir tun können, sondern auch etwas, was wir m. E. tun sollten. Was die vorhin zurückgestellte Frage angeht, so möchte ich also durchaus nicht für eine Philosophie im Elfenbeinturm plädieren, sondern im Gegenteil für eine öffentliche Verantwortung der Philosophie. Aber fällt dann meine Unterscheidung von fachlichen Veranstaltungen, in denen unabhängig von gesellschaftlichen Rücksichten muß diskutiert werden dürfen, und öffentlichen Debatten nicht zusammen? Ich denke nicht. Vielmehr scheint es mir gerade wichtig, hier eine Unterscheidung von Rollen vorzunehmen und auf die Eigenart öffentlicher Debatten Rücksicht zu nehmen.

So hätte man z. B. damit rechnen können, daß Singers Thesen zur Euthanasie, wenn man sie relativ isoliert vor der Öffentlichkeit vertritt, auf Unverständnis stoßen oder Mißverständnisse erzeugen würden. Vielleicht besteht hier immer noch die Idee, daß die Philosophie ein für jeden denkenden Menschen zugängliches und verständliches Unternehmen ist, daß sie weniger spezialisiert ist als die Einzelwissenschaften. Ich halte das für eine Illusion. Die Philosophie ist eine Fachdisziplin mit einer eigenen Begrifflichkeit, Theorietraditionen usw., und nicht einfach eine Ausdehnung alltäglichen Nachdenkens. Das heißt nicht, daß Moraltheorien völlig abgekoppelt von alltäglichen Moralvorstellungen wären; MoralphilosophInnen können ihre konkreten Überzeugungen nur dem eigenen Alltagsverständnis entnehmen, und umgekehrt sind einflußreiche Moraltheorien in die alltägliche Moral eingegangen. Aber das sind in verschiedenen Gesellschaften verschiedene Theorien, und der Utilitarismus, in dessen Kontext Singers Position steht, gehört hierzulande nicht zu den vertrauten Modellen moralischer Überlegung. Ohne diesen Hintergrund aber muß die akademische Gedankenakrobatik befremden, mit der der Utilitarismus das Glück möglicher und wirklicher Wesen verrechnet.

Natürlich könnte und sollte man auch öffentlich über den Utilitarismus, oder allgemeiner, über die Frage diskutieren, welches die bestmögliche Moralkonzeption ist (darauf komme ich in 5. zurück). Aber es ist wenig sinnvoll, diese Grundsatzdiskussion anhand von Singers Position zu speziellen Fragen zu führen. Diese Verquickung hat zu einer unguten Personalisierung der Debatte geführt, in der Peter Singer, wie sehr man auch gegen seine Thesen Einwände haben mag,[3] Unrecht geschieht und die von den Problemen nur ablenkt. Eine Grundsatzdiskussion läßt sich nicht anhand der einen Position Singers führen, und auch nicht nur anhand des Utilitarismus. Denn der Utilitarismus ist für das moderne Nutzendenken sicher nicht allein verantwortlich, abgesehen davon, daß er auch positive Seiten hat.

Was die konkreten Probleme selbst angeht, so lassen sie sich öffentlich sicher leichter in die Diskussion bringen, wenn man sie nicht nur anhand der Thesen Singers aufwirft. Daß über die Frage, wie wir uns zu schwerstbehinderten und/oder schwerstleidenden Menschen, die (noch) nicht (mehr) selbst über ihr Leben entscheiden können, verhalten sollen, geredet werden muß, würde sicher von der Öffentlichkeit am ehesten zugegeben, wenn diejenigen Berufsgruppen sich äußern würden, die bereits ständig mit der Frage konfrontiert sind und mangels klarer Regelungen die Last der Entscheidung tragen. Denn Informationen über Beispiele, konkrete Beschreibungen komplexer Entscheidungsprobleme können nur die Vertreter der zuständigen Praxis liefern. Die Philosophie ist dazu mit ihren eigenen Mitteln nicht in der Lage, sondern kann nur Modelle von Entscheidungen aufstellen.[4]

Was die öffentliche Rolle der Philosophie betrifft, ist schließlich ein weiterer Punkt zu beachten. Öffentliche Debatten stehen immer in mehr oder weniger direktem Bezug zu späteren politischen oder rechtlichen Regelungen. Solche Regelungen können in Fragen, in denen verschiedene gesellschaftliche Gruppen grundlegend verschiedene Sichtweisen haben (was für die Frage der Euthanasie zweifellos gilt), nur Kompromisse sein. Dann ist es wenig hilfreich, wenn man in der öffentlichen Diskussion einfach die eigene philosophische Position als richtig zugrundelegt. Vielmehr müßte man versuchen, die verschiedenen Standpunkte zu verstehen, ihre jeweiligen Prämissen und Implikationen herauszuarbeiten, die jeweils kritisierbaren Punkte zu benennen und zu überlegen, wie am Ende eine sinnvolle Lösung trotz der verbleibenden Differenzen aussehen könnte.

4. Meinungsfreiheit in öffentlichen Debatten und die Rücksicht auf Betroffene

Die Unterscheidung von fachlicher und öffentlicher Rolle ist nicht zuletzt aus einem weiteren Grund wichtig: Öffentliche Debatten münden früher oder später in Regelungen, und daher ist hier Rücksicht auf diejenigen gefordert, die von den Regelungen betroffen sein werden, und sei es auch nur in ihren Gefühlen. Nun mag es sein, daß sich zu Anfang manche Befürworter der Debatte nicht genügend klargemacht haben, daß eine Gruppe von Menschen, die Behinderten, in Angst versetzt und in ihrem Selbstwertgefühl verletzt wurde. Hierauf ist zweifellos Rücksicht zu nehmen, da die Befürchtungen und Gefühle der Behinderten wenn auch nicht begründet, so doch verständlich sind.
Es ist eine zweite Frage, was die Rücksicht auf die Betroffenen konkret verlangt. Nach Meinung der Behinderten selbst (genauer einer radikalen Gruppe von Behinderten und von Nichtbehinderten, die für denselben Standpunkt eintreten – in Wirklichkeit sind auch viele Behinderte dafür, die Debatte zu führen) verlangt sie, daß wir die Diskussion über Euthanasie einstellen. Rücksicht heißt jedoch zunächst nur, daß man die Lage der Betroffenen sieht und beachtet. Es heißt nicht, daß man alles tun müßte oder unterlassen müßte, was sie wollen. Es heißt auch nicht, daß man hinnehmen müßte, daß sie ihre Interessen mit beliebigen Mitteln zur Geltung bringen. Beides wäre höchstens im Fall einer extremen Bedrohung akzeptabel, nämlich nur dann, wenn in der Tat die Behinderten, wie manche von ihnen behaupten, durch die Debatte in ihrer Existenz bedroht würden. Es gibt den Versuch, extreme Aktionen von Behinderten in diesem Sinn als moralische Antwort auf die Debatte, soz. als letztes radikales Kommunika-

tionsmittel zu sehen. So interpretiert Tugendhat die Sprengung eines Seminars über angewandte Ethik an der FU als »moralische Ohrfeige«.[5] Ich sehe davon ab, daß diese Aktion sich gegen ein philosophisches Hauptseminar richtete, in dem öffentliche Rücksichten nicht erforderlich sind, und ich sehe auch davon ab, daß die Mehrheit derer, die die Ohrfeige austeilten, keine Behinderten waren. Auch dann noch scheint es mir, daß diese Interpretation unzutreffend ist.

Das zentrale Mißverständnis liegt in der Annahme, durch die öffentliche Debatte über Euthanasie könnten sich die Behinderten in ihrer Existenz bedroht fühlen, insofern sie sagen könnten: »Wenn künftig behinderte Säuglinge getötet würden, würden wir, wenn wir schon unter diese Regelung gefallen wären, nicht existieren«.[6] Diese Art von Logik hat Folgen, die durchaus nicht alle, die sie in dieser Frage vertreten, auch sonst akzeptieren würden. Niemand von uns würde existieren, wenn die Mutter sich für Abtreibung entschieden hätte. Damit wäre die Möglichkeit der Abtreibung eine nachträgliche Existenzbedrohung für uns alle und müßte daher absolut verboten werden. Man könnte diese Konsequenz vielleicht noch damit abwehren, daß man sagt: Die Abtreibung trifft unbestimmte Menschen und bedroht daher nicht die Existenz einer Gruppe. Aber nehmen wir an, eine Gesellschaft einigt sich darauf, daß wegen Überbevölkerung künftig niemand mehr als zwei Kinder haben sollte. Impliziert das, daß damit den bereits existierenden Drittgeborenen, Viertgeborenen usw. das Lebensrecht abgesprochen wird? Das würde kaum jemand so empfinden, obwohl es zutrifft, daß Menschen mit dieser Eigenschaft nicht existieren würden, wenn die Regelung schon früher bestanden hätte. Man könnte immer noch sagen: Der Fall der Behinderten ist deswegen ein anderer, weil es sich um eine schon vorher benachteiligte und diskriminierte Gruppe handelt; bezogen auf diese Gruppe bringt daher Abtreibung und Kindestötung Ablehnung zum Ausdruck.

Wenn das der Punkt ist, erübrigt sich aber das dubiose Argument einer nachträglichen Existenzbedrohung. Man sollte dann lieber von beiden Seiten der Tatsache ins Auge sehen, um die es in Wirklichkeit geht, nämlich der faktischen Ablehnung und Unbeliebtheit, die die Behinderten innerhalb ihres Lebens erfahren. Die moralischen Forderungen, die sich hieraus ergeben, sind primär die auf diese Situation selbst bezogenen, d.h. die Forderung einer Verbesserung der Lage der Behinderten. Sekundär ergibt sich daraus die Forderung, daß wir in öffentlichen Debatten, von denen ohnehin benachteiligte Gruppen tangiert werden, besonders behutsam vorgehen müßten. Dadurch läßt sich nicht vollständig vermeiden, daß die Debatte Gefühle der Behinderten verletzt; das wäre nur durch einen Verzicht auf die Debatte zu erreichen. Ein solcher Verzicht wäre eine Form der Rücksicht, die angesichts der Brisanz der anstehenden Fragen zu weit geht und sich nicht verlangen läßt.

Die Fragen, die hier und jetzt in der Diskussion im Zentrum stehen, sind Fragen, die uns alle betreffen, und für diese Fragen hat die Position der Behinderten Folgen, die viele für unzumutbar halten. Eine solche Folge hat sich gerade gezeigt. Es gibt kein Argument gegen die Abtreibung aller Foeten mit der und der Eigenschaft, das nicht die grundsätzliche Falschheit von Abtreibung überhaupt impliziert. Ferner richtet sich die Ablehnung der Behinderten nicht nur gegen Euthanasie an Menschen, die nicht selbst entscheiden könnten, sondern bereits gegen Sterbehilfe oder, wie die angelsächsische Terminologie lautet, freiwillige Euthanasie. Zum Recht auf ein selbstbestimmtes Leben gehört aber ebenso das Recht auf einen selbstbestimmten Tod, und d. h. auf Selbsttötung oder, wenn man die Möglichkeit zur Selbsttötung nicht mehr hat, auf Sterbehilfe. Wie viele Leserbriefe zeigen, ist es für diejenigen Menschen, die keine religiösen Gegengründe haben, inzwischen selbstverständlich, daß wir dieses Recht auf einen würdigen Tod haben und nicht hinnehmen müssen, daß durch eine immer weiter verfeinerte medizinische Technik das Sterben sinnlos hinausgezögert wird.

Es könnte uns aber allen widerfahren, daß wir zu diesem Zeitpunkt nicht mehr im Besitz der Überlegungs- und Entscheidungsfähigkeit sind. Wer würde dann wirklich z. B. im irreversiblen Koma über Monate oder Jahre hinweg künstlich am Leben erhalten werden wollen? Wer würde wollen, daß die Qualen einer tödlichen Krankheit mit allen Mitteln der Apparatemedizin möglichst weit verlängert werden? Wer würde sich Ärzte wünschen, die zwar das Leben nicht künstlich verlängern, aber doch nur passiv zusehen, wie das Ende sich qualvoll hinzieht, statt durch aktives Eingreifen das Sterben zu erleichtern? Wenn offenkundig viele Menschen das nicht wollen, dann spricht alles dafür, daß wir auch Neugeborenen, die nicht selbst entscheiden können, in der

Weise aktiver Euthanasie helfen müssen, wenn sie nur ein qualvolles kurzes Leben erwartet, statt diese Qualen noch zu verlängern. Auf die Verständigung über diese Frage kann man nicht zugunsten der Rücksicht auf die Gefühle einer Gruppe verzichten, weil auf der anderen Seite grauenvolles Leiden steht, das schwerer wiegt als die Gefühlsverletzung. Wie diese Formulierungen zeigen, ist es im übrigen schlechte Rhetorik, wenn ständig davon geredet wird, daß es um das Absprechen eines Rechts auf Leben gehe. Es gibt Situationen, in denen Menschen so großen Qualen ausgesetzt sind, daß sie selbst lieber sterben wollen; und in solchen Situationen überwiegt die Verpflichtung zur Hilfe gegen Qualen das Tötungsverbot.

Die Behinderten selbst beziehen sich in ihrer Reaktion weniger auf diese Probleme der Intensivmedizin, sondern auf weitergehende Fragen, die auch Singer angesprochen hat.[7] In der Tat ist nicht zu bestreiten, daß die unvermeidliche genannte Frage weitere Fragen nach sich zieht, u. a. eben die Frage, ob es nicht berechtigt ist, sehr schwer behinderte Säuglinge zu töten. Auch hier sollte man sehen, daß die Medizin inzwischen in der Lage ist, Neugeborene mit schlimmsten Behinderungen am Leben zu erhalten, die noch vor ein paar Jahren nicht überlebensfähig gewesen wären. Und auch hier muß es daher erlaubt sein, über die Konsequenzen nachzudenken. Die Behinderten argumentieren in dieser Frage voreingenommen und sehen nur ihre eigene Perspektive. Die Frage, ob man lieber mit schweren Behinderungen als gar nicht existieren will, stellt sich zu einem Zeitpunkt, zu dem man noch keine Entscheidungsfähigkeit besitzt; d. h. sie stellt sich so nicht. Wenn man über diese Frage nachdenken kann, ist man bereits eine erwachsene Person, die sich im Leben eingerichtet hat. Dann aber ist zu erwarten, daß für die meisten Personen mehr auf der Seite des Lebens als auf der Seite der Nichtexistenz steht. Die Antwort ist daher zu diesem Zeitpunkt nicht mehr neutral. Man könnte sogar vermuten, daß das für Menschen, die von Geburt an behindert sind, noch mehr so ist, weil sie ihre Lebensbejahung größeren Widerständen abringen müssen, wodurch sie vielleicht gefestigter und expliziter ist als bei anderen Menschen. Es ist daher ein Urteil aus einer egoistischen Perspektive, wenn Behinderte darauf bestehen, daß es besser ist, behindert am Leben zu sein als gar nicht zu existieren. Das heißt nicht, daß das umgekehrte Urteil aus einer unparteilichen Perspektive richtiger wäre. Da niemand vor der Einrichtung im Leben die Entscheidungsmöglichkeit über Existenz oder Nichtexistenz hat, ist vielmehr der Sinn der Frage unklar. (Wenn man sie hypothetisch stellt, gibt es sicher ebenso wie Behinderte, die sich für die Existenz entscheiden würden, auch Nichtbehinderte, die sich dagegen entscheiden würden.) Was ich sagen möchte, ist nur, daß das Urteil für die Existenz, das die behinderten Erwachsenen den behinderten Foeten und Säuglingen unterschieben, in Wirklichkeit aus ihrer eigenen Perspektive kommt, die bereits innerhalb des Lebens steht und daher ebensowenig Richtigkeit beanspruchen kann wie jede andere Antwort auf diese spekulative Frage.

Endgültig egozentrisch ist die Perspektive der Behinderten in einem anderen Punkt, nämlich in der radikalen Ablehnung von Gentechnik, die gewöhnlich mit der radikalen Ablehnung der Euthanasiedebatte einhergeht. Während die Frage, ob man auf die Welt kommen wollte oder nicht, keinen klaren Sinn hat, kann man die Frage, ob man, sofern man existiert, lieber behindert sein möchte oder nicht, ohne weiteres zurückprojizieren, weil sie sich im Prinzip auch innerhalb des Lebens stellen kann. Nehmen wir an, es gibt ein neues medizinisches Verfahren, mit dem sich eine bestimmte Behinderung heilen läßt, dann würde es mir nicht sehr glaubwürdig vorkommen, wenn jemand behaupten würde, er würde auch dann vorziehen, behindert zu bleiben. Dasselbe gilt dann aber auch für die Möglichkeit, Behinderungen schon vor der Geburt durch genetische Eingriffe zu beheben. Wenn Behinderte diese Verfahren ablehnen, kann das daher nur heißen, daß sie nach dem Motto handeln: Wenn ich schon diese besonderen Schwierigkeiten in meinem Leben habe, dann soll es doch wenigstens auch noch vielen anderen ebenso gehen; wenn ich schon die Chance einer solchen Behandlung nicht hatte, dann sollen zumindest auch die anderen nicht davon profitieren. Diese Einstellung ist mir schwer verständlich und scheint mir in der Tat ebenso menschenfeindlich wie die Haltung derjenigen, die das Zusammenleben mit Behinderten ablehnen.

Man müßte mit dieser Einstellung ähnlich sagen: Es gibt immer noch einige Menschen, die durch die Folgen einer Kinderlähmung behindert sind. Also sollte niemand seine Kinder gegen Kinderlähmung impfen lassen, damit diejenigen, die jetzt noch an den Folgen leiden, nicht das Gefühl haben, eine sehr kleine Gruppe zu sein. Ich nehme an, daß auch Behinderte eine solche absurde Auffassung nicht vertreten würden. Genetische Untersuchungen und Eingriffe aber werden früher oder später ebenso allgemein verfügbar und selbstverständlich sein wie Impfungen, und sobald das so ist, wird man diejenigen, die nicht von dieser Möglichkeit Gebrauch machen, ganz ebenso und mit ebenso guten Gründen für leichtfertig halten wie heute diejenigen, die ihre Kinder nicht impfen lassen. Die Befürchtung, daß es dann eines Tages so wenige Behinderte geben könnte, daß sie sich erst recht nicht mehr gegen Diskriminierungen zur Wehr setzen können, ist im übrigen unbegründet. Es wird vielleicht weniger von Geburt an behinderte Menschen geben, aber es wird immer Krankheiten, Verkehrsunfälle usw. geben, die Behinderungen zur Folge haben.

Es gibt also keinen Grund, die Debatte über Euthanasie aus Rücksicht auf die Behinderten einzustellen. Die Folgeprobleme der Intensivmedizin sind für uns alle zu wichtig, als daß die Rücksicht auf die Gefühle einer Gruppe sie überwiegen könnten. Und wenn die Behinderten möglichst vielen anderen Menschen wünschen, daß sie behindert sind, ist das selbst unmoralisch und verlangt daher keine moralische Rücksicht. Wie kann sich aber die Rücksicht auf die Betroffenheit der Behinderten dann überhaupt zeigen? Verständnisvolle Bekundungen und Nachgeben tragen hierzu wenig bei, weil sie die Behinderten nicht wirklich ernst nehmen. Indem diese nicht zur Konfrontation bereit sind, sondern die Diskussion verweigern, bewirken sie in der Tat selbst genau das Gegenteil dessen, was sie wollen, nämlich als gleichberechtigte Menschen ernst genommen zu werden. Personen, die sich nicht auf eine Auseinandersetzung einlassen, sondern nur noch agieren, kann man nicht ernst nehmen, man kann nur noch über sie nachdenken und sie zum Objekt von Psychologisierungen machen. Eine echte Rücksicht kann daher m. E. nur so aussehen, daß wir auf der Fortführung der Debatte bestehen und die Behinderten zur Beteiligung an einer argumentativen Auseinandersetzung auffordern.

5. Tabu oder Öffentlichkeit?

Es gibt weitergehende Argumente gegen die Fortführung der Euthanasiedebatte, die nicht nur von Behinderten vertreten werden. Die beiden häufigsten Argumente, das sog. Dammbruchargument oder Argument der schiefen Bahn und das Argument unserer historischen Erfahrungen, hängen unmittelbar zusammen. VertreterInnen des Dammbrucharguments könnten zugeben, daß auch die Frage des Tötens sehr schwer behinderter Neugeborener im Prinzip berechtigt ist. Sie würden jedoch darauf hinweisen, daß wir, sobald wir in diesem Fall das Tötungstabu außer Kraft setzen, dem Mißbrauch Tür und Tor öffnen. Sie könnten zusätzlich darauf hinweisen, daß unsere eigene Geschichte das bestätigt, insofern es in der Weimarer Zeit eine öffentliche Diskussion über Euthanasie gegeben hat, die dem nazistischen Mißbrauch den Boden ebnete. Was den zweiten Teil, das historische Argument betrifft, hat schon Singer selbst auf den entscheidenden Unterschied hingewiesen.[8] Die Nazis haben gerade keine öffentliche Debatte über ihre Praxis geführt und kritische Diskussionen herausgefordert. Wie es zum Rückzug der wachsamen Öffentlichkeit kommen konnte, ist eine Frage für Historiker, die ich hier offenlasse. Es genügt zu sagen, daß eine historische Erklärung wohl kaum die Form haben kann, daß es deswegen, weil es davor eine kritische Öffentlichkeit gab, nachher keine mehr gab. Nur wenn weiterhin alle Handlungen vor einer breiten Öffentlichkeit zur Diskussion gestellt worden wären, hätte ein Mißbrauch verhindert werden können.

Man müßte daher eher umgekehrt sagen: Nur wenn prekäre praktische Probleme öffentlich diskutiert werden, kann man Mißbrauch verhindern. Das angebliche Tötungstabu ändert nichts daran, daß die Praxis der passiven Euthanasie faktisch existiert. Sie könnte ebenfalls mißbraucht werden, und die Gefahr des Mißbrauchs ist um so größer, je weniger öffentliche Kontrolle es gibt. (Damit will ich nicht sagen, daß Einzelfälle, die konkret zur Entscheidung stehen, öffentlich diskutiert werden sollten. Öffentlich zugänglich sein müßten Informationen über exemplarische Fälle, anhand deren grundsätzliche Fragen wie die der Zulässigkeit von aktiver Euthanasie, der Formulierung geeigneter gesetzlicher Regelungen usw. diskutiert werden könnten. Regelungen bleiben jedoch immer allgemein und können am Ende nicht Ärzten und Verwandten die letzte Entscheidung abnehmen.) Das Dammbruchargument ist schon deswegen nicht glaubwürdig, weil es immer nur *ad hoc* verwendet wird, wo man es zufällig gerade gebrauchen kann. Wollte man es ernsthaft und konsistent vertreten, müßte man fast alles verbieten, weil bekanntlich jede Technik sowohl zu guten wie zu verwerflichen Zwecken eingesetzt werden kann. Niemand hat Probleme damit, daß Ärzte Patienten mit Medikamenten helfen. In Zeiten, in denen die Moral außer Kraft ist, kann diese Praxis ebenso mißbraucht werden wie jede andere.

Im übrigen müßten gerade diejenigen, die historische Parallelen ziehen, daran interessiert sein, daß Vorschläge, wie sie Singer macht, hierzulande öffentlich vorgestellt werden. Denn die auf Böses sinnen, könnten sich ja ihre Ideen auch aus fremdsprachiger Literatur besorgen, weshalb man schon aus Gründen der Vorsicht mitverfolgen sollte, was andernorts diskutiert wird. Die internationale Debatte über Euthanasie und damit zusammenhängende Themen ist bereits im Gang und wird sich durch unseren Provinzialismus nicht aufhalten lassen. Und es ist in der Tat ein ebenso lächerlicher wie gefährlicher Provinzialismus, im Zeitalter der Information zu meinen, daß wir an dieser international bereits etablierten Diskussion vorbeikönnen.

Ich vermute, daß die Empörung, mit der auch nicht unmittelbar Betroffene auf die Thesen Singers reagieren, in Wirklichkeit tieferliegende Gründe hat. Wo diese Motive zu suchen sind, zeigt sich u. a. an dem häufig geäußerten Entsetzen darüber, daß Singer es wagt, Menschen und Tiere zu vergleichen. In Singers Position ebenso wie im Utilitarismus allgemein basiert die Moral nicht auf einem absoluten Wert des Menschen; sie bezieht sich vielmehr auf das Glück und Unglück aller empfindungsfähigen Wesen. Die Vorstellung, daß der Mensch ein unvergleichliches und besonderes Wesen ist, das weit über den Rest der Welt erhaben ist, ist jedoch im alltäglichen Denken nach wie vor verbreitet, und Menschen, die diese Vorstellung haben, fühlen sich verständlicherweise abgewertet und gekränkt, wenn man sie einfach als Wesen versteht, die leiden und wollen können, nur auf eine kompliziertere Weise als die anderen Tiere. In der Folge erscheint es dann ungeheuerlich, wenn Singer diejenigen Menschen, die diese komplizierten intellektuellen Fähigkeiten nicht haben, wie Neugeborene und geistig Behinderte, auf eine Stufe mit Tieren stellt. Die empirische Tatsache, daß manche Menschen nur so viele oder weniger intellektuelle Fähigkeiten haben als manche Tiere, läßt sich als solche nicht bestreiten, so daß ihre Leugnung sich nur durch die Blindheit menschlichen Eigendünkels erklären läßt. Das ist der Punkt, an dem eine öffentliche Verständigung nicht nur über die praktischen Probleme im Umkreis von Euthanasie, Gentechnik usw., sondern über Grundsatzfragen der Moral, über unser Menschenbild vonnöten wäre.[9] Denn die Idee der nicht nur graduellen, sondern absoluten Besonderheit des Menschen beruht auf christlichen Wertvorstellungen, die nicht mehr für alle überzeugend sind und auch von denen, die die ganze Debatte ablehnen, oft gar nicht in Anspruch genommen werden. Gerade deswegen aber müssen sie sich die Frage gefallen lassen, was dann die Basis ist, die das menschliche Leben zu etwas unübersteigbar Wertvollem macht. Solange die Antwort auf diese Frage aussteht, bleibt der Verdacht, daß sich unter dem Deckmantel der moralischen Entrüstung nur die menschliche Selbstbehauptung und Überheblichkeit äußert.[10]

Anmerkungen

1 Vgl. dazu L. M. Schwartz, »The Responsibilities of Universities«, in: V. Held u. a., Hrsg., *Philosophy & Political Action*, London 1972, S. 246.

2 Ähnlich R. Hegselmann, »Schwierigkeiten der moralischen Aufklärung«, *Analyse und Kritik* 1990.

3 Solche Einwände habe ich durchaus selbst. Sie sind ausgeführt in U. Wolf, *Das Tier in der Moral*, Frankfurt a. M. 1990, Kap. v.

4 Auf die prinzipiellen Schwierigkeiten, die sich daraus für die sog. angewandte oder praktische Ethik ergeben, kann ich in diesem Rahmen nicht eingehen. In der Diskussion über den Status dieses Unternehmens ist vielfach die Auffassung zu finden, daß allgemeine philosophische Ethik und angewandte Ethik nicht zweierlei, sondern interdependent sind. (So z. B. A. MacIntyre, »Does Applied Ethics Rest on a Mistake?«, *The Monist* 67 (1984), S. 498-513; T. L. Beauchamp, »On Eliminating the Distinction between Applied Ethics and Ethical Theory«, *The Monist* 67 (1984), S. 514–531; D. MacNiven, »Practical Ethics. The Idea of a Moral Expert«, in: D. MacNiven, Hrsg., *Moral Expertise*, London 1990, S. 1-10.) Diese Vorstellung scheint mir plau-

sibel, denn die Artikulation neuartiger konkreter Probleme, wie sie neue Techniken aufwerfen, oder strittiger Grenzfälle ist sicher ebenso fruchtbar für die Weiterentwicklung unserer moralischen Regeln wie umgekehrt.
Was in dieser Diskussion zu wenig beachtet wird, ist der Umstand, daß zu einer fundierten Beurteilung vieler der heute anstehenden konkreten moralischen Fragen das bloße Alltagswissen nicht ausreicht. Andererseits scheint es auch nicht ohne weiteres möglich, die konkreten Informationen einfach von Fachleuten zu übernehmen, weil diese selbst bereits in der Darstellung der Fakten differieren, da Fakten selten frei von Interpretation und Bewertung sind. Heißt das, daß wir in der Philosophie nur sinnvoll über Anwendungsprobleme der Moral reden können, wenn wir auch Fachwissen auf dem entsprechenden Gebiet erworben haben? Daß wir also nur über Gentechnik reden können, wenn wir vorher Biologie studieren, nur über Wirtschaftsethik, wenn Ökonomie, nur über Euthanasie, wenn Medizin, nur über sinnvolle Regelungen, wenn Jura? Das könnte sein. Es hätte wegen der Interdependenz von allgemeiner und angewandter Ethik die weitreichende Folge, daß wir überhaupt keine philosophische Ethik ohne das eine oder andere Fachwissen betreiben könnten.

5 E. Tugendhat, »Schlupflöcher der Ethik«, *taz* v. 6. 6. 1990, S. 10.

6 Leichte Abwandlung eines Arguments, das Tugendhat in der in Anm. 3 zitierten Stellungnahme verwendet.

7 Siehe P. Singer, *Practical Ethics*, Cambridge 1979, S. 133.

8 Singer, a.a.O., S. 155.

9 Darauf wird mit Recht hingewiesen von Götz Aly, »Stellungskrieg oder Diskussion«, *taz* v. 7. 6. 1990, S. 10.

10 Dies ist die leicht veränderte Fassung eines Artikels mit demselben Titel, der in *Analyse und Kritik* 1990 erschienen ist. Den Herausgebern dieser Zeitschrift danke ich für die Genehmigung des Nachdrucks. Ich danke Ursula Baumann für zahlreiche Verbesserungsvorschläge.

Rainer Hegselmann
Moralische Aufklärung, moralische Integrität und die schiefe Bahn

> »Zu dieser Freiheit gehört denn auch die, seine Gedanken, seine Zweifel, die man sich nicht selbst auflösen kann, öffentlich zur Beurtheilung auszustellen, ohne darüber für einen unruhigen und gefährlichen Bürger verschrieen zu werden. Dies liegt schon in dem ursprünglichen Rechte der menschlichen Vernunft, welche keinen anderen Richter erkennt, als selbst wiederum die allgemeine Menschenvernunft, worin ein jeder seine Stimme hat; und, da von dieser alle Besserung, deren unser Zustand fähig ist, herkommen muß, so ist ein solches Recht heilig und darf nicht geschmälert werden.«
>
> I. Kant, Kritik der reinen Vernunft, B 780

Peter Singer, ein Moralphilosoph von internationalem Rang, ist in der Bundesrepublik zur Zielscheibe einer Kampagne geworden. Die Vorwürfe, die gegen ihn erhoben werden, sind schwerwiegend: Er bereite mit seiner Schrift »Praktische Ethik« (Singer 1979) geistig den Boden für den Massenmord an Behinderten. Empörung und Protest richtet sich auch gegen diejenigen, die diese Schrift zum Gegenstand von Lehrveranstaltungen an Universitäten machen. In vermeintlicher Wahrnehmung eines Rechtes, gegen eine angebliche Verbreitung nationalsozialistischen »Gedankenguts« Widerstand zu leisten, werden inzwischen Lehr- und Vortragsveranstaltungen, Kongresse und Symposien gesprengt oder gestört. Zugleich werden Disziplinarmaßnahmen oder auch Berufsverbote gegen diejenigen gefordert, die solche Veranstaltungen durchführen wollen.

Anknüpfungspunkt all dieser Vorwürfe und Angriffe ist der Umstand, daß Peter Singer unter bestimmten Bedingungen die aktive Euthanasie für moralisch zulässig hält. Ein *vorurteilsloser Vergleich* des nationalsozialistischen Euthanasieprogramms mit der

Position Peter Singers zeigt jedoch recht schnell, daß zwischen beidem Welten liegen: Das Euthanasie-Programm der Nazis war geleitet von dem Prinzip »Vernichtung lebensunwerten Lebens«. Als »lebensunwert« galt ein Leben dabei dann, wenn es »rassisch minderwertig« war bzw. Krankheit oder Behinderungen die Indienstnahme des Individuums für Arbeit, Krieg und Zeugung »erbgesunden« Nachwuchses ausschlossen. In der nationalsozialistischen Redeweise von »lebensunwert« wird über den Lebenswert aus der Perspektive der vermeintlichen Interessen einer arischen Volksgemeinschaft geurteilt. An keiner Stelle findet man bei Peter Singer auch nur im Ansatz einen derartigen Bezugspunkt.[1] Es mag daher gute Gründe gegen die moralische Zulässigkeit der aktiven Euthanasie geben; gute Gründe für die Auffassung, Peter Singers Auffassungen zur Euthanasie seien nationalsozialistisch, gibt es jedenfalls nicht.

Die Debatte um die Thesen Peter Singers ist sehr heftig, sehr polemisch und über weite Strecken ausgesprochen unsachlich. Singer-Zitate werden aus dem textlichen Zusammenhang gerissen, der erst ihren Sinn deutlich werden läßt. Was z. B. Redeweisen wie die von einem »lebenswerten Leben« betrifft, so ist es für ein Verständnis und die Beurteilung der Sätze, in denen sie vorkommen, unverzichtbar, die Perspektiven und Kriterien zu kennen, an denen sich der Lebenswert bemißt. Und eben dies geht häufig erst aus dem Kontext hervor. Um Peter Singer in die Nähe des Nationalsozialismus rücken zu können, werden ihm Sätze als Zitat unterschoben, die er nie geschrieben hat; bereitwillig bzw. ohne jede Prüfung wird das gefälschte Zitat zitiert, das dann an vielen Orten auftaucht, was wiederum den Eindruck von Authentizität erweckt.[2] Wieder andere geben zwar eine halbwegs zutreffende Beschreibung der Konklusionen, zu denen Peter Singer schließlich kommt, meinen dann aber offenbar, daß die Unvereinbarkeit einer These mit bestimmten hergebrachten moralischen Auffassungen bereits die Qualität einer reductio ad absurdum habe und verzichten einfach auf eine Analyse der von Singer angegebenen Begründungen.

Warum diese große Unsachlichkeit, Undifferenziertheit, Unreflektiertheit, Irrationalität und Hysterie? Für die Beantwortung dieser Frage scheint mir bemerkenswert, daß Peter Singer nicht der erste Philosoph ist, der wegen seiner moralphilosophischen Argumentationen und Überzeugungen Schwierigkeiten bekam:

Als *Bertrand Russell* 1940 am College der Stadt New York Professor werden sollte, führten seine Auffassungen zur Sexualmoral dazu, daß eine Mutter gegen die Einstellung Russells mit dem Argument prozessierte, die Tugend ihrer am College studierenden Tochter werde gefährdet und damit auch Recht bekam. In seiner Autobiographie schreibt Russell: »Es kam zu einer typisch amerikanischen Hexenjagd gegen mich, und ich wurde in den gesamten Vereinigten Staaten tabu. ... Saalbesitzer weigerten sich zu vermieten, falls ich vortragen werde, und wenn ich irgendwo in der Öffentlichkeit erschienen wäre, so hätte mich wahrscheinlich der katholische Pöbel mit dem vollen Einverständnis der Polizei gelyncht« (Russell 1968, 338 f.). Viele andere Beispiele ließen sich nennen: Sie betreffen z. B. *Hobbes, Kant* oder auch *Hume*, der auf den drängenden Rat seiner Freunde hin die Arbeit »Of Suicide« angesichts einer öffentlichen Hysterie – die Leichname von Selbstmördern wurden damals von rasenden Volksmengen häufig verstümmelt – erst posthum erscheinen ließ.[3]
Offenbar kann die Befragung und Analyse bislang fraglos akzeptierter Überzeugungen zu sehr heftigen Reaktionen führen. Mir scheint, daß sich die irrationalen Reaktionen auf die Thesen Peter Singers jedenfalls teilweise erklären lassen mit bestimmten Schwierigkeiten, Belastungen und Spannungen, die eine moralische Aufklärung für die Individuen mit sich bringt.

1. Was ist moralische Aufklärung?

Das Projekt der Aufklärung ist mit unterschiedlichen Akzentuierungen vertreten worden, wobei insbesondere Reichweite und soziale Trägerschaft durchaus strittig waren. Gleichwohl gibt es so etwas wie einen gemeinsamen Kern. Aufschlußreich ist dabei insbesondere jene *Lichtmetapher*, auf die nicht nur in der deutschen Sprache zurückgegriffen wird, um jene Epoche prägnant zu bezeichnen: »enlightenment«, »siglo de las luces«, »siècle de lumières«, »secolo illuminato«, »Zeitalter der Aufklärung«.
Es soll also Klarheit gewonnen und Licht in das Dunkel gebracht werden. Weniger metaphorisch: Es geht *erstens* darum, ein *umfassendes Verständnis der Welt* zu gewinnen, ein Verständnis, das das Begreifen der Natur ebenso einschließt wie das Verständnis der menschlichen Gesellschaften und ihrer Geschichte. *Zweitens* gilt

es, dieses umfassende Verständnis unserer Lage *auf eine kritische Weise* zu gewinnen. Dies schließt aus, sich einfach an hergebrachten Deutungen, Autoritäten, Offenbarungen oder Vorurteilen zu orientieren. Positiv zwingt es dazu, selber zu denken, sich über seine Annahmen Rechenschaft abzulegen, einschlägige Argumente auszuarbeiten und diese im Mißtrauen gegen mögliche eigene Voreingenommenheiten in öffentlicher Kritik abzuwägen.

Eine so verstandene Aufklärung würde offenbar auch unser moralisches Weltbild betreffen. Worum würde es im Rahmen des Projekts einer *moralischen Aufklärung* gehen?

Sicherlich würde es um die Klärung von vielen *Grundlagenfragen*, die sich hinsichtlich unseres moralischen Weltbildes stellen, gehen müssen. *Beispiele* solcher Fragen wären etwa: Was sind eigentlich Rechte, worauf beruhen sie, sind sie gegeben, werden sie gemacht, warum schreiben wir sie wem in diesem oder jenem Umfang zu? Gibt es objektive Werte, wie könnten sie erkannt werden, wie könnten sie motivierende Kraft haben? Lassen sich Rechte auf Werte zurückführen, sind eher Werte die Basis von Rechten, oder sind beide »irgendwie« in Interessen fundiert? Sind bestimmte Emotionen die Basis der Moral oder gibt es eine moralische Erkenntnis objektiver Werte? Was könnten Prinzipien sein, die jedenfalls unseren wohlüberlegten moralischen Urteilen zugrundeliegen? Was könnten gute Argumente für oder gegen Moralprinzipien sein? Ist die Idee moralischer Verantwortlichkeit mit mehr oder weniger starken Kausalitätsprinzipien überhaupt vereinbar? Kann etwas moralisch falsch sein, was niemandes Interessen beeinträchtigt?

Eine moralische Aufklärung würde neben – allerdings nicht unabhängig von – solchen Grundlagenfragen sicherlich auch *normativ-ethische Einzelüberzeugungen* betreffen. In dieser Hinsicht wäre das Ziel, zu einem konsistenten, in seinen Prinzipien transparenten, auf fundierten Grundlagen aufruhenden und insofern stringenten System von moralischen Urteilen zu kommen. So könnte man etwa fragen: Warum soll man eigentlich anderen helfen? Ist Hilfe eine Pflicht oder bloß eine verdienstliche Tugend? Haben Pflichten, etwas zu unterlassen, den gleichen Status wie Pflichten, etwas zu tun? Nach Afrika zu fahren und dort zwei oder drei Afrikaner einfach zu töten, gilt als schlimm. Aber warum sollte es weniger schlimm sein, eine für die meisten nicht einmal spürbare Spende zu unterlassen, die zwei bis drei Afrikaner vor dem ansonsten sicheren Hungertod bewahren könnte? Sind Systeme progressiver Besteuerung nicht eine Form von Zwangsarbeit für Besserverdienende? Wenn Abtreibungen unter dem Gesichtspunkt von Selbstbestimmungsrechten moralisch zulässig sind, warum dann eigentlich kein generelles Recht einführen, alle aus dem Weg zu räumen, deren Existenz mit den eigenen Lebensplänen kollidiert?

Wird moralische Aufklärung in etwa so verstanden, dann gibt es offenbar einen engen Zusammenhang zwischen moralischer Aufklärung und Moralphilosophie: Zwar muß nicht alles, was die Etikette »Moralphilosophie« trägt, zur Aufklärung beitragen, hingegen scheint moralische Aufklärung immer auch ein Beitrag zur Moralphilosophie zu sein. Viele Moralphilosophen würden die Aufgabe der Moralphilosophie gerade in der moralischen Aufklärung sehen.[4]

2. Wohin führt moralische Aufklärung?

Auslöser der Anfeindungen und Verdächtigungen, denen die moralische Aufklärung ausgesetzt ist, ist zumeist deren kritisch-distanziertes Verhältnis zu den Selbstverständlichkeiten des moralischen Weltbildes. *Für die moralische Aufklärung bzw. eine Moralphilosophie, die sich ihr verpflichtet fühlt, ist charakteristisch, auch hinsichtlich dessen, was die allermeisten für unbezweifelbar und evident halten mögen, Fragen aufzuwerfen:* »Warum soll man eigentlich nicht töten? Warum soll man eigentlich Bedürftigen helfen? Warum soll man eigentlich Tiere essen dürfen? Solche ›Warum soll man eigentlich ...‹-Fragen, die insbesondere die Substanz des intuitiven moralischen Weltbildes betreffen, sind typisch für die Moralphilosophie und konstitutiv für eine Lebensform, die sich an der Idee der Aufklärung orientiert. Die Fragen sind Ausdruck einer reflexiven Lebenshaltung, die keine Überzeugungen kennt – und seien sie auch noch so selbstverständlich –, für die nicht nach den für oder gegen sie sprechenden Gründen gefragt werden könnte. Im Rahmen aufklärerisch-reflexiver Selbstentwürfe gibt es nicht etwa vergleichsweise wenige, sondern eben überhaupt keine Frage-, Denk- und Reflexionsverbote« (Hegselmann/Kliemt 1990a, 144).[5]

Philosophische Fragen von der Art »Was spricht eigentlich für die Existenz der Vergangenheit?«, »Könnte es sein, daß wir alles nur träumen?« oder »Würden wir es bemerken, wenn alles in der Welt – einschließlich der Maßstäbe – größer oder auch kleiner würde?« lösen Mitleidsreaktionen gegenüber demjenigen aus, der solche Fragen stellt. Viele würden meinen, daß in dem Lebenszyklus dessen, der so fragt, etwas schiefgegangen sein muß, da er sich als Erwachsener noch typische Kinder- und Philosophenfragen vorlegt. Wer hingegen in moralischen Kontexten nach Gründen für das vermeintlich Selbstverständliche fragt, der wirkt auf viele nicht mehr komisch, sondern ausgesprochen gefährlich; er ist kein Kind, sondern ein Teufel.

Offensichtlich kann es sein, daß jedenfalls in den Augen mancher jemandes moralische Integrität bereits dadurch beeinträchtigt wird, daß er *überhaupt nach Gründen für bestimmte Teile (s)eines moralischen Weltbildes zu fragen beginnt.* Dieser Umstand wiederum ist selber erklärungsbedürftig und wirft Fragen nach dem Verhältnis von moralischer Aufklärung und moralischer Integrität auf. Deren Klärung ist insbesondere auch deshalb von Interesse, weil moralische Integrität kein unwichtiges Gut ist: Wir schätzen sie an anderen, insbesondere aber legen wir Wert darauf, uns selbst für moralisch integer zu halten und von anderen für moralisch integer gehalten zu werden.

Ein brauchbarer Ausgangspunkt für eine Klärung der damit angesprochenen Fragen scheinen mir die häufig *desillusionierenden Effekte* zu sein, die der Aufklärung nicht selten zugeschrieben werden, meist allerdings lediglich mit Blick auf ihre religionskritische Komponente. In Konsequenz eines für die Aufklärung überhaupt konstitutiven Fraglichwerdens des Selbstverständlichen gehen von der *moralischen* Aufklärung – wie mir scheint – jedoch ganz generell zwei desillusionierende Effekte aus, die *erstens* eine Stringenz- und *zweitens* eine Maximierbarkeitsillusion betreffen.

Die *Stringenzillusion* besteht in der irrigen Annahme, man verfüge über ein moralisches Weltbild, das auch nur einigermaßen umfassend, transparent, widerspruchsfrei und plausibel fundiert sei. Im Widerspruch dazu geraten religiöse wie säkulare Moralbegründungsversuche in der Regel recht schnell in Schwierigkeiten, wenn man sie ernsthaft befragt und analysiert. Nimmt man nur die normativ-ethischen Überzeugungen im engeren Sinne, so wird man sagen dürfen, daß vermutlich kein anderer Bereich unserer Überzeugungen derartig von Inkonsistenzen durchsetzt ist.

Die moralische Aufklärung droht all diese Inkonsistenzen und Unplausibilitäten moralischer Weltbilder offenbar werden zu lassen und damit liebgewordene Sicherheiten zu erschüttern.

Das, was ich die *Maximierbarkeitsillusion* nennen möchte, besteht darin, daß man in Situationen, in denen knappe Mittel auf die Erreichung konkurrierender moralischer Ziele verwandt werden müssen, gleichwohl so tut, als maximiere man die Beiträge für die Erreichung jedes *einzelnen* dieser konkurrierenden Ziele. So werden z. B. viele sagen, für die Versorgung Kranker müsse alles Menschenmögliche getan werden. Aber auch für die Versorgung Kranker (oder auch Behinderter) können wir *nicht* all das tun, was wir »im Prinzip« tun könnten und daher menschenmöglich wäre, und zwar deshalb nicht, weil z. B. schon für die Linderung materieller Not sehr schlecht Gestellter oder auch für eine gewisse Angleichung von Startbedingungen im Bildungswesen Mittel benötigt werden, die dann für andere Zwecke eben nicht mehr zur Verfügung stehen. *Individuen wie Gesellschaften können angesichts knapper Mittel und konkurrierender moralischer Ziele in der Regel nicht hinsichtlich jedes einzelnen ihrer Ziele ein Maximum erreichen.*[6] Es müssen daher schwierige, ja vielleicht tragische Zielkonflikte entschieden werden. Die gefällten Entscheidungen können dabei vom Effekt her solche sein, die zwar nicht namentlich angebbare, wohl aber in ihrer Größe statistisch abschätzbare Individuengruppen das Leben kosten oder jedenfalls deren Lebenserwartungen verkürzen. Die Maximierbarkeitsillusion täuscht also nicht darüber, daß wir nicht tun, was wir meinen tun zu sollen; sie täuscht vielmehr darüber, daß wir selbst dann, wenn wir entschlossen wären, wirklich alles zu tun, was moralisch in einzelnen Hinsichten wünschenswert wäre, dies insgesamt nicht vermöchten.

Wohin führt also moralische Aufklärung? Sie hat offenbar desillusionierende Effekte und zerstört insbesondere die Stringenz- und Maximierbarkeitsillusion. Relativ rasch führt sie in eine Situation, in der sich *erstens* viele Fragen stellen, aber nur provisorische und ihrerseits fragwürdige Antworten gegeben werden können[7] und *zweitens* klar wird, daß manche Entscheidungen dramatische Dimensionen haben. Sie nimmt also Sicherheiten und gibt selber längst nicht immer neue; häufig liefert sie lediglich Dinge, die erkennbar Provisorien und nur lokale Lösungen sind. Die moralische Aufklärung ist also durchaus mit einem Verlust an

Gemütlichkeit verbunden. Sie dürfte geradezu zwangsläufig zu einem Leben »weit außerhalb eines eigenen Überlegungsgleichgewichts« (Kliemt 1990: 36) führen.

3. Worin könnte moralische Integrität unter Bedingungen der moralischen Aufklärung bestehen?

Wenn moralische Integrität u.a. darin bestünde, reflexionslos und reflexartig und in diesem Sinne ganz selbstverständlich das zu tun, was man eben zu tun hat, dann ist moralische Aufklärung offenbar das Ende der moralischen Integrität. Die aufklärerische Reflexion über substantielle und grundlegende Bestandteile moralischer Weltbilder verlangt eine Distanzierung von persönlichen Gewißheiten und Evidenzen, die bei Zugrundelegen einer eher reflexartigen moralischen Integrität bereits auf den Verlust der moralischen Integrität hinausläuft. Dies scheint mir allerdings ein guter Grund dafür zu sein, eine *naive von einer aufgeklärten moralischen Integrität zu unterscheiden.*

Worin aber könnte moralische Integrität unter Bedingungen der Aufklärung dann bestehen? Ich bin nicht in der Lage, hier ein umfassendes Konzept von aufgeklärter moralischer Integrität auch nur zu skizzieren. Jedenfalls zwei Komponenten scheinen mir im hier zur Debatte stehenden Zusammenhang wichtig zu sein:

Erstens scheint mir, daß eine aufgeklärte moralische Integrität insbesondere etwas einschließen müßte, was eine naive moralische Integrität garnicht kennt, nämlich *argumentative Tugenden*, die sozusagen den reflexiv integren Umgang *mit* moralischen Problemen und damit auch das Denken und Reden *über* Moral betreffen.[8]

Aus einer aufklärerischen Perspektive wird es dabei zu einer – sicher aber nicht der einzigen – argumentativen *Kardinaltugend*, den Umstand, daß jemand vermeintlich evidente Überzeugungen in Frage stellt, niemals zum Anlaß zu nehmen, die moralische Integrität des Zweifelnden selbst in Frage zu stellen. Anders ausgedrückt: Ein aufklärerisches Räsonnement über die Grundlagen unserer moralischen Weltbilder ist nur dann möglich, wenn die Beteiligten gelernt haben, daß in Kontexten, in denen die Geltungsansprüche moralischer Überzeugungen zur Disposition stehen, niemandes moralische Integrität zur Disposition gestellt werden darf, wenn das Räsonnement überhaupt einen Sinn haben soll. Es ist ein Charakteristikum dogmatischer Charaktere, zu der hier erforderlichen situativen Suspendierung von Gesichtspunkten moralischer Integrität gerade nicht in der Lage zu sein. Das ist auch der Grund, warum die Beiträge dogmatischer Charaktere häufig so deplaziert sind: In Kontexten, in denen eher intellektuell-reflexive Tugenden gefragt sind, demonstrieren sie das, was sie für moralische Intaktheit halten. Wenige solcher Charaktere reichen aus und ein Forum rationaler Meinungsbildung verwandelt sich in eine Bühne, auf der Schauspieler mehr oder weniger gelungen ihre vermeintliche moralische Integrität vorführen. Ein Verhalten dieser Art trägt zur rationalen Klärung moralischer Fragen nicht nur nichts bei, sondern verhindert sie sogar.

Ein *zweites* Charakteristikum moralischer Integrität im Prozeß der Aufklärung betrifft deren *häufig prekäres Verhältnis von Handeln und Reflexion. Prekär und spannungsreich wird dieses Verhältnis dann, wenn die moralische Aufklärung eine Stringenzillusion beseitigt, die aufklärerische Reflexion es nicht unmittelbar zu einem jedenfalls lokalen Reflexionsgleichgewicht bringt, das Handeln aber nicht suspendiert werden kann, bis die Reflexion zu stabilen Lösungen gekommen ist.* Unter solchen, nicht seltenen Bedingungen wird es unausweichlich, auf Basis unklarer und evtl. völlig ungeklärter Grundlagen handeln zu müssen. Damit aber wird das Handeln in einem weit über die in der Entscheidungstheorie normalerweise unterstellten Situationsstrukturen hinausreichenden Sinne zu einem *Handeln unter Risiko und Unsicherheit.*

In solchen Situationen wird es häufig einfach unvermeidbar sein, die moralische Reflexion vom Handeln in folgendem Sinne zu *entkoppeln:* Was reflexiv zur Disposition steht, muß nicht auch im Handeln zur Disposition stehen. Derartige Entkoppelungen sind uns dabei auch aus anderen Bereichen vertraut. So baut man z. B. aus Autos nicht schon den Ottomotor aus, weil man mit der Idee zu spielen beginnt, daß ein Wasserstoffmotor baubar und in vielerlei Hinsicht wohl auch besser wäre. Ebenso hören wir nicht auf, uns auf den kommenden Tag einzurichten, nur weil die erkenntnis- und wissenschaftstheoretische Reflexion über die Frage »Was spricht eigentlich dafür, daß morgen die Sonne wieder aufgeht?« angesichts von Problemen und Paradoxien im Zusammenhang mit der Bestätigung von Hypothesen rasch zeigt, daß für unsere Sicherheit, es werde einen nächsten Morgen geben, so leicht keine theoretisch zwingenden Gründe angegeben werden können. Weil auch die moralische Klärung Zeit braucht, werden daher häufig alte Lösungen fortleben, bis neue Lösungen hinreichend ausgearbeitet, überprüft und reflexionsstabil geworden sind, um auch im Handeln die alten Lösungen zu ersetzen. Kurz: Es kann kognitive Lagen geben, in denen es sich empfiehlt, der vorsichtigen Devise zu folgen: Revolutionär im Denken, konservativ im Handeln.[9]

4. Wie sollte man mit Schiefe-Bahn-Argumenten umgehen?

Eine wichtige Rolle innerhalb der Diskussion um die Euthanasie spielen die sog. *Schiefe-Bahn- bzw. Dammbruch-Argumente* (»slippery slope arguments«). *Im Kern bestehen solche Argumente in der belegten Behauptung, daß eine Praxis dieser oder jener Art, die auf den ersten Blick relativ harmlos, naheliegend und vielleicht sogar verführerisch attraktiv sei, nach Etablierung zwangsläufig und unaufhaltbar Folgen und Weiterungen zeitigen müsse, die moralisch katastrophal sind.*[10] Wer ein solches Argument vorbringt, kann also durchaus der Ansicht sein, daß das, was dabei Ausgangspunkt des moralischen Desasters ist – allein und isoliert betrachtet –, sogar sehr vernünftig wäre; nur könne man eben unter den gegebenen Bedingungen die problematische Praxis nicht isolieren und müsse sie daher angesichts der dann eintretenden problematischen Folgen ganz unterlassen.
Im Rahmen der Euthanasie-Debatte werden verschiedene Varianten solcher Schiefe-Bahn-Argumente gebraucht. Gemäß diesen Argumenten würden wir mit der moralischen Billigung und der rechtlichen Erlaubnis von wie auch immer eingeschränkten Akten der Euthanasie auf eine schiefe Bahn geraten, die zwangsläufig zu einer Gesellschaft führte, die z. B. gekennzeichnet wäre durch die zwangsweise oder scheinfreiwillige Tötung ihrer kranken und schwachen Mitglieder, die als Euthanasie getarnte Liquidierung politisch Andersdenkender, eine allgemeine Entsolidarisierung und Desensibilisierung, kurz, durch den Verlust alles dessen, wofür der Begriff »Humanität« steht.

Schiefe-Bahn-Argumente sind keine abwegigen Argumentationsweisen. Den meisten wird schon aus ihrem ganz privaten Leben der Effekt vertraut sein, daß Dinge, die ein sehr unerfreuliches Ende nahmen, scheinbar harmlos begannen, dann aber nicht mehr aufhaltbar waren. Viele gesellschaftswissenschaftliche Theorien kennen Verläufe, bei denen ganze Gesellschaften bzw. Ökonomien auf eine schiefe Bahn geraten. Im vorhinein ist es allerdings in der Regel sehr schwierig, »schiefe Bahnen« richtig einzuschätzen: So müssen die für ein gelungenes Schiefe-Bahn-Argument erforderlichen *Gründe* im hier zur Debatte stehenden Fall auf einen sehr komplizierten und vielfach rückgekoppelten Prozeß von Einstellungsänderungen, Verhaltensänderungen, Revisionen an Welt- und Menschenbildern, Modifikationen an institutionellen Regelungen usw. abheben – und das ist nicht einfach. Aus naheliegenden psychologischen Gründen wird häufig übersehen, daß die *bloße Behauptung* eines Schiefe-Bahn-Effektes noch kein gutes Schiefe-Bahn-Argument ist: Das, wohin ein behaupteter Schiefe-Bahn-Effekt führt, ist meist eine moralische Katastrophe, die niemand will. Das macht es wiederum ziemlich leicht, denjenigen, gegen den der Effekt geltend gemacht wird, als jemanden hinzustellen, der nicht einfach diesen oder jenen nun zu erwägenden und ggfs. zurückzuweisenden moralischen Reformvorschlag macht, sondern aktiver Wegbereiter einer moralischen Katastrophe sei. Die drohende eigene Mittäterschaft vor Augen, soll es im Anschluß zu einer das Selber- und Mitdenken lähmenden Angstreaktion kommen, die den Angegriffenen übersehen läßt, daß an die Stelle der anzuführenden Kausalbeziehungen nebulöse Kausalassoziationen getreten sind, die darüber hinwegtäuschen, daß überhaupt kein Argument vorliegt, sondern lediglich eine weitreichende Behauptung ohne jegliche Begründung aufgestellt wurde.
Offenbar werden mißbräuchlich verwandte Schiefe-Bahn-Argumente recht leicht zu persuasiven Wunderwaffen. Schiefe-Bahn-Behauptungen haben de facto in einer ganzen Reihe öffentlicher Debatten und gesellschaftlicher Großkontroversen eine prominente Rolle gespielt, so z. B. in allen Debatten um die Reform des Sexualstrafrechts und der Sexualerziehung. In diesen Debatten sah ein Teil derjenigen, die heute die aktive Sterbehilfe als den Anfangspunkt einer katastrophalen Entwicklung sehen, das moralische Desaster mit dem gemeinschaftlichen Duschen nach dem

Turnunterricht beginnen. Die Behauptung, die Legalisierung von Schwangerschaftsabbrüchen führe zu einem Verlust des Respekts vor dem menschlichen Leben, der bei einer den nationalsozialistischen Verbrechen vergleichbaren Massenvernichtung menschlichen Lebens enden müsse, gehört zum persuasiven Standardrepertoire der Traktatliteratur jener Weltanschauungsagentur, die auch in fehlenden Trennwänden gemeinschaftlich genutzter Naßzellen Probleme sah. In den Debatten um die Ursachen des Terrorismus waren Behauptungen weit verbreitet, daß der Terrorismus die letzte Stufe einer Entwicklung sei, die mit jenem Kritizismus begonnen habe, wie er für verschiedene soziologisch-sozialphilosophische Theorien charakteristisch sei.[11]

Schiefe-Bahn-Argumente sind offenbar von *verführerischer Mißbrauchbarkeit*. Hingegen ist es ausgesprochen *schwierig*, ein gutes Schiefe-Bahn-Argument auszuarbeiten. Zugleich aber sind Schiefe-Bahn-Argumente eine sehr *bedeutende Argumentationsweise*, und zwar einfach deshalb, weil es – wie mir scheint – in vielen Bereichen für die Beurteilung der Wünsch- und Vertretbarkeit bestimmter Dinge eben entscheidend darauf ankommt, indirekte Effekte, Weiterungen, unintendierte Konsequenzen und Irreversibilitäten, kurz, Schiefe-Bahn-Gefahren abzuschätzen.

Da man mit Schiefe-Bahn-Argumenten relativ leicht auf eine schiefe Bahn geraten kann, möchte ich versuchen, einige Faustregeln für den Umgang mit Schiefe-Bahn-Argumenten zu skizzieren.

Regel 1: Wer eine bloße Schiefe-Bahn-Behauptung aufstellt, hat damit noch kein Schiefe-Bahn-Argument vorgelegt.

Regel 2: Wer eine Schiefe-Bahn-Argumentation vorlegt, hat als Beleg für seine Behauptung mehr anzugeben als nur die logische Möglichkeit, daß moralisch etwas dramatisch schiefgehen könnte, denn diese logische Möglichkeit besteht überall und jederzeit; man sollte vielmehr mindestens Indizien angeben können und den Mechanismus des Ins-Rutschen-Kommens auf Basis möglichst guter psychologischer und gesellschaftswissenschaftlicher Theorien zu skizzieren versuchen.

Regel 3: Wer eine Schiefe-Bahn-Argumentation vorträgt, sollte nicht auf Basis ungerechter Vergleiche, die lediglich die Vorzüge des Status quo mit den Nachteilen einer Reform vergleichen, zu seiner These gekommen sein, daß ein moralisches Desaster drohe; er sollte also über gute Gründe dafür verfügen, daß das, wohin nach seiner Auffassung eine bestimmte Praxis führt, auch dann noch gegenüber dem Status quo eine moralische Verschlechterung darstellt, wenn man den Status quo in allen seinen positiven und negativen Aspekten bedenkt und mit den entsprechenden Reformfolgen vergleicht.

Regel 4: Wer ein Schiefe-Bahn-Argument vorlegt, sollte Gründe dafür angeben können, warum gerade die zur Debatte stehende Praxis unter den gegebenen Randbedingungen Mißbrauchsmöglichkeiten schafft, die nach Art und Umfang nicht auch schon ohne diese Praxis bestehen; und für den Fall, daß er selbst eine Reformalternative vorschlägt, sollte er deutlich machen können, warum diese nicht ähnliche Schiefe-Bahn-Effekte auslösen könnte.

Regel 5: Wer ein Schiefe-Bahn-Argument vorlegt, sollte über Gründe dafür verfügen, warum es, angenommen, eine Praxis sei mit einer Reihe moralisch bedenklicher Mißbrauchsmöglichkeiten verbunden, realistischerweise keine Möglichkeiten gibt, die Mißbrauchsmöglichkeiten ganz oder jedenfalls in einem hinreichenden Ausmaße einzuschränken.

Regel 6: Wer eine Schiefe-Bahn-Argumentation vorlegt, sollte dies in einer Weise tun, in der jederzeit klar ist, daß seine Argumentation selbst dann, wenn sie einen schlagenden Einwand gegen einen moralischen Reformvorschlag liefert, damit weder Argument noch berechtigter Anlaß für die moralische Herabsetzung dessen ist, der den Vorschlag zur Diskussion stellte.

Alle aufgeführten Regeln lassen sich auf naheliegende Weise umformulieren in Regeln für denjenigen, der mit einem (wirklichen oder vermeintlichen) Schiefe-Bahn-Argument konfrontiert wird. So umformuliert ergäben sich dann Regeln für die kritische Prüfung von Schiefe-Bahn-Argumenten, deren Befolgung auch eine gewisse Verblüffungsresistenz gegenüber dem persuasiven Einsatz von Schiefe-Bahn-Argumenten nach sich zieht. –

Die Süddeutsche Zeitung veröffentlichte am 22.4.1990 einen Leserbrief Robert Spaemanns, der in der Sache verschiedene Aspekte der Euthanasie-Problematik betrifft.[12] Dieser Leserbrief enthält auf wenigen Zeilen alle hauptsächlichen Verstöße gegen die gerade aufgestellten Regeln für den nicht-persuasiven Gebrauch von Schiefe-Bahn-Argumentationen. Ich möchte an diesem Leserbrief im Sinne einer *Fallstudie* exemplarisch dartun, gegen welche Formen argumentativer Unredlichkeiten das Regelwerk gerichtet ist.[13]

Spaemann führt zwei Schiefe-Bahn-Argumentationen an, nämlich:
1. Es gibt einen »gleitenden Übergang von der Bereitschaft zur Tötung auf Verlangen im Interesse des Patienten und seiner Tötung im Interesse Dritter«.
2. Die Zulässigkeit der Tötung auf Verlangen schafft ein psychologisches Klima, in dem »für alte, pflegebedürftige Menschen ... die Äußerung dieses Verlangens sehr bald zur moralischen Pflicht« wird.

Beginnen wir mit der *ersten Argumentation: Wenn* die Behauptung belegt werden könnte, *dann* gäbe es hier in der Tat einen Schiefe-Bahn-Effekt. *Ohne* einen solchen Beleg fragt sich, warum nicht der Gegenthese folgen, die etwa lauten könnte: »Es gibt einen fundamentalen Unterschied zwischen der Bereitschaft, jemanden zu töten, der unter schwersten Schmerzen und dem sicheren Tode nahe, um aktive Sterbehilfe bittet, und der ganz andersartigen Bereitschaft, im Interesse von Erben oder Kostendämpfungsgesichtspunkten einen Patienten gegen dessen Willen zu töten.« Eine Prima-facie-Plausibilität hätte diese Gegenthese durchaus für sich, denn die erste Bereitschaft wäre mitleidsmotiviert und am Patientenwillen orientiert, was man von der zweiten Bereitschaft sicher nicht sagen kann. Nun wird von Spaemann an dieser Stelle ein Hinweis gemacht, der offenbar als Beleg seiner These dienen soll. Er führt aus: »Dr. Joseph Goebbels ließ den Massenmord an Geisteskranken im Dritten Reich psychologisch vorbereiten durch den Film ›Ich klage an‹. Es ging darin um die Tötung einer Schwerkranken auf deren eigene dringende Bitte. Das Publikum sollte gegen das Gesetz eingenommen werden, das den Staatsanwalt verpflichtet, wegen dieser Mitleidstötung Klage zu erheben. Singer, Hoerster usw. könnten vollkommen zufrieden sein, wenn dieser Film heute erneut im Fernsehen gezeigt würde. Er unterstützt nämlich ausschließlich ihr Anliegen. Goebbels allerdings hatte ihn für seine Zwecke drehen lassen. Als besserer Sozialpsychologe kannte er den gleitenden Übergang ...« – es folgt die unter 1. zitierte Stelle. Wird mit diesen Hinweisen ein Beleg für den behaupteten ersten Schiefe-Bahn-Effekt geliefert? Man könnte konzedieren, daß Goebbels mit seinem Film eine gegen oder ohne deren Willen erfolgende Tötung von Kranken und Schwachsinnigen vorbereiten *wollte* und vielleicht auch selber *glaubte*, es gäbe den von Spaemann behaupteten Effekt. Allerdings ist es noch kein guter Beleg für die Existenz eines bestimmten Effekts, wenn man – möglicherweise durchaus zu Recht – darauf hinweist, daß Goebbels an ihn glaubte. Es käme vielmehr auf den Nachweis an, daß Goebbels mit seiner Annahme *recht hatte.* Dieser Nachweis wird von Spaemann nicht geführt. Er *behauptet* einfach, Goebbels sei der *bessere* Sozialpsychologe. Das soll offenbar heißen, Goebbels habe ganz richtig die Existenz eines Schiefe-Bahn-Effekts gesehen (und auch genutzt), den andere eben nicht sehen und sogar bestreiten. Dies könnte natürlich wahr sein, allerdings nur dann, *wenn* der fragliche Effekt in der Tat existiert. Genau das aber wird von Spaemann nicht belegt, sondern in der Scheinbegründung vorausgesetzt. Wir haben es daher mit klaren Verstößen gegen die Regeln 1 und 2 zu tun.[14]

In der *zweiten Schiefe-Bahn-Argumentation* Spaemanns besteht die moralische Katastrophe darin, daß es zu scheinfreiwilligem Verlangen nach aktiver Sterbehilfe kommt. Auf die dahin führende schiefe Bahn geraten wir nach seiner Auffassung dadurch, daß die rechtliche Erlaubnis zur Tötung auf Verlangen das psychologische Klima ändere. Nach Etablierung einer Praxis aktiver Sterbehilfe gilt für schwerstkranke Patienten nach seiner Meinung nämlich: »Die Kosten an Kraft, Zeit und Geld, die durch sie verursacht werden, werden plötzlich abhängig von ihrem freien Willen. Sie können jederzeit anderen diese Kosten ersparen. Natürlich wird man erwarten, daß sie es tun. ... Für einen sensiblen Menschen kann das Leben unerträglich werden, wenn er weiß, daß er anderen auf anerkannte Weise ermöglichen kann, ihn zu töten, und wenn er fühlt – oder sich auch nur einbildet –, daß seine Umgebung täglich darauf wartet, von ihm das erlösende Wort zu hören. Wer möchte unter solchen Umständen weiterleben?« Man sollte konzedieren, daß hier jedenfalls der Versuch unternommen wird, die Existenz eines Schiefe-Bahn-Effekts auch zu belegen. Zu den Annahmen gibt es allerdings nicht unplausible, weniger pessimistische Konkurrenz-Hypothesen, die zu veränderten Erwartungen hinsichtlich des Mißbrauchsumfangs führen. Man könnte z. B. sagen, daß es das Faktum eines inhumanen, lieblosen und demütigenden Umgangs mit Kranken und Schwachen gebe, daß jedoch in der weit überwiegenden Mehrzahl aller Fälle auch bei großem Pflegeaufwand den Angehörigen und Freunden am Leben der Kranken und Schwachen liege, und zwar völlig unabhängig davon, ob die Tötung auf Verlangen rechtlich erlaubt sei oder nicht. Es ließen sich leicht weitere Verhaltensannahmen denken, die ebenfalls eine gewisse Plausibilität für sich hätten. Dies wiederum macht darauf aufmerksam, wie wichtig es wäre, im Sinne der Regel 2 der Frage nachzugehen, ob nicht in der Psychologie längst Erkenntnisse gewonnen sind, die erlauben, psychologische Spekulationen durch halbwegs gesicherte Befunde zu ersetzen.

Selbst wenn man Spaemann konzedierte, daß Mißbräuche nicht völlig ausgeschlossen werden können, wäre zu beachten, daß auch durch das Verbot der Tötung auf Verlangen ein nicht unbeträchtliches Maß an Leid in die Welt kommt, nämlich das Leid der unter schwersten Schmerzen Leidenden, die, ohne dazu von Dritten subtil gedrängt worden zu sein, in klarer Erkenntnis ihres Schicksals den raschen Tod der weiteren Qual vorzögen, für die Realisierung dieses Wunsches aber auf die Hilfe Dritter angewiesen wären, die sie in der Regel zufolge eines Verbots nicht erhalten. Damit wird deutlich, daß die Argumentation Spaemanns *gegen Regel 3 verstößt*, da lediglich die Vorzüge des Status quo mit den Nachteilen einer Reform verglichen werden.

Der Leserbrief endet mit der Bemerkung: »Der Ruf nach gewaltsamer Beendigung des Lebens hängt allerdings zusammen mit einer Praxis gewaltsamer Verlängerung des Lebens, über die man anfangen müßte, gründlicher als bisher nachzudenken.« Sollte diese Andeutung jedenfalls auch so zu verstehen sein, daß todgeweihte Patienten im Sinne einer Vorstellung von einem »natürlichen« Tode irgendwann den Einsatz bestimmter weiterer Behandlungsmethoden ablehnen (können) sollten, dann gäbe es *Probleme mit der Regel 4:* Unter den psychologischen Prämissen Spaemanns müßten wir damit rechnen, daß in großem Umfange insbesondere sensible Patienten von Dritten über entsprechende Erwartungen dazu gedrängt werden, die Einwilligung zu weiteren lebensverlängernden Maßnahmen zu verweigern, die sie ohne solchen Druck jedoch gewünscht hätten. Man könnte im übrigen der Meinung sein, daß es hier zufolge einer gegenüber der Beeinflussung in Richtung ›Tötung auf Verlangen‹ niedrigeren Hemmschwelle sogar deutlich mehr Mißbräuche gibt.[15]

Mir scheint ausgeschlossen zu sein, daß es gelingen könnte, sei es was die aktive Sterbehilfe, sei es was die Verweigerung weiterer intensivmedizinischer Behandlungsmethoden betrifft, Regelungen zu finden, die vor *jedem* denkbaren Mißbrauch sicher sind. Die Frage kann nur sein, ob eine Regelung hinreichend mißbrauchssicher gestaltet werden kann. *Gegen die Regel 5 verstößt* die Argumentation Spaemanns, weil sie nicht zu klären versucht, inwieweit durch geeignete institutionelle Vorkehrungen Mißbrauch in hinreichendem Ausmaße verhindert werden könnte. Mit Blick auf Spaemanns psychologische Annahmen wäre auch daran zu denken, Menschen bei der Pflege von Angehörigen ihrerseits jedenfalls so weit zu unterstützen, daß sie nicht moralische Heroen sein müßten, um nicht jedenfalls in manchen Augenblicken den Tod der Pflegebedürftigen als eigene Erlösung zu empfinden.

Schließlich *verstößt die Argumentation Spaemanns auch gegen Regel 6*, die die moralische Diskreditierung dessen verbietet, gegen den die Schiefe-Bahn-Argumentation sich richtet. Wie anders denn als gezielte moralische Herabsetzung sollte man jene Stelle des Leserbriefes deuten, an der es heißt: »Hoerster kann sich vielleicht nicht vorstellen, daß die Interessen anderer zu seinen eigenen werden könnten« – um dann im Anschluß fortzufahren, daß sensible Menschen eben dies können. Oder, um es noch ein bißchen genauer zu sagen: Hier wird jemand auf eine Weise moralisch herabgesetzt, bei der einerseits der Diskreditierungseffekt absehbar und sicher erzielt wird und andererseits doch noch die eine oder andere Möglichkeit besteht, sich zur Not auch wieder herauszureden; kurz: die Diskreditierung als solche ist gar nicht schlecht gemacht.

Insgesamt ist die Argumentation Spaemanns, nach sachlichen Gesichtspunkten beurteilt, also nicht sehr gelungen. Das heißt natürlich nicht, daß es generell auszuschließen wäre, ein gutes Schiefe-Bahn-Argument gegen die Legalisierung einer Tötung auf Verlangen vorlegen zu können. Sollte ein solches Argument vorgelegt werden, wäre die moralische Streitfrage entschieden, und zwar gegen die Legalisierung einer Tötung auf Verlangen. Wie aber sollten wir reagieren, wenn wir mit einer Schiefe-Bahn-Argumentation konfrontiert werden, die eine schwerwiegende moralische Fehlentwicklung als Konsequenz der Etablierung einer bestimmten Praxis behauptet, diesen Schiefe-Bahn-Effekt jedoch *nicht schlagend belegen, wohl aber einige Indizien angeben kann?* Für den Umgang mit einer solchen, vermutlich nicht seltenen argumentativen Lage sagen die bisher formulierten Regeln nichts.

Mir scheint, wir sollten in einer solchen Lage um so vorsichtiger werden, je gravierender die Fehlentwicklung ist, für deren Einsetzen einige Indizien sprechen. Ausdruck einer solchen Vorsicht können Umverteilungen der Beweislast sein, wie sie sich in der von mir vorgeschlagenen siebten und letzten Regel ausdrükken:

Regel 7: Wenn wir mit einer Schiefe-Bahn-Argumentation konfrontiert sind, die zwar nicht schlagend ist, aber durchaus einen Anfangsverdacht für einen Schiefe-Bahn-Effekt begründet, dann sollten wir die Realisierung dieser Moralreform um so eher von einem gelungenen Unbedenklichkeitsnachweis abhängig machen, je gravierender die negativen Folgen wären, zu denen sie führen könnte.

5. Exkurs:
Wie macht man Monster? – Zur Geschichte eines angeblichen Zitats
(Mitverfasserin des Exkurses: Annette Strelow)

In der Auseinandersetzung um die Positionen Peter Singers und Helga Kuhses spielt ein angebliches Zitat eine wichtige Rolle. Der in zahlreichen Artikeln und Flugblättern immer wieder angeführte Satz lautet:

»Im Rahmen dieser Ethik ist es möglich und notwendig, lebenswertes und lebensunwertes Leben zu unterscheiden und das lebensunwerte zu vernichten.«

Der Satz hat einen hohen Diskreditierungswert. Wer so über seine eigene Ethik schreibt, der scheint überdeutlich ein Parteigänger des Nationalsozialismus und seines »Euthanasie«-Programms zu sein. Nun vertreten Peter Singer und Helga Kuhse zwar die These, man könne zwischen einem Leben, das wert sei, gelebt zu werden, und einem solchen, das dies nicht sei, unterscheiden. Man findet daher auch leicht Textstellen, die diese Auffassung belegen. Reißt man diese Stellen aus dem Kontext, ist nicht mehr unmittelbar erkennbar, daß dieser Unterscheidung bei Peter Singer und Helga Kuhse gerade *keine nationalsozialistischen Kriterien für den Lebenswert zugrundeliegen.* Es kann daher leicht der Eindruck erweckt werden, Singer argumentiere für

den Nationalsozialismus. *Mitdenkende* Leser eines Flugblatts werden allerdings rasch darauf kommen, daß es bei der Unterscheidung »lebenswert/nicht lebenswert« ganz entscheidend auf die *Kriterien* ankommt (z. B. könnte es eine Unterscheidung aus der Binnenperspektive eines Individuums sein) und deshalb der bloße Umstand, *daß* jemand so unterscheidet, *nichts* darüber besagt, *wie* er unterscheidet. Das oben angeführte, angebliche Zitat scheint aber gerade in dieser Hinsicht Klarheit zu schaffen: der Zitat-Bestandteil »... und das lebensunwerte zu vernichten« greift nahezu wörtlich auf die NS-Parole »Vernichtung des lebensunwerten Lebens« zurück. Wer so über seine eigene Konzeption schriebe, würde eben dies wissen, und sich daher denken können, wie er zwangsläufig verstanden werden müßte und daher wohl auch so verstanden werden wollen – in etwa so würde der aufmerksame und kritische Flugblattleser denken. Der Diskreditierungswert des vermeintlichen Zitats ist so groß, weil der fragliche Satz – mit Bezug auf die eigene Ethik geschrieben – vom Effekt her dem Geständnis gleichkäme, Anhänger des nationalsozialistischen »Euthanasie«-Programms zu sein.
Um es ganz deutlich zu sagen: Das angebliche Zitat stammt weder von Peter Singer noch von Helga Kuhse, denen es manchmal jeweils allein, manchmal gemeinsam zugeschrieben wird. Aber woher stammt es dann und wie kam es in die Welt?
Die *erste* uns bekannte Scheinzitation findet sich in einem offenen Brief von Prof. Dr. Georg Feuser, den er am 20. Mai 1989 an Prof. Dr. Chr. Anstötz, die Bundesministerin für Jugend, Familie, Frauen und Gesundheit sowie die Bundesvereinigung Lebenshilfe schrieb.[16] In diesem offenen Brief wird Herr Anstötz aufgefordert, eine an der Universität Dortmund geplante Vortragsveranstaltung mit Peter Singer abzusagen. In diesem Brief wird das angebliche Zitat Peter Singer und Helga Kuhse zugeschrieben. Die nachfolgende, in Klammern gesetzte Quellenangabe lautet »Kongreßbericht«[17]; Angaben über Erscheinungsort und Seitenzahlen fehlen. Man muß aufgrund eines schon vorher in einem etwas anderen Kontext gegebenen Hinweises, der lautet: »siehe Singer und Kuhse auf dem 7. Internationalen Kongreß für Humangenetik in Berlin vom 22.-26. 9. 86«[18] insgesamt vermuten, daß es sich um einen Satz aus dem offiziellen Kongreßbericht handelt. In dem offiziellen Bericht *»Human Genetics, Proceedings of the 7th International Congress Berlin 1986«, F. Vogel/*

K. Sperling (eds.), Berlin, Heidelberg 1987 und dem darin enthaltenen Abdruck des Beitrags von Peter Singer und Helga Kuhse (*»Ethical Issues in Reproductive Alternatives for Genetic Indications«*[19]) findet sich der von Georg Feuser zitierte Satz allerdings wider Erwarten *nicht*. Statt dessen findet sich dieses angebliche Zitat in einem Artikel, auf den man erst einmal kommen muß, einem Artikel nämlich, den Ludger Weß 1987 in der Zeitschrift *1999 – Zeitschrift für Sozialgeschichte des 20. und 21. Jahrhunderts* unter dem Titel: *»7. Internationaler Kongreß für Humangenetik, Berlin (22.-26. 9. 86) – Eindrücke und Berichte«*[20] veröffentlichte. In *diesem* Artikel ist allerdings völlig eindeutig, daß Ludger Weß *nicht* behauptet, Helga Kuhse und Peter Singer hätten den angeführten Satz gesagt. Der fragliche Satz ist unmißverständlich eine *Behauptung von Ludger Weß über die Auffassung von Helga Kuhse und Peter Singer.* In dem Abschnitt »Eine neue Ethik«[21] referiert Ludger Weß über die Argumentation von Helga Kuhse und Peter Singer. Er legt dabei erklärtermaßen nicht nur das Kongreßreferat zugrunde, sondern berücksichtigt auch das von beiden gemeinsam verfaßte Buch *»Should the Baby Live? The Problem of Handicapped Infants«*[22]. Im letzten seiner in 7 Punkte zusammengefaßten Darstellung schreibt Ludger Weß den besagten Satz. Ohne Ludger Weß zu nennen, greift Georg Feuser dessen Darstellung auf (gibt dabei jedoch Punkt 6 als Punkt 7 aus) und *übernimmt wörtlich die nun allerdings zu einem Singer-Kuhse-Zitat »aufgewertete« Passage.* Nachdem er das Weß-Zitat als Singer-Kuhse-Zitat ausgegeben und noch um ein dem Wortlaut nach korrektes Singer-Zitat, das – aus dem textlichen Zusammenhang gerissen – hinreichend schockierend ist, ergänzt hat[23], beginnt er dann den nächsten Abschnitt des offenen Briefes ganz unschuldig mit den Worten: »Herr Anstötz, ich weiß, ich zitiere, was Sie wissen.« Im Kern läuft dieser Satz darauf hinaus, ausgerechnet den Adressaten des offenen Briefes gegenüber Dritten – nämlich den Lesern – als Kronzeugen für die Authentizität der Falschzitation zu benutzen.[24]

So um die Monatswende Mai/Juni 1989 war das Scheinzitat nun in der Welt. Nur zu gern wurde es von vielen aufgegriffen. So z. B. in einem Flugblatt, mit dem von Studenten der Behindertenpädagogik an der Universität Bremen zu einer öffentlichen Diskussion am 13. Juni 1989 eingeladen wurde. Der offenbar mancherorts üblichen Zitationspraxis folgend, beschränkte man sich

auf die Quellenangabe »Kongreßbericht«. Auch die 1. Ausgabe des 2. Jahrgangs (1990) der *Unabhängigen StudentInnenzeitung der Uny Dortmund* ließ sich die Fälschung nicht entgehen.[25]
In den Sommermonaten des Jahren 1990 organisierten in Bremen der Paritätische Wohlfahrtsverband, die Landesarbeitsgemeinschaft »Hilfe für Behinderte«, die Lebenshilfe für geistig Behinderte und das Paritätische Bildungswerk eine Vortragsreihe zu dem Thema »Lebensqualität statt Qualitätskontrolle menschlichen Lebens«. Am 17. 4. 1990 wurde dazu eine Presseerklärung[26] veröffentlicht, in der es heißt: »Singer vertritt in seinem Buch ›Praktische Ethik‹ u. a. die Auffassung, ›daß es möglich und notwendig sei, lebenswertes und lebensunwertes Leben zu unterscheiden und das lebensunwerte zu vernichten.‹«[27] Eine Seitenangabe hielt man nicht für erforderlich. Bemerkenswert ist, daß das in indirekter Rede wiedergegebene Scheinzitat hier erstmals der »Praktischen Ethik« zugeschrieben wird. Deutlicher noch wird dann die viel verteilte Einladung zu dieser Veranstaltungsreihe. Dort wird das gefälschte Zitat als Zitat angeführt und (ohne Quellenangabe) Peter Singer zugeschrieben. Hinsichtlich ihrer Überprüfungsmöglichkeiten natürlich chancenlose Lokalredakteure wußten wiederum zu berichten, daß Peter Singer jener Meinung sei, die ihm die Initiatoren mittels eines Zitats, das keines war, zuvor zugeschrieben hatten.[28] In dem Bericht über den Abschluß der Veranstaltungsreihe dient das falsche Zitat noch einmal als plakativ-diskreditierende Quintessenz der Auffassungen Peter Singers.[29] Jedenfalls in Bremen weiß man über Peter Singer nun vermutlich Bescheid.
Das Falschzitat wurde aber auch in ganz anderen Kontexten und Regionen aufgegriffen. Von Lothar Evers wird in zwei Artikeln[30] über die Position Singers und Kuhses die Darstellung von Ludger Weß einfach wörtlich übernommen. Als einzige Angabe zur Quelle dient der Hinweis: »Ein Kongreßbericht faßt die Konzeption der beiden wie folgt zusammen: ...«[31]. Dies ist mindestens insofern irreführend, als der Leser nun einen autorisierten Kongreßbericht als Basis der Zusammenfassung vermuten muß.
In der TAZ erschien am 19. 8. 1989 ein Artikel von Gabriele Goettle, in dem das angebliche Zitat Peter Singer zugeschrieben wird. Die Fälschung bekommt hier auch bereits eine gewisse Kulisse. Gabriele Goettle weiß von dem nicht Gesagten nämlich zu berichten, daß es von Peter Singer im Rahmen seines *Schlußwor-*

tes gesagt wurde. Auf Quellennachweise wird von Gabriele Goettle im gesamten Artikel und daher auch an dieser Stelle konsequent verzichtet.[32]

»›Im Rahmen dieser Ethik ist es möglich und notwendig, lebenswertes Leben und lebensunwertes Leben zu unterscheiden und das lebensunwerte zu vernichten‹ (1), postulierte der Ethiker P. Singer 1986 in Berlin (West), ohne auf allzu heftige Kritik zu stoßen.« Mit diesem Satz beginnt ein Artikel von Erwin Riess in der Zeitschrift *Behindertenpädagogik.*[33] Erwin Riess macht hier mit den Publikumsreaktionen auf das nicht Gesagte vertraut: Etwas Kritik hat es gegeben, aber nicht sehr viel. Die zugehörige Anmerkung (1) ist zitationswürdig: »Internationaler Kongreß für Humangenetik, Berlin 22.-26.9.89, Kongreßbericht Singer/Kuhse; Punkt 7«[34]. Es ist wirklich nur noch schwer zu sehen, daß dies der verschlüsselte Hinweis auf einen Artikel von Ludger Weß aus dem Jahre 1987 in der Zeitschrift *1999* ist. Nicht nur, daß der Kongreßbericht von Singer und Kuhse natürlich nicht existiert, auch der Kongreß selbst wird von Erwin Riess um drei Jahre verlegt. Kreativ ist auch seine Leistung, den Artikel von Ludger Weß nicht ganz wörtlich abgeschrieben, sondern das Wort »Leben« noch zusätzlich eingefügt zu haben.

In einem Leserbrief an die TAZ vertritt Elke Schmitt[35] u. a. die Auffassung, daß man sich bereits durch seine Sprache als Teilnehmer an rationalen Diskursen disqualifizieren könne. Für Peter Singer hat dieser Ansatz natürlich fatale Folgen: »Singers Sprache disqualifiziert ihn für einen rationalen Diskurs selbst in dem engen Rahmen seiner Zuständigkeit. Ich zitiere repräsentativ: ...«. Es folgen zwei vermeintliche Zitate. Eines davon ist die Zitatfälschung, das andere ist korrekt – alles natürlich ohne Quellenangabe.

Doris Weber benutzt ebenfalls das Scheinzitat.[36] Sie schreibt als Herausgeberin einer *Publik-Forum Materialmappe:* »1986, auf dem internationalen Kongreß für Humangenetik in Berlin, trug Singers engste Mitarbeiterin, Helga Kuhse, Thesen aus seiner ›Praktischen Ethik‹ vor: ...«.[37] Im Anschluß wird der gesamte Punkt 7 von Ludger Weß ohne Verweis übernommen und so der Schein einer authentischen Zitation erweckt. Welcher Leser soll nun noch ahnen, daß der Satz natürlich nicht in der »Praktischen Ethik« steht, weder von Peter Singer noch von Helga Kuhse stammt, sondern einfach das wiedergibt, was Ludger Weß

meinte, einem Vortrag bzw. einem Buch von Peter Singer und Helga Kuhse entnehmen zu können?
Heute ist das Scheinzitat in der Welt. Überschlägt man die Anzahl der Menschen, denen es vorgesetzt wurde, so kommt man auf eine jedenfalls sechsstellige Zahl. Es dürfte die Meinung vieler nicht unerheblich geprägt haben. Die Chancen zu einer Richtigstellung im gesamten bisherigen Verbreitungsbereich sind ausgesprochen gering. Ein Scheinzitat hat seine Wirkung getan.

6. Worauf käme es an?

Peter Singers Buch »Praktische Ethik« ist geleitet von dem Interesse, ein plausibles, fundiertes, nachvollziehbares, säkulares, widerspruchsfreies, transparentes und seiner Grundlagen bewußtes moralisches Weltbild zu entwickeln.
Das Buch ist in gewisser Weise eine Provokation: Wer es liest und bedenkt, merkt rasch, daß es mit der Stringenz der moralischen Überzeugungen der meisten – einschließlich der Philosophen – nicht weit her ist. Dieser Mangel an Kohärenz und Konsistenz betrifft insbesondere – aber längst nicht nur – moralische Urteile über Handeln und Unterlassen im Zusammenhang mit Fragen der Lebensverlängerung und des Tötens oder – allgemeiner – bio- bzw. medizinethische Fragen. Das Buch ist eine Herausforderung, weil es die elementare Inkonsistenz bestimmter Standardüberzeugungen und Einstellungssyndrome deutlich macht: Es zeigt z. B., daß die progressiven Standardüberzeugungen zur Abtreibungsproblematik wohl kaum verteidigbar sind. Weder kann man sagen, daß ein Foetus kein Angehöriger der Gattung Mensch sei, noch, daß er keine potentielle Person sei. Wer meint, jeder Angehörige der Gattung Mensch bzw. jede potentielle Person habe ein Lebensrecht, kann sich daher kaum in der Abtreibungsfrage umstandslos auf ein Selbstbestimmungsrecht der Frau berufen. Beginnt man an dieser Stelle mit Güterabwägungen oder konsistenzsichernden Überzeugungsrevisionen, so hat das Weiterungen: Die Gründe, die geeignet sind, dem Foetus ein Lebensrecht abzusprechen oder aber dessen Lebensrecht geringer zu gewichten als z. B. das Recht auf die Verwirklichung damit konfligierender Lebenspläne einer Frau, sind meist geeignet, diejenigen Gründe zu unterminieren, die von den gleichen Personen

z. B. gegen die moralische Zulässigkeit von Euthanasieakten oder auch Embryonenexperimenten vorgebracht werden. Radikal inkonsistent dürfte auch ein – ebenfalls nicht untypischer – Überzeugungskomplex sein, innerhalb dessen der Suizid erlaubt ist, die durch intensiven Einsatz medizinischen Geräts ermöglichte Lebensverlängerung sterbender Patienten als inhuman kritisiert wird, dann jedoch die Unmöglichkeit oder auch Unmoralität einer Unterscheidung von (für Böswillige sei es hier ausdrücklich vermerkt: aus der Binnenperspektive!) lebenswertem und nicht lebenswertem Leben behauptet wird. Ebenso ist es wohl kaum miteinander zu vereinbaren, einerseits in der pränatalen Identifizierung von behinderten Foeten und deren anschließender Abtreibung deshalb eine Diskriminierung von Behinderten zu sehen, weil man dadurch das Auftreten behinderter Personen zu verhindern sucht, andererseits aber für die Verbesserung der Verkehrssicherheit einzutreten, die natürlich u. a. dem gleichen Ziele dient. – Die Liste solcher inkohärenter Überzeugungskomplexe ließe sich leicht verlängern.[38]

Peter Singer und – im Zusammenhang mit ihm häufig ebenfalls genannt und angegriffen – Helga Kuhse haben in vielen Arbeiten auf Inkohärenzen von der angegebenen Art hingewiesen. Sie haben Vorschläge für die Revision vieler traditioneller und tief verwurzelter moralischer Überzeugungen gemacht und diese Vorschläge zu begründen versucht. Sie haben nicht verlangt, daß man ihre Vorschläge ungeprüft übernimmt und befolgt. Niemand muß sich mit ihren Thesen oder überhaupt mit der von ihnen angesprochenen Thematik befassen. Wenn das aber geschieht, so ist zu fordern, daß rationale Argumente und einsichtige Alternativen vorgebracht werden. In anderen Ländern wird auch so verfahren. In der Bundesrepublik bestand die »Auseinandersetzung« mit den Thesen von Peter Singer und Helga Kuhse jedoch im wesentlichen darin, ihre Diskussion zu verhindern. Aber genau auf diese Diskussion käme es im Interesse der Ausbildung kohärenter und fundierter moraltheoretischer Überzeugungen gerade an. Zugleich läge die Diskussion im Interesse eines jeden, dem an einer humanen moralischen Praxis gelegen ist, die sich nicht einfach auf das Wirken unbefragter (Vor-)Urteile verläßt.

Gegen das Projekt der Aufklärung ist immer wieder eingewandt worden, daß eine Gesellschaft, in der über alles nachgedacht werde und dies vielleicht sogar noch von allen, nicht stabil sein könne. In der Tat: Es könnte durchaus sein, daß es Institutionen oder Gesellschaften gibt, deren Stabilität davon abhängt, daß sich hinreichend viele Individuen falsche Vorstellungen von deren Funktionieren machen. Vermutlich kann sich also nicht jede Gesellschaft Aufklärung leisten. Und ebenso wird nicht jede Moral das Nachdenken über sie ohne Verlust ihrer Überzeugungskraft überstehen.

Viele moralische Überzeugungen sind infolge von Reflexionsprozessen verworfen worden. Als nicht reflexionsstabil haben sich dabei z. B. die Ansichten erwiesen, daß Sklavenhaltung legitim, Homosexualität diskriminierungswürdig und Frauen nur ein gegenüber Männern eingeschränktes Selbstbestimmungsrecht zuzubilligen sei. Bei einem überschlägigen Blick auf die Folgen solcher reflexionsbedingter Verwerfungsprozesse kann ich nicht erkennen, daß dabei durch moralische Aufklärung mehr Übel in die Welt gekommen wären als durch sie beseitigt wurden, im Gegenteil. Und es war sicherlich nicht die freie Diskussion, die die Barbarei des Nationalsozialismus ermöglichte. Insgesamt überrascht mich der Optimismus, mit dem jene, die die *Diskussion* der von Singer und anderen aufgeworfenen Fragen verhindern wollen, darauf vertrauen, daß unreflektierte tradierte moralische Überzeugungen für alle Zeiten zum Besten der Menschheit wirken werden.

Anmerkungen

1 Für einen Vergleich zwischen der Euthanasie-Konzeption Singers und dem nationalsozialistischen Euthanasie-Programm vgl. Hegselmann/Kliemt 1990a.

2 Siehe dazu den Exkurs weiter unten.

3 Daß wir heute meist nur von den »Großen« wissen, daß sie Schwierigkeiten bekamen, heißt natürlich nicht, daß nur »Große« Schwierigkeiten bekamen. Es spricht einiges dafür, daß »Kleinere« häufig sogar größere Schwierigkeiten hatten.

4 Vgl. auch Hegselmann (1990a).

5 Bezogen auf das einzelne Individuum läuft das Projekt der Aufklärung also *nicht* auf eine universelle und simultan zu erfüllende Frage- und Bezweifelungs*verpflichtung* hinaus – dies wäre überhaupt nicht

durchführbar. Wohl aber gibt es eine universelle Frage- und Bezweifelungs*erlaubnis*.

6 Natürlich kann man gleichwohl, aber das ist dann etwas anderes, unter Berücksichtigung von Grenzkostenvergleichen und Opportunitätskostenerwägungen über das Insgesamt der Ziele maximieren bzw. optimieren. – Systematisches Schüren von Maximierbarkeitsillusionen, die Opportunitätskosten vernachlässigen, ist demgegenüber ein wichtiges Stilmittel insbesondere der Sonntagsreden-Rhetorik.

7 Eine ganze Reihe konservativer Aufklärungskritiker, so z. B. Arnold Gehlen, haben diesen Effekt sehr deutlich gesehen und herausgestellt.

8 Vgl. in diesem Zusammenhang die Skizze eines aufklärerischen, moralischen Bildungsideals in Hegselmann 1990.

9 Was die aufgeklärte von der naiven moralischen Integrität unterscheidet, muß überhaupt nicht das Handeln sein, sondern es kann allein das Denken und Reden *über* Moral betreffen. Möglicherweise zieht sich die Grenze zwischen aufgeklärter und naiver moralischer Integrität gleichsam *»durch«* die einzelnen Individuen.

10 Eine schiefe Bahn wäre also mehr und schlimmer als eine bloße Mißbrauchsmöglichkeit. Allerdings dürfte die genaue Abgrenzung nicht einfach sein.

11 Eine These dieser Art, und zwar bezogen auf den Kritischen Rationalismus, vertrat am 11. 11. 1977 Anton Kolb, der neugewählte Rektor der Universität Graz, in seiner Antrittsrede, was zu einer größeren öffentlichen Debatte führte, in der insbesondere Karl Acham massiv Einspruch erhob. Meist waren jedoch die Kritische Theorie und marxistische Ansätze Zielscheibe solcher Angriffe. Auch konflikttheoretische Ansätze gerieten, insbesondere auch im Zusammenhang der Auseinandersetzung um die Hessischen Rahmenrichtlinien für das Fach Gemeinschaftskunde, unter Beschuß.

12 Der Leserbrief Spaemanns ist eine Reaktion auf einen Leserbrief Norbert Hoersters (SZ vom 31. 3. 1990), mit dem dieser auf einen Artikel von J.-P. Stössel reagierte, der unter dem Titel »Töten aus guten Gründen« (SZ, 17./18. 3. 1990) erschienen war.

13 Weil Leserbriefe sehr kurz gehalten werden müssen, gilt es natürlich im Sinne des Prinzips wohlwollenden Interpretierens, z. B. auch bloße Andeutungen von Belegen als Belege gelten zu lassen. Gegen die Möglichkeit, daß wesentliche Teile der Argumentation durch Kürzungen der Redaktion entfallen wären, spricht allerdings einiges: Spaemann hat die Argumentation des Leserbriefs in seinem kürzlich erschienenen »Geleitwort« zu der von T. Bastian herausgegebenen Schrift »Denken – Schreiben – Töten« trotz des ihm dort sicher reichlich zur Verfügung stehenden Platzes in sehr ähnlicher Weise wiederholt. Ich halte mich an den Leserbrief deshalb, weil er mir die gegenüber dem Geleitwort sogar stringentere Argumentation zu sein scheint.

14 Auch Löw vertritt die These, daß der Nationalsozialismus sein »Euthanasie«-Programm filmisch vorbereitet habe. Er schreibt: »Sie bereiteten das Klima für ihr Euthanasieprogramm durch den Film ›Jud Süß‹ vor, die Leidensbiographie eines schwerstbehinderten Menschen, für den der Tod eine Erlösung ist« (Löw 1990, 90). Der Film »Jud Süß« ist ein *antisemitischer* Propagandafilm, der an eine völlig entstellte Textvorlage des selber emigrierten Lion Feuchtwanger anknüpft. Der Film wurde gezielt zur psychologischen Vorbereitung von Judendeportationen eingesetzt. *Im Gegensatz zur Behauptung Löws enthält der Film ›Jud Süß‹ jedoch keinerlei Bezug zur Euthanasie-Problematik.* Zur *Vorbereitung* eines geeigneten Klimas für das nationalsozialistische »Euthanasie«-Programm war der Film auch deshalb wenig geeignet, weil er erst *nach* dessen Beginn fertiggestellt wurde. – Angesichts des sehr kreativen Verhältnisses, das Herr Löw zur Vergangenheit hat, wäre zu erwägen, den oben angeführten Regeln eine Regel 0 voranzustellen, die lauten könnte: Wer eine Schiefe-Bahn-Argumentation aufstellt, sollte seine Belege nicht frei erfinden.

15 Michael Baurmann hat mich darauf hingewiesen, daß es angesichts des Umstands, daß Beihilfe zur Selbsttötung straffrei ist, unter den psychologischen Prämissen Spaemanns eigentlich schon längst zu jenen Schiefe-Bahn-Effekten hätte kommen müssen, die Spaemann der Legalisierung der aktiven Sterbehilfe zuschreibt.

16 Der Brief ist abgedruckt in der Dokumentation: Bio-Technik – Ethik – Geistige Behinderung – Ein europäisches Symposium, ein Eklat und sein Hintergrund, herausgegeben von der Bundesvereinigung Lebenshilfe für geistig Behinderte e. V., 4. Auflage, Marburg, Stand 21. August 1989; ebenso in: Behindertenpädagogik 28 (1989), Heft 3, 292-297. Das angebliche Zitat findet sich dort auf S. 295.

17 Ebenda.

18 Ebenda.

19 Kuhse/Singer (1987), 683-691.

20 Weß (1987), 165. Der Artikel erschien unter der Rubrik »Kritik und Information« mit der ›Oberüberschrift‹ »Kongresse«.

21 A.a.O., 165 ff.

22 Kuhse/Singer (1985).

23 Dieses Zitat ist allerdings nicht, wie behauptet, »am Schluß des Euthanasie-Kapitels« zu finden, sondern am Ende des Abschnitts »Euthanasie bei mißgebildeten Säuglingen« (Singer 1979, 188); das Euthanasie-Kapitel endet erst auf der Seite 214.

24 Auch ein anderer Autor, nämlich Udo Sierck, nutzt den Artikel von Ludger Weß zur Generierung eines Singer-Zitats. In seinem Artikel »Unser Lebensrecht ist undiskutierbar!« (die randschau – Zeitschrift für Behindertenpolitik 4 (1989), Heft Mai/Juni, 7-10) erzeugt er aus der Darstellung von Ludger Weß (vgl. a.a.O., 165) zunächst einen

Extrakt, den er dann auf S. 7 seines Artikels Peter Singer als Zitat zuschreibt.

25 A.a.O., 8.

26 Paritätischer Wohlfahrtsverband/Landesverband Bremen e. V., Landesarbeitsgemeinschaft »Hilfe für Behinderte« Bremen e. V., Lebenshilfe für geistig Behinderte Bremen e. V., Paritätisches Bildungswerk/Landesverband Bremen e. V., Presseerklärung: »Lebensqualität statt Qualitätskontrolle menschlichen Lebens«, Bremen 17. 4. 1990, 3 Seiten.

27 A.a.O., 1.

28 In dem unter der Überschrift »Wider die Unvernunft der Euthanasie« im Weserkurier vom 18. 4. 1990 veröffentlichten Artikel heißt es dann: »..., vertritt er doch in seinem Buch ›Praktische Ethik‹ die Auffassung, daß lebensunwertes Leben vernichtet werden müsse«.

29 In seinem Bericht über das Ende der Vortragsreihe (Weserkurier vom 15. Juli 1990) greift Mathias Fuchs zunächst das Scheinzitat auf und fährt dann fort: »Dies ist eine Hauptthese des Australiers Peter Singer, die der Philosophie-Professor in seinem Buch ›Praktische Ethik‹ vertritt«.

30 Lothar Evers, »Bioethiker Peter Singer: Schweineethik-Lebenshilfe wollte Euthanasiebefürworter einladen«, in: DGSP Rundbrief 45, Juni 1989, Seite 30-35. Ders., »Bio-Ethik? Peter Singers Euthanasie-Thesen«, in: Dr. med. Mabuse 61, August/September 1989, 37-39.

31 A.a.O., 38.

32 Es kommt zunächst das gefälschte Zitat und dann fährt Gabriele Goettle fort: »... so in einem Schlußwort auf dem 7. Internationalen Kongreß für Humangenetik 1986 in Berlin«. Der Artikel ist wieder abgedruckt unter dem Titel *A und B, Bein oder Zeh? – Die in der »Zeit« gepriesene neue Eugenik ist nicht soviel anders als die alte / Ein Stück Euthanasie* in: T. Bruns/U. Penselin/U. Sierck (Hg.), Tödliche Ethik – Beiträge gegen Eugenik und »Euthanasie«, Hamburg 1990, 69-78.

33 Kein Tabu für Freaks?: Behindertenpädagogik 29 (1990) Heft 1, 56-65, hier S. 56.

34 Ebenda.

35 TAZ vom 13. 2. 90, S. 17.

36 Analyse und Kommentar: Euthanasie für das Jahr 2000. Der Technofaschismus marschiert (Publik-Forum Materialmappe – Wer nicht paßt, muß sterben – Euthanasie für das Jahr 2000, hrsg. von Doris Weber), Oberursel, März 1990 (1. Auflage), 3-5.

37 A.a.O., 4.

38 Vgl. die Arbeiten Kuhse (1987) und Kuhse/Singer (1987).

Literatur*

Bastian, T. (Hg.) (1990): Denken – Schreiben – Töten – Zur neuen »Euthanasie«-Diskussion, Stuttgart 1990 [Hirzel].

Bruns, Th./Penselin, U./Sierck, U. (Hg.) (1990): Tödliche Ethik – Beiträge gegen Eugenik und »Euthanasie«, Hamburg [Verlag Libertäre Assoziation].

Feuser, G. (1989): Offener Brief an Prof. Dr. Chr. Anstötz, die Bundesministerin für Jugend, Familie, Frauen und Gesundheit sowie die Bundesvereinigung Lebenshilfe: Behindertenpädagogik 28 (1989), Heft 3, 292-297.

Goettle, G. (1990): A und B, Bein oder Zeh? – Die in der »Zeit« gepriesene neue Eugenik ist nicht soviel anders als die alte / Ein Stück Euthanasie: Th. Bruns/U. Penselin/U. Sierck (Hg.) 1990, 69-78.

Hegselmann, R. (1990): Worin könnte moralische Bildung bestehen? – Ein Minimalideal: G. Holzapfel (Hg.), 16-40.

– (1990a): Was ist und was soll Moralphilosophie: R. Hegselmann/H. Kliemt (Hg.) 1990, 4-23.

Hegselmann, R./Kliemt, H. (Hg.) (1990): Peter Singer in Duisburg – Eine kommentierte Dokumentation, Duisburg [Eigendruck].

– (1990a): »Euthanasie« bei den Nazis und Euthanasie bei Singer: R. Hegselmann/H. Kliemt (Hg.) 1990, 141-145.

Holzapfel, G. (Hg.) (1990): Ethik und Erwachsenenbildung (Kolloquium des Studiengangs Weiterbildung), Bremen [Universität Bremen].

Kliemt, H. (1990): Allgemeines über Ethik und Utilitarismus: R. Hegselmann/H. Kliemt (Hg.) 1990, 24-36.

Kuhse, H. (1987): The sanctity-of-live doctrine in medicine – A critique, Oxford [Clarendon Press].

Kuhse, H./Singer, P. (1985): Should the baby live – The Problem of handicapped children, Oxford [Oxford UP].

– (1987): Ethical issues in reproductive alternatives for genetic indications: F. Vogel/K. Sperling (eds.) 1987, 683-691.

Löw, R. (1990): Philosophische Aspekte der Behindertenproblematik: T. Bastian (Hg.) 1990, 83-93.

Riess, E. (1990): Kein Tabu für Freaks: Behindertenpädagogik 29 (1990), 56-65.

Russell, B. (1968): The autobiography of Bertrand Russell – 1914-1944; dt. Autobiographie II – 1914-1944, Frankfurt 1973 [Suhrkamp].

Singer, Peter (1979): Practical ethics; dt. Praktische Ethik, Stuttgart 1984 [Reclam].

* Beiträge aus Tageszeitungen, Flugblätter, Rundschreiben u. ä. Texte wurden nicht ins Literaturverzeichnis aufgenommen. Die bibliographischen Hinweise finden sich in den jeweiligen Fußnoten.

Spaemann, R. (1990): Geleitwort: T. Bastian (Hg.) 1990, 7-8.
Vogel, F./Sperling, K. (Hg.) (1987): Human genetics – (Proceedings of the 7th International Congress Berlin 1986), Berlin [Springer].
Weber, D. (Hg.) (1990): Wer nicht paßt, muß sterben (Publik-Forum Materialmappe), Oberursel.
– (1990a): Analyse und Kommentar – Euthanasie für das Jahr 2000 – Der Technofaschismus marschiert: D. Weber (Hg.) 1990, 3-5.
Weß, L. (1987): Internationaler Kongreß für Humangenetik, Berlin, 22.-26. 9. 86 – Eindrücke und Berichte: 1999 – Zeitschrift für Sozialgeschichte des 20. und 21. Jahrhunderts, Heft 1, 157-166.

Hartmut Kliemt
Ein guter Philosoph ist stets darauf bedacht, ob nicht auch ein anderer Böses macht*

0. Professorengezänk

Im Verein für Socialpolitik hat sich ein Ausschuß konstituiert, der sich mit Fragen des Verhältnisses von Ethik und Wirtschaftswissenschaften befaßt. Im Juni 1990 nahm ich an einer Ausschußsitzung in Hannover am dortigen »Forschungsinstitut für Philosophie« – einer wesentlich von der katholischen Kirche getragenen Einrichtung – teil, um einen Vortrag über methodologische Aspekte des Verhältnisses von Ethik und Wirtschaftswissenschaft zu halten. Peter Koslowski, Ko-Direktor des Instituts, nahm bei dieser Gelegenheit Anstoß daran, daß ich in meinem Beitrag menschliche Gesellschaften mit »Clubs« verglich, die der Verfolgung gemeinsamer Interessen dienen. Er bezeichnete eine derartige Ausdrucksweise als »frivol« und verurteilte sie – wohlgemerkt, die Ausdrucksweise – moralisch. Die Gesellschaft als eine Veranstaltung zur Förderung der gemeinsamen Interessen zu betrachten und unter diesem Gesichtspunkt philosophisch zu diskutieren, sei moralisch nicht erlaubt, da die Frage der Aufnahme in die Gesellschaft schließlich Leben und Tod betreffe. Sein moralisches Verdikt gegen mich und seinen damit einhergehenden Bruch der Spielregeln des philosophischen Fachgespräches begründete Peter Koslowski allerdings nicht mit weiteren philosophischen Argumenten. Da in dem dortigen Kreis allgemein bekannt war, daß ich darauf bestehe, daß Peter Singers Buch »Praktische Ethik«, so wie in anderen Ländern auch, an einer deutschen Universität kritisch und sachlich analysiert werden können muß, fügte er vielmehr nur einen Verweis auf Peter Singer hinzu. Damit schien für ihn alles gesagt und eine weitere Argumentation überflüssig zu sein.

Man könnte die hier berichteten Äußerungen von Herrn Koslowski – und natürlich auch die vorliegende »Retourkutsche« –

* Ich danke Michael Baurmann, Thomas Jakob und Elke Kliemt für nützliche Korrekturen.

unter der Rubrik »Professorengezänk« abbuchen. Man würde es sich damit allerdings etwas zu einfach machen. Wenn Peter Koslowski mit seinem feinen und intelligenten Gespür für Zeitströmungen und Zeitgeist glaubt, gefahrlos für seine eigene Reputation als Fachphilosoph ein Forum der moraltheoretischen Auseinandersetzung in eine Bühne des Moralisierens verwandeln zu dürfen, dann ist das für alle, die ein Klima weltanschaulich unbeschränkter, unvoreingenommener Diskussion erhalten wollen, ein erstes Warnzeichen. Da er für sein im katholischen Raum durchaus einflußreiches Institut spricht und sich ein anderes führendes Institutsmitglied (vgl. u.) in ähnlicher Weise öffentlich geäußert hat, kann man Peter Koslowskis Verhalten nicht mit einem Achselzucken übergehen. Die Installierung einer Bundesprüfstelle für anstandsgefährdendes Denken droht zwar im Ernst nicht. Dramatisierungen wären völlig fehl am Platze. Dennoch gilt es den Anfängen zu wehren und sich erneut auf die Grundprinzipien einer freien Gesellschaft, freier wissenschaftlicher und freier philosophischer Diskussion zu besinnen. Dazu besteht angesichts dessen, was sich in letzter Zeit in der Auseinandersetzung um Peter Singer abspielte, einiger Anlaß. Ich hoffe, daß das, was ich hier vom Standpunkt des teilnehmenden Beobachters zu berichten habe, wenn nicht die Teilnahme, so doch ein gewisses Interesse des Lesers finden wird. Zunächst werde ich noch etwas polemisieren (1.) und dann ein wenig philosophieren (2.).

1. Polemik

1.1. Wer nicht mit uns ist, ist gegen uns!

Zum Verständnis des Weiteren sei berichtet, daß ich mit meinem Bemühen, im WS 1989/90 ein Seminar zu Peter Singers Buch »Praktische Ethik« anzubieten, keinen Erfolg hatte, sondern aufgrund massiver Störungen das Seminar abbrechen mußte. Mit derartigen Vorkommnissen muß man grundsätzlich rechnen. Etwas überraschend ist allerdings, daß sich nicht nur organisierte Gruppen als kämpferische Singer-Gegner beweisen wollten, sondern auch Hochschullehrer tatkräftig Schützenhilfe leisteten. Nach dem Wunsch dieser Singer-Gegner sollen Frontenbildungen und Gegnerschaften offenkundig noch stärker als ohnehin üblich das Bild der wissenschaftlichen Auseinandersetzung bestimmen. Selbstverständlich ist gegen wissenschaftliche Polemik nichts einzuwenden. Wenn sich die Polemik jedoch ungeniert beliebiger Unterstellungen bedient, um Herausforderungen der eigenen Grundpositionen abzuwehren, dann werden wissenschaftliche Grundwerte gefährdet. Die Wissenschaft ist zu sehr auf die Unterschiedlichkeit der in ihr vertretenen Auffassungen angewiesen, als daß wir es uns erlauben könnten, nach der Maxime »Wer nicht mit uns ist, ist gegen uns!« vorzugehen. Die dadurch tendenziell bewirkte Aufspaltung der wissenschaftlichen Meinungsvielfalt in höchstens zwei homogene Gegenpositionen herbeizuführen, ist bedenklich, weil dadurch nicht nur die eigenbestimmte Dynamik des wissenschaftlichen Prozesses, sondern zugleich die wechselseitige Kontrolle aller Auffassungen durch eine umfassende Konkurrenz mit widerstreitenden Positionen gefährdet wird. Wenn sogenannte Singer-Gegner versuchen, ihre eigenen Auffassungen einer derartigen Kontrolle und Kritik durch Errichtung weltanschaulicher Barrieren und Gegnerschaften zu entziehen, bin ich tatsächlich nicht mit ihnen, sondern gegen sie.

1.2. Wer ist ein Singer-Gegner, und bin ich einer?

Die Welt enthält nach Sicht der Singer-Gegner im wesentlichen nur Singer-Gegner und Singer-Befürworter, wobei man in die Gemeinschaft der letzteren einfach dadurch aufgenommen wird, daß man nicht der Meinung der Singer-Gegner ist. Das Kriterium für Gegnerschaft wird nicht näherhin spezifiziert, doch wäre man durchaus interessiert und wäre es auch wichtig, darüber Genaueres zu erfahren. Ist ein Singer-Gegner etwa jemand, der Singer als Person ablehnt? Dann bin ich kein Singer-Gegner, denn ich kenne Herrn Singer nicht persönlich, und das wenige, das ich über ihn als Person gehört habe, hat mich eher positiv für ihn eingenommen. Trotzdem maße ich mir keine dezidierte Meinung über seine Person an. Ein Singer-Gegner könnte auch jemand sein, der gewisse von Peter Singer vertretene Theorien ablehnt. In diesem Sinne bin ich ein Singer-Gegner. Den von Singer vertretenen Utilitarismus lehne ich ab, weil ich glaube, daß gegen ihn zu viele gravierende Einwände vorgebracht werden können. Allerdings muß ich zugeben, daß der Utilitarismus in Peter Singer einen Vertreter gefunden hat, der ob des aus seinen Schriften erkennbaren intellektuellen Formats dieser philosophischen Strömung zur Zierde gereicht. Seine Argumente sind wichtige Beiträge zur philosophischen Fachdiskussion, weil sie ernste Herausforderungen für alle jene beinhalten, die andersartige Theorien vertreten. Wenn man hingegen aus der Schar der Singer-Gegner bereits dadurch ausscheidet, daß man auch nur irgendeines der Argumente oder irgendeine der Theorien Singers akzeptiert, dann bin ich sicher kein Gegner. Ich frage mich allerdings, ob es überhaupt Singer-Gegner in diesem Sinne geben kann.

Es könnte schließlich jemand nur dann Anerkennung als ein Singer-Gegner finden, wenn er die von den Singer-Gegnern abgelehnten Theorien ebenfalls ablehnt. Die Anklänge an Zirkularität und Dogmatismus, die diese Haltung aufweist, entbehren nicht der Pikanterie. Allerdings wäre es wohl möglich, einen bestimmten Kanon von Überzeugungen aufzustellen, von denen einige oder die meisten von Singer geteilt werden mögen und die zugleich jeder »billig und gerecht denkende anständige Mensch« abzulehnen »hat«. Dazu müßte aus Sicht der Singer-Gegner insbesondere gehören, daß man Abtreibung und alle Formen der Euthanasie strikt ablehnt. In diesem Sinne wäre ich sicher kein Singer-Gegner. Ich habe, was diese Themen anbelangt, überhaupt keine sehr festgefügten Meinungen, gestehe aber gern zu, daß mir bislang die stärkeren Argumente eher in die von Singer vertretene Richtung zu weisen scheinen.

Insgesamt empfinde ich hier so viel moralische Verwirrung, daß ich mit Bezug auf praktisches Handeln eine moralische Empfehlung weder für meine eigenen noch die Konklusionen anderer aussprechen würde. Diese Unsicherheit ist es gerade, die mich dazu veranlaßt, eine weitere Diskussion nicht nur aus wissenschaftlichen, sondern auch aus moralischen Gründen für sinnvoll und wünschenswert zu halten. Die Erkenntnis, daß in bestimmten existentiellen Grundfragen, die den Beginn und das Ende des menschlichen Lebens in sehr persönlicher Weise betreffen, sehr unterschiedliche Auffassungen bestehen, sollte uns überdies dazu führen, möglichst viele der diesen Bereich betreffenden, tendenziell tragischen Entscheidungen in die Eigenverantwortung der Familien und Individuen zu stellen und nicht zum Gegenstand verbindlicher gesellschaftlicher Normierungen zu machen. Die

Sicherheit, die viele der Singer-Gegner in ihrer Urteilsbildung zu empfinden scheinen, ist mir rätselhaft. Unverständlich ist mir deshalb auch der Eifer, mit dem sie ihre eigenen Auffassungen für andere gesellschaftlich verbindlich vorschreiben wollen. Der Respekt vor der moralischen Urteilsbildung anderer Personen scheint mir zumindest zu verlangen, jede Chance zu einer ernsthaften und kritischen Prüfung bestehender oder künftiger rechtlicher Regelungen wahrzunehmen. Wie sonst, wenn nicht durch freie Diskussion, soll dies aber geschehen?

Damit kommen wir zum Kern der Kontroverse. Aus Sicht der Singer-Gegner reicht es keineswegs aus, in der Sache gegen Abtreibung, Euthanasie, Sterbehilfe oder Gentechnologie einzutreten. Denn als ein aufrechter Singer-Gegner zählt in ihren Augen nur der, der nicht nur die inhaltlichen Thesen Singers ablehnt, sondern darüber hinaus auch deren bloße Diskussion. Das bedeutet, daß Singers Thesen nicht kritisch diskutiert, allenfalls dogmatisch mit allen Zeichen von Abscheu verdammt werden dürfen, will man noch als moralisch einwandfrei gelten können. In diesem Sinne bin ich einwandfrei nicht moralisch einwandfrei. Ich sehe mich vielmehr unter der moralischen Pflicht, alle meine Überzeugungen entweder selbst herauszufordern oder durch andere herausfordern zu lassen (vgl. dazu etwas ausführlicher auch unten, 2.).

1.3. Wer ist ein Singer-Anhänger, und bin ich einer?

Wir können auch umgekehrt – nun mit dem letzten Fall der Singer-Gegnerschaft beginnend – einmal fragen, was denn eigentlich jemanden zu einem Singer-Anhänger macht. Wenn man allein dadurch zum Singer-Anhänger wird, daß man darauf besteht, sich in kritischer öffentlicher Diskussion eine Meinung über Singers Theorien bilden zu können, dann bin ich ein engagierter Singer-Anhänger. Allerdings bin ich nach diesem Kriterium ebenso ein Anhänger aller jener Philosophen, deren Theorien ich kritisch diskutieren will.

Wird man ein Anhänger eines Philosophen nur dann, wenn man all seine Theorien akzeptiert, bin ich kein Singer-Anhänger. Ist man bereits dann ein Anhänger von Singer, wenn man es ablehnt, sich von ihm moralisch zu distanzieren, nur weil er inhaltlich bestimmte Thesen vertritt, dann bin ich wiederum ein Anhänger. Allerdings bin ich dann wieder mit gleichen Gründen ein Anhänger fast jedes Philosophen, weil ich darauf bestehe, daß man sich, soweit man es vermag, bemühen soll, unvoreingenommen mit Theorien umzugehen. Sich von einem Philosophen moralisch wegen seiner Argumente zu distanzieren, erscheint mir vollkommen unangebracht, solange ich nicht Grund habe zu der Annahme, daß er die Argumente aus außerwissenschaftlichen Motiven vertritt. Selbst dann allerdings könnten die Argumente immer noch triftig sein und deshalb eine philosophische Behandlung verdienen. Wenn die Philosophie überhaupt einen Nutzen hat, dann sicher den, daß wir in ihr lernen können, Theorien kritisch zu durchleuchten und gegebenenfalls auf friedliche Weise loszuwerden. Ein Anhänger dieser Funktion der Philosophie bin ich, und nach allem, was ich weiß, ist Peter Singer dies in gleichem Maße. Insoweit sind wir sicherlich Anhänger gleicher wissenschaftlicher Grundüberzeugungen.

Aber, so wird man einwenden, die Grundwerte der Wissenschaft sind nicht die höchsten humanen Werte. Das ist richtig. Ich sehe jedoch keinen Konflikt zwischen der Bewahrung der wissenschaftlichen Diskussionsfreiheit und der Bewahrung anderer fundamentaler humaner Werte. Ich sehe allerdings durchaus Konflikte zwischen den Werten jener, die höhere humane Werte nur vorschieben, um eine ganz anders motivierte Attacke gegen Wissenschafts- und Diskussionsfreiheit zu reiten, und meinem eigenen Interesse an kritischer und freier Diskussion.

1.4. Die Sorge um das Humanum

1.4.1. »Der Anti-Fa« ist los

Von den Singer-Gegnern wird immer wieder die Sorge um die Bewahrung des, wie sie es gern nennen, »Humanum« beschworen. Was das anbelangt, so sind sie ganz streng und beanspruchen ein Alleinvertretungsrecht. Einige Marxisten haben sich hier besonders hervorgetan. Angesichts des Triumphgeschreis der politischen Rechten, der Sozialismus sei tot, möchte ich zwar manchmal selbst ausrufen: »Lang lebe der Sozialismus!« Der Sozialismus hat eine Tradition aufzuweisen, in der jedenfalls ich das ernste Bemühen um die Bewahrung von humanen Werten erkenne, mögen die von Sozialisten gemachten Vorschläge zur Realisierung dieser

Werte auch häufig auf verfehlten empirischen Überzeugungen beruhen. Es kann jedoch nicht angehen, angesichts des Zerfalls des sozialistischen Totalitarismus aus Gründen der kurzfristigen politischen Opportunität den »großen Anti-Fa« abzustauben und willkürlich andere der Förderung faschistischer Umtriebe zu verdächtigen, nur weil das so schön von den eigenen internen Problemen ablenkt. Trivialerweise wird man nicht allein deshalb zum Faschisten, weil man die Diskussionspraktiken jener, die den guten Namen des »Anti-Faschismus« für durchsichtige andere Ziele mißbrauchen wollen, ablehnt. Die Diskussion um die von Singer aufgeworfenen Fragen ist einfach zu ernst, um sie als Aufmarschbühne zu mißbrauchen, auf der einige Groucho-Marxisten sich selbst beweisen wollen, daß der Widerstand gegen den Nationalsozialismus täglich zunimmt. Die hier veranstalteten Manöver, mit denen man gerade auch die Betroffenheitsgefühle der Behinderten vor den eigenen Karren zu spannen sucht, um öffentliche Aufmerksamkeit und öffentliches Gehör zu finden, sind zu durchsichtig und Argumente zu wenig erkennbar, um hierüber weitere Worte zu verlieren.

Interessant ist jedoch, daß gerade jene, die selbst ein großes Interesse an Propaganda und so wenig Neigung zur offenen Diskussion verspüren, permanent mit Kategorien der Gegnerschaft in einem Propagandakampf operieren und Singer und den von ihnen so genannten Singer-Anhängern von Beginn an ein reines Propagandamotiv unterstellen. Daran haben nicht nur die Marxisten, sondern hat auch die katholische Seite tatkräftig mitgewirkt. Ein aufschlußreiches Beispiel für diese Praktiken hat Reinhard Löw, Ko-Direktor von Peter Koslowski am Hannoveraner Forschungsinstitut für Philosophie, in der Zeitung DIE WELT geliefert (vgl. Nr. 144, Samstag, 23. Juni; alle weiteren Zitate wurden, soweit nicht ausdrücklich anderweitig gekennzeichnet, diesem Artikel entnommen).

1.4.2. »Der Löw« ist los

»Vor etwa einem Jahr wurde in Deutschland eine Kontroverse um den australischen ›Bio-Ethiker‹ Peter Singer losgetreten, der seine These vortragen wollte, daß es im Interesse aller Beteiligten läge, wenn behinderte Kinder im Mutterleib oder, in speziellen Fällen, auch noch einige Zeit nach ihrer Geburt getötet werden dürften –

im Interesse der Behinderten selbst, der Eltern und des Staates, der gleichermaßen erbhygienische wie ökonomische Aspekte zu berücksichtigen habe. Ethische Probleme sah Singer nicht: Geisteskranke bezeichnet er unter anderem als ›human vegetable‹, also als bloß unbewußt vegetierende menschliche Existenz.«

Aus diesen Ausführungen kann man viel lernen. Zunächst einmal »wurde ... eine Kontroverse ... losgetreten«. Das ist nicht unwahr. Aber wurde sie etwa von Peter Singer losgetreten? Soweit mir bekannt ist, hat Herr Singer zum Lostreten der Kontroverse nicht mehr beigetragen, als eine Einladung zu Vorträgen anzunehmen. Wurde die Kontroverse von jenen losgetreten, die Peter Singer einluden? Nun, sie haben ihn eingeladen und sie wollten sicherlich kontrovers über die von ihm vorzutragenden Ideen diskutieren. Ganz sicher lag ihnen jedoch nicht das geringste daran, eine Kontroverse »um ... Peter Singer« als Person loszutreten. Auch was den persönlichen Charakter der Anwürfe anbelangt, bleibt Reinhard Löw – vermutlich diesmal eher unfreiwillig – durchaus bei der Wahrheit. Er zögert überdies nicht, sich tatkräftig an den persönlichen Verunglimpfungen zu beteiligen mit dem nachfolgenden Satz, wonach Peter Singer »(e)thische Probleme« nicht sah. Wie denn das? Gerade weil er unser Verhalten in Grenzbereichen des menschlichen Lebens als hochgradig problematisch empfand, hat er sich als Philosoph der Untersuchung damit zusammenhängender ethischer Probleme zugewandt und diesen den größten Teil seiner wissenschaftlichen Arbeit gewidmet. Stark ist es auch, in diesem Zusammenhang den Gebrauch des Begriffs »human vegetable« als Indiz für mangelndes ethisches Problembewußtsein einzuführen. Man muß dazu wissen, daß dieser Begriff in der angelsächsischen Literatur allgemein verwendet wird, um den Zustand von Patienten zu beschreiben, die tatsächlich nur mehr unbewußt »dahinvegetieren« und dabei durch alle möglichen Apparaturen künstlich am Leben erhalten werden. Gerade dies sollte eigentlich das ethische Problembewußtsein jedes mitfühlenden Menschen wecken. Darüber, daß wir in Deutschland Probleme mit der Behandlung derartiger Patienten als weit weniger dringend empfinden, weil wir – anders als vor allem die Amerikaner – rechtliche Euthanasieverbote weniger ernst nehmen und uns um sie durch stillschweigende Euthanasiepraktiken herummogeln, schweigt sich der Philosoph aus. – Doch sehen wir, was er weiter zu sagen hat:

»Aus den geplanten Vorträgen wurde zunächst einmal nichts, weil Behindertenorganisationen und mit ihnen solidarische Gruppen drohten, solche Veranstaltungen zu verhindern. Der Fall erschien der ›Aristotelian Society‹ in England so ernst, daß sie in einer Resolution ›nachdrücklich ihre Sorge um Freiheit der Rede ... und die rationale Diskussion wichtiger praktischer Belange‹ in der Bundesrepublik ausdrückte. So, als kehrten alte Unterdrückungsmechanismen wieder, und das auch noch am wichtigsten Ort der freien Rede, der Universität.« Nun kann man der in dem letzten Satz implizit ausgesprochenen These, es sei abwegig, aus den Ereignissen den Schluß zu ziehen, alte Unterdrückungsmechanismen kehrten wieder, durchaus zustimmen. Das, was die Aristotelian Society beunruhigt, ist wohl nicht die Wiederkehr der Mechanismen, sondern die Vermutung, daß sie in Deutschland leider nie recht aufgehört haben, zu existieren. Was die Engländer verstört, ist die geringe, augenscheinlich im deutschen Geistesleben noch weniger als anderswo entwickelte Toleranz und Bereitschaft, Meinungen erst einmal als Meinungen zu nehmen und sie zu diskutieren, anstatt mit moralischen Unwerturteilen gegen ihre Äußerer die Diskussion zu unterdrücken. Was viele Ausländer beunruhigt, ist unsere anscheinend noch immer unterentwickelte Fähigkeit, allgemeine Spielregeln zu akzeptieren und mit einiger Gelassenheit mit jener Vielfalt umzugehen, die sich unter solchen allgemeinen Regeln spontan entwickelt. Und haben wir nicht auch einen »Radikalenbeschluß der Ministerpräsidenten«, der von Staatsdienern nicht nur die Bereitschaft, die Regeln der Verfassung einzuhalten, einfordert, sondern darüber hinaus ein Bekenntnis zu Verfassungswerten? Herr Löw will jetzt noch einen Schritt weitergehen und verlangen, daß nur derjenige, der die Gewähr bietet, jederzeit für bestimmte Werte einzutreten und niemals Zweifel an bestimmten Tabus anmelden wird, sich an einer öffentlichen Debatte wird beteiligen dürfen. Wo ist die Erinnerung an Kants »Kritisiert so viel ihr wollt, aber gehorcht!« geblieben?

»Einen großen öffentlichen Auftritt erhielt Singer dann doch noch: im ›Club 2‹ des Österreichischen Fernsehens, und dort wurde er mit zweierlei konfrontiert: Erstens mit Menschen, die nach seinen Kriterien alle getötet hätten werden müssen, und von denen wenigstens einer dem Professor Singer so eklatant intellektuell wie humanitär überlegen war, daß man eine Widerlegung

von dessen ›Eugenik‹ in Fleisch und Blut erleben konnte. Es wurde ihm auch klargemacht, daß die richtige Frage an Behinderte nicht ist, ob sie lieber gesund wären – das ist trivial –, sondern ob sie leben wollten oder nicht.«
Zunächst einmal sieht man wieder, wie propagandasüchtig Herr Singer ist, hatte er doch nichts Besseres zu tun, als im Österreichischen Fernsehen einen »großen öffentlichen Auftritt« wahrzunehmen. Kein Wort davon, daß es nicht Herrn Singers Bemühungen zu danken ist, daß er viele Jahre nach der ersten Veröffentlichung seines Buches und nachdem dieses an vielen ausländischen und inländischen Universitäten diskutiert worden ist, in das öffentliche Interesse gerückt wurde, sondern jenen, die wie Herr Löw die freie und kontroverse Diskussion nicht glauben dulden zu können. Er wurde überdies mit Menschen konfrontiert, die angeblich nach seinen Kriterien alle getötet hätten werden müssen. Was Herr Löw hier verschweigt, ist, daß es Singer nicht um womöglich politisch durchgesetzte Tötungszwänge, sondern allenfalls um das Recht auf den Tod geht. Peter Singers eigene Kriterien knüpfen immer an die reale bzw. vermutbare Binnensicht des betroffenen Individuums an. Es geht ihm gerade nicht darum, daß ein allmächtiger Staat zusätzliche Rechte bekommt, über das Leben von Individuen Entscheidungen zu treffen, sondern umgekehrt um eine Beschneidung derartiger Befugnisse. Es ist nicht Singer, der gesellschaftliche Befugnisse erweitern bzw. nicht beschneiden will, sondern Löw. Jene, die ähnliche Ansichten wie Reinhard Löw vertreten, wollen durch rechtliche Verbote den Schwangerschaftsabbruch verhindern. Sie wollen es Eltern untersagen, einen voraussichtlich schwerstbehinderten Foetus abzutreiben oder ein schwerstbehindertes Kleinstkind sterben zu lassen oder auch seiner direkten Tötung zuzustimmen. Sie sind es, die die Unterordnung individueller moralischer Urteilsautonomie unter kollektiv verbindliche Regeln verlangen. (Wobei man allerdings Zweifel haben kann, ob nicht der Utilitarismus, von dessen möglichen Implikationen Peter Singer hier gerade abzurücken sucht, tendenziell kollektivistische Untertöne hat, die derartige Vorschläge, wie sie Singer unterstellt werden, stützen könnten. Nur wird sich selbst Herr Löw kaum zu der unter seinen Prämissen ziemlich zwangsläufigen Forderung versteigen wollen, daß man an deutschen Universitäten nicht mehr über den Utilitarismus insgesamt diskutieren darf, oder?)

Nun sind zugegebenermaßen Slogans wie »Mein Bauch gehört mir!« nicht gerade besonders gute oder subtile Argumente für Bestrebungen, das Selbstbestimmungsrecht von Individuen und Familien in bestimmten Fundamentalfragen menschlicher Existenz zu fördern. Aber es bleibt eine Tatsache, daß viele Menschen andere Werte als Herr Löw teilen, und dies aus ebenso tief empfundener moralischer Betroffenheit. Haben Eltern, die glauben, nicht verantworten zu können, ein behindertes Kind zur Welt zu bringen, von vornherein kein Recht darauf, daß man ihre Werte respektiert und sie nicht gesellschaftlich zwingt, gegen ihre tiefempfundenen Überzeugungen zu handeln? Ist der Wunsch eines Menschen, unter bestimmten Umständen lieber getötet als am Leben erhalten zu werden, von vornherein so unbeachtlich? Wissen wir so genau, was richtig ist und was man tun soll, daß derartige Wünsche nicht öffentlich diskutiert werden dürfen? Muß jemand, der selbst unter bestimmten Umständen getötet werden möchte, weiterleben, weil andere es wollen? Ist es legitim, dem Nicht-Katholiken oder Nicht-Christen mit den Mitteln der staatlichen Rechtsordnung Pflichten aufzuerlegen, nur weil die katholische Moraltheologie dies fordert? Natürlich könnte die katholische Moraltheologie mit ihrer ehrwürdigen Tradition recht haben; aber dürfen wir nicht wenigstens versuchen, uns selbst darüber eine Meinung zu bilden?
Vielleicht wird man nach dieser Meinungsbildung letztendlich in diesem Bereich eher zu rechtlichen Regelungen tendieren, die den von Herrn Löw befürworteten nahestehen, mit generellen Verboten operieren und wenig in die Eigenverantwortlichkeit von Individuen und Familien stellen. Aber kann man im Ernst sagen, daß in einem säkularen Staat nicht über Dinge wie den wünschenswerten Bereich individueller und familiärer Verantwortlichkeit gerade in derartigen Fundamentalfragen gesprochen werden muß? Kann man im Ernst so sicher sein, die richtigen Ansichten und Lösungen zu besitzen, daß nicht mehr öffentlich nachgedacht werden darf? Warum sollen die moralischen Betroffenheiten bestimmter Individuen unserer Gesellschaft weniger zählen als die anderer? Muß nicht gerade derjenige, der etwa eine Verschärfung des heutigen Abtreibungsparagraphen wünscht, gerade aus Respekt für Andersdenkende und deren moralische Gefühle verlangen, daß diese umfassend zu Wort kommen, damit er ihre Gründe verstehen und sehen kann, ob *er* im Respekt vor anderen

es denn moralisch verantworten kann, seine eigenen moralischen Ansichten nicht nur selbst zu leben, sondern sie auch für andere rechtlich verbindlich zu machen?

Herr Löw besitzt hier wirklich Löwenmut und scheint sich seiner Sache ganz sicher zu sein. Man kann allerdings auch Zweifel daran bekommen, ob er viel Respekt für andere empfindet, jedenfalls soweit es sich nicht um deren Leben, sondern nur um so unwesentliche Dinge wie deren moralische Integrität und Meinungsbildung handelt. Die »richtige Frage an Behinderte« sei »nicht ..., ob sie lieber gesund wären – das ist trivial –, sondern ob sie leben wollten oder nicht.« Herr Singer, so wird hier stillschweigend suggeriert, würde sich über den erklärten Lebenswillen eines Behinderten hinwegsetzen wollen und diesen zur Tötung freigeben. Dies als Fachphilosoph, der es nach Lektüre von Peter Singers »Praktische Ethik« mit Sicherheit besser weiß, zu suggerieren, ist unentschuldbar. Peter Singer geht es, wie dem Buch unschwer zu entnehmen ist, dezidiert nur um die Behandlung jener Fälle, in denen man sich nicht auf die erklärten Wünsche von betroffenen Individuen stützen kann, weil diese sich noch nicht oder dauerhaft nicht mehr selbst erklären können. Wer soll dann Sachwalter ihrer Interessen sein? Singer plädiert hier dafür, daß es eher ihre nächsten Angehörigen sein sollen als die Gesellschaft als ganze – und spricht hierfür nicht einiges?

Wenn Herr Löw sagt: »Jeder Mensch tritt als gezeugtes und geborenes Mitglied in die Gesellschaft ein. Er ergreift seine Rechte, *ohne sie irgend einem anderen verdanken zu müssen*, und er verliert sie nicht bis zu seinem Tode.« (Kursivsetzungen von ihm), dann klingt das sehr schön, wirft aber eine Menge von Fragen auf. Tritt der Mensch bereits als gezeugtes Wesen (direkt nach der Befruchtung der Eizelle?) in die Gesellschaft ein? Ist der Embryo Teil der Gesellschaft und wenn ja, in welchem Sinne und warum? Kann man wirklich sagen, daß das Kleinstkind bereits »seine Rechte« »ergreift«? Natürlich erkennen wir ihm Rechte zu. Natürlich schützen wir die Rechte der Eltern, indem wir das Kleinkind schützen; aber in welchem nicht-übertragenen Sinne kann man davon ausgehen, daß bereits der soeben geborene Säugling seine Rechte »ergreife«? Und hat er bereits alle oder nur einige der Rechte der erwachsenen Person?

Wenn man aber nicht sagen kann, daß er seine Rechte selbst wahrnehmen könne, wer soll dann Sachwalter seiner Rechte und

Interessen sein? Wenn wir beispielsweise davon ausgehen, daß jeder Mensch ein Recht hat, sich selbst zu töten – Herr Löw ist da möglicherweise anderer Ansicht, die meisten von uns würden ihm darin aber sicher widersprechen, – und wenn wir annehmen, daß das Kleinstkind bereits alle Rechte eines Menschen besitzt, dann müßte es auch dieses Recht besitzen. Wer aber soll dann das Recht, über die Fortdauer des eigenen Lebens zu entscheiden, wahrnehmen? Das Recht, eine Erbschaft anzunehmen oder auszuschlagen, kann ein Kleinkind ebenfalls nicht selbst wahrnehmen, wohl jedoch etwas erben. Wer, wenn nicht die Eltern, soll dann dieses Recht im allgemeinen – sofern dem nicht schwerwiegende in der Person der Eltern begründete Einwände entgegenstehen – wahrnehmen? Natürlich kann man sich hier helfen, indem man darauf besteht, daß das Kleinstkind eben doch noch nicht alle Rechte besitzt, die der erwachsenen Person zukommen. Dann aber wird man wohl vom Philosophen eine begründete und genaue Diskussion verlangen dürfen, welche Rechte zu welchem Zeitpunkt den Individuen zukommen. Der Versuch, statt dessen Diskussionstabus zu errichten, hat mit Politik, jedoch nichts mit Philosophie zu tun. Überdies, die Vorstellung, daß ich, so wie ich heute existiere, im Bewußtsein meiner Existenz und dessen, was mit mir vorgeht, getötet werden könnte, ist bedrückend und erfüllt mich tatsächlich mit Schrecken. Die Vorstellung, daß ich überhaupt nicht existiert haben oder, bevor ich ein bewußter Mensch wurde, getötet worden sein könnte, ist, soweit ich sie überhaupt nachvollziehen kann, jedoch wenig schreckend, erscheint mir angesichts dessen, was das Leben an Schrecklichem für uns bereithalten kann, manchmal sogar eher als eine Wunschvorstellung. Herr Löw mag das anders sehen. Das ist sein gutes Recht. Es ist jedoch nicht sein gutes Recht, sondern Anmaßung, anderen die eigene Sicht in diesen existentiellen Fragen aufzwingen zu wollen.

Das Humanum, das die katholische Kirche zu verwirklichen sucht, geht von der Unverfügbarkeit des menschlichen Lebens aus. Ich gestehe den Katholiken natürlich das Recht zu, selbst nach ihrer Maxime zu leben. Ich gestehe ihnen jedoch nicht das Recht zu, daß sie indirekt über die Rechtsordnung über mein Leben zu verfügen suchen, indem sie beispielsweise fordern, die Selbsttötung unter Strafe zu stellen und den Zugang zu einfachen, sicheren und schmerzlosen Mitteln zur Selbsttötung zu behindern suchen. Ich bewundere auch die Leistungen aller, die sich in

der Pflege von Kranken und Behinderten engagieren und erkenne die lange große Tradition gerade der Katholiken auf diesem Sektor an. Den Schlußabsatz von Reinhard Löw finde ich – all dies anerkennend – jedoch bemerkenswert: »Die praktische Verwirklichung des Humanum hat freilich noch eine ganz andere Qualität. Und wenn man einmal einen Einblick erhält in die Arbeit jener zahllosen und selbstlosen Helfenden im Bereich der Behinderten, dann stellt sich neben dem Dank an sie eine tiefe Scham ein, daß man sich an einer solchen Kontroverse überhaupt beteiligen mußte.« Es scheint, daß Herr Löw sich durch die Tiefe seiner Schamempfindung so verausgabt hat, daß ihm der Vorrat an diesem edlen Gefühl ausgegangen ist. Er ist jedenfalls schamlos genug, die in höchstem Maße moralisch bewundernswerte aufopferungsvolle Rolle der »Helfenden im Bereich der Behinderten« vor den eigenen Argumentationskarren spannen zu wollen. Wir, die wir ernste moralische Fragen ernstnehmen und für uns deshalb im Austausch mit anderen eine verantwortbare reflektierte Haltung entwickeln möchten, benehmen uns jedoch nicht schamlos. Wir lassen es keineswegs am Respekt vor den Handlungen und Meinungen anderer fehlen, sondern sind im Gegenteil aufgrund der Ernsthaftigkeit unserer Besorgnisse interessiert, umfassend alle Gesichtspunkte auf uns wirken zu lassen.
Nachdem er die These aufgestellt hat, daß die grundgesetzlich garantierte Meinungsfreiheit »von vornherein« der »Menschenwürde aus Grundgesetzartikel 1« unterlegen sei, stellt Herr Löw dazu folgendes fest: »Darüber hinaus vermindert aber jede Diskussion über mögliche Kollisionen und Kompromisse die Achtung vor der Menschenwürde. Ein Teil der Humanität unserer Gesellschaft beruht darauf, daß bestimmte Themen nicht öffentlich aufgeworfen werden, weil selbst im Fall, das Humanum wäre am Ende doch konsensfähig, es im Verlauf der Diskussion den Charakter des Selbstverständlichen verloren hat.«
Diese Ausführungen sind aufschlußreich. Zunächst einmal wird vorausgesetzt, daß jeder wisse, was das Humanum denn sei und daß überdies selbstverständlich sei, worin es besteht. Wir können jedoch durchaus verschiedene Hypothesen darüber bilden, was denn nun das Humanum ausmacht. Wenn man unter Humanum etwa versteht, daß man von der Unverletzlichkeit des menschlichen Lebens auszugehen hat und menschliches Leben zugleich mit der Befruchtung der Eizelle beginnen läßt, dann befindet man

sich auf einem in unserer Gesellschaft höchst strittigen Terrain. Selbstverständlich ist hier, wie die Debatte über die Abtreibung zeigt, absolut nichts. Überdies wird Abtreibung praktiziert, und diese Praxis muß, gerade weil sie so grundlegende Bedeutung aus der Sicht vieler Menschen hat, durch eine kritische und öffentliche Diskussion begleitet werden. Gerade die Katholiken müßten hier darauf bestehen, daß diskutiert wird. Denn auch sie müßten ehrlicherweise anerkennen, daß die von ihnen vertretenen Werte ohnehin schon lange den Charakter des Selbstverständlichen verloren haben. Sollten sie nicht davon überzeugt sein, die besseren Argumente auf ihrer Seite zu haben, wäre es eine geradezu ungeheuerliche Anmaßung, *deshalb* die Diskussion zu untersagen.
In unseren Krankenhäusern praktizieren wir täglich bestimmte Formen stillschweigender Früheuthanasie, ebenso wie wir den Tod unheilbar kranker Menschen durch gezieltes Unterlassen bestimmter Hilfeleistungen herbeiführen. Diese Praktiken gibt es, und es mag zwar sein, daß wir nicht gern an deren Existenz erinnert werden; aber ist das nicht tatsächlich eher ein Grund, die öffentliche Debatte zu verlangen und zu fördern, als sie unterbinden zu wollen? Ist es wirklich illegitim, wenn besorgte Menschen, denen die auch von katholischer Seite vertretene Lehre von der moralischen Unterschiedlichkeit von Handeln und Unterlassen in diesen – und auch in anderen Kontexten – nicht recht einleuchten will, moralische Verwirrung angesichts dieser Praktiken empfinden und nach einer auch ihnen einsichtigen normativen Begründung fragen? Durch Totschweigen gehen, wie Hans Jonas in seinem ZEIT-Interview anläßlich der Singer-Affäre sagte (vgl. DIE ZEIT, 25. August 1989), die Probleme ja nicht weg. Sollte nicht der, der sich um die Bewahrung des Humanum wirklich sorgt, nicht auch Sorge tragen wollen, einmal genau zu sagen, was denn nun das Humanum ausmacht? Darf er sich dabei hinter allgemeinen Floskeln wie der Heiligkeit und Unantastbarkeit des menschlichen Lebens verstecken und zugleich jede weitere Diskussion und Befragung seiner eigenen, möglicherweise fragwürdigen Positionen mit einem Tabu zuzudecken versuchen? Und läge die Diskussion nicht sogar in seinem eigenen Interesse? Diskussionsverbote schaden der Verwirklichung solcher zum Humanum gehörenden Werte wie dem Respekt vor anderen menschlichen Individuen und deren Überzeugungsbildung. Mit Bezug auf die Behandlung der Abtreibungs- und Euthanasieproblematik ist es

plausibel, daß die Bewahrung des Humanum eher unter einem Zuwenig als unter einem Zuviel an Diskussion leiden könnte. Wem es wirklich um das Humanum in einer sich radikal ändernden Welt geht, der sollte an einer möglichst umfassenden Sicht aller Standpunkte interessiert sein.

Es ist überdies vermutlich so, daß die Verwischung von Grenzen, die de facto von vielen oder gar den meisten Menschen intuitiv gezogen werden, weit eher geeignet ist, die Bewahrung humaner Werte zu gefährden als das Bemühen, bestimmte Grenzen in möglichst allgemein einsichtiger Form zu ziehen. Wenn man etwa argumentiert, daß eine befruchtete Eizelle bereits eine menschliche Person sei, dann ist die Abtreibung Mord. Es wird nun von katholischer Seite implizit gern die These unterstellt, daß nur diese sehr weitgehende Sicht, die keinerlei Grenzziehungen zwischen verschiedenen Formen menschlichen Lebens zuläßt, besonders geeignet sei, in realen Gesellschaften den Schutz menschlichen Lebens zu gewährleisten. Man suggeriert jenen, die die weltanschaulichen Prämissen des Katholizismus nicht teilen, daß man gleichsam besonders weit auf der sicheren Seite sei, wenn man die vollen Personenrechte beispielsweise auch einer befruchteten Eizelle zuerkennt, die doch außer dem vollen Chromosomensatz nichts mit einer menschlichen Person gemein hat. Empirisch ist die These von der Schutzwirkung der Grenzverwischung jedoch höchst fragwürdig. Durch eine derartige Gleichsetzung wird ja nicht nur das, was zunächst für einen Nicht-Katholiken nur ein Zellhaufen ist, in die gleiche Kategorie gebracht wie eine menschliche Person, sondern umgekehrt eine menschliche Person ebenfalls als gleichartig mit einem Zellhaufen klassifiziert. Wenn man glaubt, menschliche Embryonen mit Mitteln der Beeinflussung unserer moralischen Überzeugungen – für rechtliche Mittel ist dies natürlich trivial richtig – besser schützen zu können, indem man sie menschlichen Personen gleichstellt, dann ist es empirisch ebenso plausibel, daß man durch diese Gleichstellung eher das Gegenteil erreicht. Wenn die wesentlichen moralischen Qualitäten eines erwachsenen Menschen bereits von einem Zellhaufen geteilt werden, dann mögen sie vielen vielleicht weniger wichtig erscheinen. – Ich behaupte hier nicht, zu wissen, daß die eine oder die andere Sicht empirisch richtig ist. Ich möchte allerdings betonen, daß küchensoziologische A-priori-Überlegungen jedenfalls plausibel angezweifelt werden können und müssen.

Nach alledem meine ich, daß in einer komplexen, sich technisch wandelnden Welt eine öffentliche Diskussion der einzige verantwortbare Weg ist, sich mit den Grenzfragen des menschlichen Lebens und Sterbens auseinanderzusetzen. Tabus scheinen mir wenig für sich zu haben. Doch darüber ist mehr zu sagen.

2. Tabus und die Moral der wissenschaftlichen Diskussion?

Wer Wertfreiheit und Unvoreingenommenheit als Werte ansieht, deren Verwirklichung wir im wissenschaftlichen Diskurs nach Möglichkeit fördern sollten, kann nicht behaupten, daß mit der wissenschaftlichen Diskussion als solcher keine moralischen Wertungen verbunden sind. Das Beharren auf Wertfreiheit und Vorgabenfreiheit der wissenschaftlichen Diskussion speist sich letztlich selbst aus Werturteilen. Ich jedenfalls versuche entschieden, aus interessenbasierten Gründen, die man letztlich als »moralisch« wird klassifizieren müssen, für solche Werte wie die Freiheit der wissenschaftlichen Auseinandersetzung einzutreten. Selbstverständlich kann man in diesem Meta-Diskurs über die grundsätzlichen Werte des wissenschaftlichen Diskurses als einer sozialen Veranstaltung von meinen abweichende Werturteile oder auch die gleichen Werturteile mit anderen als interessenbasierten Gründen vertreten. Allerdings glaube ich, ohne das im einzelnen hier ausführen zu können, daß es bei Würdigung der wohlverstandenen Interessen jedenfalls der meisten von uns ziemlich starke Argumente dafür gibt, an freier, nicht-dogmatischer wissenschaftlicher Diskussion festzuhalten.

Die Freiheit der Wissenschaft beruht wesentlich darauf, daß man Argumenten mit Argumenten zu begegnen sucht und alle jene kritisiert, die der Versuchung nicht widerstehen, sich außerargumentativer Mechanismen zu bedienen, um in Kontroversen zu obsiegen. Natürlich haben einzelne Wissenschaftler bzw. Gruppen von Wissenschaftlern immer wieder versucht, mit nicht-argumentativen Mitteln zum Ziele zu kommen. Das ist nicht überraschend, da Wissenschaftler Menschen wie alle anderen auch sind. Auf ihre individuelle Moral kann man deshalb nicht mehr vertrauen als auf die des Durchschnittsbürgers etwa im Geschäftsleben oder im täglichen Umgang mit der Umwelt. Die wissenschaftliche Kultur als Ganze hat der menschlich allzu menschlichen Tendenz, die eigenen Positionen und Überzeugungen mit nicht-argumentativen Mitteln zu schützen, nichts anderes entgegenzusetzen als jene kollektiv etablierten Konventionen und Kontrollmechanismen, die es erlauben, nicht-argumentative Vorgehensweisen als Verletzung der Spielregeln der Wissenschaft zu kritisieren. Niemand muß das Spiel der Wissenschaft in unserem modernen Sinne spielen. Wenn er es jedoch spielen will, dann ist dies nur möglich, indem er sich den Regeln unterwirft. Sonst spielt er eben ein anderes Spiel und sucht möglicherweise nur, unter falscher Flagge zu segeln. (Dabei bestreite ich nicht, daß die Wissenschaft und das Bemühen um die Einhaltung der Standards offener Diskussion möglicherweise selbst einen Irrweg darstellen könnten; vgl. dazu und zum folgenden vor allem auch Albert 1969, insbes. Kap. III).

In der Wissenschaft als Institution, Regelsystem oder Spiel sind die beteiligten Individuen sämtlich dazu autorisiert, nur ihrem eigenen Urteil oder Kopfe zu folgen, wohin sie ihr Denken auch führen mag. In diesem Spiel ist es unzulässig, daß man das Vertreten der Argumente selbst zum Gegenstand von moralischen Bewertungen macht. Das gilt auch für die moraltheoretische Auseinandersetzung. Auch hier muß man Argumenten, denen man nicht zustimmt, mit anderen moraltheoretischen Argumenten und nicht mit moralischen (Un-)Werturteilen, die sich an das Vertreten derartiger Argumente knüpfen, zu begegnen suchen. Dabei kann es notwendig sein, bestimmte moralische Werte als Argumentationsprämissen in die Diskussion einzuführen. Das ist aber etwas ganz anderes, als die Diskussion selbst und das Vorbringen gewisser Argumente in einer Diskussion unter ein moralisches Verdikt zu stellen. Ohne die Offenheit, beliebige Argumente in einer Diskussion einbringen zu können, ohne sich – jedenfalls öffentlich oder offiziell – anderen Sanktionen als dem Verdikt der Argumente beugen zu müssen, wären selbst die Minimalbedingungen des wissenschaftlichen Diskurses außer Kraft gesetzt. Ohne diese Offenheit würden wir die Konkurrenz der Auffassung beschneiden und uns damit des einzigen realen Grundes für irgendein Vertrauen in wissenschaftliche oder philosophische Diskussionsergebnisse berauben. Ein etwa sich einstellender Konsens in einer Sache ist nur dann etwas wert, wenn jedermann ihm jeden argumentativen Stein in den Weg legen konnte, auf den er unter Anstrengung von Phantasie und Vernunft noch kommen konnte. Und es ist völlig klar, daß die Prüfungen nur dann hart ausfallen werden, wenn wir die Konvention akzeptieren, daß die Zweifler für die Erfindung erfolgreicher Argumente belohnt und nicht bestraft werden. Nur dann werden sie ihren Erfindergeist anstrengen. Es ist eine wunderbare Errungenschaft der westlichen Zivilisation, daß es ihr gelungen ist, ein gesellschaftliches Subsystem zu entwickeln, in dem die größten Prämien für erfolgreiche Zweifel ausgesetzt sind, in dem der Zweifel selbst von der privaten zur öffentlichen Tugend verwandelt und Leichtgläubigkeit zur Untugend wurde. Die Bewahrung dieser Errungenschaft besitzt selbst moralischen Wert.

Die eigenen Fundamentalwerte und -überzeugungen wird niemand leicht aufgeben. Sie sind jedoch so folgenreich für das eigene Leben und Selbstverständnis, daß eigentlich jeder von uns guten Grund hat, sich ihrer zu vergewissern. Da dies für Fundamentalüberzeugungen trivialerweise nicht durch Rückgriff auf noch fundamentalere Überzeugungen erfolgen kann, gibt es dazu keinen anderen Weg, als sie mit Alternativen zu konfrontieren, sie herauszufordern bzw. herausfordern zu lassen, andere Lebensentwürfe zu betrachten und auf die Welt insgesamt durch verschiedene Fenster zu blicken. Da dies niemand von uns je für sich zu leisten vermag, müssen wir Sorge tragen, daß unsere soziale Welt offenbleibt für den Versuch, alternative Lebensentwürfe zu realisieren, und daß unsere geistige Welt offenbleibt für deren Diskussion. Wer nicht der Selbstüberhebung anheimfallen will, er habe die Wahrheit bereits gefunden und dürfe die Bücher deshalb einfach schließen, wird mit dem einzigen menschlich möglichen Maß an Sicherheit in Grundwertproblemen vorliebnehmen müssen: dem Wissen nämlich, daß Grundwertüberzeugungen einer möglichst offenen Konfrontation mit möglichst vielfältigen Alternativen aus seiner und möglicherweise aus der Sicht anderer standgehalten haben.

Nun kann jemand – dies sei ausdrücklich nochmals wiederholt – sagen, daß er an derartigen Konfrontationen und Prüfungen nicht interessiert ist. Das ist a priori nicht irrational, kann sogar den Interessen einzelner Individuen oder Gruppen höchst dienlich sein. Es ist jedoch, jedenfalls aus meiner Sicht der Dinge, festzustellen, daß noch jede historische Untat vom Engagement jener getragen wurde, die Zweifel an ihrer gerechten Sache nicht zulassen, sondern vielmehr den Glauben an diese Sache zur höchsten Tugend machen wollten. Die Bereitschaft, alle unsere Überzeugungen einschließlich unserer Wertüberzeugungen permanent zu prüfen, ist die einzige Versicherung, die wir dagegen errichten können, guten Willens verhängnisvollen Irrtümern zu erliegen. W. K. Cliffords Feststellungen in seinem bedeutenden Aufsatz »The ethics of belief« kann ich mich hier nur anschließen: »We all suffer severely enough from the maintenance and support of false beliefs and the fatally wrong actions which they lead to, and the evil born when one such belief is entertained is great and wide. But a greater and wider evil arises when the credulous character is maintained and supported, when a habit of believing for unworthy reasons is fostered and made permanent. ... The danger to society is not merely that it should believe wrong things, though that is great enough; but that it should become credulous, and lose the habit of testing things and inquiring into them; for then it must sink back into savagery.« (S. 246, in Brody 1974) Ich akzeptiere auch, daß »(n)o simplicity of mind, no obscurity of station, can escape the universal duty of questioning all that we believe« (S. 245, in Brody 1974), möchte dem jedoch hinzufügen, daß selbst diese Pflicht zu bezweifeln und nur sehr schwer wirklich zu befolgen ist. Angesichts der Barbareien, die überall dort entstanden sind, wo Leichtgläubigkeit und blindes Engagement zu Tugenden erklärt wurden, scheint es mir allerdings ziemlich klar, daß wir uns wünschen sollten, in einer Gesellschaft zu leben, die einen radikal offenen Sozialentwurf unterstützt und geeignet ist, in uns allen die Neigung zum Zweifel zu kultivieren. Das wird nur möglich sein, wenn wir die Kultur des offenen Disputes pflegen und Individuen zur Entwicklung abweichender Meinungen ermutigen, anstatt sie dafür zu verdammen.

Man kann demgegenüber auch einen Sozialentwurf vertreten, nach dem kollektive Instanzen nach inhaltlichen normativen Vorgaben darüber zu wachen haben, was gedacht und welche Argumente vorgebracht werden dürfen. Dabei muß man gar nicht an staatliche Institutionen als Richtinstanzen, sondern kann ebenso an die öffentliche Meinung als Instanz denken, die bestimmten Konventionen Nachdruck verleiht. Man kann etwas zur herrschenden Meinung machen, indem man nicht nur argumentative Kritik an Andersdenkenden übt, sondern sie mit anderen Mitteln zum Schweigen zu bringen sucht. Die Gründe, die dagegen sprechen, einem derartigen Sozialentwurf tatsächlich zu folgen, hat niemand besser formuliert als John St. Mill: »Wer dies Zum-Schweigen-Bringen Andersdenkender nicht für so übel hält, der sollte zunächst bedenken, daß als Folge davon niemals eine faire und gründliche Durchleuchtung ketzerischer Gedankengänge stattfinden kann, und daß der Teil von ihnen, der einer Diskussion nicht standhalten könnte, wenn auch an der Verbreitung gehindert, nicht verschwindet. Aber es ist schließlich nicht der Geist der Ketzer, der durch den Bann auf alle Nachforschungen, die nicht auf Rechtgläubigkeit hinauslaufen, am meisten entartet. Am schlimmsten werden diejenigen geschädigt, die keine Ketzer sind, deren ganze geistige Entwicklung man aber verdreht und deren Verstand man eingeschüchtert hat durch die Furcht vor Ketzerei. Wer kann ermessen, wieviel die Welt verliert an der Menge vielversprechender, aber furchtsamer Geister, die einem kühnen, kräftigen, unabhängigen Gedankengang nicht zu folgen wagen, weil er sie zu etwas führen könnte, was anerkanntermaßen als unreligiös oder unmoralisch gilt?« (1974, S. 47)

Diese Ausführungen Mills haben für mich unverändert Gewicht und Geltung. Es gibt aber anscheinend eine Vielzahl von Andersdenkenden in dieser Sache. Sie wünschen ihre eigenen Meinungen mit ziemlich massiven Angriffen nicht auf abweichende Meinungen, sondern auf die Person und Integrität jener, die diese Auffassungen vertreten, durchzusetzen. Im politischen Meinungskampf ist das ziemlich normal und muß bis zu einem gewissen Grade toleriert werden. In der wissenschaftlichen und universitären Auseinandersetzung ist die Neigung, derartige Tendenzen gleichsam öffentlich abzusegnen, eher überraschend. Meinen Segen haben sie jedenfalls nicht. Auch die katholische Kirche sollte ihren Segen lieber dem seelsorgerischen Bereich vorbehalten. Ihre eigenen Bemühungen, kirchlich gestützten wissenschaftlichen Unternehmungen eine gleichberechtigte Stimme im wissenschaftlichen Gespräch und dementsprechendes Gewicht zu verleihen, hängen davon ab, daß die Angehörigen der kirchlichen Wissenschaftsinstitutionen die Fundamentalnormen der Wissenschaft einhalten. Natürlich gilt dies in gleicher Weise für die wissenschaftlichen Ansprüche aller Wissenschaftsinstitutionen, die von weltanschaulichen oder anderen Interessengruppen gefördert werden.

Literatur

Albert, H. 1969: Traktat über kritische Vernunft. Tübingen.
Mill, J. St. 1974: Über die Freiheit. Stuttgart.
Clifford, W. K. 1974/1879: The ethics of belief; in: Brody, B. A. (Hrsg.): Readings in the philosophy of religion. Englewood Cliffs 1974.

Roland Wittmann
Metaethische Überlegungen zu dem ethischen Diskurs über P. Singers »Praktische Ethik«

Der Gedanke, daß Einsichten auf dem Gebiet der Ethik nur auf dem Wege des rationalen Diskurses gewonnen werden können, ist – man kann sagen, glücklicherweise – weit verbreitet. Wir können uns eine Ethik nicht mehr auf Grund apriorischer Grundannahmen, sondern nur noch als eine auf Dialog angelegte Ethik denken, die intersubjektiver Plausibilitätsprüfung unterworfen ist.[1] Eine solche Ethik entspricht dem Programm einer Ethik ohne Metaphysik, die weder von religiösen noch von sonstigen spekulativen Prämissen Gebrauch macht.[2] Klarheit besteht auch darüber, daß es im ethischen Diskurs nicht um »Wahrheit« oder »Falschheit«, ja nicht einmal um »Richtigkeit« oder »Unrichtigkeit« gehen kann, sondern nur um verschiedene Grade von Plausibilität oder Implausibilität. Demgegenüber wird die Frage, ob es für den ethischen Diskurs selbst spezifische Dialogregeln gibt, die zusammengenommen eine Art Ethik zweiter Stufe bilden, kaum je gestellt. In der Tat scheint die Frage selbst schon einen unendlichen Regreß zu enthalten: wie könnten Regeln für den ethischen Diskurs begründet werden, es sei denn, wiederum auf dem Wege des ethischen Diskurses? Dieser Einwand täuscht jedoch. Zum einen hat der Diskurs über formale Dialogregeln einen anderen Gegenstand als der Diskurs über ein ethisches Problem inhaltlicher Art. Zum anderen stellt sich die semantische Frage, was wir unter einer Dialogregel überhaupt zu verstehen haben. Es ist natürlich möglich, daß die Dialogpartner sich vorweg darüber auseinandersetzen, nach welchen Regeln sie sich im Laufe ihres ethischen Diskurses richten wollen. Die Möglichkeit oder gar die Notwendigkeit einer vorherigen Einigung über Dialogregeln sehen die Beteiligten jedoch nur in seltenen Fällen. Begreifen wir die Regeln des ethischen Dialogs nicht als Konventionen, auf die sich die Beteiligten ausdrücklich einigen, sondern als *implizite* Regeln, deren Befolgung die plausible Lösung ethischer Probleme im Wege des Diskurses überhaupt erst aussichtsreich

erscheinen läßt, dann können solche Regeln zwar nicht unmittelbar – das wäre eine unzulässige Ableitung des Sollens aus dem Sein –, wohl aber mittelbar durch *Beobachtung* aufgezeigt werden, durch Feststellung nämlich der Folgen, die ihre Verletzung für die Erfolgsaussichten eines ethischen Diskurses hat. Der bisherige Verlauf der Auseinandersetzung um die Thesen des australischen Moralphilosophen P. Singer in Deutschland bietet Gründe genug, um über Regeln des ethischen Diskurses nachzudenken. Wenn allein schon der Versuch, Singers Positionen in Seminaren oder in den Massenmedien kritisch zu diskutieren, heftigste Reaktionen auslöst und wenn sogar die Angst umgeht, bereits die Erörterung einzelner ethischer Probleme, die sich auch ganz unabhängig von Singers Gedankengängen stellen, gefährde das Lebensrecht Behinderter, dann liegt die Frage nahe, ob ein solcher Grad an Emotionalisierung allein durch den Inhalt der Ethik Singers erklärt werden kann oder zumindest auch daran liegt, daß die impliziten Regeln des ethischen Diskurses in diesem Falle versagt haben.
Eine erste, geradezu selbstverständliche Voraussetzung für einen ethischen Diskurs, der zur Klärung ethischer Probleme führen soll, ist, daß sein *Gegenstand* hinreichend bestimmt ist. Es macht einen Unterschied, ob Singers Versuch einer Ethik als ein System von Prämissen, Zwischengliedern und Schlußfolgerungen diskutiert werden soll oder nur einzelne Schlußfolgerungen Singers, losgelöst von ihren Prämissen, beurteilt werden sollen. Es ist ferner ein Unterschied, ob der Diskurs nur der theoretischen Auseinandersetzung mit Singer dient, oder ob unabhängig von Singer, wenn auch unter Berücksichtigung seiner Ansichten, ein ethisches Problem mit dem Ziel diskutiert werden soll, den davon konkret Betroffenen Richtlinien des Handelns aufzuzeigen. Es soll keineswegs bestritten werden, daß auch einzelne Schlußfolgerungen der Ethik Singers für sich Gegenstand eines ethischen Diskurses sein können. Jeder, der den waghalsigen Versuch unternimmt, eine Ethik zu formulieren, muß sich selbstverständlich auch an den praktischen Einzelergebnissen seines Entwurfs messen lassen. Das gilt erst recht für jemanden, der in so sensible Bereiche vordringt wie die Abtreibung oder das Recht schwerstgeschädigter Neugeborener auf Leben. Ein Ethiker, der das Verhalten anderer rechtfertigen oder für sie Richtlinien künftigen Handelns aufzeigen möchte, kann sich nicht auf die salvatorische

Klausel der »reinen Wissenschaft« berufen, selbst dann nicht, wenn er seine Schlußfolgerungen aus abstrakten Prämissen gewinnt. Es fällt auch sicher nicht schwer, die extreme Implausibilität einzelner Schlußfolgerungen Singers schon durch die Widerlegung seiner Nahbegründung – also ohne Auseinandersetzung mit seinen Prämissen – aufzuzeigen. Wenn er etwa im Hinblick auf die Interessen der Eltern die Früheuthanasie mongoloider Kinder erwägt[3], so fehlt dabei jedes nähere Eingehen auf die Prognose der Entwicklung solcher Kinder. Ein erheblicher Teil dieser Kinder kann bei medizinischer Versorgung und bei entsprechendem Einsatz der Eltern immerhin ein Intelligenzniveau erreichen, das die Ausübung einfacher Tätigkeiten ermöglicht. In seltenen Ausnahmefällen ist sogar das Vordringen in höhere Intelligenzbereiche vorgekommen. Dem steht freilich die große Anzahl mongoloider Kinder gegenüber, die völlig unselbständig sind und in Heil- und Pflegeanstalten oder unter aufopferungsvollem Einsatz der Eltern oder sogar der Großeltern versorgt werden müssen. Allein schon die unterschiedliche Prognose scheint mir die Tötung mongoloider Neugeborener schlechthin zu verbieten. Denn solche Kinder können es *potentiell*, wenn auch nur auf einem geringeren Intelligenzniveau, auch zu einer menschenwürdigen Existenz bringen[4]. Mit dem Tötungsverbot sind freilich die Probleme der Eltern mongoloider Kinder nicht gelöst. Sie haben vielmehr Anspruch auf möglichst weitreichende Hilfe der Gesellschaft, die ihnen die Aufopferung für mongoloide Kinder zumutet. Die Gesellschaft kann sich aus dieser Verantwortung nicht mit der Behauptung davonschleichen, daß viele Eltern die Sorge für ein solches Kind angeblich bereitwillig auf sich nehmen.

Wenn auch demnach ein ethischer Diskurs über einzelne Schlußfolgerungen Singers möglich ist, so bleibt er letztlich doch unbefriedigend. Zumindest fragt man sich, wie Singer andere Fälle eines genetischen Defekts beurteilen würde. So stößt man in seiner »Praktischen Ethik« auf die Behauptung, daß Früheuthanasie auch bei hämophilen Kindern in Betracht komme. Wie denn dies, möchte man sich doch fragen, da diese Kinder potentiell auch zu höchster Intelligenz gelangen können. Gegen einen ethischen Diskurs lediglich über einzelne Schlußfolgerungen Singers sprechen aber auch noch zwei weitere Argumente. Zum einen erkennt man so nicht das ganze Ausmaß der Implausibilität der Thesen Singers. Man sieht nicht, daß das Singersche Prinzip gleicher In-

teressenerwägung, das zunächst auch von einem nichtutilitaristischen Standpunkt aus plausibel erscheinen mag, durch die Leugnung der Präferenz von Neugeborenen für eine weitere Existenz entwertet wird. Nur wenn man die Zuschreibung von Interessen an ein behindertes neugeborenes Kind überhaupt ablehnt oder sie niedriger bewertet als die der Eltern, kann man wie Singer auf den Gedanken kommen, die Früheuthanasie mongoloider oder hämophiler Kinder in Betracht zu ziehen. Selbst dann ist freilich ein solcher Gedanke keineswegs plausibel. Ihm steht dann immer noch das Interesse der Gesellschaft an der kontrafaktischen Stabilisierung des Tötungsverbots entgegen; dieses Interesse erstreckt sich auf jede Art menschlichen Lebens. Gegen einen ethischen Diskurs nur über einzelne Schlußfolgerungen Singers spricht aber auch die bei einem solchen Vorgehen zu erwartende erhöhte Emotionalisierung. Damit soll keineswegs die These vertreten werden, daß ein ethischer Diskurs völlig frei von Emotionen geführt werden könnte oder sollte. Eine solche These wäre lebensfremd. Die Gefahr liegt in einer übertriebenen Emotionalisierung, in Gefühlsausbrüchen, die eine sachliche Diskussion erschweren oder unmöglich machen. So kann die Auseinandersetzung etwa nur mit den Thesen Singers zur Früheuthanasie leicht zu der Vorstellung führen, er sei überhaupt kein »Ethiker«, also wissenschaftlich gar nicht qualifiziert[5]. Die Dialektik einer solchen Vorstellung ist klar: hinter ihr verbirgt sich die Angst, Singer könnte etwa doch über Prämissen und über einen Ableitungszusammenhang verfügen, die seine Thesen rechtfertigen, eine Angst, die sich in nichts auflösen würde, wenn man seine Ethik im ganzen einer kritischen Prüfung unterziehen würde, statt sie allenfalls vage als »utilitaristisch« zu kennzeichnen.
Sollen nicht nur Einzelergebnisse Singers diskutiert, soll sein Anspruch, einen plausiblen ethischen Entwurf vorgelegt zu haben, kritisch überprüft werden, dann sind die Prämissen und die Zwischenglieder der von ihm konstruierten Ableitungszusammenhänge Gegenstand des ethischen Diskurses. Ein Diskursteilnehmer kann natürlich, je nachdem, welche ethische Position er selbst vertritt, verschiedene Strategien verfolgen, um Singers Entwurf im ganzen kritisch zu überprüfen. Da Singer den utilitaristischen Gedanken der Nutzenmaximierung in der Form der größten Übereinstimmung mit den Präferenzen der Betroffenen vertritt[6], ist es denkbar und auch naheliegend, gegen ihn den grund-

sätzlichen Einwand zu erheben, daß Ethik nichts mit Nutzenmaximierung zu tun hat, das moralische Urteil über eine Handlung vielmehr davon abhängt, inwiefern sie mit objektiv gegebenen oder aus moralischen Prinzipien abgeleiteten oder sozialethisch begründeten Werten im Einklang steht. Diese Vorgehensweise hat jedoch den Nachteil, daß sie die Vorstellung nähren kann, Singers Entwurf könne wenigstens als eine utilitaristische Position ein gewisses Maß an Plausibilität beanspruchen. Daher empfiehlt es sich eher, die Prämissen des Singerschen Entwurfs im ganzen zu betrachten, statt sich nur die Prämisse der Nutzenmaximierung auszusuchen. Das bedeutet natürlich nicht, daß man eine utilitaristische Ethik gleich welcher Art[7] für möglich oder gar für plausibel zu halten braucht.

Singers Ausgangspunkt ist der Gedanke der »Interessenmaximierung« für alle Betroffenen. Das bedeutet die »Abwägung« der Interessen aller, die von der Entscheidung des Handelnden betroffen sind und die Wahl desjenigen Handlungsverlaufs, der »per saldo für alle Betroffenen die besten Konsequenzen hat«[8]. Unter den Begriff »Interesse« fällt nach Singer alles, was sich Menschen wünschen[9], es sind also nicht etwa nur Interessen gemeint, die vom Standpunkt einer schützenden Gerechtigkeit aus als schützenswert anzusehen wären.

Dieser Ansatz unterscheidet sich von der klassischen utilitaristischen Position zunächst jedenfalls dadurch, daß es Singer nicht unmittelbar auf die Maximierung des Gesamtnutzens der Gesellschaft ankommt. Seine Idee der Interessenmaximierung bezieht sich vielmehr in einem ersten Schritt ausdrücklich auf die Interessen der von der Handlung *Betroffenen*. Zu beachten ist, daß Singer von der *Abwägung* der Interessen der Betroffenen spricht. Das ist nicht dasselbe wie das von Singer zusätzlich eingeführte Prinzip der gleichen Interessen*erwägung*[10]. Nach diesem Prinzip hat etwa das Interesse an Schmerzlinderung als solches, wenn nicht zusätzliche Umstände hinzutreten, stets das gleiche Gewicht, ohne Rücksicht darauf, wessen Interesse es ist[11]. Das Prinzip der gleichen Interessenerwägung bedeutet also nur eine anfängliche gleiche Gewichtung, die bei interpersonellen oder, was dasselbe ist, intersubjektiven Interessenkonflikten die Abwägung nicht ersetzt, sondern geradezu impliziert. Das Prinzip der gleichen Interessenerwägung leistet für Singer die Begründung des Verbots der Sklaverei[12]. Da freilich Neugeborene nach Singer keine Präferenzen hinsichtlich ihrer künftigen Existenz haben können[13], fallen sie insoweit aus dem Anwendungsbereich des Prinzips der gleichen Interessenerwägung heraus und sind damit im Singerschen Entwurf gleichsam die ›neuen Sklaven‹: das Lebensrecht eines Säuglings ergibt sich nach Singer nicht von selbst daraus, daß seine Präferenz weiterzuleben wie bei jedem Menschen geachtet werden muß, es soll vielmehr von der Frage abhängen, »welche Qualität von Leben für ihn erwartet werden kann«[14]. J. Bentham stellt anders als Singer unmittelbar auf die Maximierung der Gesamtsumme an Wohlfahrt ab: »Man kann von jemandem sagen, er sei Anhänger des Prinzips der Nützlichkeit, wenn die Billigung oder Mißbilligung, die er mit einer Handlung oder einer Maßnahme verbindet, durch die Tendenz bestimmt ist oder der Tendenz entspricht, die ihr nach seiner Ansicht innewohnt, das Glück der Gemeinschaft zu vermehren oder zu vermindern.«[15] Daher ist jedenfalls der klassischen utilitaristischen Theorie nicht gelungen, das Verbot der Sklaverei zu begründen[16]. Denn wenn in einer bestimmten Kultur für die Maximierung des Nutzens der Gesellschaft notwendig ist, daß einige Menschen als Sklaven dienen, dann wäre die Einrichtung der Sklaverei aus utilitaristischer Sicht gerechtfertigt – ein absurdes Resultat. Bei Erörterung anderer Probleme fällt Singer allerdings in die klassische utilitaristische Position zurück und fragt nach der Vermehrung der Gesamtsumme von Lust und der Verringerung der Gesamtsumme von Schmerz[17]. Daher bleibt es letztlich unklar, wie Singer sich den Übergang von der Interessenmaximierung für alle Betroffenen zur Nutzenmaximierung für die Gesellschaft denkt.

Singers Ansatz unterscheidet sich von der klassischen utilitaristischen Position zunächst auch in einem weiteren Punkt. Indem Singer die Wahl einer Handlung danach beurteilt, ob die Handlung per saldo die besten Konsequenzen hat, stellt er klar, daß es für die Interessenmaximierung nicht allein auf die Vermehrung von Lust und die Verringerung von Schmerz ankommt[18]. In Zwischengliedern seiner Argumentation spielen freilich Lust und Leid eine erhebliche Rolle, so bei der Erörterung der Frage, ob aus der Fähigkeit, Lust und Schmerz zu empfinden, ein Recht auf Leben abgeleitet werden kann[19], aber auch bei der Beurteilung der für einen Säugling zu erwartenden Qualität von Leben[20]. Das (neugeborene) Kind »an sich« ist für Singer keine »Person«, weil es weder rational noch selbstbewußt ist[21]. Es ist nur ein »anderes Wesen«, ein »nicht-personales« menschliches Lebewesen, ebenso wie es nach Singer andererseits nichtmenschliche »Personen« geben soll. Folglich bezieht sich der Satz »Für Präferenz-Utilitaristen ist das Töten einer Person in der Regel schlimmer als das Töten eines anderen Wesens, weil ein Wesen, das sich nicht selbst als eine Wesenheit mit einer Zukunft sehen kann, keine Präferenz hinsichtlich seiner künftigen Existenz haben kann«[22], auch und gerade auf (neugeborene) Kinder. Da Neugeborene nach Singer mithin keine Präferenz hinsichtlich ihrer künftigen Existenz haben können, kommt Singer auch nicht auf den Gedanken, daß für ein behindertes Kind das Leben als solches einen noch höheren Grad an Nützlichkeit hat als für ein nicht behindertes Kind, weil der Kreis der ihm zur Verfügung stehenden oder für ihn wünschbaren Güter gegenüber dem Kreis der Güter eines nicht behinderten Kindes ohnehin wesentlich eingeschränkt ist. Ein solcher intersubjektiver Präferenzvergleich, in den das Leiden nur als einer von mehreren Faktoren eingeht, setzt freilich voraus, daß bei Menschen, die hinsichtlich der Frage, ob sie weiterleben möchten, nicht über eine subjektive Vorzugsrelation verfügen können, an die Stelle einer solchen die objektive Abwägung ihrer wohlverstandenen Interessen tritt, nicht anders als bei unvernünftigen Präferenzen eine hypothetische Präferenz unter der Annahme höchstmöglicher subjektiver Rationalität[23]. Der von Singer erweckte Eindruck, daß die Schlechterstellung von Menschen, denen er den Status einer »Person« abspricht, sich für »Präferenzutilitaristen« von selbst versteht, ist unzutreffend.

Hat es zunächst den Anschein, als würde Singer bei der Interessenmaximierung und beim Ausdruck »Interesse« unmittelbar darauf abstellen, »was sich Menschen wünschen«[24], also einen qualitativen Begriff des Interesses verwenden, so erfährt man an einer späteren Stelle seines Entwurfs, daß er »Interesse« mit dem komparativen Begriff der Präferenz identifiziert. Damit meint Singer eine Vorzugsrelation, bei der es darum geht, daß ein Zustand – nach Abwägung aller relevanten Fakten – einem anderen vorgezogen wird[25]. Es gibt keine Präferenz ohne eine Vorzugsrelation, man kann nur etwas, was man subjektiv in einem höheren Maße für wünschbar hält, einer anderen Sache vorziehen. Gestützt auf die Ersetzung von »Interesse« durch Präferenz stuft sich Singer als Präferenzutilitarist ein und gelangt für die Beurteilung von Handlungen zu folgender Konsequenz: »Nach dem Präferenz-Utilitarismus ist eine Handlung, die der Präferenz irgendeines Wesens entgegensteht, ohne daß diese Präferenz durch entgegengesetzte Handlungen ausgeglichen wird, falsch. Eine Person zu töten, die es vorzieht, weiterzuleben, ist daher falsch, die übrigen Umstände als gleichbleibend vorausgesetzt«.[26]

Gegen diese Position können mehrere Einwände erhoben werden. Es bleibt unklar, wie Singer die Frage unvernünftiger Präferenzen lösen würde, die dem wohlverstandenen Interesse des Handelnden selbst widersprechen würden. In der rationalen Entscheidungstheorie knüpft der Begriff der Präferenz gerade nicht an den objektiven Nutzen für den Handelnden an, sondern an seine subjektive Bewertung der möglichen Resultate[27]. Die Regel von Bayes, »Wähle unter den möglichen Handlungen diejenige, welche den Erwartungswert des Nutzens maximalisiert«, enthält nur eine Mindestvoraussetzung von Rationalität; ob der Handelnde selbst ein Resultat objektiv gesehen zu Recht für wünschbarer hält als ein anderes, ist hierbei unerheblich. Die *Metrisierung* subjektiver Nützlichkeitserwägungen in der Gestalt von Nutzenfunktionen löst nur das Problem intersubjektiver Nutzenvergleiche, nicht jedoch die Frage unvernünftiger Präferenzen. Singer meint gleichwohl, es könne »gelegentlich richtig sein, Menschen daran zu hindern, Entscheidungen zu treffen, die offensichtlich nicht rational begründet sind und von denen wir sicher sein können, daß sie sie später bereuen werden«[28]. Singers Ausgangspunkt, es komme auf die subjektive Präferenz des Handelnden an[29], erweist sich damit als inkonsistent.

Ein weiteres Bedenken gegen Singers Position besteht darin, daß Präferenzkonflikte unter verschiedenen Individuen sich auf ihrer Grundlage nicht lösen lassen. Singer meint zwar, man könne auch gegen die Präferenz eines »Wesens« handeln, wenn diese durch entgegengesetzte Präferenzen »ausgeglichen« wird[30]; er erwägt die Möglichkeit, daß die Präferenz des Opfers einer Tötungshandlung »manchmal durch die Präferenzen von anderen aufgewogen werden könnte«[31]. Doch ist ein »Ausgleich« oder eine »Abwägung« von Präferenzen verschiedener Individuen in Wirklichkeit nicht ohne eine objektive Interessenbewertung und Interessenabwägung möglich. Das bloße Gegenüberstellen subjektiver Nützlichkeitserwartungen des Handelnden und des oder der Betroffenen erlaubt keine Lösung. Der Übergang vom komparativen Begriff der Präferenz zu einer quantitativen Nutzenfunktion ist bereits intrasubjektiv ohne ethische Relevanz; die rationale Entscheidungstheorie ist keine Ethik[32]. Intersubjektiv ist ein solcher Übergang überdies gar nicht möglich[33]. Damit soll keineswegs behauptet werden, daß nicht auch eine präferenzutilitaristische Position denkbar ist, die die plausible ethische Beurteilung intersubjektiver Präferenzkonflikte ermöglichen könnte. In diese Richtung weist bereits eine 1955 erschienene Arbeit von J.C. Harsanyi. In dieser Arbeit führte Harsanyi neben einer subjektiven Nutzenfunktion für jedes Individuum eine Funktion der sozialen Wohlfahrt (social welfare function) ein; zu ihrem Argumentbereich sollten solche Präferenzen gehören, zu denen das Individuum ausschließlich aufgrund nichtpersönlicher, sozialer Erwägungen gelangt[34]. Neuerdings vertritt J. C. Harsanyi eine regelutilitaristische Variante des Präferenzutilitarismus: Für die Begründung der Norm, auf Grund deren wir den Bruch eines Versprechens mißbilligen, kommt es danach darauf an, ob wir es vorziehen würden, in einer Gesellschaft zu leben, in der diese Norm nicht gilt, oder ob wir lieber in einer Gesellschaft leben würden, deren Moralkodex das Vertrauen in ein gegebenes Versprechen schützt[35].

Geht man von der regelutilitaristischen Variante des Präferenzutilitarismus aus, dann ist die Begründung des Lebensrechts auch schwerbehinderter Säuglinge kein ernsthaftes Problem. Es ist besser, in einer Gesellschaft zu leben, in der eine ethische Norm gilt, die dieses Lebensrecht schützt, als in einer Gesellschaft, in der neugeborene Kinder einer lebensfeindlichen Umwelt gegenüber gleichsam die Beweislast haben, daß ihr Leben eine Qualität hat, die ihre Tötung ausschließt. Ohne zu erkennen, daß die aktutilitaristische Variante des Präferenzutilitarismus leerläuft, wenn die ontologischen Voraussetzungen für die Entstehung einer *subjektiven* Nützlichkeitserwartung nicht gegeben sind, erfindet Singer, statt den Begriff der Präferenz bei Fehlen subjektiver Nützlichkeitserwartungen zu objektivieren, die angebliche Seinskategorie der »Person« und beschränkt seine präferenzutilitaristische Begründung des Lebensschutzes auf »Personen«. Was »Person« ist, beschreibt Singer – man möchte es kaum glauben – in Anlehnung an einen Lexikonartikel. Dieser deutete das Wort »Person« als »selbstbewußtes oder rationales Wesen« – Singer macht daraus »rationales *und* selbstbewußtes Wesen«[36]. Bei der Erörterung der

Frage, ob Wale oder Delphine »Personen« seien, benutzt er für die »Person« das Kriterium »vernunftbegabt und selbstbewußt«[37]. Zusätzlich zum Lexikonartikel knüpft Singer an eine Definition von J. Locke an: Danach ist die Person »ein denkendes intelligentes Wesen, das Vernunft und Reflexion besitzt und sich als sich selbst denken kann, als das selbe denkende Seiende in verschiedenen Zeiten und an verschiedenen Orten«[38]. Es kann somit kein Zweifel bestehen, daß das Dispositionsprädikat ›Präferenzen haben‹ bei Singer auf »Personen« als »rationale und selbstbewußte Wesen« beschränkt ist, jedenfalls insoweit, als es um die Präferenz geht, weiterzuleben; wenn Singer davon spricht, daß ein »anderes Wesen«, also ein Wesen, das keine »Person« ist, »sich nicht selbst als Wesenheit mit einer Zukunft sehen kann«[39], so knüpft er damit an die Definition von J. Locke an (»sich selbst denken in verschiedenen Zeiten«).

Erst wenn der ethische Diskurs auch die Prämissen und die Zwischenglieder der Singerschen Thesen erfaßt, wird somit deutlich, daß Singers Entwurf eine in hohem Maße spekulative Ethik ist, und zwar nicht nur in normativer Hinsicht, sondern auch im Hinblick auf die implausible ontologische Voraussetzung, daß zwischen der Seinskategorie »Mensch« und jener der »Person« ein Unterschied bestehe. In einigen medizinisch eng begrenzten Fallbereichen, die nach Singer unter die viel zu abstrakte und emotional überladene Kategorie der »Früheuthanasie« einzuordnen wären, kann und muß die Frage der Grenzen ärztlicher Behandlungspflicht ganz unabhängig von Singer diskutiert werden. Es geht hierbei um die Anenzephalen und um Kinder, bei denen mehrere lebenswichtige Organe auf der Außenseite des Körpers entstehen. Den Anenzephalen fehlt die Schädeldecke und ein Großteil des Gehirns; sie können auch potentiell niemals eine menschliche Existenz erlangen, wie wir sie kennen und gehen auch bei Einsatz modernster medizinischer Mittel in kurzer Zeit zugrunde. Möglich ist nur, ihr Leben um Wochen, manchmal auch um Monate, zu verlängern. Im Fall der Kinder, bei denen mehrere lebenswichtige Organe auf der Außenseite des Körpers zur Entstehung gelangen, stellt sich die Frage, inwieweit der Arzt zur Durchführung einer Reihe von Operationen verpflichtet ist, wenn dadurch die Lebensfähigkeit des Kindes letztlich doch nicht erreicht werden kann, das Kind also trotz der Operationen nicht einmal die Chance erlangen kann, als behindertes Kind am Leben zu bleiben. Die Verdrängung der Frage, wie weit die ärztliche Behandlungspflicht in solchen Fällen geht, läßt die Betroffenen in ihrer Gewissensnot allein.

Die Ethik – und das gilt selbstverständlich auch für eine Ethik, die auf metaphysische Anfangsgründe verzichtet – kann sich nicht auf Routineentscheidungen des täglichen Lebens beschränken, die der Durchschnitt der Handelnden moralisch ohnehin bereits intuitiv bewältigen wird. Sie muß sich vielmehr gerade in *Grenzsituationen* bewähren. Die Geburt eines Kindes, das an den genannten schwersten Schädigungen leidet, ist eine Grenzsituation, die die betroffenen Eltern, aber auch den Arzt zutiefst berühren und existentiell erschüttern kann. Sollen Grenzsituationen ethisch aufgearbeitet werden, dann muß freilich klar sein, für welche Fallbereiche im Wege des ethischen Diskurses eine Regel gewonnen werden soll. Von der Fallgruppe *schwerstgeschädigter* Kinder sollte die Gruppe der behinderten und auch der schwerstbehinderten Kinder scharf unterschieden werden. Die Fallbereiche, für die eine Regel aufgestellt werden soll, und nicht primär Argumente irgendwelcher Art sind der Gegenstand eines problembezogenen ethischen Diskurses.[40] Ein Ethiker, der sich überlegt, was er einem Arzt raten soll, der vor der Frage steht, ob er einen Anenzephalen weiter am Leben erhalten soll, denkt nicht über Singers Ethik nach. Wenn er hierüber in einen Diskurs eintritt, dann diskutiert er nicht über das abstrakte Schlagwort »Früheuthanasie«, durch das – jedenfalls in Deutschland – die Vernunft aus, eine sich zu Gefühlsausbrüchen steigernde Emotionalität eingeblendet wird. Er diskutiert daher selbstverständlich auch nicht über Früheuthanasie bei behinderten Kindern. Bei Anenzephalen ist die Möglichkeit menschenwürdiger Existenz schlechthin ausgeschlossen. Das erschütternde Schicksal solcher Wesen ist unabänderlich, die moderne Medizin kann lediglich ihr Leiden für kurze Zeit verlängern. Begrenzt man hier die Pflicht des Arztes zur weiteren Behandlung, so kann man zwar insoweit von Euthanasie durch Unterlassen sprechen. Der Ausdruck hat dann aber von vornherein nicht den Sinn eines »guten Todes«, möglich ist allenfalls ein würdiger Tod in Anbetracht der Unmöglichkeit menschenwürdiger Existenz. Das Problem der Anenzephalen läßt sich ganz ohne Rücksicht auf die Singerschen Spekulationen über »Personen« durch die medizinische Ethik lösen. Wer also der ärztlichen Versorgung von Anenzephalen

Grenzen zieht, braucht keineswegs die Tötung von mongoloiden oder hämophilen Kindern zu befürworten.
Selbst für die Fallgruppe der Anenzephalen kann die Auseinandersetzung mit Singer allerdings in einem Punkt nicht unterbleiben. Es ist dies die Behauptung Singers, daß zwischen Tötung durch Unterlassen und aktivem Töten kein Unterschied bestehe und in der Praxis auch kein Unterschied gemacht werde.[41] Was zunächst die Praxis betrifft, handelt es sich bei der Behauptung Singers um eine empirische Hypothese, für die er keinerlei Beweis erbringt. In Gesprächen mit Ärzten zeigt sich sofort, daß zwischen dem Gedanken, aktiv eine tödliche Spritze zu geben und der Erwägung, ob eine sinnlose Behandlung weiter fortgesetzt werden solle, emotional fast Welten liegen. Auch die theoretische Behauptung Singers ist unzutreffend. Die Verantwortlichkeit des Arztes für Tötung durch Unterlassen beruht auf seiner Garantenstellung als Arzt; aus ihr ergibt sich seine Pflicht zum Handeln. Hier kann sinnvollerweise gefragt werden, wie weit die ärztliche Behandlungspflicht reicht. Ihre Grenzen aufzuzeigen ist ein berechtigtes Anliegen ärztlicher Ethik.[42] Die künstliche Erhaltung der Körperfunktionen bei Anenzephalen verkehrt den Sinn ärztlicher Behandlung in ihr Gegenteil. Demgegenüber ist aktives Töten eines Menschen grundsätzlich verboten. Zwischen Töten durch aktives Tun und Sterbenlassen durch Verzicht auf die weitere volle medizinische Versorgung besteht daher ein entscheidender Unterschied. Immerhin könnte diskutiert werden, ob bei Anenzephalen Töten durch aktives Tun nicht humaner wäre als Sterbenlassen. Doch überwiegt selbst bei dieser Fallgruppe das gesellschaftliche Interesse an der unbedingten kontrafaktischen Stabilisierung des Tötungsverbots. Nach der Auffassung, in der sich dieses Interesse ausdrückt, stellt das menschliche Leben einen Höchstwert dar, der selbst bei Anenzephalen nicht durch die Zulassung aktiven Tötens in Frage gestellt werden darf. Es ist klar, daß von hier aus gesehen eine unüberwindliche Kluft sich auftut zu der Singerschen These, daß auch bei mongoloiden Kindern kein Unterschied zwischen Sterbenlassen und aktivem Töten bestehe, beides vielmehr in der Form der Früheuthanasie zulässig sei. Natürlich gibt es diesen Unterschied auch bei mongoloiden Kindern, nur kommt es auf ihn dort nicht an, weil auch das Sterbenlassen mongoloider Kinder ein Unrecht darstellt.
Die Vorteile eines problembezogenen ethischen Diskurses über

konkret abgegrenzte Fallgruppen liegen auf der Hand. Das Ergebnis eines solchen Diskurses ist eine konkrete Fallregel. Damit ist die Gefahr unzulässiger Verallgemeinerung weitgehend ausgeschaltet: eine Regel über die Grenzen der medizinischen Versorgung von Anenzephalen sagt über die abstrakte Frage der Früheuthanasie nichts aus. Die Unantastbarkeit menschlichen Lebens steht nicht zur Diskussion: es geht nur um die äußersten Grenzen seiner Erhaltung. Man braucht auch nicht zu behaupten, daß das Leben von Anenzephalen kein »menschliches« Leben sei; entscheidend ist, daß sie eine menschenwürdige Existenz auch potentiell nie erlangen können. Durch die Konkretheit des Dialogs ist für die Diskursteilnehmer die Gefahr selbstbezüglicher Stellungnahme wenn nicht neutralisiert, so doch wenigstens gemindert. Der Satz einer behinderten Studentin, »Was gibt euch Nichtbehinderten das Recht, über meinen Tod zu reden«, könnte in einer Diskussion über die Fallgruppe der Anenzephalen kaum benutzt werden; er wäre unsinnig. Ganz läßt sich freilich die Gefahr nie ausschließen, daß es Diskursteilnehmer gibt, die einen Gegenstand, der sie objektiv gar nicht betreffen kann, selbstbezüglich diskutieren – wie auch manche Fernsehteilnehmer Wildwestfilme, deren Handlung sich nie und nirgendwo begeben hat, selbstbezüglich anschauen.

Die Folgen der Verletzung impliziter Dialogregeln für den ethischen Diskurs zeigen sich nicht nur im Hinblick auf die Bestimmung seines Gegenstandes, sondern auch bei der Verwendung *metaethischer Argumente*, die sich gegen den Diskurs als solchen richten. In der Auseinandersetzung mit Singer sind vor allem zwei metaethische Argumente mehr oder weniger deutlich vorgebracht worden. Das erste stützt sich auf die erwarteten Folgen des Diskurses über Singer. Die ethische Position Singers sei deshalb nicht diskursfähig, weil selbst die kritische Auseinandersetzung mit ihr ein Klima schaffen könnte, in dem das Lebensrecht Behinderter als fraglich gedacht wird. Dieser Gedanke ist nichts anderes als eine Variante des Dammbrucharguments.[43] Das Dammbruchargument kann entweder in der Modalität *de re* oder in der Modalität *de dicto* vorgebracht werden. De re wird es vorgebracht, wenn geltend gemacht wird, daß etwa die Zulassung der Früheuthanasie in einer Fallgruppe notwendigerweise zu ihrer weiteren Verbreitung führen und schließlich die Achtung vor dem Leben beeinträchtigen würde. Bei der Behauptung, schon die Diskussion über die ethischen Positionen Singers gefährde den Lebensschutz, handelt es sich hingegen um das Dammbruchargument in der Modalität de dicto. In dieser Form ist das Dammbruchargument ein metaethisches Argument, das den Abbruch der Diskussion erzwingen soll. Das Argument kann sich gegen die Erörterung einzelner Schlußfolgerungen Singers oder seines Entwurfs im ganzen oder gegen den Diskurs über konkrete Fallgruppen unter Berücksichtigung Singers richten, jedenfalls theoretisch. Praktisch freilich werden diese Argumenttypen häufig vermengt. Es wird etwa schon auf Grund der Singerschen Auffassung der »Person« die Diskursfähigkeit seines Systems im ganzen in Abrede gestellt. Wer über schwerstgeschädigte Kinder diskutiert, wird in die Nähe Singers gerückt. Schon das allein zeigt, daß das Dammbruchargument de dicto ein in hohem Maße emotionsbeladenes Argument ist. Ihm gegenüber können mindestens drei Einwände erhoben werden, nämlich das Argument der petitio principii, des Selbstwiderspruchs und der Kontrafinalität.

Dem Dammbruchargument de dicto liegt die implausible Prämisse zugrunde, daß die kontrafaktische Stabilisierung des Tötungsverbots durch Tabuisierung am besten erreicht werden kann. Über ein Tabu spricht man nicht. Wäre das die adäquate Antwort auf die drängenden ethischen Fragen der Eltern schwerstgeschädigter oder schwerbehinderter Kinder? Die Auseinandersetzung mit Singer kann den Eltern mongoloider Kinder gerade begreiflich machen, warum sie die mit einem solchen Kind verbundene Last tragen müssen. Dabei ist natürlich auch an die Eltern zu denken, die nicht das Glück haben, daß ihr mongoloides Kind wenigstens das Niveau einfacher Intelligenz erreicht; es ist klar, daß diesen Eltern gegenüber das Potentialitätsargument zunächst jedenfalls fast wie ein Hohn klingt. Der Diskurs über Singer kann dazu beitragen, daß die Gesellschaft, in deren Interesse die kontrafaktische Stabilisierung des Tötungsverbots liegt, die Hilfsbedürftigkeit der Eltern behinderter Kinder stärker als bisher erkennt und auch die Kinder selbst mehr als bisher akzeptiert. Das Dammbruchargument de dicto beruht auf einer Einstellung, die die Stabilisierung des Tötungsverbots im Ergebnis der Gesetzgebung und der Rechtsprechung überläßt, von der Instrumentalisierung des Rechtsbewußtseins der Normadressaten ausgeht und vom Mißtrauen gegenüber der selbstautonomen Gewis-

sensentscheidung geprägt ist. Der zweite Einwand ist der des Selbstwiderspruchs. Um beurteilen zu können, ob der Diskurs über Schlußfolgerungen oder das System Singers ein für den Lebensschutz gefährliches Klima schafft, muß man die Positionen Singers inhaltlich erfassen. Wie aber soll dies geschehen, wenn nicht im Rahmen eines ethischen Diskurses? Kommt es zu einer inhaltlichen Diskussion, dann bedeutet fehlende Diskursfähigkeit in Wirklichkeit extreme Implausibilität. Der Selbstwiderspruch ließe sich nur vermeiden, wenn es eine besondere Instanz gäbe, die ethische Themen vor ihrer »Freigabe« zum Zwecke des Diskurses auf ihre Diskursfähigkeit summarisch zu prüfen das Recht hätte. Eine solche Instanz gibt es natürlich nicht und sie kann es in einer modernen, pluralistischen Kommunikationsgesellschaft auch nicht geben. Schließlich wirkt die Tabuisierung des Problemkreises der Früheuthanasie, aber auch anderer, von Singer behandelter Fragen kontrafinal, denn sie verstärkt eher den Eindruck, daß Singers Entwurf eine ernstzunehmende Variante utilitaristischer Ethik darstellt. Die Enttabuisierung gehört zur Dialektik jeder Art von Tabuisierung.
Das zweite metaethische Argument betrifft den ethischen Diskurs über Singer insoweit, als er im Rahmen von Universtätsveranstaltungen geführt wird. Es läßt sich in der Behauptung zusammenfassen, daß schon die philosophische Beschäftigung mit Singer die verfassungsrechtlichen Grenzen der Freiheit von Wissenschaft und Lehre überschreitet.
In seiner einfachsten Form lautet das Argument, daß Singer kein Ethiker, seine Ethik daher keine Wissenschaft sei. Dem läßt sich zweierlei entgegenhalten. Selbst wenn Singers Entwurf keine Ethik wäre, wäre die kritische Auseinandersetzung mit ihm durch das Grundrecht der Freiheit der Wissenschaft (Art. 5 Abs. 3 des Grundgesetzes) geschützt. Die philosophische Auseinandersetzung garantiert ein Höchstmaß an Kritik, da sie sich ihrer Natur gemäß nicht auf einzelne Schlußfolgerungen Singers beschränken kann, sondern auch die Prämissen und die Zwischenglieder seines Systems beleuchten muß. Abgesehen vom Wissenschaftscharakter des kritischen Diskurses als solchem kann freilich nicht bestritten werden, daß das ethische System Singers selbst unter den Begriff Wissenschaft im Sinne des Art. 5 Abs. 3 des Grundgesetzes fällt. Das BVerfG definiert als Wissenschaft alles, was nach Inhalt und Form als ernsthafter planmäßiger Versuch zur Ermitt-

lung der Wahrheit anzusehen ist.[44] Für das Verständnis dieser Definition ist wichtig, daß es sich um eine normative Begriffsbestimmung handelt. Natürlich sind deskriptive Wissenschaftsdefinitionen denkbar, die schärfere oder schwächere Kriterien enthalten. Der Definition des BVerfG lassen sich die drei Momente einer gewissen Systematik (»planmäßig«), der Erkenntnissuche (»Versuch zur Ermittlung der Wahrheit«) und der weltanschaulichen, politischen und ideologischen Neutralität (Suche nach »Wahrheit« im Sinne der Voraussetzungslosigkeit der Wissenschaft) entnehmen. Es ist nach dieser Definition unerheblich, welchen Plausibilitätsgrad ein systematischer Versuch zur Ermittlung der Wahrheit erreicht. Ihn zu beurteilen kann auch gar nicht die Aufgabe des Rechts sein, sondern muß der wissenschaftlichen Diskussion überlassen bleiben. In diesem Punkt ist der Wissenschaftsbegriff der Verfassung offen, und das mit Recht; die Freiheit der Wissenschaft läßt sich nicht auf den Bereich gesicherter Erkenntnisse beschränken. Singers ethisches System erfüllt daher trotz der Implausibilität etwa seiner Kategorie der »Person« oder seiner Ansicht zur Früheuthanasie die Voraussetzungen des Begriffs Wissenschaft im Sinne der Verfassung.
In abgewandelter Form wird die Behauptung, daß die verfassungsrechtlichen Grenzen der Freiheit von Wissenschaft und Lehre überschritten seien, auf den Treuevorbehalt des Art. 5 Abs. 3 des Grundgesetzes gestützt. Danach entbindet die Freiheit der Lehre nicht von der Treue zur Verfassung. Das bedeutet jedoch nur, daß die Freiheit der Lehre – und das gleiche gilt entsprechend für die Freiheit der Wissenschaft – nicht zur Bekämpfung, Untergrabung oder Verächtlichmachung der freiheitlich-demokratischen Grundordnung mißbraucht werden darf.[45] Der wissenschaftlich-rationale Diskurs über ethische Thesen, die dem Wertgehalt einzelner Grundrechte nicht genügend Rechnung tragen oder ihn sogar teilweise in Frage stellen, wird daher durch den Treuevorbehalt nicht ausgeschlossen. Geradezu lächerlich wäre es zu behaupten, daß die Ethik als philosophische Teildisziplin die Werte, die nach der Verfassung unter Grundrechtsschutz stehen, schlichtweg als gegeben zu betrachten hätte, ohne nach ihrer ethischen Begründung fragen zu dürfen. Eine solche Sichtweise würde das Verhältnis zwischen *Rechtsnorm* und *ethischer Norm* vollkommen verkennen. Die Grundrechtsnorm, die das Recht auf Leben garantiert, knüpft an eine ethische

Norm an und bringt sie in die Form eines Rechtssatzes. Die Ethik kann daher, wenn sie nach den Gründen für das Tötungsverbot fragt, sich nicht ihrerseits mit einem Hinweis auf die Verfassung begnügen. Wenn die utilitaristische Ethik das Leben nicht a priori als einen Höchstwert voraussetzt, sondern nach der Begründung und der Tragweite des Lebensschutzes fragt, so ist gegen diese Fragestellung als solche nichts einzuwenden.

Der Mißerfolg eines Dialogs, der im Extremfall zum Aufklaffen einer totalen Kommunikationslosigkeit führen kann, hängt oft damit zusammen, daß die Dialogpartner einige Ausdrücke, die in ihren Thesen oder Argumenten vorkommen, in unterschiedlicher Weise auffassen, ohne sich des Unterschieds bewußt zu sein. Das kann natürlich auch bei einem ethischen Diskurs der Fall sein. Bei dem Diskurs über Singer kommt in Deutschland jedoch noch die besondere Schwierigkeit der adäquaten Übersetzung der von ihm benutzten Ausdrücke hinzu: Die *Semantik* des Dialogs gewinnt dadurch eine besondere Dimension. Denn für die Strukturanalyse der Übersetzung genügt die klassische, dreistellige Zeichenrelation (Zeichen – Bedeutung – Referenzobjekt, bzw. Sachbezug) nicht. Hinzukommen muß die Einsicht Wittgensteins, daß die Bedeutung durch den Gebrauch bestimmt wird. Zu berücksichtigen ist ferner, daß der Gebrauch in der ursprünglichen Sprache mit dem Gebrauch in der Zielsprache kaum je voll übereinstimmt. Schließlich sind, selbst wenn man einen halbwegs entsprechenden Ausdruck in der Zielsprache gefunden hat, dessen semantische Präsuppositionen und Implikationen von denen des übersetzten Ausdrucks oft sehr verschieden. Das alles vorausgesetzt ist klar, daß die Übersetzung nur eine Analogie zwischen Bedeutungen zum Ziele haben kann und daß die Gefahr einer unglücklichen oder falschen Übersetzung oft gegeben ist. Die falsche oder zumindest unglückliche Wiedergabe zweier wichtiger Ausdrücke hat die Diskussion über Singers Thesen in Deutschland maßgeblich beeinflußt. Es handelt sich um die Ausdrücke »sanctity of human life« und »a life not worth living«. Übersetzt man den ersten Ausdruck mit »Heiligkeit« des menschlichen Lebens, so ist das zumindest irreführend. In Amerika spricht man auch von »sanctity of the mails« und meint damit die Unverletzlichkeit des Briefgeheimnisses. Kaum jemand würde es als angemessen empfinden, geradezu von der »Heiligkeit« des Briefgeheimnisses zu sprechen. In ähnlicher Weise be-

deutet »sanctity of human life« nur die Unverletzlichkeit des menschlichen Lebens. Bei dieser Übersetzung bleibt ein sprachlicher Spielraum für die Frage nach den Grenzen des Lebensschutzes. Wer demgegenüber die »Heiligkeit« des menschlichen Lebens in Frage stellt, kann leicht von vornherein als ein Unmensch erscheinen. Folge der irreführenden Übersetzung und bereits deshalb völlig ins Leere geschrieben sind folgende Sätze Spaemanns: »Die Argumente Singers sind äußerst schwach, sie sind eindrucksvoll nur für Menschen, die kein rationales Argument akzeptieren, das in seiner Konsequenz auf einen Begriff wie den der Heiligkeit führen könnte. Aber Menschen, denen nichts heilig ist, gelten in jeder menschlichen Kultur als solche, denen man den üblichen Vertrauensvorschuß entzieht.«[46] Singer beschäftigt sich gar nicht mit der »Heiligkeit« des menschlichen Lebens, Spaemanns Behauptung, Singer sei »nichts heilig«, ist also schon deshalb gegenstandslos. Im übrigen ist »Heiligkeit« kein Begriff, auf den ein rationales Argument führen könnte, sondern ein Wort, das im Gegenteil selbst die Ratio ausschalten kann. Gut zu beobachten ist bei Spaemann auch das Aufklaffen totaler Kommunikationslosigkeit (»Entziehung des Vertrauensvorschusses«); die »Begründung« Spaemanns liegt hierfür lediglich darin, daß er die vermeintliche Verneinung der »Heiligkeit« mit der – nur in der deutschen, nicht in der englischen Sprache möglichen – Redewendung »jemandem ist nichts heilig« assoziiert.
Noch verheerender wirkt sich die Sprachverführung durch falsche Übersetzung bei dem Ausdruck »a life not worth living« aus. Er bedeutet: »ein Leben, das zu leben nicht lohnt«. Die Perspektive desjenigen, um dessen Leben es geht, ist in der richtigen Wiedergabe von vornherein mitgesetzt. Dem entspricht es, daß Singer, als er die Frage der Früheuthanasie bei Kindern erörtert, die an Spina bifida, einer schmerzhaften Fehlentwicklung des Rückgrats, leiden, sich in den Zustand dieser Kinder hineinzuversetzen versucht, wobei er sich auf die Auskunft von Ärzten beruft: »Einige Ärzte, die an schwerer Spina bifida leidende Kinder behandeln, sind der Meinung, das Leben mancher dieser Kinder sei so elend, daß es falsch wäre, eine Operation vorzunehmen, um sie am Leben zu erhalten.«[47] Freilich ist die Schlußfolgerung Singers abzulehnen, bei Kindern, die an schwerer Spina bifida leiden, sei die Früheuthanasie zulässig. Denn potentiell können auch Kinder, die mit Spina bifida zur Welt kommen, bei entsprechen-

der medizinischer Versorgung zu einem Leben gelangen, das zu leben lohnt. Das ändert aber nichts daran, daß jeder, der sich mit der ethischen Frage des Umfangs ärztlicher Behandlungspflicht und der Bedeutung des Tötungsverbots befaßt, sich vom Leiden dieser Kinder und ihrer Eltern ein Bild machen muß. Die bloße normative Feststellung, daß das Leben ein Höchstwert sei, genügt nicht. Vor dem Elend eines Kindes, das infolge einer Spina bifida an Hydrocephalus erkrankt, vor dem Elend der Eltern eines solchen Kindes ist die Behauptung, sein Leben stelle, so wie es von ihm konkret gelebt werden kann, die Realisierung eines Höchstwerts dar, schlechthin abwegig. Das gilt auch für die soziale Dimension eines solchen Lebens. Wer kennt nicht den Fall, daß die Eltern eines wegen Hydrocephalus geistig behinderten Kindes oder auch eines mongoloiden Kindes, wenn sie auch nichtbehinderte Kinder haben, über das behinderte Kind selbst nahen Angehörigen gegenüber überhaupt nicht mehr sprechen, sondern dieses Kind in stillschweigender Übereinstimmung mit ihrer »verständnisvollen« Umwelt gleichsam als nicht existent verschweigen? Übersetzt man den Ausdruck »a life not worth living« mit »Leben, das nicht lebenswert ist«, dann besteht bereits die Gefahr, daß die existentielle Perspektive des Kindes selbst, um dessen Leben es geht, in den Hintergrund gerät. Es kann zu der Vorstellung kommen, als gehe es um eine äußere Unterscheidung zwischen lebenswertem und nicht lebenswertem Leben. Falsch ist die Übersetzung »lebensunwertes Leben«, denn damit wird der Eindruck erweckt, als gehe es Singer darum, über das Leben eines an Spina bifida oder am Down-Syndrom leidenden Kindes ein Unwerturteil zu fällen. Der Ausdruck »lebensunwertes Leben« gehörte zum Propagandavokabular des nationalsozialistischen Unrechtsstaats und sollte insbesondere die Ermordung von Geisteskranken rechtfertigen. Die verdummende Wirkung von Propagandaausdrücken erklärt sich häufig aus ihrer Ambivalenz und das zeigt sich auch beim »lebensunwerten Leben«. Bei ihm ist der Anschein zwar vorhanden, als würde man sich in die Situation des Geisteskranken hineinversetzen. Was der Ausdruck jedoch in Wirklichkeit impliziert, ist die sozialdarwinistische Vorstellung vom »unnützen Esser«. Sie hat weder mit dem klassischen Utilitarismus noch mit der Singerschen Variante des Utilitarismus das geringste zu tun. Das festzustellen ist bei aller Kritik, die gegen Singers Thesen vorgebracht werden kann und muß, ein Gebot der Fairneß.

Nicht nur die Semantik, auch die *Pragmatik* des ethischen Diskurses über Singer zeigt, welche Folgen die Verletzung impliziter Dialogregeln haben kann. Es ist zunächst klar, daß Themen wie die Früheuthanasie oder die aktive Sterbehilfe bei unheilbar Kranken nicht etwa in der Abgeschiedenheit einer »idealen Sprechsituation« diskutiert werden können. Bei der Suche nach impliziten Dialogregeln ist also von der aktuellen Dialogsituation auszugehen. Zu den pragmatischen Aspekten, die sich auf Grund des bisherigen Verlaufs der Debatte aufdrängen, gehören – im Bereich der Früheuthanasie – die Frage nach der Beteiligung von Eltern, Ärzten und Behinderten am Diskurs, ferner die Frage nach dem historischen Kontext des Dialogs, nach der hermeneutischen Situation der Diskursteilnehmer und nach der Öffentlichkeitswirkung des Dialogs.
Was den Kreis der Diskursteilnehmer betrifft, so ist er in erster Linie danach festzulegen, für welche Personen die ethischen Regeln gedacht sind, die im Wege des Diskurses als plausibel erwiesen werden sollen. Hiernach sollten nicht nur Eltern behinderter Kinder, sondern auch Ärzte nach Möglichkeit am Diskurs repräsentativ beteiligt werden, selbst dann, wenn er im Rahmen einer Universitätsveranstaltung stattfindet. Selbstverständlich präjudiziert die Anhörung von Eltern keineswegs das Ergebnis des Diskurses; sie bedeutet nicht etwa, daß ihre Interessen den berechtigten Interessen des Kindes vorgezogen würden. Die Beteiligung eines schwerstgeschädigte oder schwerbehinderte Kinder behandelnden Arztes empfiehlt sich schon deshalb, weil die Früheuthanasie – ebenso wie die aktive Sterbehilfe bei unheilbar Kranken – im Grenzbereich zwischen Ethik und Medizin liegt. Behinderte, die z. B. mit Spina bifida geboren wurden und dennoch zu einer menschenwürdigen Existenz gelangt sind, gehören zwar nicht zu den vom ethischen Diskurs über Singer unmittelbar Betroffenen. Die Handlungsregel, die als Ergebnis eines solchen Diskurses formuliert werden soll, kann sie nicht betreffen, auch in dem unwahrscheinlichen Fall nicht, daß die Diskursteilnehmer die implausible These Singers von der Zulässigkeit der Früheuthanasie bei mit Spina bifida zur Welt gekommenen Kindern akzeptieren würden. Wegen der gesellschaftlichen Relevanz der ethischen Beurteilung der Früheuthanasie sind sie jedoch sicherlich mittelbar betroffen. Außerdem sind sie gleichsam eine empirische Stütze für das Potentialitätsargument, das gegen die Zulässigkeit der Früheuthanasie spricht.

Was den *historischen* Kontext des Dialogs betrifft, so ist klar, daß jedenfalls in Deutschland eine Diskussion über Früheuthanasie nicht ohne Rückerinnerung an das sog. Euthanasieprogramm der Nazis geführt werden kann. Das bedeutet natürlich nicht, daß Singers Thesen zur Früheuthanasie ohne weiteres in die Nähe dieses Mordprogramms gerückt werden dürften. Sicher ist aber, daß eine Abgrenzung nötig ist. Den Nazis kam es nicht auf eine Interessenabwägung im Singerschen Sinne an, nicht auf ein Sichhineinversetzen in die Lage des schwerstgeschädigten oder schwerstbehinderten Neugeborenen, nicht auf die Berücksichtigung der Interessen der Eltern. Sie führten ihr schreckliches Programm, wie schon Reinhard Merkel hervorgehoben hat,[48] weitestgehend ohne Einwilligung der Eltern durch. Überdies beschränkten sie sich keineswegs auf Neugeborene. All das erklärt sich aus der Motivation, die ihrem sog. Euthanasieprogramm zugrundelag. Wichtig war ihnen nur, daß behinderte Kinder nicht in das Hirngespinst einer angeblichen »arischen Rasse« paßten, die anderen »Rassen« überlegen sein sollte. In der angestrebten »Neuordnung Europas auf rassischer Grundlage« war für behinderte Kinder kein Platz. Das Euthanasieprogramm der Nazis war also ein wesentlicher Bestandteil der Überhöhung der eigenen »Rasse«; mit deren angeblicher Vollkommenheit sollte ja der Herrschaftsanspruch über andere Völker begründet werden. Nach innen sollte durch die Überhöhung der eigenen »Rasse« die Massenelitisierung der »Volksgenossen« erreicht werden, um sie desto leichter zu kritik- und willenlosen Objekten eines sog. »Führers« und der ihn umgebenden Clique zu machen. Aus der Sicht der rassistischen »Heilserwartung« waren behinderte Kinder ein empfindlicher Störfaktor, gleichsam ein Kratzer im zwangsneurotischen Bild des Rassisten von einer angeblich perfekten Welt. Das sog. Euthanasieprogramm der Nazis steht also in unlösbarem Zusammenhang mit dem Rassenwahn, für den auch schon der Ausdruck »Ideologie« zu hoch gegriffen wäre. Gegen die warnende Rückerinnerung an dieses Programm ist nicht nur nichts einzuwenden, sie ist vielmehr notwendig. Sie muß dann aber auch vollständig sein, also die Besonderheiten und den Gesamtkontext dieses Programms erfassen. Im Gegensatz zu den Hirngespinsten der Nazi-Barbarei gehen Singers Thesen trotz ihrer Implausibilität im einzelnen vom ethischen Ansatz einer Interessenabwägung aus.

Was die *hermeneutische Situation* der Diskursteilnehmer betrifft, ist zunächst auf Singer selbst einzugehen. Um das Selbstverständnis Singers zu beleuchten, empfiehlt es sich, einen Begriff einzuführen, der bis jetzt in der philosophischen Ethik nicht ausdrücklich formuliert worden ist. Das ist der Begriff des *normativen Scheins*. Normativer Schein entsteht, wenn eine ethische Norm mit dem Anspruch versehen wird, Trägerin eines Gerechtigkeitsgehalts zu sein, obwohl sie auf implausiblen oder völlig unhaltbaren Argumenten beruht. Normativer Schein ist nicht etwas Seltenes oder Abgelegenes, er beherrscht vielmehr oft die Diskussionen des Alltags über ethische Fragen oder über moralische Bewertungen. Von daher ist es klar, daß es gleichsam zur Berufsaufgabe eines Ethikers gehört, sich gegen den normativen Schein zu wenden, wo es nur möglich ist. Von diesem Selbstverständnis läßt sich Singer leiten, wenn er behauptet, daß in der Praxis zwischen aktivem Töten und Sterbenlassen eines schwerstbehinderten Neugeborenen kein Unterschied bestehe, oder wenn er meint, daß die Unantastbarkeit des Lebens für Menschen, die keine »Personen« sind, nicht gelten könne, oder wenn er den Ausdruck »Speziesismus« einführt, um sich gegen die Nutzung von Tieren als Nahrung und gegen Tierexperimente zu wenden.[49] Doch kann weder die Leugnung des Unterschieds zwischen aktivem Töten und Sterbenlassen noch der Begriff der »Person« überzeugen. Lediglich die Kritik Singers an der Behandlung von Tieren kommt dem hohen Anspruch nahe, den er an das Selbstverständnis eines Ethikers stellt. Selbst hier ist jedoch mehr als zweifelhaft, ob mit dem Begriff »Speziesismus« etwas gewonnen ist. Tierschutz sollte eher positiv auf die Verbundenheit des Menschen mit der Gesamtnatur gestützt werden. Völlig abwegig ist die Parallele, die Singer zwischen »Speziesismus« und Rassismus zieht. Der Verzehr von Schweinefleisch ist – bei aller Sympathie für die Schweine als leidensfähige und ziemlich intelligente Tiere – nicht mit dem Töten eines Menschen aus Rassenwahn zu vergleichen.

Wie man die Singersche These von der Zulässigkeit der Früheuthanasie bei mongoloiden Kindern beurteilt, hängt auch davon ab, ob und welche Gegenposition man zu der klassisch-utilitaristischen Konzeption der Verringerung der Gesamtsumme des Leidens und der Maximierung der Gesamtsumme von »Glück« einnimmt[50]. Geht man von der Vorstellung einer fundamentalen Gebrochenheit und Defizienz der menschlichen Existenz aus, dann gehört das Leiden zur conditio humana. Das Leiden eines behinderten Kindes verliert dadurch zwar keineswegs an Schrecklichkeit. Der Gedanke, diesem Leiden durch Negation des Existenzrechts gleichsam die Grundlage zu entziehen, um die Gesamtsumme von Glück in einer gegebenen Gesellschaft zu vermehren, liegt jedoch aus dieser Sicht fern. Es kann vielmehr nur darum gehen, der Defizienz der menschlichen Existenz, die sich in der Geburt eines schwerbehinderten Kindes in ganz besonderer Weise ausprägt, von der gegebenen Lage ausgehend durch ärztliche Versorgung und soziale Absicherung entgegenzuwirken. Einem mongoloiden Neugeborenen, das von der Defizienz der menschlichen Existenz in ganz besonderer Weise betroffen ist, auch noch das Leben zu nehmen, ist daher ethisch sogar in noch stärkerem Maße zu mißbilligen als die Tötung eines nicht behinderten Neugeborenen. Freilich bleibt der Gedanke der Vermeidung *sinnlosen* Leidens. Nach den Grenzen der ärztlichen Behandlung von Anenzephalen kann daher auch vom Standpunkt einer skeptischen Betrachtung der menschlichen Existenz aus gefragt werden. Das Leiden mongoloider Kinder ist nicht sinnlos, da die Unantastbarkeit des Lebens, d. h. die Geltung einer Norm, nach der das menschliche Leben einen Höchstwert darstellt, unverzichtbar ist, wenn die Chance der positiven Entwicklung solcher Kinder erhalten bleiben soll.

Von der hermeneutischen Situation der Diskursteilnehmer ist auch die Beurteilung des Dammbrucharguments de re abhängig. Geht man abstrakt von der Unantastbarkeit des Lebens aus, dann ist natürlich schon das Sterbenlassen eines Anenzephalen ein »Dammbruch«. Doch behauptet man damit letztlich nur die Unbedingtheit des Tötungsverbots. Empirische Relevanz gewinnt das Dammbruchargument erst, wenn man auf konkrete Fallgruppen abstellt. Es ist in der Tat die Frage, ob in einer modernen Gesellschaft, die die Früheuthanasie in dem von Singer befürworteten Umfang zulassen würde, die stabilisierende Wirkung des Tötungsverbots nicht ganz erheblich geschwächt würde.

Eine Gesellschaft, die auch das Leben mongoloider oder an anderen schweren Behinderungen leidender Kinder schützt, kann das Tötungsverbot mit mehr Glaubwürdigkeit vertreten als eine solche, die nicht an der conditio humana, so wie sie ist, orientiert ist, sondern um der Vorstellung des gesamtgesellschaftlichen

»Glücks« willen ethische Exklaven schafft, in denen das Tötungsverbot nicht gilt. Für die Fallgruppe der Anenzephalen und für verwandte Fälle schwerster Schädigung ist das Dammbruchargument de re ohne Kraft. Diese Fälle sind medizinisch und ethisch klar abgrenzbar; vom Sterbenlassen eines Anenzephalen führt kein Weg zur Tötung eines mongoloiden Kindes, geschweige denn zur Früheuthanasie behinderter Kinder schlechthin. Man kann sich diesen Unterschied auch subjektiv klarmachen; vermutlich würde man in einer Gesellschaft, die auch für schwer behinderte Kinder das Menschenmögliche tut, eher leben wollen als in einer solchen, die ethische Exklaven zuläßt, in denen das Tötungsverbot außer Kraft ist. Geschichtsphilosophisch wird man sagen können, daß ein Staat, der sich nicht einmal in der Lage zeigt, das Lebensrecht schwerbehinderter Kinder zu sichern, letztlich sich selbst ad absurdum führt. Die Einstufung schwerbehinderter Kinder als »unnütze Esser« war Ausdruck derselben Barbarei, die auch zum Untergang des nationalsozialistischen »Staates« führte. Die Fallgruppe der Anenzephalen und verwandte Fälle schwerster Schädigung werden von diesen Überlegungen nicht betroffen. Im Gegenteil: es ist sicherlich besser, in einer Gesellschaft zu leben, die in Fällen, in denen die Erlangung einer menschenwürdigen Existenz schlechthin unmöglich ist, nicht auf der sinnlosen Verlängerung von Leiden besteht.
Die Öffentlichkeitswirkung des ethischen Diskurses über die Thesen Singers könnte dazu beitragen, die philosophische Ethik aus der Isolation einer bloßen Kathederwissenschaft herauszuführen. Die Themenwahl Singers ist hierfür trotz der Implausibilität seiner Thesen hervorragend geeignet; der Titel seines Buches »Praktische Ethik« besteht zu Recht. Der philosophischen Ethik käme damit die Rolle zu, Anstoß einer *normativen Kommunikation* zu sein, die durch die modernen Massenkommunikationsmittel mit Breitenwirkung geführt werden könnte. Eine solche normative Kommunikation könnte das Lebensrecht behinderter Kinder fester im gesellschaftlichen Bewußtsein verankern als die kontrafaktische Wirkung des Tötungsverbots. Der Glaube, im gesellschaftlichen Bewußtsein hätten behinderte Kinder einen Platz, der durch Tabuisierung der von Singer angeschnittenen Themen lediglich zu erhalten wäre, ist die große Illusion derer, die sich gegen die kritische Auseinandersetzung mit Singer wenden. In Wirklichkeit ist das gesellschaftliche Bewußtsein eher auf

ein Ausblenden der Probleme behinderter Kinder gerichtet und es fehlt auch weithin das Verständnis für die Lage ihrer Eltern.

Anmerkungen

1 Das Postulat einer intersubjektiven Plausibilitätsprüfung beruht natürlich nicht seinerseits auf einem apriorischen Prinzip. Mehr als Plausibilität kann es und braucht es auch selbst nicht zu beanspruchen. Daher handelt es sich bei ihm auch nicht um ein »transzendental-pragmatisch« begründetes Prinzip im Sinne K. O. Apels (Diskurs und Verantwortung, stw 893, Frankfurt/Main 1990, 270 ff.).

2 Grundlegend hierzu G. Patzig, Ethik ohne Metaphysik, Göttingen 1971.

3 Praktische Ethik, Stuttgart, 1984, S. 185.

4 Das Potentialitätsargument, wie es hier vertreten wird, knüpft an die statistische Wahrscheinlichkeit an, die für das Erreichen zumindest eines bescheidenen Grades an Intelligenz besteht. Es geht also um den Schutz einer konkreten Entwicklungschance, nämlich der Chance der Entwicklung der Persönlichkeit, wenn auch auf bescheidenem Niveau. Es wird vorausgesetzt, daß das mongoloide Kind an der Chance der Entwicklung zur Persönlichkeit partizipieren muß, ohne Rücksicht darauf, daß seine Chance wesentlich schlechter ist als die eines erblich nicht belasteten Kindes. Sinnlos wird das Potentialitätsargument dann, wenn das »Menschsein« abstrakt zur Kategorie des real Möglichen geschlagen und hierauf etwa der Schutz der Leibesfrucht gestützt wird. Kritisch hiergegen zu Recht A. Leist, Eine Frage des Lebens, Frankfurt/M. 1990, 83 ff.; ders.: Um Leben und Tod, Frankfurt/M. 1990, stw 846, S. 24 ff. Ethisch kann immer nur die Leibesfrucht als solche das geschützte Gut sein. Dieses Schutzgut und nicht das vorweggenommene Menschsein geht in die Güterabwägung ein, die zur Zulässigkeit der medizinischen Indikation führt, wenn das Leben der Mutter bedroht ist.

5 Das ist z. B. die Grundlinie des Briefes des Autonomen Behindertenreferats im AStA der Gesamthochschule Kassel, vgl. R. Hegselmann/H. Kliemt: P. Singer in Duisburg, S. 99/100.

6 Praktische Ethik, S. 112.

7 Zur Unterscheidung zwischen Akt-Utilitarismus und Regel-Utilitarismus vgl. W. Stegmüller, Hauptströmungen der Gegenwartsphilosophie, IV, Stuttgart 1989, 200 ff., 209 ff. Zum Präferenzutilitarismus vgl. J. C. Harsanyi, Essays on Ethics, Social Behavior, and Scientific Explanation, Dordrecht 1976, S. 7 ff.; ders.: Does Reason Tell Us

What Moral Code to Follow and, Indeed, to Follow Any Moral Code at All?, in: Ethics, 96, 1985/86, 42 ff.

8 Praktische Ethik, S. 24.

9 Praktische Ethik, S. 23.

10 Praktische Ethik, S. 32 ff.

11 Praktische Ethik, S. 33.

12 Praktische Ethik, S. 34 f.

13 Praktische Ethik, S. 112 in Verbindung mit S. 106, 181.

14 Praktische Ethik, S. 181. Vgl. auch S. 188.

15 Zitiert nach O. Höffe (Hrsg.), Einführung in die utilitaristische Ethik. Klassische und zeitgenössische Texte, München 1975, S. 36 f.

16 Vgl. W. Stegmüller, Hauptströmungen der Gegenwartsphilosophie (s. o. Anm. 7), IV, S. 204.

17 Vgl. etwa Praktische Ethik, S. 119 ff.

18 Praktische Ethik, S. 24.

19 Praktische Ethik, S. 118 ff.

20 Praktische Ethik, S. 181.

21 Praktische Ethik, a.a.O. (s. Anm. 20).

22 Praktische Ethik, S. 112.

23 Vgl. hierzu J. C. Harsanyi, Morality and the Theory of Rational Behavior, in: A. Sen/B. Williams (Hrsg.), Utilitarianism and Beyond, Paris/Cambridge 1982, 55.

24 Praktische Ethik, S. 23.

25 Praktische Ethik, S. 112.

26 Praktische Ethik, a.a.O. (s. Anm. 25).

27 Vgl. W. Stegmüller, Probleme und Resultate der Wissenschaftstheorie und Analytischen Philosophie, IV, Berlin 1973, S. 292.

28 Praktische Ethik, S. 198.

29 Praktische Ethik, S. 112.

30 Praktische Ethik, a.a.O. (s. Anm. 29).

31 Praktische Ethik, S. 113.

32 W. Stegmüller, a.a.O. (s. Anm. 27), S. 325.

33 Vgl. W. Stegmüller, Hauptströmungen der Gegenwartsphilosophie, IV (s. Anm. 7), S. 203.

34 Vgl. J. C. Harsanyi, Essays on Ethics, Social Behavior, and Scientific Explanation (s. Anm. 7), S. 13 ff.

35 Vgl. Ethics 96, 1985/86, S. 45.

36 Praktische Ethik, S. 106.

37 Praktische Ethik, S. 135.

38 Praktische Ethik, S. 106.

39 Praktische Ethik, S. 112.

40 Es ist von hier aus gesehen völlig sinnlos, abstrakt über »lebensunwertes Leben« zu diskutieren oder etwa darüber, wer prüfen soll oder darf, ob Leben lebenswert ist.

41 Praktische Ethik, S. 200 ff.; H. Kuhse/P. Singer, Should the Baby Live?, Oxford 1985, 75 ff.; vgl. auch H. Kuhse, in: A. Leist (Hrsg.): Um Leben oder Tod, Frankfurt/M. 1990, stw 846, S. 75 ff.

42 Vgl. hierzu die Empfehlung der Deutschen Gesellschaft für Medizinrecht (DGMR) – »Einbecker Empfehlung«. Sie verurteilt die gezielte Verkürzung des Lebens eines Neugeborenen durch aktive Eingriffe, stellt aber fest: »Die ärztliche Behandlungspflicht wird nicht allein durch die Möglichkeiten der Medizin bestimmt. Sie ist ebenso an human-ethischen Beurteilungskriterien und am Heilauftrag des Arztes auszurichten. Es gibt daher Fälle, in denen der Arzt die medizinischen Behandlungsmöglichkeiten, insbesondere zur Herstellung und Aufrechterhaltung der Vitalfunktionen und/oder der massiven operativen Intervention nicht ausschöpfen muß«. Zu diesen Fällen wird insbesondere das schwere Dysraphie-Syndrom und der Fall eines inoperablen Herzfehlers gerechnet.

43 Vgl. hierzu allgemein D. Lamb, Down the Slippery Slope, Arguing in Applied Ethics, London/New York 1988.

44 BVerfG 35, 79 (113); s. auch 75, 369 (377). Eine Differenzierung zwischen »richtiger« und »falscher« Wissenschaft würde auf eine verfassungsrechtlich unzulässige Inhaltskontrolle hinauslaufen und die wissenschaftliche Entwicklung lahmlegen.

45 Vgl. Maunz-Dürig-Scholz. Kommentar zum Grundgesetz, Art. 5 RdNr. 199.

46 T. Bastian (Hrsg.), Denken – Schreiben – Töten, Stuttgart 1990, S. 8.

47 Praktische Ethik, S. 181.

48 Im ZEIT-Dossier vom 23.6.1989. Vgl. auch R. Hegselmann/H. Kliemt, P. Singer in Duisburg, S. 141 ff.

49 Praktische Ethik, S. 70 ff.

50 Vgl. hierzu auch die Kritik W. Stegmüllers, Hauptströmungen der Gegenwartsphilosophie, IV (s. Anm. 7), S. 205.

Christoph Anstötz

Rezeption der utilitaristischen Position Peter Singers in der aktuellen Literatur der (deutschsprachigen) Sonderpädagogik und ihrer Grenzgebiete *oder*: Wie eine humane, lebensbejahende Ethik in eine »Tötungsethik« verwandelt wurde

1. Einleitung: Auftakt zu einer literarischen Kampagne gegen die Ethik Peter Singers in der Sonderpädagogik

Der Anlaß, der in der sonderpädagogischen Literatur über Nacht zu einem literarischen Feldzug gegen eine moderne Variante des klassischen Utilitarismus und einen ihrer Vertreter führte, wird nicht so leicht in Vergessenheit geraten können. Die von Behinderteninitiativen erzwungene Auflösung eines international besetzten Ethik-Symposiums der Bundesvereinigung Lebenshilfe für Geistigbehinderte e. V. in Marburg, die Verhinderung eines Gastvortrages an der Universität Dortmund – beides Veranstaltungen mit dem australischen Moralphilosophen Peter Singer – sind gut dokumentiert; ebenso weitere Eklats im Zusammenhang mit der von diesem Philosophen vertretenen Position des Präferenz-Utilitarismus (vgl. Bundesvereinigung Lebenshilfe 1989c; Hegselmann, Kliemt 1990; Singer 1990; Anstötz 1990b).
Aber nicht diese Vorfälle, die zu Vorläufern einer noch immer nicht zum Stillstand gekommenen Serie von Sprengungen verschiedener bioethischer Fachtagungen in Deutschland wurden, sind Gegenstand der folgenden Betrachtungen. Es geht hier vielmehr um den dokumentationswürdigen Niederschlag, den die Ideen oder genauer bestimmte vermeintliche Auffassungen des Präferenz-Utilitarismus in der fachpädagogischen Literatur gefunden haben – sowohl, was die inhaltliche Seite betrifft als vor allem auch, was die Form der Auseinandersetzung angeht. Diese ethische Lehre, das muß hinzugefügt werden, war in der sozialwissenschaftlichen Disziplin Heil- bzw. Sonderpädagogik bislang

gänzlich unbekannt, was mit bestimmten, methodologischen Charakteristika dieses Faches zusammenhängen dürfte (vgl. Anstötz 1990b). Man wird sehen, daß die Form der Auseinandersetzung mit den fraglichen Ideen einen so starken Einfluß auf die inhaltliche Seite genommen hat, daß man – trotz einer Flut diesbezüglicher Publikationen in einschlägigen Fachzeitschriften – nach wie vor behaupten kann: Die tatsächliche Position des Präferenz-Utilitarismus ist in der Sonderpädagogik noch immer unbekannt. Viele der Probleme und auch Befürchtungen, die die Gemüter in diesem Fach erhitzt und beunruhigt haben, erweisen sich bei näherem Hinsehen als Scheinprobleme, oft als leichtfertige, noch häufiger als fahrlässige Übertreibungen, die teilweise den Charakter undifferenzierter Falschdarstellungen annehmen. Die existierenden theoretischen wie praktischen Probleme, mit denen diese Ethik mit 200jähriger Tradition sich herumzuschlagen hat (Singer 1984, S. 18; 1990, S. 43; Hegselmann 1990, S. 169 ff), an deren Lösung auch in Auseinandersetzung mit konkurrierenden Ethiken mehr oder weniger erfolgreich gearbeitet wird, haben noch nicht den Wahrnehmungshorizont der Sonderpädagogik und ihrer Vertreter erreicht.
Es wird nun versucht, ein Bild von der Auseinandersetzung mit der utilitaristischen Position und im Vorfeld auch mit der Person Peter Singers in der einschlägigen Fachliteratur wiederzugeben. Die eher dokumentarisch angelegte Arbeit ist natürlich kein Ersatz für eine künftige detaillierte inhaltliche Bearbeitung bestimmter Probleme, die hier nur am Rande erfolgt und im wesentlichen auf die Lokalisierung tiefgreifender Fehlinterpretationen und deren Richtigstellung hinauslaufen kann. Bei der folgenden Darstellung könnte der Eindruck entstehen, daß es in dieser Disziplin bei den derzeitigen ethischen Auseinandersetzungen mitunter zugeht wie auf einem Jahrmarkt. Dieser Eindruck stimmt. Um jedem möglichen Zweifel daran aus dem Wege zu gehen, wird deshalb an Wiedergaben aus der Originalliteratur nicht gespart. Sie ist oftmals illustrativer, aber auch aussagefähiger als jede Metaanalyse. Es läßt sich zeigen, daß auch extrem wirkende Erscheinungen, die in persönlichen Diffamierungen und Beschimpfungen zum Ausdruck kommen, mit denen man in einer akademischen Disziplin selbst bei großzügigem Maßstab nicht rechnen würde, weder Erfindungen sind noch exotische Einzelbeispiele darstellen; hier gibt es Vorgehensweisen, die man

selbst im wissenschaftsmethodischen Antiquariat kaum finden dürfte. Was den Standpunkt rationalen Argumentierens in der sonderpädagogischen Ethik betrifft, so liegt man nicht falsch, diese Disziplin als Diaspora zu beschreiben. Dieser Umstand dürfte im wesentlichen den Stil der Konfrontation mit einer rationalen Ethik beeinflußt haben, die eben nach Argumenten verlangt, wenn es um begründete moralische Entscheidungen gehen soll, und die weder lautstarke Propaganda noch Handgreiflichkeiten, noch die Logik der Methoden eines Charles Lynch als geeignete Mittel der Auseinandersetzung akzeptiert. In einer kritischen Moralphilosophie kann es nicht darum gehen, ethische Systeme zu dogmatisieren. Vielmehr kommt es darauf an, sie in Rücksichtnahme sowohl auf die Regeln der Logik als inbesondere auch auf die sich verändernde, erfahrbare Wirklichkeit der kontinuierlichen Kritik auszusetzen und zu revidieren, wenn sich Fehler und Mängel herausstellen. Hiervon weicht die herrschende Methodologie in der Sonderpädagogik nicht unerheblich ab. Von Beginn dieser erst ca. drei Jahrzehnte alten Disziplin an ging man davon aus, daß die Lebenswirklichkeit, mit der sich die Sonderpädagogik unter normativem Aspekt (Klauer 1973) zu befassen hat, gerade in extremen Situationen keine ethischen Entscheidungsschwierigkeiten aufweist, die eine eingehende, alle relevanten Umstände berücksichtigende Analyse erforderlich machen würden: Bestimmte ethische Probleme, etwa der Euthanasie, besaßen nicht zuletzt aufgrund der geschichtlichen Erfahrungen im nationalsozialistischen Deutschland den Anschein, als wäre klar, was ethisch richtige und was ethisch falsche Lösungen sind. Gerade Antworten auf Fragen in diesem Kontext schienen so eindeutig und so unumstritten, daß es überhaupt keinen Anlaß für irgendwelche Diskussionen darüber gab. Schlagwörter und wohlklingende Parolen boten sich als Universallösungsmittel gerade dort an, wo man von seiten der Sonderpädagogik auf eine eingehendere Beschäftigung mit tatsächlich existierenden Problemen von Leben und Tod verzichtete, wie sie infolge des medizinischen Fortschritts akut geworden sind. Wie sollte sich da, wo bestimmte moralische Überzeugungen einmütig mit einem Absolutheitsanspruch versehen wurden, eine Tradition freier, undogmatischer und kritischer Diskussion entwickeln können, wie sie zur Lösung ethischer Grenzfragen unumgänglich ist?
Die inhaltliche Durchsicht von einem guten Dutzend gängiger

Fachzeitschriften aus der Sonderpädagogik und ihrer Nachbargebiete der letzten fünf Jahre zeigt, daß über Themen der Euthanasie, des Lebensrechts, des Leidens etc. kaum ernsthafte Auseinandersetzungen innerhalb dieses Faches geführt worden sind. Eine genauere Inspektion zeigt zudem, daß man sich für derartige behindertenethisch relevanten Diskussionen in anderen Disziplinen und anderen Ländern so gut wie nicht interessiert hatte (vgl. Anstötz 1990b). Es ist interessant zu verfolgen, welche Mittel man in der aktuellen Auseinandersetzung im einzelnen verwendet, um diese für eine wissenschaftliche Disziplin höchst unbequeme Tatsache zu überspielen. Mit der Vereitelung der Vorträge Peter Singers in Marburg und Dortmund setzte dann allerdings springflutartig eine Publikationswelle zu solchen Themen ein; sehr oft ging es dabei um die Probleme der Euthanasie bei schwerstbehinderten Neugeborenen, deren »Kehrseite«, nämlich die pädagogische Förderung, ein zentraler technologischer, aber auch ethischer Gegenstand der Schwerstbehindertenpädagogik ist (Anstötz 1988). Die nachstehende Abbildung (vgl. S. 280) zeigt, daß die Publikationstätigkeit in der aktuellen Zeitschriftenliteratur – gerade mal ein Jahr danach – die Tendenz zu haben scheint, sich auf ihr ursprüngliches Niveau abzusenken.

2. Strategien der Auseinandersetzung 1: Moralische Diffamierung und Abqualifizierung des Gegners und seiner Position

Gewiß gehen die verschiedenen in der Sonderpädagogik eingesetzten Strategien der Auseinandersetzung mit der Person und Position Peter Singers mehr oder weniger fließend ineinander über. Dennoch lassen sich bezüglich bestimmter Stilmittel solche zusammenfassen, die mehr intra- als interindividuelle Gemeinsamkeiten aufweisen. Ungewöhnlich an der ganzen Debatte, die sich vom Sommer 1989 bis zum Sommer 1990 in sonderpädagogischen Fachzeitschriften erstreckte, ist die ungeschminkt zum Ausdruck gebrachte, ebenso tief wie unreflektiert verankerte Feindseligkeit gegenüber der Person Peter Singer und der von ihm vertretenen Position. Auch wenn man berücksichtigt, daß es sich bei der ganzen Auseinandersetzung um bislang in unserem

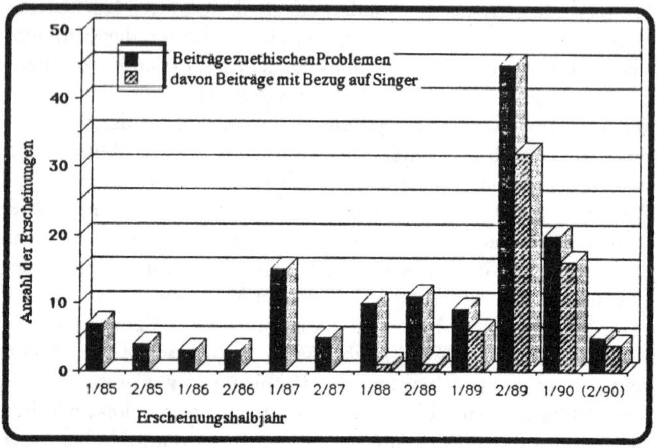

Abbildung 1: Übersicht über Zeitschriftenliteratur der letzten fünf Jahre (erstes bzw. zweites Halbjahr) zu Problemen sonderpädagogischer Ethik; Stand Herbst 1990

Lande doch weitgehend tabuisierte Themen handelt, muß man sich über die Großzügigkeit wundern, die Redaktionen sonderpädagogischer Zeitschriften gegenüber Qualität und Einseitigkeit zu dieser Thematik eingereichter und schließlich publizierter Beiträge walten ließen. Unter der Flagge der Humanität schien jeder Beitrag willkommen und jedes Mittel recht zu sein, wenn er bzw. es nur gegen Person und Position des vermeintlichen Gegners gerichtet werden konnte; die Ausgewogenheit in der Darstellung und die Frage, inwieweit die verwendeten Mittel mit den vorgegebenen humanitären Zielen noch in Einklang zu bringen sind, erschienen dabei offenbar irrelevant.
In einem Artikel von Tolmein (1989, S. 31) über das verhinderte Ethik-Symposium in Marburg heißt es in der Zusammenfassung: »Geladen war neben anderen auch Peter Singer, australischer Philosoph und derzeit wohl der renommierteste Propagandist von Tötungsaktionen an schwerbehinderten Neugeborenen«. In einem anderen Bericht von Sierck (1989, S. 9) über eben dieselben Ereignisse wird der Begriff »Euthanasie-Propagandist« bzw. »Star-Euthanasie-Propagandist« in gleicher Weise eingesetzt. Eine entsprechende Diktion verwendet auch Christoph (1989a,

S. 25) in einem Interview mit K. Leyer vom Sozialmagazin. Theunissen (1989, S. 673) stellt in einem mehrfach abgedruckten Grundsatzreferat fest, daß sich »seit geraumer Zeit ... nicht nur in der Bundesrepublik Deutschland, sondern auch im benachbarten Ausland Tendenzen feststellen (lassen, C. A.), Menschen mit (schwerer) geistiger oder körperlicher Behinderung als ›lebensunwert‹ zu bezeichnen.« Peter Singer stellt er in diesem Zusammenhang dem Leser als einen »der bedeutsamsten Repräsentanten der ›Neuen Behindertenfeindlichkeit‹« vor. Riess (1990, S. 56) spricht von Peter Singer als »Todesethiker« und als »Tötungsprofessor« (a.a.O., S. 60). Niehoff (1990, S. 97), der sich ebenfalls in einem Grundsatzreferat mit »Tendenzen einer neuen (alten) Behindertenfeindlichkeit« befaßt, schreibt: »Die bisher skizzierten impliziten und expliziten behindertenfeindlichen Entwicklungen kulminieren in der Person P. Singer und seinen philosophischen Positionen«. In diese Aura moralischer Diffamierung werden auch solche Personen einbezogen, die sich nicht auf die Seite der Opposition schlagen wollen. In der Rubrik »Der neue Terminus« der Zeitschrift ›Sonderpädagogik‹ bespricht Heese die Begriffe ›Infantizid‹ und ›Präferenz-Utilitarismus‹. Seine Bilanz am Ende seiner Ausführungen, denen er die »Praktische Ethik« von Singer und meinen Aufsatz aus dem Jahre 1988 über die »Heilpädagogische Ethik auf der Basis des Präferenz-Utilitarismus« zugrundelegt, besteht in folgender Forderung (Heese 1989, S. 127): »Es gilt zu verhindern, daß heute die Säuglinge mit Spina bifida, morgen die Bluter und schon bald darauf diejenigen Säuglinge umgebracht werden, die Wölfen im Schafspelz des Ethikers wie P. Singer aus irgendwelchen Gründen im Wege sind«. Von Merkel spricht Feuser (1990, S. 62) als dem »wohl in der BRD beredetsten und fanatisiertesten Apologeten« Singers; in einem ›Zeit‹-Dossier (Die Zeit v. 23. Juni 1989) hat Merkel die bundesweite Kampagne gegen Singer kritisiert und auch Feuser wegen seines kämpferischen Engagements bei gleichzeitig (von ihm selbst eingestandener) fehlender Sachkenntnis einbezogen. In seiner Besprechung »Zur Heilpädagogischen Ethik von Chr. Anstötz« versucht Vogt (1989, S. 283), meine Ansichten auf folgende Weise zu kritisieren: »Wer sich nicht von dieser Pädagogik im Laufe der Jahre pädagogisieren läßt, ist schwerstbehindert, ist menschliche Unperson. Anstötz als Vertreter dieser Pädagogik stellt sich somit selbst ein Zeugnis aus! Mißerfolg an Mißerfolg (Anstötz'sche

menschliche Unpersonen). Aber er besitzt die Frechheit, diese ›Mißerfolge‹ an den einzelnen Menschen festzumachen ...«
Abgesehen von der inhaltlichen Seite, die sich durch eine genaue Lektüre des Originals sowie meines Aufsatzes über den ›guten‹ Lehrer (Anstötz 1986) in mehrfacher Hinsicht leicht richtigstellen ließe, enthalten persönliche Angriffe, wie die Bezichtigung Andersdenkender der Frechheit oder sonstige moralische Abqualifizierungen, keine argumentative Substanz. Trotzdem ist natürlich nicht zu bestreiten, daß solche außerargumentativen Aktivitäten, die nicht den Spielregeln einer rationalen Diskussion folgen, Wirkung zeigen. Sie sind in besonders nachhaltiger Weise geeignet, das Klima einer Diskussion bis hin zur völligen Zerstörung zu beeinträchtigen. Damit aber erweisen sie sich, wenigstens zunächst, als effektives Mittel zur Durchsetzung der in der Sonderpädagogik allenthalben erhobenen Tabuforderungen, die in Punkt 4 ausführlicher dokumentiert werden. Zudem werden Leser derartiger Zeilen infolge der Verunglimpfung der gegnerischen Person und auch der Position emotional affiziert, wodurch sicher Mitläufer angeworben, aber kaum Mitdenker gewonnen werden. Bis auf ganz wenige Ausnahmen (vgl. etwa Schönberger 1990, Stinkes 1990) wird diese Strategie in der hier zur Diskussion stehenden Auseinandersetzung mit Singer und dem Präferenz-Utilitarismus in der sonderpädagogischen Fachliteratur durchgängig praktiziert. Die ja ohne weiteres legitime Ablehnung der utilitaristischen Ethik, die kritische Einstellung gegenüber dieser Position wird jedoch in einer Weise zum Ausdruck gebracht, daß eine Umkehrung unmöglich wird, daß also ein Anzweifeln des Zweifels, eine Ablehnung der Ablehnung nicht mehr zulässig sind. Auch dazu einige Beispiele, die eine moralische Herabsetzung des utilitaristischen Standpunktes anzielen. Diese durchaus repräsentativen Beispiele bewirken, daß eine ernsthafte Beschäftigung mit dieser Ethik jedem moralisch denkenden Menschen von vornherein nicht nur überflüssig, sondern darüber hinaus illegitim erscheinen muß.
Bestimmte Vertreter der Bundesvereinigung Lebenshilfe für geistig Behinderte greifen bei dem Versuch, die Einladung Singers zum Bio-Ethik-Kongreß vor Kritikern zu rechtfertigen, ganz offen zu denunziatorischen Mitteln: »Die Veranstalter sollten im Streitgespräch mit Wissenschaftlern aus aller Welt Singers ›Ethik‹ als das entlarven, was sie ist: Ein Horrorgebilde, das unseren

Moralvorstellungen widerspricht und in eklatanter Weise gegen die Menschenrechte verstößt« (Bundesvereinigung 1989a, S. 11; vgl. auch 1989b, S. 241). »Die Geschichte Deutschlands verbietet es«, so schreibt Riess (1990, S. 56), aus dem mehrfach abgedruckten Brief des Behindertenpädagogen Feuser (1989a, S. 297) zitierend, »Ideologien Raum zu geben, ›die zutiefst lebensverachtend sind und den geringen Kredit, den die Humanwissenschaften nach dem Hitler-Faschismus heute wieder in Anspruch nehmen dürfen, mit einem Schlag zerstören können‹«. Die philosophischen Grundlagen der Singerschen Position stellt er vor als: »abgeschmacktester Mumpitz, der in Australien wahrscheinlich keine müde Eidechse mehr aus dem Schatten hervorlockt« (a.a.O., S. 60). In dem erwähnten Brief Feusers (1989a, S. 295 f.) findet sich eine ähnliche Abqualifikation: »Die scheinbar logisch deduzierten Schlußfolgerungen des Herrn Singer sind weitgehend eine Aneinanderreihung von Plattitüden auf der Basis von Annahmen, die spekulativ sind«. Und in seinem neuesten Vortrag (Feuser 1990, S. 63) steht: »Was ist Ethik? Singer (1984) sagt, ›Eine Auffassung‹ (S. 18). Mehr als den Wert einer Plattitüde hat diese Feststellung nicht«. Dabei vergißt Feuser zu erwähnen, daß er hier eine Kapitelüberschrift zitiert, auf die ca. acht Seiten ausführlicher Erörterungen folgen. Und an meine Adresse gerichtet heißt es in dem eben zitierten Brief: »Wenn sich aber Ihr Weg und Ihr wissenschaftlicher Anspruch der Lehrmeinung eines Herrn Singer beigesellen oder unterordnen, so schaffen Sie nicht Wissen, sondern ein politisches Faktum, das als solches bekämpft werden muß, denn die Thesen von Singer und Kuhse sind blanker Aufruf zum Mord. Wo steckt da die Wissenschaft? Man kann die mangelnde Wissenschaftlichkeit dieser Leute schon auf der Ebene ihres impliziten Naturbegriffs auseinandernehmen, auf dem sie unausgesprochen fußen« (a.a.O., S. 296); zitiert ist hier nebenbei bemerkt aus jenem Brief von Feuser, der gleichzeitig seine mittlerweile zu Recht bekannt gewordene Äußerung enthält: »Ich meinerseits muß gestehen, daß ich nur weniges von Herrn Singer kenne, zu wenig ...« (a.a.O., S. 293).

Auch Bleidick (1990, S. 517) kritisiert in seiner Eigenschaft als Nichtphilosoph, das Buch ›Praktische Ethik‹ sei »in mehrfacher Hinsicht ohne wissenschaftlichen Wert. Philosophisch bleibt es, auch wo es in der Tradition des anglikanischen (?) Präferenz-Utilitarismus argumentiert, oberflächlich. Medizinisch ist es grotesk uninformiert. Spina bifida, Langdon Down und Blutererkrankungen werden, ungeachtet der weiten Streubreite ihrer Schwere als Erkrankungen angesehen, die ein lebenswertes Leben ausschließen sollen. Bei einer solchen, im Gewande einer gewissen Schnodderigkeit eines ›Lehrstuhlinhabers‹ für ›Bioethik‹ vorgetragenen Hybris, müssen tausende Betroffene allein in unserem Lande erschrecken«. Obwohl es in diesem Kapitel nicht um Richtigstellungen geht, sei doch zumindest soviel erwähnt, daß Bleidick, hätte er die Praktische Ethik nicht nur auszugsweise, sondern vollständig gelesen, auf Informationen gestoßen wäre, die mit seinen Vorbehalten unvereinbar sind; zutreffend ist allerdings, daß die sonderpädagogische Sekundärliteratur in der Tat derart undifferenzierte Wiedergaben aus der ›Praktischen Ethik‹ enthält und von daher, wie später noch gezeigt wird, für eine adäquate Interpretation und Beurteilung nicht in Frage kommen kann. Auf Seite 181 hätte Bleidick die Feststellung finden können: »Einige Ärzte (!), die an schwerer (!) Spina bifida leidende Kinder behandeln, sind der Meinung, das Leben mancher (!) dieser Kinder sei so elend, daß es falsch wäre, eine Operation vorzunehmen, um sie am Leben zu erhalten. Das bedeutet, daß ihr Leben nicht lebenswert ist«. Die Übertragung auf alle Formen von Spina-bifida-Erkrankungen, also auch auf ausgesprochen milde Versionen, ist eine Zutat von Bleidick; im Anmerkungsapparat hätte er im übrigen die entsprechende medizinische Bezugsliteratur gefunden. Zur Blutererkrankung heißt es auf der nächsten Seite: Trotz mancher Einschränkungen »bringen Bluter offensichtlich ihr Leben nicht mit der Frage zu, ob sie mit allem Schluß machen sollten; die meisten von ihnen finden das Leben eindeutig lebenswert«. Auch zum Neugeborenen mit Blutererkrankung heißt es auf derselben Seite, daß »das Kind ... ein lebenswertes Leben erwarten (kann, C. A.), auch wenn dieses nicht so glücklich sein wird wie das eines normalen Babys«. Drittens schließlich heißt es zum Down-Syndrom auf S. 185 der Praktischen Ethik: »Kinder mit dieser Behinderung sind schwer zurückgeblieben und können niemals normale Erwachsene werden, obwohl ihr Leben durchaus angenehm sein mag, wie es das Leben von Kindern eben ist«. Selbst im Diskussionsrahmen einer ethisch legitimierbaren Abtreibung »bleibt allerdings festzuhalten, daß weder die Hämophilie noch das Down-Syndrom ein Leben nicht-lebenswert machen würden« (Singer 1984, S. 185).

Dennoch kann Bleidicks Vorwurf der Oberflächlichkeit bestehenbleiben, der sich jedoch nicht auf die Praktische Ethik von Singer, sondern auf seine Lektüre der Praktischen Ethik von Singer beziehen müßte; unter diesem Blickwinkel brauchte man auch den Vorwurf der Hybris nicht unbedingt zu streichen.
Das letzte Zitat von Feuser und das von Bleidick vereinigen zwei zentrale Stoßrichtungen, mit deren Hilfe man in der Sonderpädagogik eine Auseinandersetzung mit dem Utilitarismus versucht, nämlich die Position Singers sowohl moralisch als auch in Hinblick auf ihre theoretische Qualität herabzusetzen, wobei der Akzent aber eindeutig auf die erstgenannte Vorgehensweise gesetzt wird. Begemann (1989, S. 349) bezeichnet die utilitaristische Ethik als »eine inhumane, schreckliche und erschreckende Position, gegen die mit allen Kräften angegangen werden muß«, Jonas (1990, S. 41; vgl. auch Roebke 1989, S. 2) nennt Singers philosophischen Standpunkt eine »Dienstleistungsethik« bzw. eine ›neue‹ »Tötungsethik« (a.a.O., 47). In einem Aufsatz über »Menschenbilder in der Arbeit mit (geistig) behinderten Menschen. Versuch einer kritischen Standortbestimmung« reiht Fischer (1989, S. 267) die ›Praktische Ethik‹ von Singer in die »Philosophien des Tötens und Vernichtens menschlichen Lebens« ein. Dörr (1989, S. 3) sieht hier »unter dem Anspruch vernunftorientierter Argumentation eine brutale Verwertungsethik«. »Singer rechtfertigt in erbarmungsloser Konsequenz sogenannter praktisch ethischer Auffassung die Tötung behindert geborener Säuglinge« (a.a.O., S. 3). Ähnlich schreibt Welter (1989, S. 386): »Seine ungeheuerlichen Thesen wollen die Tötung behinderter Säuglinge ›wissenschaftlich‹ rechtfertigen.« Deshalb warnt Roebke (1989, S. 5): »Wir sollten uns ... darüber im klaren sein: Die Vorstellungen von Singer und Anstötz bedrohen ja nicht nur die Existenz von Menschen, die behindert sind, sondern alle, die zwangsläufig einmal schwach, alt, krank und hilfsbedürftig werden.« »Jeder, der wie Herr Anstötz den Gedanken und Meinungen eines Peter Singer folgt und ihnen die Möglichkeit der Verbreitung verschafft, setzt sich dem Vorwurf der ›Volksverhetzung‹« (a.a.O., S. 5) aus. Es ist also nicht nur so, daß der Präferenz-Utilitarismus als eine ethische Richtung apostrophiert wird, »die letztlich das Lebensrecht der Behinderten insgesamt in Frage stellt« (Grode 1989, S. 287), sondern es wird, wie gesagt, verallgemeinernd festgestellt: »Behindertes Leben, altes Leben, krankes Leben, leiden-

des Leben wird in diesem Diskurs abgewertet, als nicht zumutbar für den Betreffenden bezeichnet, als nicht zumutbar für die Gesellschaft aber herbeigeredet« (Wunder 1989, S. 13; vgl. auch Sierck 1989, S. 8; Vogt 1989, S. 286; Niehoff 1990, S. 86 u. a.). »Kaum jemand begreift überhaupt«, so faßt Christoph (1989a, S. 24) zur hier attackierten Position belehrend zusammen, »daß es hier um die Legalisierungsforderung nach Massenmord geht ... Die Mörder fordern den ›Gnadentod‹ für uns und reden von ›Hilfe‹«.

Es ist psychologisch schwer vorzustellen, wie eine sachliche Diskussion in einem Klima stattfinden soll, welches durch denunziatorische Angriffe mit der geschilderten Breiten- und emotionalen Tiefenwirkung geprägt ist. Aber, so wird es hundertfach aus den Reihen der Opponenten herüberrufen: Welchen Grund sollte es dafür geben, sich mit Mördern an einen Tisch zu setzen, mit solchen Wissenschaftlern, die gerade denen nach dem Leben trachten, die sie in die Gesprächsrunde bitten (Christoph 1989a, S. 26; Sierck 1989, S. 9 u. a.)? Vor jedem Gericht der Welt, das diesen Namen verdient, wäre jetzt die Frage an diese Opponenten zu richten, welche Beweise dafür vorliegen, daß es sich bei den Angeklagten tatsächlich um ›Mörder‹, ›Volksverhetzer‹, ›Tötungsethiker‹, ›Tötungsprofessoren‹ etc. handelt, denen man zu Recht ›blanken Aufruf zum Mord‹ vorwerfen muß. Sie müßten jetzt sagen, welche Handhabe sie für die Anklage besitzen, daß hier tatsächlich ein die Menschenrechte mißachtendes ›Horrorgebilde‹ vorliegt, welches als ›Tötungs-‹ oder ›Dienstleistungsethik‹ im Auftrag inhumaner Kräfte Alten, Kranken, Behinderten nach dem Leben trachtet etc. Jemanden ohne eine ausreichende Beweisgrundlage vorweisen zu können, einen Mörder zu nennen, ihn des Aufrufs zum Mord zu bezichtigen, kann von keinem Standpunkt aus gerechtfertigt werden. Werfen wir also einen Blick auf die Beweisverfahren, wie sie dem Forum der Öffentlichkeit in den aktuellen einschlägigen Fachzeitschriften vorgestellt werden.

3. Strategien der Auseinandersetzung II: Anwendung der Methode »kontextfreier« Deutung

Die folgenden Ausführungen, die sich mit bestimmten Auffassungen des Behindertenpädagogen Feuser beschäftigen, sollen dessen wirklich achtenswerte Verdienste um die Pädagogik der Schwerstbehinderten und deren Integration in keiner Weise schmälern. In vorliegendem Zusammenhang ist allerdings zu fragen, welchen Kredit seinem vernichtenden Urteil der Position Singers eingeräumt werden soll, die er nach eigenem Bekunden wie gesagt »zu wenig« (Feuser 1989a, S. 293) kennt. Diese Selbsteinschätzung läßt sich an vielen Stellen seines Protestschreibens ohne weiteres bestätigen. So hält er ›Personalität‹ und ›Selbstbewußtsein‹ für die Kriterien, die Singer als Unterscheidung zwischen Mensch und Tier vorschlägt (a.a.O., S. 295; vgl. auch Thalhammer 1990, S. 537, der sich dabei auf die S. 125 aus Singers Praktische Ethik bezieht, wo ein Hinweis, daß Selbstbewußtsein zu den unverzichtbaren ›Kriterien des Menschseins‹ gehöre, nicht zu finden ist). Tatsächlich stammt diese Grenzziehung aus der Vorstellung von Feuser, nicht aber aus der Ethik von Singer, die ja gerade davon ausgeht, daß es keine moralisch relevanten Eigenschaften gibt, die nur und allen menschlichen Lebewesen zukommen, also auch nicht ›Personalität‹ oder ›Selbstbewußtsein‹. Feuser (a.a.O., S. 295) meint, daß der Umstand, »ob ein beeinträchtigter Mensch ... Personalität und Selbstbewußtsein im Laufe seiner Ontogenese aufbauen kann«, ausschlaggebend dafür sei, »ihn als ›lebenswert‹ (zu definieren, C. A.)«. Auch dieser Zusammenhang ist bei Singer nicht zu finden (vgl. dagegen das Kapitel über die freiwillige Euthanasie). Darüber hinaus ignoriert Feuser das Benthamsche Kriterium der Empfindungsfähigkeit völlig, obwohl dieses ja existentielle (und für uns verpflichtende) Folgen für alle fühlenden Lebewesen hat, schwerstbehinderte Mitglieder unserer Gattung einbezogen (vgl. auch Anstötz 1988). Im Zusammenhang mit der Gleichheitsidee liegt gerade darin Singers international beachtetes Eintreten für die Interessen der Tiere. Insofern Feuser also wichtige Bestimmungsstücke dieser Ethik außer acht läßt und sich auf isolierte Details beschränkt, kommt er zu einer durch und durch falschen Wiedergabe der utilitaristischen Ethik und damit zwangsläufig auch zu einem unzutreffenden Werturteil. Dieses hat in seinem nicht gerade kleinen Einflußbe-

reich eine erhebliche Verbreitung gefunden und folgenreiche Verwirrung gestiftet.
Merkel hat daraufhin in einem ›Zeit‹-Artikel (Die Zeit v. 23.6.89) auf den Widerspruch zwischen dem von Feuser selbst zugegebenen und objektiv zu bestätigenden geringen Kenntnisstand der Position Singers einerseits und seinem kämpferischen Engagement gegen sie andererseits hingewiesen. Statt entweder diese offensichtliche Ungereimtheit zu erklären oder aber einen (vielleicht verständlichen) Fehler einzuräumen, verläßt Feuser die argumentative Ebene und zieht statt dessen nach dem in Punkt 1 illustrierten Schema einen persönlichen Angriff gegen Merkel vor, dem er »demagogische Hetze in möglicher Verteidigung eines Mannes Singer (unterstellt, C. A.), um den es als Person nicht geht« (Feuser 1989b, S. 304). Was mag einen erfahrenen, kritischen Wissenschaftler wie Feuser dazu veranlassen, daß er zunächst verurteilt, dann nachliest, zunächst wortgewaltig als uninformierter Nichtphilosoph eine ausgearbeitete philosophische Position ans Kreuz schlägt und im nachherein erst versucht, sich kundig zu machen, ob dies zu Recht geschehen ist und dann – menschlich nachvollziehbar, aber für jeden Fortschritt zerstörerisch – alles daransetzt, seine Fehler zu vertuschen und die entstandenen kognitiven Dissonanzen erst durch Verlassen des Diskurses zu umgehen und dann mittels weiterer wortreicher Betätigungen zu reduzieren? Sein öffentlicher Brief selbst könnte einen Hinweis auf die Antwort enthalten und zeigen, daß hier eine Vorgehensweise in Betracht zu ziehen ist, die in der sonderpädagogischen Auseinandersetzung mit Singer und seiner Position bis zum heutigen Tage ihre Wirkung nicht eingebüßt hat: Es geht um die »kontextfreie« Deutung in einem psychologisch hochsensiblen Gebiet, dessen Betreten offensichtlich bei vielen Pädagogen bewirkt, daß sie glauben, nicht einmal mehr die minimalen Regeln des wissenschaftlichen Handwerks beachten zu müssen. Man sehe sich beispielsweise die Zitier- und Belegpraxis bei Speck (1989) oder in dem oben erwähnten Aufsatz von Fischer (1989) an, in dem Literaturstellen nicht oder nur mit großem Aufwand aufzufinden sind; die auf meine Auffassung gemünzte Kritik gleich auf der ersten Seite (Fischer 1989, S. 267) ist nicht belegt und läßt sich in meinen Publikationen auch nicht lokalisieren – wirkt aber nichtsdestoweniger auf das Leserurteil und immunisiert den Autor gleichzeitig gegenüber einer kriti-

schen Überprüfung seiner Behauptung. Man wird mit gutem Gewissen kaum mehr von Fahrlässigkeit sprechen können, sondern eher von Täuschungsmanövern, von denen man sich offenbar eine diskreditierende Wirkung auf die gegnerische Position verspricht.

Kommen wir nun zu den mittlerweile berühmten Thesen Singers aus der Praktischen Ethik – und später dann zu weiteren Textstellen –, die erst auf Flugblättern, dann in der regionalen und überregionalen Presse und schließlich in der Zeitschriftenliteratur wie eine Staffel von Quelle zu Quelle weitergereicht wurden, ohne daß man sich für deren Kontext sowie für deren Herleitung von den utilitaristischen Prinzipien in irgendeiner Weise interessiert hätte. Sie stellen den Kernbestand des Beweismaterials dar, das man im allgemeinen für ausreichend hielt, die in Punkt 2 erhobenen Anklagen zu begründen. Noch heute ist es offenbar so, als ob, wie Singer (in diesem Band S. 324) es ausdrückt, der »intuitive ›Schockwert‹ (eines herausgefischten Zitats, C. A.) ausreichen würde, um seine Falschheit zu erweisen und zu zeigen, daß jede Verteidigung mit rationalen Argumenten nichts anderes als ein listiger Taschenspielertrick sein könne«. So führt Feuser (1989a, S. 295) in eine der am häufigsten zitierten Textstellen aus Singers Praktischer Ethik in einer Weise ein, daß ihre Falschheit gewissermaßen selbstevident erscheinen muß und sich damit als vermeintlich solide Stütze in seine Verurteilung einbauen läßt: »In der ›Praktischen Ethik‹ von Singer (1984) heißt es zum Schluß des Euthanasie-Kapitels lapidar: ›Der Kern der Sache ist freilich klar: die Tötung eines behinderten Säuglings ist nicht moralisch gleichbedeutend mit der Tötung einer Person. Sehr oft ist sie überhaupt kein Unrecht‹«. Das Zitat von Singer ist in Fettdruck hervorgehoben. Die Anmerkung Feusers, daß Singer diese Feststellung ›lapidar‹ treffe, was nach Duden soviel bedeutet wie ›ohne weitere Erläuterung, kurz und bündig‹, ist schon etwas erstaunlich, wenn man bedenkt, daß es Feuser ist, der die dem Zitat vorausgehenden, immerhin recht ausführlichen Erläuterungen über die ethischen Probleme von Abtreibung und Kindestötung im Rahmen verschiedener Versionen des Utilitarismus komplett unterschlägt. Was hat Feuser veranlaßt – einmal vorausgesetzt, er hat bei der Anfertigung seines Briefes mehr als nur das Zitat gelesen –, den folgenden ausdrücklich vorwarnenden Hinweis von Singer unter den Tisch fallen zu lassen, der nur wenige Seiten vor dem fraglichen Zitat zu finden ist und das entsprechende Kapitel einleiten soll: »Wenn wir ohne jede vorherige ethische Erörterung des Tötens im allgemeinen das Problem von Leben und Tod bei schwer mißgebildeten Säuglingen behandeln müßten, wären wir vermutlich außerstande, den Konflikt zwischen der Heiligkeit des menschlichen Lebens und dem Ziel, Leiden zu vermindern, zu lösen. ... Wir haben jedoch vorgearbeitet, und die Prinzipien, die wir in den vorangehenden drei Kapiteln aufgestellt und angewendet haben, lassen das Problem viel weniger verwirrend erscheinen, als die meisten glauben« (Singer 1984, S. 179). Werden diese Prinzipien von Feuser (und den anderen) genannt und für eine kritische Interpretation des Zitats verwendet? Die Antwort ist eindeutig: Nein, nicht einmal andeutungsweise. Feuser ignoriert den gesamten Kontext und erreicht damit genau das, was Singer für diesen Fall vorausgesagt hat. So ist sichergestellt, daß der Adressat seines Briefes das Zitat seinem Sinn nach nicht verstehen kann, sondern daß ihn vielmehr bestimmte Assoziationen dazu bringen werden, mit Gefühlen des Entsetzens und der Empörung, jedenfalls mit Ablehnung zu reagieren.

Es geht wohlgemerkt hier gar nicht darum, die von Singer ausgearbeitete, detaillierte philosophische Argumentation zum Euthanasieproblem bei schwerstbehinderten Neugeborenen im einzelnen mit den Ansichten Feusers zu diesem und jenem zu konfrontieren. Es geht vielmehr darum zu zeigen, daß Feuser (und andere) dem Leser unter Mißachtung elementarster Regeln der Textinterpretation in einer Sache von Leben und Tod ohne jeden Skrupel den Blick verstellt für das, was Singer tatsächlich zum Ausdruck bringen will. Dabei soll keineswegs der Eindruck erweckt werden, Feuser sei nicht in der Lage, hermeneutische Fehlleistungen dieser Art zu erkennen – wenn sie bei anderen aufzutreten scheinen. In seinem zweiten offenen Brief beklagt er sich gegenüber Merkel, daß dieser sein Geständnis, »zu wenig« von Singer zu kennen mit bestimmten, »aus dem Kontext eines 6seitigen Briefes« (Feuser 1989b, S. 304) genommenen Aussagen konfrontiert und damit zu für ihn recht unangenehmen Schlußfolgerungen kommt; ähnlich reagiert Christoph (1989a, S. 24), wenn er meint, Auffassungen von Gegnern der Euthanasie-Debatte seien in ›Die Zeit‹ mit »Halbsatz-Zitaten aus seitenlangen Briefen« inadäquat wiedergegeben worden.

Die Problemsituation, der das von Feuser und anderen immer

wieder hervorgehobene Zitat entnommen ist, ist, kurz gesagt, folgende: Ist ein Mensch in der Lage, sein Leben selbst zu beurteilen und über es zu befinden, ist er also ›Person‹ im Sinne von Singer, Harris, Tooley und anderen, so ist die ethische Situation eine andere, als wenn ein Wesen die Fähigkeit nicht besitzt, über Leben und Sterben selbst zu entscheiden. Im ersten Falle lassen sich die Präferenzen des betroffenen Individuums erfragen, im zweiten nicht. Ferner ist zu berücksichtigen, daß im Sinne von Singers Auffassung der Gleichheitsidee die Tatsache allein, zur Spezies Mensch zu gehören, moralisch irrelevant ist. »Nimmt man das Kind an sich (läßt man also ebenfalls ausschlaggebende ›äußere‹ Gründe, wie die Wünsche der Eltern z. B., zunächst einmal unberücksichtigt, C. A.), so haben wir ein empfindendes Wesen vor uns, das weder rational noch selbstbewußt ist. Weil seine Spezies für seinen moralischen Status nicht relevant ist, müssen sich die Prinzipien, nach denen es falsch ist, nichtmenschliche Lebewesen zu töten, die zur Empfindung fähig, aber nicht rational oder selbstbewußt sind, auch hier anwenden lassen. Dies sind utilitaristische Prinzipien. Daher ist die Frage wichtig, welche Qualität von Leben für den Säugling erwartet werden kann« (Singer 1984, S. 181). In dieser Richtung ist der Kontext zur ersten Teilaussage des von Feuser verwendeten Zitats zu verstehen, nämlich daß es einen moralischen Unterschied macht, ob sich ein Wesen selbst äußern kann, oder ob es diese Fähigkeit nicht besitzt, so daß in Grenzfragen von Leben und Tod andere für es entscheiden müssen.

In diesem Fall ist dann die Anwendung weiterer Prinzipien erforderlich, die auf die zu erwartende Lebensqualität Bezug nehmen. Die utilitaristische Auffassung enthält eine Reihe direkter und indirekter Gründe gegen das Töten eines empfindungsfähigen, aber nicht rationalen Wesens, die mit dem universalen Aspekt des moralischen Urteils zusammenhängen (vgl. z. B. Singer 1984, S. 118; S. 136 ff.; 179 ff. etc.). Das Töten eines solchen Lebewesens ist aber beispielsweise dann kein Unrecht – und damit ist der letzte Teil des Zitats angesprochen –, wenn man weiß, daß die Aussicht in nichts anderem als einem elenden, qualvollen Leben besteht. Die Erhaltung eines solchen Lebens würde für das betreffende Wesen gleichzeitig die Verlängerung unerträglichen Leidens bedeuten. Dabei ist zu beachten, daß die Frage der Existenz eines solchen Leidens und die Frage, wie man dieses feststellt, zwei verschiedene Dinge sind, deren Konfundierung zu Mißdeutungen führen muß. Wer davon ausgeht, daß es auf dieser Welt kein unerträgliches Leiden gibt (bzw. nicht zu geben braucht), für den fallen bestimmte Schlußfolgerungen natürlich völlig anders aus. Obwohl man sich kaum vorstellen kann, daß selbst bei laienhaften Medizinkenntnissen eine solche Ansicht ernsthaft vertreten wird, die schon der allgemeinen Lebenserfahrung der meisten Menschen widerspricht, legt die von manchen Autoren benutzte sprachliche Umschreibung solcher leidvoller Existenzen dies nahe. Dabei entsteht der Eindruck, daß es sich dabei nicht um Gegebenheiten dieser Welt, sondern um Erfindungen handelt, deren einziger Zweck darin besteht, Stimmen für die eigene Position zu gewinnen. So meint Christoph (1989b, S. 11), »dekorative Darstellung[en] von Einzelschicksalen ... appellieren ... an Mitleidsgefühle und scheinbar humanitäre Ansprüche«. Weber (1989, S. 245 f.) drückt sich sprachlich ebenfalls so aus, als müßte man daran zweifeln, daß das, was da an Leid und Elend geschildert wird, zum Leben in dieser Welt gehört, worüber demzufolge weder entschieden noch diskutiert zu werden brauche. Sie bezeichnet solche Darstellungen als »Horrorszenario ... Die furchtbarsten Verkrüppelungen, die grauenhaftesten geistigen und körperlichen Behinderungen, die entsetzlichsten Qualen werden bis ins kleinste Detail geschildert – so daß es fast schon zu einem zwingenden inneren Bedürfnis wird, diesen Menschen gleichsam in einem Akt der Nächstenliebe den sanften Gnadentod zu gewähren«. Auch Probleme dieser Art werden in dem entsprechenden Kapitel von Singer behandelt und sind zum Verständnis der in dem fraglichen Zitat zum Ausdruck gebrachten Auffassung unentbehrlich, daß das »Töten eines behinderten Säuglings ... sehr oft ... überhaupt kein Unrecht« sei. Ferner ist aus dieser Sicht zu berücksichtigen, daß es für eine unterschiedliche Behandlung von Abtreibung und Kindestötung keine ohne weiteres akzeptablen Gründe gibt; wer also Kindestötung, d. h. die Tötung geborenen Lebens ablehnt, dem wird es schwerlich möglich sein, die Tötung ungeborenen Lebens argumentativ zu verteidigen. Wer andererseits die Tötung ungeborenen Lebens, d. h. Abtreibung bejaht (generell oder auch speziell im Falle, wo eine schwere Behinderung vorliegt), wird es schwer haben, die Tötung gerade geborenen Lebens (aus gleichen Gründen heraus) nachvollziehbar zu rechtfertigen. Diese Argumentationslinie wird im Rahmen der sogenannten ›Totalansicht‹ bei Singer aufgegriffen und im Zusammenhang mit der Ersetzbarkeitsregel diskutiert: »Wer einen Fötus mit einem dieser Schäden (gemeint ist beispielhaft Hämophilie und Down-Syndrom, C. A.) abtreiben läßt in der Absicht, ein anderes Kind zu bekommen, das nicht geschädigt sein wird, sieht Föten offensichtlich als austauschbar oder ersetzbar an. Wenn die Mutter sich zuvor entschlossen hat, eine bestimmte Zahl von Kindern, sagen wir zwei, zu bekommen, dann tut sie mit der Abtreibung im Grunde genommen nichts anderes, als ein potentielles Kind zugunsten eines anderen zurückzuweisen. Um ihr Handeln zu verteidigen, könnte sie folgendes sagen: Der Verlust des Lebens für das abgetriebene Kind wird aufgewogen durch den Gewinn eines besseren Lebens für das normale Kind, das nur gezeugt werden wird, wenn das behinderte Kind stirbt« (Singer 1984, S. 185). Obwohl bestimmte praktische Konsequenzen (wie etwa die Abtreibung), die sich aus der ›Totalansicht‹ ergeben können, weithin praktiziert werden, werden eine Reihe sich ergebender logischer Konsequenzen (wie etwa die Kindestötung) weit weniger akzeptiert, als dies insgesamt bei jenen Folgen der Fall sein dürfte, die sich aus der ›Vorausgesetzte-Existenz-Ansicht‹ ergeben. Diese macht das Wohl und Wehe der tatsächlich existierenden Wesen zum ausschlaggebenden Gesichtspunkt. Diese Sichtweise wirft jedoch andere theoretische wie praktische Probleme auf (vgl. dazu auch Hare 1990, Parfit 1990). Auch hierzu sind Singers Text weitere detaillierte Ausführungen zu entnehmen, die hinzuzuziehen sind, wenn es um eine faire und kritische Beurteilung seiner Position zum Euthanasieproblem bei schwerstbehinderten Neugeborenen gehen soll.

Welche der jeweils denkbaren ethischen Einstellungen man auch immer diesen Grenzfragen des Lebens gegenüber einnimmt, fest steht, daß eine Solo-Darbietung des fraglichen Zitats gerade für Sonderpädagogen einen extrem hohen und psychologisch aversiven Reiz bedeuten muß, dem Feuser möglicherweise selbst erlegen ist, so daß er vielleicht meinte, das betreffende Kapitel erst gar nicht lesen zu müssen. Hat er es doch gelesen und die dort geschilderten Probleme ernst genommen, ist seine Entscheidung, auf die Darstellung des Kontextes zu verzichten, noch weniger nachvollziehbar. Das gilt um so mehr, als man ja davon ausgehen kann, daß Feuser sich der damit verbundenen Wirkung durchaus bewußt ist – sonst hätte er es wohl kaum als Munition für seine Attacke benutzt. Auch in einer späteren Publikation zum Thema findet sich wiederum jenes sensationsversprechende Zitat (Feuser 1990, S. 61), wobei das, worum es Singer in diesem Zusammenhang geht, mit verstreuten Halbheiten aus dessen Position versehen wird, so daß der Leser nicht besser, sondern schlechter daran ist als bei seinem vielleicht in der ersten Aufregung verfaßten öffentlichen Brief: Während dort das Quellenstudium Feusers ganz offensichtlich mangelhaft war, könnte nun der Eindruck entstehen, daß ein Nachlesen im Original sich weitgehend erübrigen dürfte.

Damit, daß Feuser offenbar – fahrlässig oder vorsätzlich – auf Wirkung und nicht auf Aufklärung setzte, steht er allerdings, wie gesagt, nicht allein. Eckert (1989, S. 1) bringt dieses Zitat im Editorial der Zeitschrift ›Zusammen‹: »Die Diskussion der letzten Monate über die Thesen des australischen Wissenschaftlers Peter Singer haben eine neue bedrohliche Dimension eröffnet«. Der Beweis folgt sofort und ohne jeden Übergang: »In seinem Buch ›Praktische Ethik‹ heißt es unter anderm; ›... *die Tötung eines behinderten Säuglings ist nicht moralisch gleichbedeutend mit der Tötung einer Person. Sehr oft ist sie überhaupt kein Unrecht*‹.« Auch bei Speck (1989, S. 4) findet sich dieses Zitat, wobei auch hier wiederum der relevante Kontext nicht auftaucht, so daß auch nicht damit zu rechnen ist, daß der Leser den von Singer gemeinten Sinn des Zitats adäquat identifizieren kann. Genau das scheint auch Speck klar zu sein, wenn er schreibt: »Solche Sätze in deutscher Sprache wieder zu lesen oder zu hören, stellt hierzulande eine schier unglaubliche Herausforderung dar« (a.a.O., S. 4). Dennoch hält er es offenbar für vertretbar, darauf zu verzichten, dem Leser den Hintergrund der Problemsituation, um die es hier geht, zu verdeutlichen. In der Wochenzeitung ›Die Zeit‹ (v. 16. 6. 1990), wo das fragliche Zitat ebenfalls Gegenstand der Diskussion gewesen ist, nimmt Singer selbst ein weiteres Mal erläuternd dazu Stellung; dort wird wiederholt die Bedeutung des mißverständlichen Begriffs ›Person‹ geklärt sowie der Umstand beschrieben, daß Euthanasie bei behinderten Neugeborenen in bestimmten Grenzsituationen gerechtfertigt werden kann, zum Beispiel dann, wenn die Alternative in einem langsamen, qualvollen Ende besteht. Aber nicht einmal diesen erneut erläuterten Kontext hält Speck für erwähnenswert. Warum nicht?

Die Zeitschrift ›Zusammen‹ (1989, S. 11) legt in ihrem Themenheft in einem eigens eingerahmten Kasten mit der Überschrift »Zitate von Singer« drei »Ausagen von Professor Peter Singer, die besonders heftigen Widerstand auslösten«, vor, zu denen die oben erwähnte Textstelle wiederum ohne jede Erläuterung beigefügt ist. Theunissen (1989, S. 673) eröffnet die ›Einleitenden Bemerkungen‹ seines bereits erwähnten Grundsatzreferats mit eben diesem Zitat und kommentiert: »Diese Aussage ist kein Zitat aus dem Nazi-Programm ›Vernichtung lebensunwerten Lebens‹, sondern sie stammt von dem australischen Philosophie-Professor Peter Singer, der ... als einer der bedeutsamsten Repräsentanten der ›Neuen Behindertenfeindlichkeit‹ gelten kann.« Auch Sierck (1989, S. 7) benutzt dieses Zitat und umgibt es mit einem völlig unverständlichen, bei Singer jedenfalls nicht wiederzufindenden Kontext. In einem Nachruf auf das verhinderte Symposium in Marburg schreibt Welter (1989, S. 386f.): »In der Konzeption des Symposiums war vorgesehen, sich intensiv mit den lebensvernichtenden Thesen Peter Singers auseinanderzusetzen. Seine ungeheuerlichen Thesen wollen die Tötung behinderter Säuglinge ›wissenschaftlich‹ rechtfertigen ... In seinem Buch ›Praktische Ethik‹ ... schreibt er: ... die Tötung eines behinderten Säuglings ist nicht moralisch gleichbedeutend mit der Tötung einer Person. Ja, oft ist sie überhaupt kein Unrecht.« Auch hier ist keinerlei Sachkontext enthalten, der dem Leser irgendeine Möglichkeit lassen würde, den Sinnzusammenhang zu verstehen.

Das Editorial der Zeitschrift ›Caritas‹ (1989, S. 432), in dem der Artikel von Welter erschienen ist, bietet in seiner Übersicht ›Zu Themen und Autoren‹ eben dieses Zitat als Anreiz für den Leser. Pompey (1989, S. 410) kennzeichnet Singers Auffassung zu Behinderten anhand dieses Zitats: »Die ethischen Positionen Singers zur Behinderung, insbesondere zur geistigen Behinderung, lauten zum Beispiel: – ›... die Tötung eines behinderten Säuglings ...‹« Zu diesem und zu weiteren drei Zitaten kommentiert er: »Es ist verständlich, daß derartige Thesen Ängste, Bedrohungen und Ablehnung bei Behinderten wie Betreuern auslösen« (a.a.O., S. 410). Eine Sachanalyse der Zitatinhalte aber erfolgt auch hier trotz der Erkenntnis über den ›Schockwert‹ der herausgesuchten Textstellen nicht. Im Vorwort zu dem Themenheft der Zeitschrift ›Behinderte in Familie, Schule und Gesellschaft‹ zieht Fragner (1989) in seinem Editorial über »›Wertes‹ und ›unwertes‹ Leben«

vorab Bilanz: »Und in der ›Praktischen Ethik‹ von Peter Singer (1984!) wird zum Thema Euthanasie ein eindeutiger Schluß gezogen: Der Kern der Sache ist freilich klar: die Tötung eines behinderten Säuglings ...«. Weitere Ausführungen zum sachlichen Hintergrund dieses Zitats erfolgen auch hier nicht, vielmehr wird es als Aufhänger für weit ausholende Überlegungen zur sozialen Dimension von Krankheit etc. verwendet. »Daß diese Besorgnisse«, schreibt Begemann (1989, S. 345) zu euthanasiebezogenen Äußerungen der Behinderten U. Sierck und N. Radtke, »nicht unbegründet sind, soll durch einige Hinweise/Zitate belegt werden.« Und dann folgt unter anderem ein weiteres Mal ohne jede sachbezogene Erläuterung das fragliche Zitat aus der ›Praktischen Ethik‹; immerhin erscheint dann auf S. 348 der Verweis auf die Erläuterungen Singers in dem oben erwähnten ›Zeit‹-Interview, die insoweit zitiert werden, daß zumindest die menschliche Extremsituation, auf die dieses Zitat unter anderem zugeschnitten ist, deutlicher wird. In einer Rückschau auf die Ereignisse der verhinderten Vorträge Peter Singers in Dortmund und Marburg schreibt Ramisch-Kornmann (1990, S. 17): »Singers Thesen sind zwar jüngst ins Bewußtsein der Öffentlichkeit geraten, blieben aber bis vor kurzem aus der Fachdiskussion weitgehend ausgeklammert. Singers Auffassung lautet: ›Die Tötung eines behinderten Säuglings ...‹« Und wieder folgt das bekannte Zitat und eine sachlich nicht zutreffende, unvollständige Wiedergabe der Bedeutung von Singers Unterscheidung zwischen Mensch und Person für die Frage der Euthanasie; wie in allen bisher erwähnten Textstellen, werden auch bei Ramisch-Kornmann jene auch für schwerstgeschädigte Neugeborene geltenden »Prinzipien, nach denen es falsch ist, nichtmenschliche Lebewesen zu töten, die zur Empfindung fähig, aber nicht rational oder selbstbewußt sind« (Singer 1984, S. 181), ohne jegliche Erwähnung gelassen. Statt dessen wird dieser Abschnitt mit der Bemerkung beendet: »Zu den publizitätsheischenden Thesen von Singer soll hier nicht Stellung genommen werden« (a.a.O., S. 17). Bleidick (1990, S. 517) und Thalhammer (1990, S. 535 und S. 537) liefern die jüngsten Beispiele in einer beeindruckend langen Kette von »kontextfreien« Wiedergaben eben dieses fraglichen Zitats. Bleidick (1990, S. 516) zählt es zu den »publizistisch wirksamen Äußerungen von Singer«, was aber auch ihn keineswegs bemüßigt, den sachlichen Rahmen aus dem entsprechenden Kapitel von Singer auch nur andeutungsweise wiederzugeben. Das ermöglicht ihm auch, Falschdarstellungen als Grundlage diffamierender Äußerungen gegenüber der Person Peter Singers und seiner Position zu produzieren, auf die in Punkt 2 mit Hinweis auf eben dieses Kapitel bereits eingegangen wurde.

Die literarische Ausbeute der ausgewerteten sonderpädagogischen Zeitschriften von gut einem Jahr ist hiermit längst nicht erschöpft. Es gibt einige weitere Zitate in der aktuellen Fachliteratur, die in diesem Sinne Karriere gemacht haben. Alle diese Textstellen haben eines gemeinsam. Es ist ihr Sensationsgehalt, der implizit oder, wie soeben gezeigt, auch explizit zum Auswahlkriterium dient, um der eigenen Sichtweise die erforderliche Beweiskraft zu verschaffen. Der affektive Gehalt kommt hier vor allem dadurch zustande, daß der erklärende Kontext des Kapitels über die nichtfreiwillige Euthanasie in Singers Praktischer Ethik entweder ganz weggelassen oder in einer Weise dargestellt wird, daß die psychologische Wirkung nicht verlorengeht.

Man muß kein Hermeneutiker sein, um zu sehen, daß selbst von Leuten, die vorgeben, dieser geisteswissenschaftlich philosophischen Richtung nahezustehen, in konsequenter Weise eben gegen jene hermeneutischen Grundregeln verstoßen wird, wie sie zur Methodologie der Textinterpretation etwa von Dilthey vorgeschlagen werden. In seltener Klarheit findet man, daß das hauptsächliche Bestreben der Mehrzahl sonderpädagogischer Literatur bislang dahin zu gehen scheint, in Bestätigung der in Punkt 1 skizzierten schlagwortartig zum Ausdruck gebrachten Vorurteile Belastungsmaterial zu fabrizieren und zu dokumentieren. Dessen Gewicht versucht man gewissermaßen durch Massenzitation und Mehrfachabdrucke kritisch gedachter Artikel – teils unter verschiedenen Überschriften – zu steigern. Überdies findet sich kaum ein Hinweis auf solche Textstellen bei Singer, die genau das Gegenteil von dem enthalten, was den Kern des Vorwurfs gegen seine Ideen ausmacht. So startet Niehoff seine Auseinandersetzung mit Singers vermeintlicher Behindertenfeindlichkeit mit einem dieses Urteil bekräftigenden Zitat aus dem Vorwort des Buches von Kuhse und Singer (1985). Dieses Zitat wird auch bei Jonas (1990, S. 40) und bei Theunissen (1989, S. 675) dem Leser als Beweismittel in einem ganz ähnlichen Zusammenhang vorgelegt: »Wir meinen, daß einige Kinder mit schweren Behinderungen getötet werden sollten« (zit. n. Niehoff 1990, S. 97). Das erscheint überzeugend: Gibt es einen schlagkräftigeren Beweis für die in der gesamten sonderpädagogischen Literatur erhobene Anklage gegen Singers Einstellung gegenüber Behinderten? Gibt es eine unumstößlichere Grundlage dafür als seine eigenen Worte, die schwarz auf weiß genau das anzielen, dessen man ihn bezichtigt? Hat Speck (1989, S. 5) nicht völlig recht damit, wenn er moralisch hochrechnet: »Hunderttausende von behinderten Kindern leben in der Bundesrepublik. Die meisten von ihnen stünden auf der Liste derer, für die ein frühes ›Sterbenlassen‹ nach utilitaristischem Verständnis im Sinne Singers angezeigt gewesen wäre«?

Fügt man den Kontext hinzu, dem das obige Zitat entnommen ist, ergibt sich das genaue Gegenteil von dem, was den Reiz einer Solo-Präsentation ausgemacht hat: Bei Kuhse und Singer (1985, V) steht wörtlich: »Dieses Buch enthält Schlußfolgerungen, welche einige Leser destruktiv finden werden. Wir meinen, daß einige Kinder mit schwersten Behinderungen getötet werden sollten. Diese Ansichten mögen besonderen Anstoß bei Lesern erregen, die selbst behindert sind, ja vielleicht sogar mit denselben Behinderungen zu tun haben, über die hier gesprochen wird. Deswegen finden wir es notwendig, gleich zu Beginn und so deutlich wie möglich festzustellen, daß keine der Auffassungen, die in diesem Buch dargelegt werden, auf irgendeine Weise einen Mangel an Anteilnahme an behinderten Menschen in unserer Gesellschaft impliziert. Im Gegenteil, es ist unsere Ansicht, daß die reichen Nationen erheblich mehr Ausgaben als bisher veranschlagen sollten, um behinderten Menschen zu helfen, ein erfülltes, lebenswertes Leben zu haben und ihr Potential so weit es geht zu entwickeln«. Nicht ein einziges Mal ist diese Seite der Singerschen Ethik, die auch zum Problem der Armut in der Welt Position bezieht, in der ganzen Debatte diskutiert worden, obgleich ich selbst eben dieses Zitat in einer Auseinandersetzung mit dem Zerrbild der utilitaristischen Ethik hervorgehoben habe (Anstötz 1989, S. 125 f.), welches seinerzeit Stolk (1988) als einer der ersten Vertreter der Sonderpädagogik entfaltet hatte. Auch die in dem Interview mit der Wochenzeitung ›Die Zeit‹ erneut mit utilitaristischen Prinzipien begründete Konsequenz, daß behinderte Mitglieder unserer Gesellschaft unserer besonderen Unterstützung bedürfen, wird nirgendwo aufgegriffen: »Aus dem Prinzip der gleichen Interessenberücksichtigung (folgt, C. A.), daß wir für

Behinderte viel mehr tun müssen, als ihnen derzeit zugestanden wird. Oft sind die Bedingungen in Heimen für behinderte Menschen fürchterlich. Als eine wohlhabende Gesellschaft sollten wir mehr für die Verbesserung der Lebensqualität behinderter Menschen tun, und wir sollten auch versuchen, diese Menschen so weit wie irgendmöglich in die Gesellschaft zu integrieren« (Singer in ›Die Zeit‹ v. 16. 6. 1990, S. 77; vgl. auch Singers »Entgegnung auf Franz Christophs ›Diskurs über ›lebensunwertes‹ Leben‹. ›Spiegel‹ v. 5. 6. 1989«; auch in dieser Antwort, deren Publikation von der ›Spiegel‹-Redaktion abgelehnt wurde, argumentiert Singer für die Interessen Behinderter. Vgl. Impatientia e. V. o. J., S. 23). In Saarbrücken fordert Singer in einem beinah verhinderten Vortrag die Integration behinderter Schüler in Regelschulen. In meinem eigenen Aufsatz (Anstötz 1988, vgl. auch 1990, S. 114ff.) liegt eine bisher nicht widerlegte Rechtfertigung für eine Pädagogik der Schwerstbehinderten vor, die sich aus utilitaristischen Prinzipien ergibt. Mit viel Phantasie hat man auch an diesem Aufsatz interpretativ herumgedoktert, die zentrale ethische Aussage jedoch ignoriert und eine Auseinandersetzung mit ihr vermieden. Das erscheint unter gewissen Voraussetzungen verständlich. Hätte man sich nämlich mit ihr auseinandergesetzt, wäre man gezwungen gewesen zu zeigen, daß solche Ableitungen aus Singers Ethik, die zu Ergebnissen führen, die völlig auf der Linie der traditionellen sonderpädagogischen Ethik liegen, unvereinbar sind mit jenen Schlußfolgerungen, die, ihres Kontextes entkleidet, zum Anlaß eines Aufstandes einer ganzen sozialwissenschaftlichen Disziplin geworden sind.

4. Strategien der Auseinandersetzung III: Tabuisierungsversuche

Gemäß der allgemein anerkannten Systematik von Klauer (1973, vgl. auch Kanter 1985), der für die Pädagogik die Aspekte der Deskription (erziehungswissenschaftliche Theorien), der Präskription (erziehungswissenschaftliche Technologien) und der Normation (pädagogisch-ethische Systeme) als Zugangsweisen zur Erziehungswirklichkeit unterscheidet, liegt der Schwerpunkt der Auseinandersetzung der Sonderpädagogik mit der Ethik Peter Singers in dem letztgenannten Gebiet. Nun sind traditionelle ethische Begründungsverfahren in der Sonderpädagogik, insbesondere, was die pädagogische Sorge um Schwerstbehinderte betrifft, bereits kürzlich einer eingehenderen Kritik unterzogen worden (Anstötz 1988, 1990, S. 50-74), deren Grundtenor hier und da durchaus Zustimmung findet (vgl. etwa Kornmann 1989, S. 298; Furrer 1989, S. 320, 323; Feuser 1990, S. 57; Ramisch-Kornmann 1990, S. 17). Bis zu diesem Zeitpunkt, der in etwa mit den Ereignissen des letzten Jahres zusammenfällt, hat es kaum ernsthafte Legitimationsprobleme gegeben, und zwar schon deshalb nicht, weil explizite ethische Alternativpositionen nicht vorhanden waren und es, wie in der Einleitung bereits erwähnt, erst recht keine Kontroversen über zentrale behindertenethische Grenzfragen des Lebens gab. Die sonderpädagogische Ethik hat sich vielmehr im Aufwind der Ära nach dem Nationalsozialismus immer weiter auf natürlichste Weise entwickeln können, ohne auch nur in minimalem Sinne in eine Rechtfertigungssituation geraten zu sein. Eine einmütig positive Einstellung behinderten Mitmenschen gegenüber, ein gemeinsames pädagogisches Wollen schien auch eine Methodologie rationaler Auseinandersetzung (Anstötz 1990b) im Bereich ethischer Belange überflüssig zu machen, jedenfalls solange man sich im Normalbereich sonderpädagogischen Denkens und Handelns aufhielt und dafür sorgte, daß Grenzsituationen des Lebens außerhalb der Betrachtung blieben.

Mit dem Auftreten Peter Singers in Deutschland hat sich die Lage grundlegend geändert. Das Stadium »ethischer Bewußtlosigkeit« der Sonderpädagogik gegenüber bestimmten real existierenden Grenzproblemen des Lebens und ebenso real existierenden Lösungsversuchen verschiedener Disziplinen hierzu dürfte damit zunächst sein Ende gefunden haben. Man kann fairerweise schwerlich erwarten, daß die Sonderpädagogik beim Erwachen aus diesem Koma gleich in der Lage ist, solide ethische Begründungsverfahren zu präsentieren. Deswegen ist es verwunderlich, daß im Rahmen der Auseinandersetzungen mit dem Utilitarismus nicht selten genau dieser Eindruck zu erzeugen versucht wird: Das sichere Gefühl, im Recht zu sein, bedeutete vor allem, daß Widerworte an die Stelle von Widerlegungen treten konnten, daß »politischer Kampf« (Rödler 1990, S. 4) oder sogar »politischer Anstand« (Christoph 1989a, S. 26) eine rationale Diskussion ersetzen sollte, die sich schon deswegen erübrigt, weil man ja ohnehin von der Richtigkeit der eigenen ethischen Position und der Falschheit der angegriffenen Position ausgehen zu können glaubte. Wenn man aber dennoch Genaueres über die Anatomie jener ethischen Instanzen in Erfahrung bringen möchte, mit deren Hilfe man versucht, die aktuellen Auseinandersetzungen mit den bekannten Thesen zu bewältigen bzw. ihre moralische Unbotmäßigkeit zu erweisen, so muß man mit einigem Erstaunen zur Kenntnis nehmen, daß hier neben den »bewährten« traditionellen Verfahren offenbar eine neue Strategie Fuß gefaßt hat, welche geeignet ist, die Suche nach solchen fundamentalen ethischen Prämissen zu erschweren bzw. sogar zu verhindern. Es handelt sich um ein Verfahren, welches als magisches Relikt kaum mehr in anderen sozialwissenschaftlichen Disziplinen anzutreffen sein dürfte, in der Sonderpädagogik jedoch neuerdings von bestimmten Leuten in aller Offenheit und ohne Scheu verteidigt wird: die Tabuisierung. Es ist in der Tat so, daß bestimmte Fragen, die den Grenzbereich von Leben und Tod berühren, bedenkenlos als illegitim, als Sakrileg gewissermaßen, zurückgewiesen werden, so daß sich damit auch die ansonsten fällig werdenden ethischen Begründungen erübrigen. So haben Singers Personbegriff und die damit implizierten moralischen Konsequenzen in der sonderpädagogischen Literatur erhebliche Aufmerksamkeit auf sich gezogen, wobei die Frage, ob »der schwerstbehinderte Mensch ›Person‹« sei, Bleidick (1990, S. 523) zu dem Kommentar veranlaßt, »das eigentliche Ärgernis (liege, C. A.) darin, daß die Frage überhaupt gestellt wird und als diskutierbar gilt«. Unter Hinweis auf ein Zitat von Schweitzer (1960, S. 331) erklärt Krawitz (1990, S. 554) sprachlich etwas schief: »Die Frage, ›inwiefern dieses oder jenes Leben als wertvoll Anteilnahme verdient, und auch nicht, ob und inwieweit es noch empfindungsfähig ist‹, darf aus ethischer Sicht gar nicht gefragt werden«. »Lebensrechte sind nicht diskutierbar«, so zitiert Tolmein (1989, S. 31) ein Transparent zu der Marburger »Diskussionsveranstaltung des bundesweiten Forum der Krüppel- und Behinderteninitiativen« (vgl. auch Umschlagseite zum Themenheft ›die randschau‹, Heft 2/3, 1989; Sierck 1989, S. 7; Feuser 1989b, S. 306, und viele andere Quellen, die diese Redewendung zu dem wohl am häufigsten zitierten Spruch unter den moralischen Parolen dieser Zeit werden ließen). Insofern ist es klar, daß in weiten Teilen der sonderpädagogischen Ethik bisher jedenfalls konstruktive Argumente und Gegenargu-

mente bei denen kaum anzutreffen sind, die mit Tabuforderungen operieren, so daß oft nicht einmal klar wird, wie sie bestimmte Auffassungen gerade in extremen Lebenssituationen auf welcher ethischen Grundlage zu begründen gedenken.
Es ist eine Tatsache, daß Früheuthanasie auch in unserem Lande praktiziert wird (vgl. Eser in Schönke, Schröder u.a. 1988, S. 1392, und die dort angegebene Literatur). Es ist ferner eine Tatsache, daß überhaupt das Problem der Sterbehilfe im Zusammenhang mit einem menschenwürdigen Tod angesichts der fortschreitenden medizinischen Technologie bereits seit längerer Zeit existiert, womit das Treffen von Entscheidungen über Leben und Tod, mit oder ohne Tabu, unausweichlich geworden ist (vgl. etwa Eser 1976; Gorovitz u.a. 1983; Harris 1985; Kuhse 1987; Sass 1989; Leist 1990 u.a.). Wenn es darauf ankommen soll, ethische Probleme von existentieller Tragweite bestmöglich zu lösen, kann das weder durch Dogmatisierung noch mittels Tabuisierung erreicht werden. Geht man bei der Einschätzung aller menschlichen Vernunftsleistungen von der Grundannahme aus, »daß jedermann zu Fehlern neigt, die er selbst, oder andere, oder er mit der Hilfe und der Kritik anderer zu entdecken vermag« (Popper 1980, S. 293), dann kommt hier eine rationale Diskussion in Betracht, in der die ethischen Prämissen ebenso wie die Konklusionen, nach denen eine Entscheidung als gut oder besser oder schlechter zu bewerten ist, offengelegt, kritisiert und unter Umständen revidiert werden, um das Risiko von Fehlentscheidungen zu minimieren. Das gilt naturgemäß vor allem dort, wo existentielle Werte auf dem Spiele stehen. Vor diesem Hintergrund ist es ebenso bemerkenswert wie merkwürdig, daß in der Sonderpädagogik darüber Klage geführt wird, daß seit Singers Auftritt in Deutschland »über ›Euthanasie‹ diskutiert wird, so als ob diese Diskussion überhaupt legitimerweise zu führen wäre« (Eckert 1989, S. 1). Ein Grund, weshalb dies illegitim ist, wird nicht genannt. Es ist klar, daß man die Angabe von Gründen scheut, denn sonst müßte man zwangsläufig mit vielleicht überzeugenderen Gegengründen rechnen, die man ihrerseits wiederum entkräften müßte und wäre dann inmitten jenes rationalen Diskurses, den man ja gerade zu vermeiden trachtet. Der Fachverband für Behindertenpädagogik formuliert in einer Stellungnahme (VDS aktuell 1989, S. 871) über sein Votum zugunsten eines generellen Rechts auf Leben hinaus: »Wir machen als Anwesende deutlich, daß es

... für uns kein Infragestellen, keine Enttabuisierung des Grundrechtes auf Leben für alle Menschen gibt.« Und etwas später heißt es weiter: »Wir müssen uns inbesondere als Behindertenpädagogen dagegen zur Wehr setzen, daß die Frage nach dem Lebenswert eines Menschen überhaupt gestellt wird.« Tarneden (1990, S. 12) berichtet von einem Kongreß über ›Selbstbestimmtes Leben‹, an dem auch der Sonderpädagoge Fröhlich teilnahm, der im Bereich der Pädagogik für Schwerstbehinderte intensiv gearbeitet hat und dort als Autorität gilt: »In seiner Antwort auf die provokante Frage, ab welchem Moment behindertes Leben nicht mehr als lebenswert betrachtet werden könne, kam Andreas Fröhlich endlich der allgemeinen Erwartung nach einer klaren Positionsbestimmung nach. Er erwiderte, daß eine solche Frage an sich unmoralisch sei und überhaupt nicht gestellt werden dürfe«. Auch Haeberlin (1989, S. 121) bezweifelt, daß »man eine derartige Diskussion als Heilpädagoge überhaupt führen (darf, C. A.)«. Mit folgendem Wortlaut entzieht sich Fröhlich (1990, S. 17) denn auch unmißverständlich einer solchen Debatte: »Das Leben von Menschen ist kein wissenschaftliches Objekt, sondern das einzige, was dieser Mensch hat, was er ist, seine Welt. Und darüber habe ich nicht zu befinden.« Es entsteht dabei jedoch die heikle Frage, in welchem Rahmen ein Pädagoge berechtigt ist, sein Fachwissen zurückzuhalten, wenn es um die sachliche Klärung und Diskussion ethischer Probleme geht. Die Frage der moralischen Verantwortlichkeit des Wissenschaftlers, die über die gemeinsame Suche nach der Wahrheit hinausgeht (Popper 1970, S. 561), wird noch schwieriger, wenn es zu praktischen Fehlentscheidungen nur deshalb kommt, weil das erforderliche pädagogische Sachwissen nicht zur Verfügung gestellt wurde.

Die Schriftleitung (Rödler 1990, S. 3) der Zeitschrift ›Behindertenpädagogik‹ eröffnet Lesern und potentiellen Autoren, die zum Gegenstand des Themenheftes ›Euthanasie und Eugenik‹ vielleicht eine andere Auffassung besitzen, daß das Zusammentragen verschiedener Beiträge nicht bedeute, »daß die Thesen Singers diskutierbar wären ... *Die Thesen diskutieren heißt, sie, zumindest vorübergehend, teilweise anerkennen!*« Die ›Begründung‹ von Rödler: »Dies ist mir unerträglich! Ich muß Freunde, Menschen, denen ich begegnet bin, im Moment dieses teilweisen Anerkennens als Leichen sehen, in meinen Gedanken umbringen!« (a.a.O., S. 3). Natürlich sind solche intuitiven Phantasien als Produkte individueller Gefühlsregungen ohne weiteres zu respektieren. Ihnen jedoch einen allgemeinen Geltungsanspruch zuzubilligen, würde bedeuten, jedermanns individuelle Gefühlsregung in dieser oder auch entgegengesetzter Richtung den gleichen Kredit geben zu müssen, ein Verfahren, welches theoretisch wie praktisch schnell am Ende wäre (vgl. etwa Albert 1980, S. 55 ff.), sich aber gleichwohl einiger Attraktivität erfreut (vgl. etwa Speck 1989, S. 7, der mit der »inneren Stimme« als ethischer Berufungsinstanz operiert, welche mittels einer »transzendentalen Antenne« zu empfangen sei).

Trotz solcher in der sonderpädagogischen Debatte immer wiederkehrenden Tabuforderungen geht die Diskussion dann kurzfristig dennoch in die Bereiche über, die vom Redeverbot ursprünglich getroffen werden sollten – so auch in dem Themenheft der Behindertenpädagogik (vgl. etwa Ramisch-Kornmann 1990, Schönberger 1990). Sogar Rödler selbst läßt es sich nicht nehmen, über Folgen der Intensivmedizin, der Abtreibung etc. auf seine Art nachzudenken, woraus sich der Schluß ziehen läßt, daß er bei seiner Tabuforderung wohl eher an das Redeverbot für die gedacht hat, die nicht seine Meinung in fundamentalen Fragen des Lebens und Sterbens teilen. Ähnliche Bestrebungen sind auch bei Bleidick (1990, S. 524) zu finden, der für seine eigenen Auffassungen ohne weiteres ein öffentliches Forum in Anspruch nimmt, denen aber, die scheinbar nicht seiner Ansicht sind, dieses Forum deswegen versagen möchte, weil sie »einem perversen Verständnis von Meinungsfreiheit und wissenschaftlicher Auseinandersetzung« unterliegen. Der Versuchung, Grundprinzipien der Denk- und Redefreiheit Schranken aufzuerlegen, um bestimmte (eigene) Ansichten vor einer kritischen Betrachtung zu schützen, sind besonders häufig solche Leute erlegen, denen die Argumente ausgegangen sind, die aber trotzdem auf der Richtigkeit ihrer Überzeugung beharren und sie deshalb mit außerargumentativen Mitteln, oft Macht- und psychologischen Druckmitteln, durchsetzen wollen; auf den Preis, der für Unfehlbarkeitsansprüche dieser Art gezahlt werden muß, die heute von diesen für dieses, morgen von jenen für jenes erhoben werden können, ist bereits Mill (1988, S. 24 ff.) in seiner neuerdings wieder häufiger zitierten berühmten Abhandlung »über die Freiheit des Gedankens und der Diskussion« ausführlich eingegangen.

5. Ausgang des Debakels?

Es ist nicht an der Tagesordnung, daß um eine philosophische Lehre in der Fachöffentlichkeit und sogar in der Öffentlichkeit so viel Aufhebens gemacht wird, wie dies im Falle des Präferenz-Utilitarismus während des letzten Jahres geschehen ist. Es dürfte ebenfalls eine Ausnahmeerscheinung sein, daß eine philosophische Lehre in so offensichtlicher Weise mißverstanden wurde. Das eklatante Mißverständnis selbst ist sicher eine wesentliche Bedingung für die Vielfalt und Vielgestaltigkeit von Auseinandersetzungen, von denen hier nur jene Folgeerscheinungen einer näheren Betrachtung unterzogen wurden, wie sie auf dem aktuellen literarischen Markt der Sonderpädagogik und ihrer Grenzgebiete beobachtet werden konnten.

Für die, die der Meinung sind, daß »die Bereitschaft, alle unsere Überzeugungen einschließlich unserer Wertüberzeugungen permanent zu prüfen, ... die einzige Versicherung (ist, C. A.), die wir dagegen errichten können, guten Willens verhängnisvollen Irrtümern zu erliegen« (Kliemt 1990, S. 186), ist das Resultat der vorausgegangenen Literaturauswertung sicher nicht ermutigend. Es kann nicht von vornherein bestritten werden, daß selbst jene der zitierten Sonderpädagogen, die sich in der fraglichen Sache zu persönlichen Beschimpfungen und unreflektierten moralischen Diffamierungen haben hinreißen lassen, die ihren Affekten bei der Konfrontation mit isoliert dargebotenen Zitaten aus Singers Ethik bedingungslos vertrauten, die schließlich jeden diskursiven Austausch über die letzten Dinge des Lebens zu verbieten suchten, daß selbst diese Sonderpädagogen sich guten Willens für die Sache behinderter Mitglieder unserer Gesellschaft einzusetzen gedachten. Und wenn man nichts als diesen guten Willen in Betracht zieht, lassen sich die Ereignisse des vergangenen Jahres durchaus als großartiger Solidaritätsbeweis zugunsten benachteiligter Randgruppen auffassen, die der speziellen Sorge sonderpädagogischer Disziplinen obliegen.

Aber es wird sich niemand finden lassen, der die These verteidigen würde, daß guter Wille allein uns automatisch die entsprechenden Resultate bescheren würde und uns vor allem Übel behüten könnte. Bereits der kurze Blick auf die literarischen Aktivitäten im sonderpädagogischen Schrifttum des letzten Jahres zeigt ja deutlich genug, mit welchen Ergebnissen zu rechnen ist,

wenn wir – selbst in bester Absicht – die Abschirmung gegen Informationen, Tatsachen und Argumente prämieren und den Affekten freien Lauf lassen: Eine von ihrem Anspruch her humane, rationale Ethik, die von der Gleichheitsidee und dem Wohlergehen aller fühlenden Lebewesen auf dieser Erde ausgeht, konnte auf diese Weise in Windeseile und ohne wirksame Korrekturmöglichkeiten in ein todbringendes »Horrorgebilde« verwandelt werden, welches viele Unbeteiligte im Lande unnötig in Angst und Schrecken versetzt hat. Zu bedenken ist, daß durch die dabei verwendeten Entstellungen und Falschzitationen »in der Tat Ängste ausgelöst werden müssen, wobei diejenigen, die ... zunächst Ängste auslösen, dann häufig im Anschluß als die Advokaten derjenigen auftreten, denen sie so erfolgreich Angst machten« (Hegselmann 1990, S. 172). Wenn man die praktischen Folgen des Dogmatismus, der Intoleranz, der Tabuisierung und anderer ›Tugenden‹ einer irrationalen Einstellung zur Kenntnis nimmt, wie sie uns gegenwärtig auch im politischen Geschehen so nah und deutlich vor Augen geführt werden, so ergeben sich starke Zweifel, ob es angebracht ist, autoritär-dogmatischen Glauben zu honorieren und kritisches, rationales Denken zu diffamieren und Einschränkungen zu unterwerfen; diese haben im Falle der geplanten, eingangs erwähnten Vorträge Singers in Deutschland nicht einmal davor Halt gemacht, das fundamentale »Recht ..., gehört zu werden und seine Argumente zu verteidigen« (Popper 1980, S. 293), einschneidend zu verletzen.
Wenn die Sonderpädagogik ihrerseits einen konstruktiven Beitrag zur Lösung aktueller ethischer Probleme zu leisten gedenkt, ein Bestreben, welches dem erheblichen Engagement des letzten Jahres als Faktum ja ohne weiteres zu entnehmen ist, so wäre eine grundlegende Inspektion und Revision ihres methodologischen Inventars nicht zu umgehen. Es wird also nicht damit getan sein, diese oder jene inhaltliche Korrektur vorzunehmen, sondern es käme vielmehr darauf an, eine Ebene tiefer zu gehen und zu untersuchen, wie solche Fehleinschätzungen zustande gekommen sind und wie für entsprechende Abhilfe gesorgt werden kann. Die Literaturauswertung hat bereits gezeigt, daß hier methodologische Regeln von unglaublicher Trivialität mißachtet wurden, wie etwa die genaue, sorgfältige und vollständige Lektüre eines zu kritisierenden Textes, die Darstellung eines Argumentes in seinem Argumentationszusammenhang, die Unterscheidung von

objektiver Darstellung und kritischer Bewertung einer Auffassung, die Zitierweise, die dem Leser die Möglichkeit der Nachprüfung bietet etc. Bereits eine angemessene Beachtung derartig elementarer Regeln wissenschaftlichen Handwerks hätte bestimmte folgenreiche Fehlentwicklungen in der Auseinandersetzung mit der utilitaristischen Ethik Singers mit Sicherheit verhindern können. Natürlich kann weder jemand dazu gezwungen werden, solche elementaren Spielregeln wissenschaftlichen Arbeitens einzuhalten, noch jene dazu aufwärts kompatible »Moral der wissenschaftlichen Diskussion« anzuerkennen, die Kliemt (1990, S. 185) in seinem Beitrag ausführlicher darlegt: »Niemand muß das Spiel der Wissenschaft in unserem modernen Sinne spielen. Wenn er es jedoch spielen will, dann ist dies nur möglich, indem er sich den Regeln unterwirft. Sonst spielt er eben ein anderes Spiel und sucht möglicherweise nur, unter falscher Flagge zu segeln.« Die Bedeutung und das Gewicht sonderpädagogischer Beiträge zur Klärung und Lösung behindertenethischer Probleme unserer Zeit wird nicht zuletzt davon abhängen, inwieweit man bereit sein wird, solche elementaren Normen einer rationalen menschlichen Praxis (Albert 1978) einzuhalten, wie sie auch als »ethische Normen in der wissenschaftlichen Methode« (Schmidt 1979) Geltung besitzen.

Literatur

Albert, H. (1978). Traktat über rationale Praxis. Tübingen: Mohr.

Albert, H. (1980). Traktat über kritische Vernunft. 4. Aufl. Tübingen: Mohr.

Anstötz, Chr. (1986). Der ›gute‹ Lehrer für Geistigbehinderte. Ein Beitrag zur Berufsethik des Sonderpädagogen. Zeitschrift für Heilpädagogik 37, S. 593-601.

Anstötz, Chr. (1988). Heilpädagogische Ethik auf der Basis des Präferenzutilitarismus. Rationale Grundlegung einer Pädagogik für Schwerstbehinderte im Rahmen einer Mensch-Tier-Ethik. Behindertenpädagogik 27, S. 368-382.

Anstötz, Chr. (1989). Kritische Anmerkungen zu Johannes Stolks Artikel ›Euthanasie und die Frage nach der Lebensqualität geistig behinderter Kinder‹, in: VHN 1988, Heft 2. Vierteljahresschrift für Heilpädagogik und ihre Nachbargebiete 58, S. 123-128.

Anstötz, Chr. (1990a). Ethik und Behinderung. Berlin: Marhold.
Anstötz, Chr. (1990b). Peter Singer und die Pädagogik für Behinderte. Der Beginn der Singer-Affäre. Analyse und Kritik 12, S. 131-148.
Begemann, E. (1989). Gemeinsam leben und lernen von »Behinderten« und »Unbehinderten« als Anrecht aller Menschen. Behindertenpädagogik 28, S. 338-373.
Bleidick, U. (1990). Die Behinderung im Menschenbild und hinderliche Menschenbilder in der Erziehung von Behinderten. Zeitschrift für Heilpädagogik 41, S. 514-534.
Bundesvereinigung Lebenshilfe für geistig Behinderte e.V. (1989a). Ein Verband muß sich rechtfertigen. Zusammen 9, S. 10-11.
Bundesvereinigung Lebenshilfe für geistig Behinderte e.V. (1989b). Lebensrecht niemals in Frage stellen. Eklat um das geplante Bioethik-Symposium der Bundesvereinigung Lebenshilfe. Geistige Behinderung 28, 240-242 (abgedruckt in: Die Lebenshilfe-Zeitung Nr. 3 v. Juni 1989).
Bundesvereinigung Lebenshilfe für geistig Behinderte e.V. (1989c, Hg.). Biotechnik – Ethik – Geistige Behinderung. Ein europäisches Symposium, ein Eklat und sein Hintergrund. Dokumentation Stand 21. August 1989. Marburg: Selbstverlag.
Christoph, F. (1989a). Euthanasie ist Mord. Vom Widerstand gegen die neue ›Moral‹. Ein Gespräch. Sozialmagazin 14, S. 23-26.
Christoph, F. (1989b). Presseerklärung v. 27. Juni 1989. die randschau 4, S. 11.
Dörr, G. (1989). Editorial. Das Band 20, S. 2-3.
Eckert, M. (1989). Töten statt helfen? Editorial. Zusammen 9, S. 1.
Eser, A. (1976, Hg.). Suizid und Euthanasie als human- und sozialwissenschaftliches Problem. Stuttgart: Enke.
Feuser, G. (1989a). Offener Brief an Prof. Dr. Chr. Anstötz, die Bundesministerin für Jugend, Familie, Frauen und Gesundheit sowie die Bundesvereinigung Lebenshilfe. Behindertenpädagogik 28, S. 292-297 (ebenfalls abgedruckt in: ›Behinderte Magazin‹, Heft 3, 1989).
Feuser, G. (1989b). »Der Streit um Leben und Tod« – Stellungnahme zur Diskussion über das Lebensrecht behinderter Menschen. Behindertenpädagogik 28, S. 301-308.
Feuser, G. (1990). Lebensrecht und Förderung für Menschen mit Behinderungen! Sonderpädagogik und Ethikdiskussion. In: Adam, C.; Lindert, P. (Hg.). Wissenschaftliche Diskussion des Fachbereichs ›Sondererziehung und Rehabilitation‹ der Universität Dortmund. Griff nach dem Leben? Lebensrecht für Menschen mit Behinderungen! Dortmund: Eigenveröffentlichung.
Fischer, D. (1989). Menschenbilder in der Arbeit mit (geistig) behinderten Menschen. Versuch einer kritischen Standortbestimmung. Geistige Behinderung 28, S. 267-284.

Fragner, J. (1989). Vorwort: »Wertes« und »unwertes« Leben. Behinderte in Familie, Schule und Gesellschaft. 12.
Fröhlich, A. (1990). Wer will denn schon ein solches Kind? oder Es war eine so schlimme, aber auch eine so wunderschöne Zeit. Das Band 21, S. 14-17.
Furrer, H. (1989). Der Mensch im Zeitalter seiner technischen Reproduzierbarkeit. Vierteljahresschrift für Heilpädagogik und ihre Nachbargebiete 58, S. 320-326.
Gorovitz, S.; Macklin, R.; Jameton, A. L.; O'Connor, J. M.; Sherwin, S. (1983, Eds.). Moral problems in medicine. 2nd Ed. N. Y. Englewood Cliffs: Prentice-Hall.
Grode, W. (1989). Das Lebensrecht behinderter Menschen und die Solidarität der Bevölkerungsmehrheit (Anmerkung zur aktuellen ›Euthanasie‹-Diskussion am Beispiel faschistischer Ausgrenzungspolitik). Behindertenpädagogik 28, S. 287-292.
Haeberlin, U. (1989). Anmerkungen zur nachfolgenden Kontroverse über Johannes Stolks Artikel ›Euthanasie und die Frage nach der Lebensqualität geistig behinderter Kinder‹ in: VHN 1988, Heft 2. Vierteljahresschrift für Heilpädagogik und ihre Nachbargebiete 58, 121-123.
Hare, R. M. (1990). Das mißgebildete Kind. Moralische Dilemmata für Ärzte und Eltern. In: Leist, A. (Hg.). Um Leben und Tod. Moralische Probleme bei Abtreibung, künstlicher Befruchtung, Euthanasie und Selbstmord. Frankfurt: Suhrkamp.
Harris, J. (1985). The Value of life. An introduction to medical ethics. London etc.: Routledge, Kegan Paul.
Heese, G. (1989). Der neue Terminus: ›Infantizid‹, ›Präferenz-Utilitarismus‹. Sonderpädagogik 19, S. 124-127.
Hegselmann, R. (1990). Schwierigkeiten der moralischen Aufklärung. Analyse und Kritik 12, S. 162-173.
Hegselmann, R.; Kliemt, H. (1990). Peter Singer in Duisburg. Eine kommentierte Dokumentation. Duisburg: Eigenveröffentlichung.
Impatientia e. V. (o. J.). Informationspaket zur Bioethik-Debatte, Genarchiv 4300 Essen, Führichstr. 15: Eigenveröffentlichung.
Jonas, H. H. (1990). Ethik im Zeitalter menschlicher Reproduzierbarkeit. Behindertenpädagogik 29, S. 39-51.
Kanter, G. O. (1985). Ansätze einer empirischen Behindertenpädagogik. In: Bleidick, U. (Hg.). Handbuch der Sonderpädagogik, Bd. 1: Theorie der Behindertenpädagogik. Berlin: Marhold.
Klauer, K. J. (1973). Revision des Erziehungsbegriffs. Schwann.
Kliemt, H. (1990). Ein guter Philosoph ist stets darauf bedacht, ob nicht auch ein anderer Böses macht. Analyse und Kritik 12, S. 174-189.
Kornmann, R. (1989). Kurze Stellungnahme zu Anstötz »Heilpädagogische Ethik auf der Basis des Präferenz-Utilitarismus« (BHP 27 (1988) 4, S. 368-382). Behindertenpädagogik 28, S. 297-298.

Krawitz, R. (1990). Leben ist Sinn in sich selbst. Zeitschrift für Heilpädagogik 41, S. 553-555.
Kuhse, H. (1987). The sanctity-of-life doctrine in medicine. A critique. Oxford: Clarendon Press.
Kuhse, H.; Singer, P. (1985). Should the baby live? The problem of handicapped infants. Oxford, New York, Melbourne: Oxford University Press.
Leist, A. (1990, Hg.). Um Leben und Tod. Moralische Probleme bei Abtreibung, künstlicher Befruchtung, Euthanasie und Selbstmord. Frankfurt: Suhrkamp.
Mill, J. St. (1988, orig. 1859). Über die Freiheit. 2. Aufl. Stuttgart: Reclam jun.
Niehoff, U. (1990). Tendenzen einer neuen (alten) Behindertenfeindlichkeit. Behindertenpädagogik 29, S. 86-103.
Parfit, D. (1990). Rechte, Interessen und mögliche Menschen. In: Leist, A. (Hg.). Um Leben und Tod. Moralische Probleme bei Abtreibung, künstlicher Befruchtung, Euthanasie und Selbstmord. Frankfurt: Suhrkamp.
Pompey, H. (1989). Eine human-biologische Option für das Lebensrecht behinderter Menschen. Caritas 90, S. 410-424.
Popper, K. R. (1970). Die moralische Verantwortlichkeit des Wissenschaftlers. Schweizer Monatshefte 50, S. 561-570.
Popper, K. R. (1980). Die offene Gesellschaft und ihre Feinde, Bd. 2, 6. Aufl. München: Francke.
Ramisch-Kornmann, B. (1990). Zur Bewährung eines umfassenden Bildungsbegriffes in Extremsituationen angesichts der erneuten Forderung nach Euthanasie. Behindertenpädagogik 29, S. 7-22.
Riess, E. (1990). Kein Tabu für Freaks? Behindertenpädagogik 29, 56-65.
Roebke, Chr. (1989). Editorial. Gemeinsam leben, S. 2-5.
Rödler, P. (1990). Editorial: 1989 ›postindustriell‹ – ›postmodern‹ – ›postsozialistisch‹. Behindertenpädagogik 29, S. 2-6.
Sass, M. (1989, Hg.). Medizin und Ethik. Stuttgart: Reclam jun.
Schmidt, P. F. (1979). Ethische Normen in der wissenschaftlichen Methode. In: Albert, H.; Topitsch, E. (Hg.). Werturteilsstreit, 2. Aufl. Darmstadt: Wissenschaftliche Buchgesellschaft.
Schönberger, F. (1990). Ethik der Kooperation – Stichwort: ›Euthanasie‹. Behindertenpädagogik 29, S. 65-84.
Schönke, A.; Schröder H. u. a. (1988). Strafgesetzbuch. Kommentar. 23. neubearbeitete Aufl. München: Becksche Verlagsbuchhandlung.
Schweitzer, A. (1960). Kultur und Ethik. Sonderausgabe mit Einschluß von Verfall und Wiederaufbau der Kultur. Nachdruck 1981. München: Beck.
Sierck, U. (1989). Unser Lebensrecht ist undiskutierbar! die randschau 4, S. 7-10.

Singer, P. (1984). Praktische Ethik. Stuttgart: Reclam jun.
Singer, P. (1990). Bioethics and academic freedom. Bioethics 4, S. 33-44.
Speck, O. (1989). Gedanken zum Heftthema: Töten statt helfen? Zusammen 9, S. 4-7.
Stinkes, U. (1990). Das ethische Verhältnis zum Anderen als Basis pädagogisch verantwortlichen Verstehens und Handelns – ein phänomenologisches Fragment. In: Dreher, W. (Hg.). Geistigbehindertenpädagogik – vom Menschen aus. Gütersloh: Hoddis.
Stolk, J. (1988). Euthanasie und die Frage nach der Lebensqualität geistig behinderter Kinder. Vierteljahresschrift für Heilpädagogik und ihre Nachbargebiete 57, S. 118-131.
Tarneden, R. (1990). Leben auf dem Prüfstand? Auseinandersetzungen auf der Abschlußmatinee des Kongresses ›Selbstbestimmtes Leben‹. Das Band 21, S. 11-12.
Thalhammer, M. (1990). »Si vis vitam, para mortem« (S. Freud). »Wenn du das Leben aushalten willst, richte dich auf den Tod ein«. Zeitschrift für Heilpädagogik 41, S. 535-545.
Theunissen, G. (1989). Zur ›Neuen Behindertenfeindlichkeit‹ in der Bundesrepublik Deutschland. Zeitschrift für Heilpädagogik 40, S. 673-687 (ebenfalls abgedruckt in: Geistige Behinderung Heft 4, 1989).
Tolmein, O. (1989). Lebenshilfe für geistig Behinderte. Eklat um Peter Singer. Sozial Extra, Heft 7/8, S. 31-32.
VDS aktuell (1989). Humangenetik – Behinderung – Euthanasie. Pressemitteilung des Bezirksverbandes Weser-Ems vom 25.9.1989. Zeitschrift für Heilpädagogik 40, S. 871-872.
Vogt, V. (1989). Zur Heilpädagogischen Ethik von Chr. Anstötz. Behindertenpädagogik 28, S. 282-287.
Weber, D. (1989). Wer nicht paßt, muß sterben. Gesundheit im Jahr 2000 und Techno-Faschismus. Geistige Behinderung 28, 243-246. (Ebenfalls abgedruckt in: Publik-Forum Nr. 15, v. 21. Juli 1989, hg. Publik-e. V. Redaktion: An der Krebsmühle, 6370 Oberursel).
Welter, H. (1989). »Mit einem Faschisten spreche ich nicht«. Zum Lebensrecht behinderter Menschen. Caritas 90, S. 386-388.
Wunder, M. (1989). Wenn Wissenschaft furchtbar wird. Zusammen 9, S. 12-13 (ebenfalls abgedruckt unter dem Titel »Vom namenlosen Elend und vom namenlosen Eigennutz. Der neue Diskurs über ›lebensunwert‹«. Sozialmagazin Heft 11, 1989).

Peter Singer
Bioethik und akademische Freiheit

Vor zwei Jahren beschrieb M. H. Kottow (1988) in einem »Report aus Deutschland« mit dem Titel »Euthanasie nach dem Holocaust – Ist dies möglich?« den Schatten des Nationalsozialismus, der noch immer über dem Thema Euthanasie in der Bundesrepublik Deutschland liegt. Das sogenannte »Euthanasie«-Programm, das zwischen 1939 und 1941 auf amtliche Anweisung der Nazis hin durchgeführt wurde, hat es in Deutschland unmöglich gemacht, Veränderungen, wie sie sich in den benachbarten Niederlanden ereigneten, in Betracht zu ziehen. Kottow verwies auf Entwicklungen in der modernen Medizin-Technologie, die den Prozeß des Sterbens zu einem zunehmend komplexen, ausgedehnten und »medizinisch manipulierbaren« Ereignis gemacht haben und damit eindeutig dagegen sprechen, eine Diskussion über Euthanasie zu verhindern; er gab ferner zu bedenken, daß mittlerweile eine Generation in Deutschland herangewachsen ist, die für die nationalsozialistischen Verbrechen nicht mehr verantwortlich gemacht werden kann. Dennoch kommt Kottow zu dem folgenden Ergebnis: »In absehbarer Zukunft, ja vielleicht noch für sehr lange Zeit, werden Argumente für die Euthanasie im Keime erstickt werden, indem mit anklagend erhobenem Zeigefinger – und vielleicht übereifrig – auf Parallelen aus der nicht allzu fernen Vergangenheit hingewiesen wird.«

Im Juni 1989 plante ich, in Deutschland einige Vorträge zum Thema Euthanasie bei schwerstbehinderten Neugeborenen zu halten. Es war meine Absicht, die Auffassung zu verteidigen, daß es manchmal ethisch zulässig sein kann, aktive Schritte zur Beendigung des Lebens zu unternehmen, wenn angesichts der Schwere einer Behinderung der Tod als das Beste für das Kind erscheint, bzw. vielleicht sogar (wenn es beispielsweise zum Verbleib in der Familie keine akzeptable Alternative gibt) in solchen Fällen, in denen der Tod des Säuglings als das Beste für die Familie insgesamt betrachtet werden kann. Diese Position wird ausführlich von Kuhse und Singer (1985) in dem Buch »Should the baby live?« verteidigt. Meine Erfahrungen bei dem Versuch, über solche Themen zu sprechen, bestätigten Kottows Vermutungen in unerfreulich lebhafter Weise. Sie zeigten auch die ernste Gefahr, die der wissenschaftlichen Freiheit durch Intoleranz droht – selbst in einer modernen liberalen Demokratie. Die Bioethik als Disziplin (oder besser als interdisziplinäre Tätigkeit) hat die Freiheit, konventionelle moralische Ansichten in Frage zu stellen, stets als selbstverständlich erachtet. Ohne diese Freiheit ist ein sinnvolles Fortbestehen der Bioethik kaum vorstellbar. Doch nun stellen die Ereignisse des letzten Sommers in Deutschland unsere so selbstzufriedene Annahme in Frage, daß wir stets die Freiheit haben werden, Argumente bis in sensible Bereiche der Moral hinein zu verfolgen. Vielleicht wird es nötig werden, die alten Argumente wieder zu entstauben, mit denen bereits unsere Vorfahren die akademische Freiheit und die Freiheit der Meinungsäußerung verteidigt haben.

Die Geschichte begann im Februar 1988. Ich hatte die Einladung angenommen, auf einem europäischen Symposium »Bio-engineering, Ethics and Mental Disability« zu sprechen, das von der Lebenshilfe, einer großen deutschen Vereinigung von Eltern geistig behinderter Kinder, geplant worden war und dem Bishop Bekkers Institute, einer holländischen Organisation, die auf demselben Gebiet tätig ist. Laut Programm sollte dieses Symposium unter der Schirmherrschaft der »International League of Societies for Persons with Mental Handicap« stehen sowie der »International Association for the Scientific Study of Mental Deficiency«. Als Veranstaltungsort dieses für den Juni 1989 geplanten Symposiums war die deutsche Universitätsstadt Marburg vorgesehen. Das Programm sollte durch die Ministerin für Familienangelegenheiten (Ministerium für Jugend, Familie, Frauen und Gesundheit) eröffnet werden. Auf der Rednerliste standen unter anderem der kanadische Genetiker Joseph M. Berg, die Bioethiker Edward W. Keyserlingk, der holländische Gesundheitsanwalt H. J. J. Leenan, der englische Theologe Gordon R. Dunstan, der französische Genetiker Jerome Lejeune und zahlreiche weitere Experten verwandter Gebiete aus Europa und Nordamerika.

Im Laufe des folgenden Jahres ließ ich einige Kollegen wissen, daß ich im Frühjahr 1989 in Europa sein würde. Daraufhin lud mich Dr. Christoph Anstötz, Professor für Geistigbehindertenpädagogik, ein, an der Universität Dortmund einen Vortrag zu halten zu dem Thema: »Haben schwerstbehinderte Neugeborene ein Recht auf Leben?«

Neun Tage bevor das Symposium eröffnet werden sollte, erhielt ich per Telefax die Nachricht von der Lebenshilfe, daß meine Einladung, auf der Konferenz zu sprechen, rückgängig gemacht worden sei. Als Grund wurde angegeben, daß die Ankündigung meines Vortrages in Dortmund die Lebenshilfe in Schwierigkeiten gebracht habe. Sie seien mit dem Vorwurf konfrontiert, so schrieben sie mir, daß sie mich dabei unterstützen würden, meine Ansichten über die Euthanasie in Deutschland zu verbreiten. In dem Brief wurde hervorgehoben, daß es etwas anderes sei, diese Thematik »hinter verschlossenen Türen mit kritischen Wissenschaftlern, die Ihnen klarmachen wollten, daß Ihre Ansichten elementare Menschenrechte verletzen«, zu diskutieren, als meine Ansichten »in der Öffentlichkeit« zu verbreiten. Der Brief verwies darüber hinaus auf die Ankündigung der Ministerin für Familienangelegenheiten, daß sie im Falle meiner Teilnahme die Zusage, das Symposium zu eröffnen, zurückziehen werde. Außerdem sei der Lebenshilfe vom Ministerium für Arbeit und Soziales, welches für das Symposium finanzielle Unterstützung bereitgestellt hatte, der »dringende Rat« erteilt worden, die Einladung an mich zurückzuziehen. In einem Postskript wurde hinzugefügt, daß zahlreiche Behindertenorganisationen Protestveranstaltungen in Marburg und in Dortmund gegen mich planen würden und auch gegen die Lebenshilfe, weil sie mich eingeladen habe.

Dennoch flog ich nach Europa. Ich hatte mehrere Vorträge in Italien, England ebenso wie in Deutschland vereinbart und konnte diese in der Kürze der Zeit nicht mehr absagen. Bei meiner Ankunft erfuhr ich, daß der Proteststurm gegen die Lebenshilfe als Initiatorin der Euthanasiediskussion auf die allgemeine Presse übergegriffen hatte. Behindertenorganisationen führten die Protestbewegung zwar an, doch erhielten sie Unterstützung von zahlreichen anderen Gruppierungen wie den »Grünen«, der »Deutschen Gesellschaft für Soziale Psychiatrie« und verschiedenen Vereinigungen von Studenten und Frauen gegen Gen- und Reproduktionstechnologie. Sogar das »Anti-Atom-Büro« reihte sich in diese Koalition ein (ohne nach meinen Ansichten zu Nuklearproblemen zu fragen). Ausgesuchte Zitate, die meinem Buch »Practical Ethics« (welches 1984 in deutsch erschienen war, vgl. Singer 1984) entnommen waren, wurden verbreitet und auch in der Presse wiedergegeben. Das einflußreiche Magazin »Der Spie-

gel«, das mit der »Time« in den USA vergleichbar ist, veröffentlichte einen langen Artikel von Franz Christoph (1989), dem Anführer der »Krüppelbewegung«, einer militanten Behindertenorganisation. Dieser Beitrag war eine heftige Attacke gegen meine Ansichten, gegen die Lebenshilfe und gegen Professor Anstötz, weil er mich zu dem Vortrag eingeladen hatte. Zur Illustration dienten Fotos, die Hitlers »Euthanasie-Befehl« und die Verschikkung von »Euthanasie-Opfern« im Dritten Reich zeigten. Der Sprecher einer Gruppe von Behinderten wurde zitiert, indem er die Proteste mit folgenden Worten rechtfertigte: »Wir können nicht zulassen, daß Leute darüber sprechen, ob wir leben dürfen oder nicht«. Der Artikel fuhr fort, daß dies »die einzige legitime Antwort sei auf den Beginn einer Debatte über ein Pro und Contra der Euthanasie«. Es wurde versäumt zu erwähnen, daß meine Ansichten niemanden bedrohen, der in der Lage ist, sich die Fortsetzung seines Lebens zu wünschen und daher offensichtlich auch niemanden, der in der Lage ist, das zu kommentieren, was ich gesagt oder geschrieben habe. Dieser und andere Presseartikel nahmen wenig oder gar keinen Bezug auf die ethische Basis, von der aus ich zu Sichtweisen komme, wie sie in den kurzen Zitaten so plump präsentiert wurden. Meine Auffassung, daß manches Leben so voller Leiden sein kann, daß es aus der Sicht des betroffenen Lebewesens als nicht lebenswert erscheint, wurde ständig mit der Redeweise der Nazis vom »lebensunwerten Leben« in Zusammenhang gebracht, obwohl diese damit eine völlig andere Bedeutung verbanden; im Sinne der Nazis war einiges Leben nicht »lebenswert«, weil es rassisch oder genetisch unrein und daher nicht wert war, Teil des arischen Volkes zu sein.
Die Zurücknahme meiner Einladung, auf dem Symposium in Marburg zu sprechen, erwies sich als unzureichend, um die Protestler zu beruhigen. Sie organisierten sich jetzt gegen den von ihnen so genannten »Euthanasie-Kongreß«. Der Druck erwies sich als zu groß; kurz vor Eröffnung des Symposiums sagten die Lebenshilfe und das Bishop Bekkers Institute die ganze Sache ab. Ähnlicher Druck richtete sich gegen die Universität Dortmund. Obwohl Anstötz im Gebiet der Behindertenpädagogik arbeitet, war er offensichtlich überrascht und erschüttert über die Reaktionen, die die Ankündigung des von ihm unterstützten Vortrags hervorgerufen hatte. Er wußte wohl, daß es Gruppen in Deutschland gibt, die strikt gegen jeden Versuch sind, ein Leben gegen-

über einem anderen als lebenswerter zu beurteilen (in Deutschland gibt es aus diesen Gründen sogar Widerstand gegen die genetische Beratung), aber mit solch massiven Protesten hatte er nicht gerechnet. Als er eines Morgens in sein Büro kam, fand er einen Zettel mit der Aufschrift »Schreibtischtäter« vor, der sich üblicherweise auf Bürokraten wie Eichmann bezieht, die vom Schreibtisch aus die Verschickung von Menschen in die Gaskammern organisierten. Die Protestler ließen keinen Zweifel, daß sie den Vortrag mit körperlichen Mitteln verhindern würden, falls man ihn nicht absagen würde. Als Ergebnis beschloß der Rat des Fachbereichs »Sondererziehung und Rehabilitation« der Universität Dortmund, daß der Vortrag nicht stattfinden dürfe.

Inzwischen hatte Georg Meggle, Professor für Philosophie an der Universität Saarbrücken, von der Absetzung meiner Vorträge gehört. Er lud mich zu einem Vortrag an seine Universität nach Saarbrücken ein, um zu zeigen, daß auch in Deutschland eine rationale Diskussion über ethische Probleme der Euthanasie möglich ist. Als ich jedoch am Hörsaal ankam, stand dort bereits eine Gruppe wartend an der Tür, um mich am Eintreten zu hindern. Wir schafften es, durch eine andere Tür in den Hörsaal zu kommen und versuchten, mit dem Vortrag zu beginnen. Professor Meggle konnte ohne Unterbrechung seine Einführung halten. Ich ging zum Rednerpult mit dem Vorsatz, deutlich zu machen, daß ich die Empfindsamkeit im Zusammenhang mit dem Thema Euthanasie in Deutschland verstehe, aber auch, daß meine Vorstellungen gänzlich verschieden sind von den Ideen der Nazis. Ich habe nicht vorgeschlagen, daß der Staat entscheiden müsse, wer leben oder sterben soll, sondern daß die Eltern imstande sein sollten, nach Beratung mit den Ärzten eine Entscheidung zu treffen, wann es im Interesse des Kindes und der Familie insgesamt besser ist, daß ein schwerstgeschädigter Säugling nicht leben soll (vgl. Kuhse, Singer 1985). Ich wollte herausstellen, daß die einzige logische Alternative – nämlich alles Menschenmögliche zu tun, um Leben um jeden Preis zu erhalten – extrem grausam ist in solchen Fällen, wo nur noch die Aussicht auf Monate voller Leiden vor dem Eintreten eines frühen Todes besteht. Auf der anderen Seite impliziert die Entscheidung, nicht alles Mögliche zu tun, um Leben zu erhalten, bereits das Urteil, daß dieses Leben, dessen Qualität so armselig erscheint, es nicht wert ist, verlängert zu werden – mit anderen Worten ein Urteil, daß manches Leben

nicht lebenswert ist. Ist eine solche Entscheidung einmal getroffen, dürfte es humaner sein, aktive Schritte zur Beendigung des Lebens zu unternehmen, als ein Kind verdursten oder an einer Infektion sterben zu lassen.
Das war das Konzept meines Vortrages. Doch sobald ich zu sprechen anfing, setzte ein Pfeifkonzert ein, wie man es vom Fußballplatz her kennt. Es wurde schnell offensichtlich, daß man mich nicht anhören würde. Das waren extrem frustrierende Augenblicke. Während ich auf die Leute sah, die da pfeifend und in Sprechchören rufend vor mir standen, dachte ich, daß ich mit den meisten von ihnen ansonsten wohl leicht ins Gespräch kommen würde. Sie sahen so aus wie die Leute, mit denen ich zu Hause auf politischer Ebene im Bereich sozialer und Umweltfragen zusammenarbeite. Glaubten sie wirklich, ich sei eine Art Nazi? Hatten sie überhaupt etwas aus der »Praktischen Ethik« gelesen, was über die oft zitierten Textstellen hinausging? Hatten sie einmal darüber nachgedacht, ob wir schwerstbehinderte Säuglinge ausnahmlos am Leben erhalten sollten, sogar wenn die Eltern keine weitere Behandlung mehr wünschen? Glaubten sie wirklich, daß die Entscheidung, einem schwerstbehinderten Baby bei einer Infektion die Antibiotika vorzuenthalten, nichts weiter bedeutet, als »der Natur ihren Lauf zu lassen«, und daß sich ein solcher Schritt damit wesentlich von der Verabreichung einer tödlichen Spritze unterscheidet? Was würden die Feministinnen (und mit Sicherheit waren einige unter ihnen) über das Recht der Frau zur Abtreibung sagen, wenn bei einer Vorsorgeuntersuchung festgestellt würde, daß es sich um ein behindertes Kind handelt? Wenn ich nur diese Dinge mit den Leuten diskutieren könnte, dachte ich, würden sie ganz sicher erkennen, daß ihre Feindseligkeit in die falsche Richtung geht. Aber wie kann man vernünftig mit jemandem reden, der nur pfeift?
Schließlich gelang es Professor Meggle, die Protestierenden in Saarbrücken zu überreden, in eine Diskussion mit mir einzutreten, bei der einige dieser Probleme angeschnitten wurden. Bedeutsamer jedoch war der Beginn einer bundesweiten Debatte, die durch die führende Wochenzeitung »Die Zeit« ausgelöst wurde. Die Diskussionsreihe begann mit einem kurzen Artikel über die Frage »Läßt sich Euthanasie ethisch begründen?« (Schuh 1989). Eine Woche später folgte ein ausführlicherer Artikel über dieses Thema und auch über das Tabu, das seine Diskussion ver-

hindert hat (Merkel 1989, vgl. auch Bräutigam, Thomson 1989). Es wurde berichtet, daß man in Deutschland wie auch anderswo einige schwerstbehinderte Neugeborene sterben läßt – wie das jeder, der einige Kenntnisse moderner neonataler Medizin hat, erwartet haben würde. Hierzu gibt es von Ärztekammern herausgegebene Richtlinien, die besagen, daß Ärzte nicht die Verpflichtung haben, Leben unter allen möglichen Umständen zu verlängern.

Als Reaktion auf diese Artikel wurde nun auch »Die Zeit« Zielscheibe des Protestes. Franz Christoph, Anführer der Krüppelbewegung, der auch den Artikel im »Spiegel« geschrieben hatte, kettete seinen Rollstuhl an das Redaktionsbüro. Daraufhin lud »Die Zeit« ihn zusammen mit Dr. Joseph Schaedle von der Deutschen Gesellschaft für Soziale Psychiatrie und Bischof Ulrich Wilckens ein, mit den Redakteuren von »Die Zeit« darüber zu diskutieren, ob die Frage der Euthanasie gestellt werden sollte. Die Debatte wurde aufgezeichnet und in einem weiteren Dossier veröffentlicht, diesmal über vier volle Seiten (Die Zeit 1989a). Die Diskussion wurde von Franz Christoph eröffnet, der darlegte, warum er der Meinung sei, daß diese Frage nicht diskutiert werden sollte:

»Haben Schwerstbehinderte ein Lebensrecht? Wir wehren uns gegen diese Fragestellung von Herrn Singer und dagegen, daß so etwas jetzt öffentlich diskutiert wird, daß Herr Singer zu Vorträgen eingeladen wird, daß man damit solche Gedanken weiter etabliert. Wir sagen: Unser Lebensrecht ist undiskutierbar. Denn wir meinen, durch das Stellen der Frage, ob in gewissen Situationen Behinderte getötet werden dürfen, wird ein Ja oder Nein möglich, und damit wird auch die Ja-Position ein Stückchen weiter etabliert.«

Hierauf antwortete Theo Sommer, Herausgeber von »Die Zeit«, daß das Lebensrecht von Behinderten undiskutierbar sein mag, daß jedoch das Problem der Euthanasie diskutiert werden müsse, weil diese Diskussion ja bereits im Gange sei. Er fügte hinzu, »... es gibt keine Meinung, die man nicht grundsätzlich für diskussionswürdig oder diskussionsbedürftig halten sollte«. An dieser Stelle intervenierte Bischof Wilckens, aber nicht um die Ansicht zu verteidigen, daß dieses Thema nicht diskutiert werden solle. Vielmehr kritisierte er »Die Zeit«, weil sie es unterlassen hatte, die Unterscheidung zwischen passiver und aktiver Sterbehilfe

herauszuarbeiten. Ab da bewegte sich die Diskussion weg von der Frage, ob Euthanasie diskutiert werden sollte oder nicht; man hatte statt dessen bereits begonnen, sie zu diskutieren.
»Die Zeit« (1989b) veröffentlichte auf eineinhalb Seiten Leserbriefe, die einen breiten Querschnitt von Meinungen sowohl über die Euthanasie brachten als auch über die Frage, ob sie diskutiert werden solle. Die Debatte ging auf das Fernsehen über. Das bekannte Magazin »Panorama« brachte eine eigene Dokumentation, in der gezeigt wurde, daß Ärzte auch in Deutschland schwerstbehinderte Neugeborene sterben lassen. In Österreich nahm ich an einer zweistündigen Fernsehdiskussion teil, an der ein Theologe, ein Journalist von »Die Zeit« und mehrere Vertreter von Behinderten und von Eltern Behinderter beteiligt waren.
Somit war die Protestbewegung zwar erfolgreich, was die Verhinderung meiner Vorträge betraf, aber dies bewirkte, daß Millionen von Lesern und Fernsehzuschauern meine Ansichten kennenlernten. Dies ist eine alte Geschichte (hätte irgendein Werbefachmann mehr für den Verkauf der »Satanischen Verse« tun können als Ayatollah Khomeini?), und es ist wohl der positivste Aspekt der dargestellten Ereignisse. Vielleicht hat jetzt tatsächlich die Debatte über Euthanasie in Deutschland angefangen. Doch die Schattenseite der Vorfälle ist, daß sie zeigen, wieviel Intoleranz in Deutschland noch immer kontroversen Meinungen entgegengebracht wird, sogar an den Universitäten. Die Gegner meiner Auffassungen waren nicht zufrieden damit, daß die Vorträge in Marburg und Dortmund abgesetzt wurden. Auf einem Treffen in Hamburg, das von einigen der Gruppen organisiert wurde, die auch gegen meine Vorträge angetreten waren, wurde beschlossen herauszufinden, wo ich sonst noch in Europa Vorlesungen halten wollte, um sie dann zu verhindern. (Zu dieser Zeit hatte ich keine weiteren Vorträge in Deutschland mehr geplant, und auch sonst war meine Europareise fast abgeschlossen, so daß keine weiteren Unterbrechungen mehr stattfanden.)
Ernster war die offene Kampagne, die die Lehrstuhlenthebung von Anstötz zum Ziel hatte. Unterschriftslisten gingen herum und Briefe wurden an das (für die Universität Dortmund) zuständige Ministerium für Wissenschaft und Forschung von Nordrhein-Westfalen geschrieben. Ein Beispiel ist der offene Brief vom Juni 1989 an die Ministerin, Frau Anke Brunn, der von dem Lehrerkollegium der Pestalozzi-Schule für Geistigbehinderte in

Essen in Umlauf gebracht wurde. Der Brief bezieht sich auf meinen geplanten Vortrag an der Universität Dortmund und drückt Befriedigung darüber aus, daß Studenten und andere diese Vorlesung verhindert haben. Er dokumentiert weiterhin, daß Professor Anstötz sich noch immer nicht von meinen Ansichten distanziert habe und behauptet, daß er damit gegen das Grundgesetz der Bundesrepublik Deutschland verstoße; dieses lege für jede Person das Recht auf Leben fest. Abschließend wurde in dem Brief von der Ministerin verlangt, diese Umstände zu untersuchen. Sollten sich die Vorwürfe bestätigen, heißt es in dem Brief,

»so schließen wir uns der Forderung von zahlreichen Dozenten und Studenten der Universität Dortmund an, Professor Anstötz unverzüglich an jeder weiteren Lehrtätigkeit zu hindern und ggfs. vom Dienst zu suspendieren«.

Aufgrund solcher Beschwerden wurde Anstötz offiziell zur Anhörung ins Ministerium gerufen, um seine Einladung an mich zu erläutern und mitzuteilen, welche Konsequenzen er für die Ethik der Sonderpädagogik aus meinem Standpunkt zu ziehen gedenke (Pelzner, Ministerium für Wissenschaft und Forschung, v. 12. Juli 1989). Aus der Kampagne gegen Anstötz läßt sich folgern, daß Hochschullehrer offensichtlich nicht nur zur Verfassungstreue verpflichtet sind, sondern auch die Ansicht zu vertreten haben, daß das Grundgesetz keiner Verbesserung fähig ist. Da die Ministerin Beschwerden dieser Art ernst genommen zu haben scheint, muß sie dies wohl selbst für eine zumindest vertretbare Auffassung der Pflichten eines Hochschullehrers halten.

Verfassungen selbst treffen normalerweise Vorkehrungen für gesetzlich zulässige Möglichkeiten der Verfassungsänderung. Es kann nicht die Rede davon sein, daß Anstötz durch seine Einladung an mich tatsächlich die Verfassung gebrochen hat oder auch nur die Anregung dazu gegeben hätte, die Verfassung zu verletzen. Es ist absolut meine Ansicht, daß keine Euthanasie stattfinden darf, bis das Gesetz die Erlaubnis dazu gegeben und entsprechende Regelungen getroffen hat. Wie aber kann jemand daran denken, das Grundgesetz zu verbessern, wenn eine Diskussion über die Frage untersagt wird, ob die in ihm enthaltenen Ansichten tatsächlich moralisch zu rechtfertigen sind? Solche Diskussion zu verhindern würde letztlich die Versteinerung jener Ideen bedeuten, die vor vier Jahrzehnten bei der Annahme des Grundgesetzes entwickelt worden sind.

Wenn Regierungsstellen, die für die Universitäten zuständig sind, solche Ansichten erkennen lassen, sollten wir uns an John Stuart Mills (1968, S. 18) klassische Argumente zur Verteidigung der Denk- und Redefreiheit erinnern:

»Es macht den möglichst großen Unterschied, ob wir eine Meinung als wahr voraussetzen, weil sie bei aller Gelegenheit der Erörterung und Bestreitung nicht widerlegt worden ist, oder ob wir ihre Wahrheit zu dem Zwecke annehmen, ihre Widerlegung nicht zu gestatten. Völlige Freiheit des Angriffs und Widerspruchs ist die unerläßliche Bedingung, damit wir unsere Meinungen zur Richtschnur unseres Verhaltens machen können, und in keinem anderen Falle kann ein Wesen von menschlichen Fähigkeiten ein irgend begründetes Vertrauen in die Richtigkeit seiner Überzeugung besitzen«.

Mill fügt noch eine zweite Forderung hinzu, die selbst dann aufrechtzuerhalten ist, wenn wir annehmen, daß die in Frage stehende Meinung unzweifelhaft gewiß ist:

»Wie sehr es auch einem Menschen von sehr entschiedenen Meinungen widerstreben mag, die Möglichkeit zuzugeben, daß eine solche Meinung falsch sein kann, so sollte ihn doch die Erwägung nicht gleichgiltig lassen, daß seine Ansicht, so wahr sie auch sein mag, sobald sie nicht einer vielfachen, vollständigen und furchtlosen Erörterung unterzogen wird, nur als ein todtes Dogma, nicht als eine lebendige Wahrheit bestehen kann« (a.a.O., S. 34) ... »So wesentlich ist diese Bedingung (der furchtlosen Diskussion, P. S.) für das Verständnis aller auf die menschliche Natur Bezug habenden Gegenstände, daß es bei der Untersuchung wichtiger Fragen unerläßlich ist, sich einen Gegner, wenn in der Wirklichkeit ein solcher nicht vorhanden ist, als vorhanden zu denken, und ihn mit den stärksten Gründen auszustatten, die der geschickteste Teufelsanwalt heraufzubeschwören vermag« (a.a.O., S. 37) ... »In Ermangelung freier Erörterung werden nicht nur die Gründe der Meinung vergessen, sondern nur zu oft die Bedeutung der Meinung selbst« (a.a.O., S. 39).

Professoren mit Lehrstühlen sind in Deutschland durch ihren Beamtenstatus geschützt, und ihre akademische Freiheit ist im Grundgesetz ausdrücklich garantiert. Aber auf Anstötz und in etwas geringerem Maße auch auf Meggle ist beträchtlicher Druck ausgeübt worden, sich von meinen Ansichten zu distanzieren; ein solches akademisches Klima ist der Meinungsfreiheit zu dem fraglichen Diskussionsgegenstand sicher nicht förderlich.

Obwohl Anstötz und Meggle persönliche Briefe von Kollegen erhielten, die sie gegen diese Attacken unterstützten, war es doch enttäuschend zu sehen, daß sich Lehrkörper deutscher Universitäten nicht dazu durchringen konnten, geschlossen gegen solche schwerwiegenden Angriffe auf die akademische Denk- und Redefreiheit anzutreten. Als in England die Nachrichten über die Situation in Deutschland Professor R. M. Hare bekannt wurden, verfaßte dieser sofort ein Schreiben, in dem er seine Unterstützung für eine freie Diskussion über Fragen der Euthanasie zum Ausdruck brachte; weiterhin war er beteiligt bei dem Entwurf folgender Erklärung, die auf dem jährlichen Treffen der »Aristotelian Society« am 16. Juli 1989 in Swansea verabschiedet wurde.
»Die ›Aristotelian Society of Great Britain‹ drückt ihre Besorgnis darüber aus, daß der australische Philosoph Peter Singer daran gehindert wurde, seine Auffasungen im Rahmen westdeutscher Universitätsseminare zu vertreten und unterstreicht nachdrücklich ihre Sorge um Freiheit der Rede, akademische Freiheit und die rationale Diskussion wichtiger praktischer Belange.«
Eine vergleichbare Erklärung irgendeiner deutschen universitären oder akademischen Organisation hat es bis zu dem Zeitpunkt, an dem dieser Artikel abgeschlossen wurde, nicht gegeben. Eine Reihe deutscher Bioethiker, die an einer Tagung am »Kennedy Center of Bioethics«, in Washington, DC, teilnahmen, unterzeichneten ein Statement für die Unterstützung der Diskussionsfreiheit. Überwiegend jedoch ging der akademische Einfluß in Deutschland in die entgegengesetzte Richtung. Deutsche Akademiker aus dem Gebiet der Sonderpädagogik taten sich unter denen, die die Absetzung des Vortrages in Dortmund verlangt hatten, besonders hervor; als ein Professor der Heilpädagogischen Fakultät der Universität zu Köln Anstötz in einem Brief seine Unterstützung anbieten wollte, mußte er eingestehen, daß es ihm nicht gelungen war, weitere Unterschriften von seinen Kollegen zu erhalten, die das Recht, Vortrag und Diskussion mit mir zu organisieren, bekräftigen sollten. Lange nachdem der Vortrag abgesetzt worden war und die Rufe nach Entlassung von Anstötz zunahmen, unterstützte der Direktor des Instituts für Sonderpädagogik an der Freien Universität Berlin diese Forderungen, indem er es in einem Rundbrief (Sasse v. 12. Juli 1989) als »höchst verantwortungslos« bezeichnete, Positionen wie meine in der universitären Lehre zu behandeln.

Die Gründe für die Entlassung von Anstötz wurden in einer Zeitschrift (Evers 1989, S. 39) folgendermaßen dargestellt:
»Da die Freiheit von Forschung und Lehre keineswegs das Recht einschließt, anderen Menschen die Existenzberechtigung abzusprechen oder Kindermord zu rechtfertigen, da wir unsere Steuergelder nicht für Professoren eingesetzt wissen wollen, die statt Achtung der Menschen, denen ihre Disziplin dienen soll, mehr oder weniger offen über deren Tötung spekulieren, haben zahlreiche Organisationen, darunter auch die DGSP (Deutsche Gesellschaft für Soziale Psychiatrie, P. S.), auf einer Protestveranstaltung in Dortmund die Ablösung von Christoph Anstötz als Prüfungsberechtigter des dortigen Fachbereiches geistiger Behindertenpädagogik gefordert.«
Als Antwort auf solche Ansichten ist es wichtig zu wiederholen, daß gerade in jenen Fällen die Denk- und Redefreiheit unseren stärksten Schutz erfordert, wo Ideen gegen verbreitete und fest verankerte moralische Überzeugungen gerichtet sind. Eine Redefreiheit, die unfähig ist, einen sozialen Konsens anzuzweifeln, verdient diesen Namen nicht. Der Test für eine wahre demokratische Gesellschaft besteht in ihrer Duldung von Meinungen, die von den meisten Mitgliedern für grundsätzlich falsch gehalten werden. Es ist schon merkwürdig, daß jene, die (zu Unrecht) behaupten, in meinen Schriften eine enge ökonomische Sichtweise menschlichen Lebens zu erkennen, der zufolge Leben nur dann erhalten werden soll, wenn es sozial nützlich ist, daß jene Leute ihrerseits eine sehr eingeschränkte Ansicht vom Wert einer Universität einnehmen; daß sie nämlich Steuergelder, mit denen Professoren bezahlt werden, nicht dort am besten eingesetzt sehen, wo ein freies geistiges Erkenntnisstreben begünstigt wird, sondern daß auf der Gehaltsliste der Universität ihrer Meinung nach offenbar solche Leute bevorzugt werden sollten, die bestimmte, sozial akzeptierte Wertvorstellungen verteidigen.
Sicher liegt eine Erklärung für die fehlende Unterstützung einer freien Diskussion in der verständlichen deutschen Empfindsamkeit, was die nationalsozialistische Vergangenheit betrifft. Die Protestierenden behaupten, daß meine Ansichten den Respekt vor dem menschlichen Leben untergraben und so wieder zu einer Mentalität führen könnten, die die Greueltaten der Nazis ermöglicht hatte. Aber dies ist nur ein Aspekt einer Erklärung. Eine gewisse Ironie, die auch einigen der Leserbrief-Schreiber nicht

entgangen ist, liegt darin, daß die Protestierenden selbst jene Art von Fanatismus und fehlendem Respekt vor einer rationalen Diskussion gezeigt haben, die für die Nazi-Greuel ebenfalls eine notwendige Voraussetzung gewesen sind. Möglicherweise ist es gar nicht die Euthanasie-Bewegung gewesen, die als Wegbereiter des nationalsozialistischen Völkermordes anzusehen ist, sondern die auch heute im modernen Deutschland scheinbar unausrottbare, fanatische Sicherheit der eigenen Überzeugung, die Weigerung zuzuhören und in eine rationale Diskussion mit jemandem einzutreten, der eine konträre Ansicht vertritt. (In Österreich ist die Euthanasiediskussion etwas entspannter; einige Leute, mit denen ich mich dort über die Ereignisse in Deutschland unterhielt, machten etwas abschätzige Bemerkungen über die Neigung ihrer nördlichen Nachbarn, alles ins Extreme zu führen.)

Hier könnte das Studium der angewandten oder praktischen Ethik im allgemeinen und das der Bioethik im besonderen eine Rolle spielen. In englischsprachigen Ländern sind Auffassungen, wie ich sie in bezug auf schwerstbehinderte Kinder habe, längst nicht mehr ungewöhnlich, zumindest nicht unter Philosophen und Bioethikern. Jonathan Glover (1977), Michael Tooley (1983), John Harris (1985), James Rachels (1986), Helga Kuhse (1987) und andere vertreten ganz ähnliche Ansichten. Was den Außenstehenden an den vielen Flugblättern und Artikeln in Deutschland wirklich sprachlos läßt, ist die Tatsache, daß es niemandem meiner Gegner in den Sinn gekommen ist, daß hier Argumente vorliegen, die widerlegt werden müssen, wenn sich ihre eigene Position als tragfähig erweisen soll. Statt dessen sieht die Angriffsweise immer wieder so aus, daß ein Zitat herausgefischt und verbreitet wird, so als ob der »Schockwert« ausreichen würde, um seine Falschheit zu erweisen und zu zeigen, daß jede Verteidigung mit rationalen Argumenten nichts anderes als ein listiger Taschenspielertrick sein könne. Eine Tradition rationalen Argumentierens scheint in der praktischen Ethik in Deutschland fast vollkommen zu fehlen. Natürlich gibt es einige Ausnahmen. Ein paar Philosophen kämpfen für die Entwicklung einer solchen Tradition, Meggle ist einer von ihnen und Anstötz, obwohl nicht Philosoph von Beruf, ein anderer. Aber sie und die anderen in diesem Gebiet sind eine kleine Minderheit in Deutschland. Daher kann sich hier die Bioethik nicht wie in vielen anderen Ländern entwickeln, wo Philosophen den Boden für eine rationale Bearbeitung spezieller ethischer Probleme durch die Tradition vernünftigen Argumentierens schon lange vorbereitet haben. In englischsprachigen Ländern verzweifeln wir vielleicht manchmal, wenn es uns nicht gelingt, mit dem, was wir für rationale Argumente halten, über unsere Kontrahenten zu siegen oder Politiker von der vernünftigsten Lösung zu überzeugen. Schauen wir jedoch nach Deutschland, müssen wir feststellen, daß diese Schwierigkeiten relativ harmlos sind im Vergleich mit solchen Problemen, die durch das Fehlen einer wirklichen Tradition rationalen Argumentierens im Gebiet der Bioethik entstehen.

Ich habe betont, daß die hier beschriebenen Ereignisse einen begrenzten, lokalen Charakter besitzen. Damit aber ist immer die Gefahr einer ungerechtfertigten Verallgemeinerung und Übertreibung gewisser nationaler Tendenzen verbunden. Um das Gleichgewicht wiederherzustellen, sollte ich zum Schluß darauf hinweisen, daß sich diese Ereignisse vielleicht nicht so sehr ihrer Art, sondern ihrem Grad nach unterscheiden von dem, was irgendwo anders passieren könnte bzw. passiert ist. Die Bioethik ist eine Disziplin, die Werte und ethische Standpunkte hinterfragt, die bis dahin als sakrosankt gegolten haben. Häufig sind solche Doktrinen eng mit dem religiösen Glauben verbunden, und es bedarf nicht eines Khomeinis, um uns daran zu erinnern, daß religiöser Fundamentalismus die Freiheit der Rede oft nicht duldet. Natürlich kann eine solche Intoleranz auch eine politische Basis haben. Selbst wenn die Gegnerschaft gegenüber radikalen Ansichten in der Bioethik nicht so weit getrieben wird, die Freiheit der Rede zu verbieten, kann sie sich dennoch auf subtile Weise Einfluß verschaffen, indem beispielsweise die finanzielle Unterstützung solcher Organisationen eingeschränkt wird, die diesen Ansichten Gehör verschaffen. Es ist wirklich notwendig, daß wir um ein breiteres Verständnis dafür werben, wie wichtig es ist, ein für die Diskussion kontroverser Ideen förderliches Klima zu schaffen – sowohl in der Bioethik als auch auf anderen Gebieten. Ein Schritt in diese Richtung könnten institutionelle Vorkehrungen sein – wie die Gründung einer internationalen Vereinigung von Bioethikern –, welche zum Ausdruck bringen würden, daß Bioethiker auf der ganzen Welt, unabhängig von ihren einzelnen Anschauungen, gemeinsam für das Recht auf eine freie Diskussion ethischer Themen eintreten.

(Übersetzt von Christoph Anstötz)

Literatur

Bräutigam, H.-H.; Thomson, C. (1989). Was heißt lebensfähig? Die Zeit vom 23. Juni.

Christoph, F. (1989). (K)ein Diskurs über »lebensunwertes Leben«. Der Spiegel vom 5. Juni.

Die Zeit (1989a). Exzeß der Vernunft oder Ethik der Erlösung? Die Zeit vom 14. Juli.

Die Zeit (1989b). Leserbriefe zur Euthanasie-Diskussion. Die Zeit vom 14. Juli.

Evers, L. (1989). Bio-Ethik? Peter Singers Euthanasie-Thesen. Dr. med. Mabuse, August/September.

Glover, J. (1977). Causing death and saving lives. Harmondsworth: Penguin.

Harris, J. (1985). The value of life. London: Routledge and Kegan Paul.

Kottow, M. H. (1988). Euthanasia after the holocaust – Is it possible?: A report from the federal republic of germany. Bioethics 2, S. 58-69.

Kuhse, H. (1987). The sanctity of life doctrine in medicine: A critique. Oxford: Oxford University Press.

Kuhse, H.; Singer, P. (1985). Should the baby live? The problem of handicapped infants. Oxford: Oxford University Press.

Merkel, R. (1989). Der Streit um Leben und Tod. Die Zeit vom 23. Juni.

Mill, J. St. (1968, orig. 1869). Die Freiheit (übersetzt v. Th. Gomperz). In: Mill, J. St. Gesammelte Werke, hrsg. von Th. Gomperz; Bd. 1. Aalen: Scientia Verlag.

Rachels, J. (1986). The end of life. Oxford: Oxford University Press.

Schuh, H. (1989). Läßt sich Euthanasie ethisch begründen? Die Zeit vom 16. Juni.

Singer, P. (1984, orig. 1979). Praktische Ethik. Stuttgart: Reclam jun.

Tooley, M. (1983). Abortion and infanticide. Oxford: Oxford University Press.

Anhang

Erklärung deutscher Philosophen zur sog. »Singer-Affäre«

Auf der diesjährigen Wissenschaftlichen Tagung des Engeren Kreises der Allgemeinen Gesellschaft für Philosophie in Deutschland (AGPD) zum Thema »Prinzip und Applikation in der praktischen Philosophie« in der Akademie der Wissenschaften und der Literatur zu Mainz wurde in der Geschäfts-Sitzung am Abend des 29.9. ein von Prof. Georg Meggle (Münster/Saarbrücken) vorgelegter Entwurf zu einer Stellungnahme zur sogenannten »Singer-Affäre« diskutiert, zu nachfolgender Erklärung ergänzt und diese dann als den einzelnen Mitgliedern des Kreises vorzulegende – und so dem Urteil eines jeden Einzelnen anheimgegebene – Stellungnahme qualifiziert:

Zu den wichtigsten Fragen der Praktischen Ethik gehören zweifellos jene, bei denen es um Leben und Tod eines Menschen geht. Durch die Möglichkeiten der modernen Intensivmedizin wird die Brisanz dieser Fragen weiter verschärft. Eine rationale Diskussion dieses ganzen Bereichs ist unverzichtbar. Diese Diskussion erfordert neben bestem medizinischem Sachverstand auch größtmögliche Klarheit über die moralische Tragweite der jeweiligen Entscheidungsalternativen. Diese Klarheit ist nur in offener Diskussion zu gewinnen. Eine solche Diskussion zu gewährleisten und zu führen, gehört mit zu den Aufgaben der praktischen Philosophie.
Wir vermerken daher mit Sorge, daß während des vergangenen Sommer-Semesters an mehreren Universitäten der Bundesrepublik öffentliche Diskussionen über die vor allem den Bereich der neonatalen Intensivmedizin berührenden Thesen des australischen Philosophen Peter Singer verhindert bzw. stark beeinträchtigt wurden. Besorgt sind wir vor allem darüber, daß Versuche einer Beschränkung der Diskussion auch von akademischer Seite unternommen und bereits die Einladung an Singer in einem Fall zum Gegenstand dienstrechtlicher Ermittlungen wurden. Wir äußern diese Sorge, ohne damit für oder gegen die Singerschen Thesen selbst Stellung zu nehmen.

Unser Wissen um die verbrecherische nationalsozialistische ›Euthanasie‹-Praxis erlegt einer jeden Diskussion des gesamten Themenbereichs eine besondere Sorgfaltspflicht auf. Diese besondere Verpflichtung erkennen wir nachdrücklich an.

Mainz, den 29. September 1989

Erstunterzeichner

Dr. Kurt Bayertz (Bremen), PD Dr. Dieter Birnbacher (Essen), PD Dr. Wilhelm Büttemeyer (Oldenburg), Prof. Dr. Walter E. Ehrhardt (Hannover), PD Dr. Winfried Franzen (Gießen), PD Dr. Bernward Grünewald (St. Augustin), PD Dr. Gottfried Heinemann (Kassel), PD Dr. Hans Ineichen (Erlangen), Prof. Dr. Wolfgang Kuhlmann (Königstein/Ts.), Prof. Dr. Odo Marquard (Gießen), Prof. Dr. Georg Meggle (Saarbrücken), Gerhard Pfafferott (Bad Honnef), Prof. Dr. Annemarie Pieper (Basel), Prof. Dr. Seebohm (Mainz), Prof. Dr. Brigitte Scheer (Frankfurt), Prof. Dr. Herbert Schnädelbach (Hamburg), PD Dr. Hans-Peter Schreiber (Basel), Prof. Dr. Rudolf Tannert (Mainz), Prof. Dr. Heinz Wenzel (Berlin)

Weitere Unterzeichner

Dr. Hinrich Abken (Bonn), Prof. Dr. Hans Albert (Mannheim), Prof. Dr. Norbert Altwicker (Neu-Isenburg), Dr. Helmut Angstl (München), Prof. Dr. Karl-Otto Apel (Frankfurt), Prof. Dr. Horst Baier (Konstanz), Prof. Dr. Wolfgang Balzer (München), Prof. Dr. Wolfgang Bartuschat (Hamburg), Prof. Dr. H. M. Baumgartner (Bonn), Prof. Dr. Werner Becker (Gießen), PD Dr. Wolfgang Becker (Paderborn), Rüdiger Bender (Gießen), Dr. Gertrud Beyers (Hamburg), Dr. Claus von Bormann (Bielefeld), Prof. Dr. Dr. Werner Brändle (Hildesheim), Prof. Dr. Hartmut Brands (Düsseldorf), Prof. Dr. Edmund Braun (Köln), Prof. Dr. Margherita von Brentano (Berlin), PD Dr. Axel Bühler (Göttingen), Dr. Martin Carrier (Konstanz), Dr. Hans Dierkes (Niederkassel), Prof. Dr. Theodor Ebert (Erlangen-Nürnberg), Prof. Dr. Wilhelm K. Essler (Frankfurt), Prof. Dr. Helmut Fleischer (Roßdorf), Prof. Dr. Maximilian Forschner (Erlangen-Nürnberg), Dr. Josef Früchtl (Frankfurt), Dr. André Fuhrmann

(Konstanz), Prof. Dr. Günther Gawlick (Bochum), Prof. Dr. L. Geldsetzer (Düsseldorf), Prof. Dr. Volker Gerhardt (Köln), Prof. Dr. Andreas Graeser (Bern), Harald Gröhler (Köln), PD Dr. Alexander Haardt (Münster), Dr. Heiner Hastedt (Paderborn), Prof. Dr. Rainer Hegselmann (Bremen), PD Dr. Michael Heidelberg (Freiburg), Dr. Gerhard Heinzmann (Saarbrücken/Nancy), Prof. Dr. Jochem Hennigfeld (Siegen), Prof. Dr. Theo Herrmann (Mannheim), Prof. Dr. Norbert Hinske (Trier), Prof. Dr. Walter Hirsch (Kiel), Prof. Dr. Hans-Ulrich Hoche (Bochum), Dr. Friedrich Hogemann (Bochum), Prof. Dr. Wolfram Hogrebe (Düsseldorf), Prof. Dr. Harald Holz (Münster), Prof. Dr. Hansgeorg Hoppe (Saarbrücken), Dr. Dr. Peter Hucklenbroich (Münster), Prof. Dr. Kurt Hübner (Kiel), Prof. Dr.-Ing. Curt F. Ibert (Schwerte), Prof. Dr. Klaus Jacobi (Freiburg), PD Dr. Wilhelm G. Jacobs (Eichenau), Prof. Dr. Peter Janich (Marburg), Prof. Dr. Georg Jánoska (Bern), Prof. Dr. Friedrich Kambartel (Konstanz), Prof. Dr. Andreas Kamlah (Osnabrück), Dr. Matthias Kaufmann (Erlangen-Nürnberg), Prof. Dr. Rudolf W. Keck (Hildesheim), Prof. Dr. Andreas Kemmerling (München), Prof. Dr. Wolfgang Kersting (Hannover), PD Dr. Bertram Kienzle (Heidelberg), Dr. Cornelia Klinger (Wien), Dr. Dietrich Klose (Ditzingen), Prof. Dr. jur. Ulrich Klug (Köln), Dr. Rudolf Kötter (Erlangen), Dr. Klaus Konhardt (Hüttenberg), Prof. Dr. Peter Krausser (Berlin), Dr. Wolfgang Krewani (Essen), Prof. Dr. Lorenz Krüger (Göttingen), Prof. Dr. Arend Kuhlenkampff (Frankfurt), Prof. Dr. Jens Kulenkampff (Duisburg), Dr. P. Lanz (Bielefeld), PD Dr. Anton Leist (Frankfurt), Dr. Jochen Lechner (Düsseldorf), Wolfgang Lefèvre (Berlin), Prof. Dr. Wolfgang Lenzen (Osnabrück), Prof. Dr. Rudolf Lengert (Oldenburg), Prof. Dr. R. zur Lippe (Oldenburg), Dr. Rudolf Löbl (Darmstadt), Prof. Dr. Paul Lorenzen (Göttingen), Maria Sibylla Lotter (Berlin), Dr. Christoph Lumer (Osnabrück), Dipl. phys. Sieghard Maier (Leonberg), Manfred Meiner (Hamburg), Prof. Dr. Jürgen Mittelstraß (Konstanz), Prof. Dr. Klaus M. Meyer-Abich (Essen), Walter Moess (Osnabrück), Dr. Georg Mohr (Münster), Prof. Dr. Edgar Morscher (Salzburg), Prof. Dr. C. Ulises Moulines (Berlin), Prof. Dr. Wolfgang Müller-Lauter (Berlin), Peter Niebaum (Osnabrück), Arnold Oberschelp (Kiel), Prof. Dr. Klaus Oehler (Hamburg), Prof. Dr. E. Oldemeyer (Karlsruhe), O. Stud. Rat. Frank Orlowski (Mönchengladbach), Dr. Helmut

Pape (Freiburg), Prof. Dr. Günther Patzig (Göttingen), Prof. Dr. Hans Poser (Berlin), Prof. Dr. Werner Post (Dortmund), Dr. Olaf Pluta (Bochum), Dr. Peter Prechtl (München) Prof. Dr. Gerold Prauss (Freiburg), Dr. Zdravko Radman (Oetwil am See), Prof. Dr. Gerhard Radnitzky (Trier), Dr. Ursula Raupp (Hamburg), Dr. Arnim Regenbogen (Osnabrück), Prof. Dr. Frithjof Rodi (Bochum), Dr. Philipp Rothmaler (Kiel), Martin Rudolph (Münster), Prof. Dr. Hans Jörg Sandkühler (Bremen), Prof. Dr. C.-A. Scheier (Braunschweig), Prof. Dr. Heinrich Schepers (Münster), Dr. Christiane Schildknecht (Konstanz), Prof, Dr. Wolfgang Schirmacher (New York/Hamburg), Prof. Dr. Heinz Robert Schlette (Bonn), Prof. Dr. Wolfdietrich Schmied-Kowarzik (Kassel), Prof. Dr. Alfred Schmidt (Frankfurt), Dr. Friedrich W. Schmidt (Frankfurt), Prof. Dr. Hermann Josef Schmidt (Dortmund), Prof. Dr. Hans J. Schneider (Erlangen-Nürnberg), Prof. Dr. Hermann Schrödter (Heusenstamm), Dr. Rudolf Schüßler (Duisburg), Prof. Dr. Eberhard G. Schulz (Duisburg), Prof. Dr. Balduin Schwarz (Salzburg), Prof. Dr. Gerhard Seel (Bern), Dr. Martin Seel (Konstanz), Dr. Geo Siegwart (Essen), Prof. Dr. Ludwig Siep (Münster), Prof. Dr. Wolfgang Spohn (Regensburg), Dr. Werner Stegmaier (Bonn), Dr. sc. Robert Steigerwald (Neuss), Prof. Dr. U. Steinvorth (Hamburg), PD Dr. Pirmin Stekeler-Weithofer (Konstanz), PD Dr. Manfred Stöckler (Weilburg), Ass. Prof. Dr. Rudolf Stranzinger (Salzburg), Prof. Dr. Elisabeth Ströker (Köln), Prof. Dr. Werner Strombach (Dortmund), Prof. Dr. Werner Strube (Bochum), Dr. Horst-D. Strüning (Bonn), Prof. Dr. R. Stuhlmann-Laeisz (Bonn), Prof. Dr. Holm Tetens (Paderborn), Dr. Rudolf Teuwsen (Bonn), Prof. Dr. Elfriede Walesca Tielsch (Berlin), Dr. Hans Titze (Wettingen), Prof. Dr. Rainer Trapp (Osnabrück), Prof. Dr. W. Trillhaas (Göttingen), Prof. Dr. Nelly Tsouyopoulos (Münster), Prof. Dr. Ernst Tugendhat (Berlin), Jochen Vollmann (Gießen), Prof. Dr. Dr. Gerhard Vollmer (Gießen), Prof. Dr. Wilhelm Vossenkuhl (Bayreuth), Prof. Dr. Hans Wagner (Bonn), Prof. Dr. Bernhard Waldenfels (Bochum), Prof. Dr. D. Wandschneider (Aachen), Prof. Dr. phil. Dr. med. Curt Weinschenk (Marburg), Dr. Gertrud Weyer (Hamburg), Prof. Dr. Ulrich Wienbruch (Köln), Prof. Dr. Günter Wohlfart (Wuppertal), Prof. Dr. Ursula Wolf (Berlin), Prof. Dr. Gereon Wolters (Konstanz), Dr. Axel Wüstehube (Münster)

suhrkamp taschenbücher wissenschaft
Soziologie, Theorie der Gesellschaft

Foucault: Sexualität und Wahrheit 1. Der Wille zum Wissen. stw 716
– Sexualität und Wahrheit 2. Der Gebrauch der Lüste. stw 717
– Sexualität und Wahrheit 3. Die Sorge um sich. stw 718
– Überwachen und Strafen. stw 184
– Wahnsinn und Gesellschaft. stw 39
Gerhardt/Schütze (Hg.): Frauensituation. stw 726
Geulen: Das vergesellschaftete Subjekt. stw 586
Geulen (Hg.): Perspektivenübernahme und soziales Handeln. stw 348
Giddens: Die Klassenstruktur fortgeschrittener Gesellschaften. stw 452
Goffman: Das Individuum im öffentlichen Austausch. stw 396
– Interaktionsrituale. stw 594
– Rahmen-Analyse. stw 329
– Stigma. stw 140
Goudsblom: Soziologie auf der Waagschale. stw 223
Granet: Die chinesische Zivilisation. stw 518
Greiffenhagen: Das Dilemma des Konservatismus in Deutschland. stw 634
Groethuysen: Die Entstehung der bürgerlichen Welt- und Lebensanschauung in Frankreich. 2 Bde. stw 256
Habermas: Theorie und Praxis. stw 243
– Zur Logik der Sozialwissenschaft. stw 517
– Zur Rekonstruktion des Historischen Materialismus. stw 154
– *siehe auch Edelstein/Habermas*
– *siehe auch Honneth/Joas*
– *siehe auch McCarthy*
Haferkamp/Schmid (Hg.): Sinn, Kommunikation und soziale Differenzierung. Beiträge zu Luhmanns Theorie sozialer Systeme. stw 667
Haferkamp (Hg.): Sozialstruktur und Kultur. stw 793
Hahn/Kapp (Hg.): Selbstthematisierung und Selbstzeugnis: Bekenntnis und Geständnis. stw 643
Halbwachs: Das Gedächtnis und seine sozialen Bedingungen. stw 538
Hausen/Nowotny (Hg.): Wie männlich ist die Wissenschaft? stw 590
Hirschman: Engagement und Enttäuschung. stw 729
– Leidenschaften und Interessen. stw 670
Höffe: Strategien der Humanität. stw 540
– *siehe auch Oser/Fatke/Höffe*
Honig: Verhäuslichte Gewalt. stw 857
Honneth: Kritik der Macht. stw 738
– Die zerrissene Welt des Sozialen. stw 849
Honneth/Jaeggi (Hg.): Theorien des Historischen Materialismus 1. stw 182

205/2/8.90

suhrkamp taschenbücher wissenschaft
Soziologie, Theorie der Gesellschaft

Mead: Geist, Identität und Gesellschaft. stw 28
– Gesammelte Aufsätze. Bd. 1. stw 678
– Gesammelte Aufsätze. Bd. 2. stw 679
– *siehe auch Joas*
Meja/Stehr (Hg.): Der Streit um die Wissenssoziologie. stw 361
Mommsen: Max Weber. Gesellschaft, Politik und Geschichte. stw 53
Moore: Ungerechtigkeit. stw 692
Münch: Dialektik der Kommunikationsgesellschaft. stw 880
– Theorie des Handelns. stw 704
Niemitz (Hg.): Erbe und Umwelt. stw 646
Oakes: Die Grenzen kulturwissenschaftlicher Begriffsbildung. stw 859
Oser: Moralisches Urteil in Gruppen. stw 335
Oser/Fatke/Höffe (Hg.): Transformation und Entwicklung. Grundlagen der Moralerziehung. stw 498
Otto/Sünker (Hg.): Soziale Arbeit und Faschismus. stw 762
Parsons: Gesellschaften. stw 106
– *siehe auch Schluchter (Hg.): Verhalten*
– *siehe auch Schütz/Parsons*
Rammstedt: Deutsche Soziologie 1933-1945. stw 581
Rodinson: Islam und Kapitalismus. stw 584
Rosenbaum: Formen der Familie. stw 374
Rosenbaum (Hg.): Familie und Gesellschaftsstruktur. stw 244
Roth: Politische Herrschaft und persönliche Freiheit. stw 680
Schluchter: Aspekte bürokratischer Herrschaft. stw 492
– Rationalismus der Weltbeherrschung. stw 322
Schluchter (Hg.): Max Webers Sicht des antiken Christentums. stw 548
– Max Webers Sicht des Islam. stw 638
– Max Webers Sicht des okzidentalen Christentums. stw 730
– Max Webers Studie über das antike Judentum. stw 340
– Max Webers Studie über Hinduismus und Buddhismus. stw 473
– Max Webers Studie über Konfuzianismus und Taoismus. stw 402
– Verhalten, Handeln und System. Talcott Parsons' Beitrag zur Entwicklung der Sozialwissenschaften. stw 310
Schöfthaler/Goldschmidt (Hg.): Soziale Struktur und Vernunft. stw 365
Schröter: »Wo zwei zusammenkommen in rechter Ehe ...« stw 860
Schütz: Das Problem der Relevanz. stw 371
– Der sinnhafte Aufbau der sozialen Welt. stw 92
– Theorie der Lebensformen. stw 350

205/4/8.90

205/5/8.90